U0746700

復旦哲學·中國哲學文獻叢書

拾壹

東亞《家禮》文獻彙編

朝鮮篇 ④

主編
吴震 ［日］吾妻重二 ［韓］張東宇

上海古籍出版社

禮疑類輯

［朝鮮］朴聖源　撰
郭建中　張東平　整理

《禮疑類輯》解題

[韓]金允貞 撰　林海順 譯

朴聖源(一六九七—一七六七),字士洙,號謙齋,本貫密陽。英祖四年(一七二八)文科乙科及第,自英祖五年(一七二九)始,先後任承文院副正字、承政院假注書等,於英祖十六年(一七四〇)爲司憲府持平。英祖二十年(一七四四),因提交了反對英祖入住耆老所以及批判史官圈點制的啓辭,結果被指爲反蕩平的黨魁,在南海被圍籬安置,達十五個月之久。後任世子侍講院弼善、長淵府使等,英祖三十五年(一七五九)爲世孫講書院左翊善,教授當時八歲的正祖,並於英祖三十七年(一七六一)升爲諭善。英祖四十二年(一七六六),雖被任命爲兵曹參判等,但没有赴任,在十二月以七十歲高齡爲由致仕,爲奉朝賀。卒後,正祖即位,被追贈爲吏曹判書,謚「文獻」。

作爲《四禮便覽》著者李縡(一六八〇—一七四六)的門人,朴聖源在禮學方面造詣深厚,也曾參與《四禮便覽》的校訂。同時,他繼承了洛論,在李縡去世後展開的《寒泉詩》論争中,批判了韓元震(一六八二—一七五一)的湖論。朴聖源撰寫了李縡的家狀和年譜,主導了文集編纂等，被認定爲李綽的高弟。著有《謙齋集》六册、《敦孝録》五十七卷二十三册、《禮疑類輯》等。

《禮疑類輯》的編纂始於一七四四年，完成於一七五八年五月。正祖七年（一七八三），奉正祖之命，在校書館完成刊行。正祖在「御制序」中指出，以禮學聞名的朝鮮學者約有四五十名，《禮疑類輯》是爲了便於查考而將他們的禮説進行搜集分類的禮書，對該書給予了高度評價。

朴聖源引用書有《晦齋集》《河西集》《退溪集》《退陶言行録》《頤庵集》《蘇齋集》《高峰集》《栗谷集》《擊蒙要訣》《牛溪集》《松江集》《龜峰集》《寒岡集》《西厓集》《沙溪集》《家禮輯覽》《喪禮備要》《疑禮問解》《朽淺集》《旅軒集》《愚伏集》《續疑禮問解》《浦渚集》《冶谷集》《澤堂集》《尤庵集》《華陽語録》《同春集》《市南集》《南溪禮説》《三禮儀》《静觀齋集》《遂庵集》《農庵集》《芝村集》《陶庵集》《四禮便覽》，共二十九位朝鮮學者著述的三十七本書。如此，朴聖源超越學派，盡可能網羅了各種禮説。他没有提出自己的見解，而是原原本本地收録各家禮説，有些論點甚至相反。

《禮疑類輯》全書大綱如下：卷首附有御制序（正祖）、序（朴聖源）、引用書目、凡例、目録上下；卷一，冠禮，冠變禮，（附）笄禮；卷二，昏禮，昏變禮；卷三至十五，喪禮；卷十六至十九，喪變禮；卷二十至二十三，祭禮；卷二十四，祭變禮。附録上，宗法；附録下，雜禮。

爲了將龐大的禮説加以體系化，《禮疑類輯》是按照「大目—小目—次小目」的排列而構成的，朴聖源與同門俞彥鏶（一七一四—一七八三）一起進行了十年以上的劃分專案和確定題目的校訂工作。大目降一行，包括冠禮（十一）、冠變禮（三）、（附）笄禮（三）、昏禮（十六）、昏變禮（八）、喪禮（六十六）、喪變禮（二十一）、祭禮（三十二）、祭變禮（十五）以及附録的宗法（五）和雜禮（三），總共十一個專案。與《家禮》不同的是，冠昏喪祭的四禮體制，將各個變禮作爲大目，没有包含在四禮中的傳重、立後、雜儀和衣服等，則編爲附録。小目降兩行，按照括弧所標示的，共一百八十三項。次小目降三行，其下如還有小目，則降四行，以此區分。

《禮疑類輯》將變禮定爲大目，關注於應對行禮時會遇到的變禮。《禮疑類輯》的變禮專案在運用《儀禮經傳通解續》的同時，下設了大量小目。變禮三百二十八條目以在實際行禮過程中積累的變禮狀況爲基礎，通過專案的細分，形成了便於參考的體系。舉例而言，代表性喪變禮「並有喪」，由四十九個小目構成，具體討論了父與祖父母、父與母、所後父母與所生父母等喪禮同時舉行的情況。

《禮疑類輯》根據實用目的編製別目或重新分類，變容了《家禮》體制。喪葬諸具等需先於具體禮儀進行準備，因此以「治喪具」「治葬具」另立項目後安排在前面。各個步驟所需要的事項，則採用重複登載以及爲便於查找相關内容而標注原來位置的方法。另外，還指出了行禮時很難找到《家禮》「斬衰、齊衰、大功、小功、緦麻」五服專案的問題，並根據親族關係重新劃分了五服。喪禮爲大目，五服爲小目，本宗服、母黨服、妻黨服等爲次小目，其下再分小目，結構簡明，便於使用。

《禮疑類輯》除中國禮書以外，只整理了朝鮮學者的禮説，因此展現了十八世紀朝鮮禮學的量和質的發展。該書以類書的形式，完成了分類專案與體系結構。在《禮疑類輯》中集大成的朝鮮禮説，此後被廣泛地運用於禮學的研究和變禮的應對。

本次整理，以韓國奎章閣藏本《禮疑類輯》爲底本進行整理。底本圖書編號爲奎5888，共二十八卷十五册，有目録，卷端題「禮疑類輯」，半頁十行，行二十字，四周雙邊，上白魚尾，中間記書名「禮疑類輯」。

目録

禮疑類輯序……（七九）
禮疑類輯序……（八一）
禮疑類輯引用書目……（八三）
禮疑類輯凡例……（八七）

禮疑類輯卷之一

冠禮……（九一）
總論……（九一）
冠禮父母昏禮主婚者異同……（九二）
告祠堂……（九二）
將冠者服……（九四）
四䙆衫……（九四）
勒帛……（九四）
三加冠服……（九四）
總論……（九四）
緇冠……（九六）
幅巾……（九七）
深衣……（九七）
大帶……（一〇一）
黑履……（一〇五）
帽子……（一〇六）
幞頭……（一〇六）
襴衫……（一〇七）
陳設序立……（一〇八）

迎賓……（一〇九）
三加行禮之節……（一一〇）
醮禮……（一一一）
字冠者……（一一二）
冠者見父母……（一一三）
禮賓……（一一四）
冠變禮……（一一四）
將冠遇喪……（一一四）
服中冠禮行廢……（一一五）
國恤中冠禮……（一一八）
禍家行冠昏之節……（一一八）
附笄禮……（一一八）
總論……（一一八）
笄禮諸節……（一一九）
背子……（一二〇）

禮疑類輯卷之二

昏禮……（一二一）
總論……（一二一）
嫁娶年歲先後……（一二一）
不娶同姓……（一二二）
異姓破族昏……（一二三）
主昏……（一二六）
冠禮父母昏禮主昏者異同……（一二七）
不用問名納吉……（一三〇）
昏書式……（一三一）
告祠堂……（一三三）
納幣……（一三四）
納幣納徵同義……（一三四）
納幣親迎異日……（一三五）
使者……（一三五）

親迎……（一三六）
設位……（一三六）
牢床……（一三六）
婿服飾……（一三八）
婦服飾……（一三八）
總論……（一三八）
假髻特髻大衣長裙……（一四〇）
背子……（一四〇）
衵衣……（一四〇）
帔……（一四一）
親迎告辭……（一四一）
醮子……（一四一）
奠雁……（一四二）
女家主人告辭……（一四二）
迎婿……（一四三）
醮女……（一四三）
婿婦交拜……（一四四）
就坐飲食之節……（一四五）
贊用婦人……（一四五）
男女賓……（一四六）
不用樂……（一四六）
假館行禮……（一四六）
見舅姑……（一四七）
服色贄幣……（一四七）
舅姑坐向……（一四八）
見尊長……（一四九）
饋舅姑……（一五〇）
婿見婦親……（一五一）
先拜宗子……（一五一）
見婦父母……（一五一）

見婦祠堂……（一五二）
回昏禮……（一五三）
昏變禮……（一五四）
將昏遇喪……（一五四）
服中昏禮行廢……（一五六）
國恤中昏禮……（一五六）
冒哀嫁娶之非……（一五六）
禫月廢昏……（一五七）
改葬時廢昏……（一五七）
禍家行冠昏之節……（一五八）
失君父行昏之説……（一五八）
見舅姑……（一五八）
舅往婦家見婦……（一五八）
成昏久後見舅姑……（一五九）
舅没姑存見姑見廟先後……（一五九）
未及見舅姑而赴舅喪……（一五九）
姑服喪中婦初見……（一五九）
舅没姑存饋禮行廢……（一六〇）
未見舅姑而失夫者歸夫家之節……（一六〇）
廟見……（一六一）
成昏久後廟見……（一六一）
舅姑已没廟見之禮……（一六一）
改娶……（一六三）
妻喪三年内改娶當否……（一六三）

禮疑類輯卷之三

喪禮……（一六五）
總論……（一六五）
初終……（一六七）

遷正寢……（一六七）
男女不相褻……（一六八）
夜半死者從來日……（一六八）
復……（一六九）
復衣……（一六九）
浴後去復衣……（一七〇）
復衣不用襲斂……（一七〇）
復衣置靈座……（一七〇）
呼復……（一七〇）
立喪主……（一七一）
主字有二義……（一七一）
父在父爲主……（一七二）
嗣子未執喪之家主喪……（一七五）
無適嗣喪主喪……（一七五）
無後喪主喪……（一七六）
五代祖喪主喪……（一七六）
重喪中主輕喪……（一七六）
承重妾孫爲其所生祖母主喪
祭當否……（一七六）
出繼子爲其本生親主喪……（一七六）
主婦……（一七六）
易服……（一七七）
易服之節……（一七七）
被髮……（一七八）
重服人去冠當否……（一七九）
告喪……（一八一）
治喪具……（一八二）
總論喪具預備……（一八二）
沐浴之具……（一八三）
沐浴水……（一八三）

襲具……………………（一八四）
總論……………………（一八四）
深衣公服………………（一八四）
深衣大帶幅巾黑履勒帛之制
……………………（一八五）
裹肚之制………………（一八五）
網巾行縢之制…………（一八六）
婦人冠制………………（一八六）
婦人衣帶履……………（一八七）
握手之制………………（一八九）
冒……………………（一九二）
飯含之具………………（一九四）
珠錢米…………………（一九四）
幎巾……………………（一九五）
靈座之具………………（一九五）
椸……………………（一九五）
魂帛之具………………（一九六）
魂帛……………………（一九六）
銘旌之具………………（一九六）
銘旌尺度………………（一九六）
小斂之具………………（一九七）
大小斂布………………（一九七）
環絰……………………（一九八）
白布巾…………………（一九八）
括髮免…………………（一九九）
婦人髽簪………………（二〇一）
大斂之具………………（二〇二）
大斂布…………………（二〇二）
大斂衾…………………（二〇三）
入棺之具………………（二〇三）

棺槨之制……（二〇三）
漆棺……（二〇四）
棺中所鋪之物……（二〇五）
成殯之具……（二〇五）
素帳……（二〇五）
柩衣……（二〇六）
成服之具……（二〇七）
衰服之制……（二〇七）
中衣直領之制……（二〇九）
孝巾……（二一一）
屈冠之制……（二一一）
首絰腰絰……（二一二）
絞帶……（二一六）
喪中出入時服色……（二一七）
杖……（二一七）
屨……（二一八）
婦人喪服之制……（二一八）
蓋頭之制……（二一九）
童子喪服之制……（二二〇）

禮疑類輯卷之四

喪禮……（二二一）
沐浴……（二二一）
沐浴水……（二二一）
浴後去復衣……（二二一）
襲……（二二二）
襲衣冠帶履握手冒……（二二二）
復衣不用襲斂……（二二二）
襲不用緇冠小帽……（二二二）
右衽結紐……（二二三）

襲奠……………………（一二三）
偕喪襲斂先後……………………（一二四）
喪中死者襲斂衣服……………………（一二四）
爲位……………………（一二五）
死者襲後生者有位……………………（一二五）
位次隨時而變……………………（一二五）
人家狹隘位次變通……………………（一二七）
喪人位在諸父上……………………（一二八）
飯含……………………（一二八）
飯含諸具……………………（一二八）
飯含諸節……………………（一二八）
承重孫并有祖喪母喪飯含……………………（一二九）
飯含代行……………………（一三〇）
子婦喪飯含……………………（一三〇）
追後不可解斂飯含……………………（一三〇）
靈座……………………（一三〇）
設靈座之所……………………（一三〇）
椸制……………………（一三一）
魂帛椅上置褥衣當否……………………（一三一）
復衣置靈座……………………（一三一）
爐盒酒果同設……………………（一三二）
魂帛……………………（一三三）
魂帛之制……………………（一三三）
魂帛出納開閉之節……………………（一三三）
埋魂帛……………………（一三四）
銘旌……………………（一三四）
銘旌尺度……………………（一三四）
大夫士之辨……………………（一三四）
有資級無實職……………………（一三五）
贈職實職先後書……………………（一三六）

不書致仕……（二三六）
書處士徵士別號……（二三六）
削官者及其妻稱號……（二三六）
無官者及其妻稱號……（二三六）
婦人書封氏……（二三七）
書姓貫當否……（二三七）
庶孽稱號……（二三七）
庶孽婦人銘旌稱號……（二三八）
殤喪稱號……（二三八）
銘旌書柩字……（二三九）
立銘旌……（二三九）
親厚入哭……（二四〇）
服色哭拜諸節……（二四〇）
小斂……（二四一）
小斂布……（二四一）
舒絹疊衣……（二四二）
左衽不紐……（二四二）
小斂未結絞……（二四四）
舉尸憑尸之節……（二四四）
小大斂入棺不敬之戒……（二四五）
小斂變服……（二四五）
環絰白布巾括髮免髽之制……（二四九）
還遷尸床……（二四九）
拜賓之節……（二五〇）
小斂奠……（二五一）
代哭……（二五一）
代哭之義……（二五一）
大斂入棺……（二五二）
大斂布大斂衾……（二五二）
棺槨之制……（二五二）

棺中所鋪之物……………………（二一五二）
大斂變服……………………（二一五二）
舉棺置堂中……………………（二一五三）
大斂有床上棺中之異……………………（二一五三）
實棺……………………（二一五四）
大小斂入棺不敬之戒……………………（二一五四）
婦人棺内不入其夫遺衣落髮
……………………（二一五四）
入棺後解絞布之非……………………（二一五五）
大斂後拜賓……………………（二一五五）
漆棺……………………（二一五五）
成殯……………………（二一五五）
沙殯塗殯……………………（二一五五）
靈床……………………（二一五六）
靈床奉魂帛……………………（二一五七）
靈床三年不撤之非……………………（二一五七）
素帳……………………（二一五七）
殯宫長燈非禮……………………（二一五七）
婦人守殯……………………（二一五八）
殯後男女位次……………………（二一五八）
居廬……………………（二一五八）
廬次……………………（二一五八）
撤倚廬……………………（二一五九）

禮疑類輯卷之五

喪禮……………………（二一六一）
五服……………………（二一六一）
爲本宗服……………………（二一六一）
齊斬之義……………………（二一六一）
父在爲母……………………（二一六二）

承重孫祖在爲母……（二一六四）
父喪中母亡服母……（二一六六）
母喪中父亡仍服母服……（二一六六）
父有廢疾子承重……（二一六六）
父死喪中子代服……（二一六六）
父在母喪而子死者其子代服當否……（二一六六）
父喪中遭祖父母喪代服當否……（二一六六）
嫡孫死喪中無後庶孫代之……（二一六六）
爲高曾祖父母……（二一六七）
五代祖喪……（二一六七）
爲人後者爲所後曾高祖……（二一六八）
夫爲妻……（二一六八）
父爲長子……（二一六九）
祖爲承重孫……（二一七四）
祖爲孫……（二一七四）
爲長子婦……（二一七五）
爲嫡婦不爲舅後者……（二一七六）
爲宗子……（二一七六）
爲孽屬……（二一七七）
爲出母嫁母服……（二一七七）
爲出母……（二一七七）
爲嫁母……（二一七八）
爲父後者爲出母嫁母……（二一八一）
嫁母出母爲其子……（二一八四）
爲養父母服……（二一八四）
爲收養父母……（二一八四）
族屬不以收養恩加服……（二一八八）

為慈母庶母服……（二九〇）
為慈母……（二九〇）
為庶母……（二九一）
為殤服……（二九三）
三殤……（二九三）
無服之殤……（二九六）
嫡子不成殤者……（二九六）
為母黨服……（二九七）
母黨……（二九七）
本生母黨……（三〇〇）
出母繼母嫁母嫡母黨……（三〇〇）
為外先服窮者吊服加麻之非……（三〇二）
為妻黨服……（三〇三）
妻黨……（三〇三）

禮疑類輯卷之六

喪禮……（三〇五）
五服……（三〇五）
為人後者為本生親服……（三〇五）
為本生父母祖父母曾祖父母……（三〇五）
為本生姊妹姑……（三〇六）
為本生母黨……（三〇六）
為人後者之子為其父本生
諸親……（三〇七）
私親為為人後者……（三〇八）
妻為夫黨服……（三〇九）
母為長子……（三〇九）
母為適婦不為舅後……（三〇九）
為夫曾高祖……（三〇九）

承重者妻從服及母與祖母服本
服當否……（三一〇）
孽子承重則嫡孫婦不爲承重服
……（三一三）
爲夫黨諸親……（三一三）
爲本生舅姑祖舅姑……（三一四）
爲夫繼母嫡母養父母慈母……（三一六）
爲夫嫁母出母及庶子爲父後者
之妻爲夫所生母……（三一七）
爲夫庶母……（三一八）
出嫁女爲本生親服……（三一八）
出嫁女爲父母祖父母……（三一八）
爲兄弟爲父後者……（三一九）
姊妹既嫁相服期之辨……（三一九）
出嫁女爲諸親只降一等……（三二〇）
爲兄弟姪之妻……（三二〇）
爲從父兄弟之妻……（三二一）
無夫與子與私親相服……（三二一）
附妾爲私親服……（三二三）
妾爲君黨服……（三二三）
妾爲君之父母……（三二三）
妾爲君之黨……（三二四）
妾爲女君之黨……（三二五）
兩妾相服……（三二六）
妾子爲本生親服……（三二六）
妾子嫡母在爲所生母……（三二六）
承重妾子爲所生母……（三二七）
妾孫爲其父所生母……（三二八）
兼親服……（三三二）
童子服……（三三三）

爲師友服……………………（三三六）
諸服有無同異辨……………（三三六）
緦不降之誤…………………（三三九）
式暇服制之異………………（三四〇）
成服…………………………（三四一）
衰服冠巾絰帶杖屨…………（三四一）
成服時雜儀…………………（三四一）
五服相吊之儀………………（三四一）
大斂成服不可同日…………（三四三）
在途喪到家成服……………（三四三）
喪出癘疫不成服之非………（三四三）
偕喪成服先後………………（三四三）
國恤中私喪成服……………（三四三）
主人奔喪與在家兄弟先後成服
之節…………………………（三四三）
所後喪中遭本生親喪奔哭成服
之節…………………………（三四三）
聞訃後計入棺日成服………（三四四）
成服有故追行………………（三四四）
入棺前草殯成服……………（三四四）

禮疑類輯卷之七

喪禮…………………………（三四五）
朝夕哭………………………（三四五）
朝夕哭諸節…………………（三四五）
奠……………………………（三四七）
朝夕行奠之節………………（三四七）
朔望行奠之節………………（三四八）
俗節別設合設之辨…………（三四九）
發引日行朔望奠之節………（三五〇）

發引前諸子女别奠當否……（三五〇）
葬後朔望奠……（三五〇）
祥後行奠之節……（三五〇）
父在母喪祥後饋奠當否……（三五〇）
在外行奠之節……（三五〇）
上食……（三五一）
成服前上食當否……（三五一）
在途成服前饋奠……（三五一）
上食處所……（三五二）
上食時陳設行事諸節……（三五二）
上食不用拘忌……（三五四）
夏日三上食……（三五四）
值先忌緬禮上食用素當否……（三五四）
發引日朝上食……（三五六）
葬日值先忌上食用素當否……（三五六）
虞祭日夕上食……（三五六）
葬後上食當否……（三五六）
練後上食哭泣有無……（三五六）
父在母喪祥後饋奠當否……（三五六）
新喪成服前前喪上食當否……（三五六）
新喪葬前前喪上食用素當否……（三五七）
并有父母及諸親喪饋奠行事之節……（三五七）
私喪中遭國恤饋奠行廢用素當否……（三五七）
追喪除服前上食當否……（三五七）
無後諸親喪撤几筵遲速……（三五七）
生辰……（三五七）
吊慰……（三五八）

吊時服色……（三五八）
吊時諸節……（三五八）
吊有哭不哭……（三六一）
主人與吊者有知不知……（三六二）
吊内喪……（三六二）
畏壓溺不吊……（三六四）
吊日不飲酒……（三六四）
下棺題主前吊奠……（三六四）
返哭時行吊……（三六四）
練祥日吊哭……（三六五）
除喪後受吊……（三六五）
喪中吊哭……（三六五）
重喪中遭輕喪不能具服者會哭
受吊之節……（三六五）
在外吊哭……（三六五）
服人不在喪次者受吊……（三六五）
慰疏式……（三六五）
奠酹……（三六六）
奠酹諸節……（三六六）
下棺題主前吊奠……（三六七）
太學奠禮……（三六七）
奠賻狀式……（三六八）
喪中死者不行致奠……（三六八）

禮疑類輯卷之八

喪禮……（三六九）
葬期……（三六九）
論濶慢葬……（三六九）
葬不拘閏月……（三七〇）
擇地……（三七一）

總論……（三七一）
墓地不可倒用……（三七二）
治葬具……（三七二）
穿壙之具……（三七二）
外槨用否……（三七二）
隔灰諸具……（三七三）
發引之具……（三七四）
翣……（三七四）
功布……（三七五）
挽辭……（三七五）
方相……（三七六）
窆葬之具……（三七七）
豐碑轆轤……（三七七）
玄纁……（三七七）
下帳……（三七八）
明器……（三七九）
筲……（三七九）
誌石……（三八〇）
題主之具……（三八〇）
神主總論……（三八〇）
主材用栗……（三八一）
櫝……（三八一）
韜藉……（三八四）
成墳之具……（三八五）
石碑……（三八五）
石物……（三八七）
祠后土……（三八八）
祠后土諸節……（三八八）
祝文……（三八九）
國恤時祠后土……（三九〇）

穿壙……（三九一）
灰隔之制……（三九一）
和灰法……（三九二）
用地灰……（三九三）
炭末松脂用否……（三九四）
外槨用否……（三九五）
啓殯……（三九五）
遷柩啓殯時奠告服色諸節……（三九五）
啓殯後復成殯散垂復絞……（三九六）
發引後再啓殯時告辭……（三九六）
啓草殯至葬時諸祝辭……（三九七）
朝祖……（三九七）
總論……（三九七）
朝祖時諸節……（三九八）
異居難行朝祖……（四〇〇）
庶母出繼子出嫁女無朝祖之義……（四〇二）
遷于廳事……（四〇二）
導柩右旋之義……（四〇二）
停柩處移動之節……（四〇二）
祖奠……（四〇三）
祖奠之祖字……（四〇三）
祖奠時位次……（四〇三）
祖奠夕上食不可兼行……（四〇四）
自外返柩時祖遣奠……（四〇四）
祖遣奠不可再行……（四〇五）
遣奠……（四〇六）
遣奠諸節……（四〇六）
自外返柩時遣奠……（四〇七）

遣奠不可再行……（四〇八）
發引……（四〇八）
發引之具……（四〇八）
陳翣……（四〇八）
發引日朝上食行朔望奠之節……（四〇八）
發引前諸子女別奠當否……（四〇九）
發引時男女位次……（四〇九）
發引諸節……（四一〇）
并有父母及祖父母喪發引先後……（四一一）
及墓……（四一一）
設靈幄……（四一一）
設奠……（四一二）
引後窆前諸節……（四一二）
引後窆前仍用靈寢……（四一二）
葬日值先忌上食用素當否……（四一二）
下棺題主前吊奠……（四一三）

禮疑類輯卷之九

喪禮……（四一五）
窆……（四一五）
隧道……（四一五）
下棺……（四一六）
豐碑轆轤……（四一六）
用柩衣……（四一六）
鋪銘旌……（四一六）
贈玄纁……（四一七）
奠玄纁……（四一七）

置翣挽……（四一九）
明器不用……（四一九）
祠后土……（四一九）
下誌石……（四一九）
承重孫并有父母及祖父母喪先後葬……（四二〇）
祖孫及母子偕葬……（四二〇）
題主……（四二〇）
主櫝韜藉……（四二〇）
題主不待實土……（四二〇）
題主人服色……（四二一）
題主時雜儀……（四二一）
行第……（四二三）
書諱……（四二四）
皇顯字義……（四二四）
有資級無實職……（四二五）
贈職實職先後書……（四二六）
不書致仕……（四二七）
書處士徵士別號……（四二七）
削官者及其妻稱號……（四二八）
無官者及其妻稱號……（四二八）
婦人書封氏……（四二九）
書姓貫當否……（四二九）
庶孽稱號……（四二九）
庶孽婦人稱號……（四二九）
旁題左右之別……（四三〇）
幼兒旁題……（四三二）
題主奠……（四三二）
題主祝……（四三三）
父母偕喪題主先後……（四三五）

攝祀旁題…………（四三五）
無男主者婦人奉祀題主…………（四三五）
本生親題主…………（四三五）
妾子所生母題主…………（四三五）
養父母題主…………（四三五）
外祖考妣題主…………（四三五）
妻喪題主…………（四三六）
子喪題主…………（四三六）
無後諸親喪題主…………（四三七）
殤喪題主…………（四三七）
招魂題主…………（四三七）
成墳…………（四三八）
墳制…………（四三八）
立石碑石物…………（四三九）
合葬…………（四四〇）
同槨異槨方位掩壙先後之説…………（四四〇）
前後室合祔當否…………（四四二）
夫在時前後室合葬之非…………（四四五）
妻妾放出者還葬夫家先塋可否…………（四四五）
合葬時告先葬…………（四四六）
附祔葬先塋告辭…………（四四七）
合葬祠后土…………（四四八）
合葬時通穴…………（四四九）
合葬後行祭可否…………（四四九）
返哭…………（四五〇）
返魂他所…………（四五〇）
返哭時辭墓當否…………（四五〇）
返哭諸節…………（四五一）

父母偕葬返魂……（四五二）
國恤中私喪返魂儀節……（四五二）
返哭時行吊……（四五二）
祥後返哭行奠……（四五三）
廬墓……（四五三）
總論廬墓返魂得失……（四五三）
廬墓拜哭祭奠之節……（四五六）
祥禫後廬墓之非……（四五六）

禮疑類輯卷之十

喪禮……（四五七）
虞……（四五七）
虞日早晚剛柔……（四五七）
虞祔沐浴櫛髪之異……（四五八）
不用網巾……（四五九）
具饌……（四五九）
饌品……（四六〇）
茅沙……（四六〇）
設盥盆西階……（四六〇）
匙楪居中居西之辨……（四六一）
出主……（四六一）
入哭位次……（四六一）
倚杖室外……（四六一）
無參神……（四六二）
降神時止哭……（四六三）
進饌時炙肝并進……（四六四）
左設與上食不同……（四六四）
飯羹左右之義……（四六四）
酌獻之節……（四六五）
祭酒之義……（四六五）

啓飯蓋……（四六五）
告祝之節……（四六五）
祝文……（四六五）
攝主祝……（四六六）
妻祭夫祝……（四六六）
諸親喪虞卒以下祝……（四六七）
祝立主人右之義……（四六七）
讀祝……（四六七）
亞獻……（四六七）
終獻……（四六八）
侑食下當有扱匙正筯之文……（四六九）
扱匙正筯之節……（四六九）
闔門啓門撤羹進茶伏立之節……（四七〇）
告利成之義……（四七〇）
虞卒告利成之異……（四七〇）
諸親祭告利成當否……（四七〇）
下匙筯合飯蓋……（四七〇）
辭神……（四七一）
渴葬行虞卒哭之節……（四七一）
新舊喪合窆行虞之節……（四七二）
父母及祖父母偕喪虞卒……（四七二）
重喪中遭輕喪者重喪虞卒祔……（四七二）
國恤中私喪虞卒……（四七二）
埋魂帛……（四七二）
虞祭日夕上食……（四七三）
卒哭……（四七四）
饌品……（四七四）
茅沙……（四七四）

玄酒……………………（四七四）
設盥盆西階……………（四七四）
行祭早晚………………（四七四）
匙楪居中居西之辨……（四七五）
出主……………………（四七五）
入哭位次………………（四七五）
無參神降神時止哭……（四七五）
進饌時炙肝并進………（四七五）
左設與上食不同………（四七五）
飯羹左右之義…………（四七五）
酌獻之節………………（四七六）
祭酒之義………………（四七六）
啓飯蓋…………………（四七六）
告祝之節………………（四七六）
祝文……………………（四七六）
攝主祝…………………（四七六）
妻祭夫祝………………（四七六）
諸親喪虞卒以下祝……（四七七）
讀祝……………………（四七七）
亞獻終獻………………（四七七）
侑食下當有扱匙正筯之文……（四七七）
扱匙正筯之節…………（四七七）
闔門啓門撤羹進茶伏立之節……（四七七）
告利成之義……………（四七七）
虞卒告利成之異………（四七八）
諸親祭告利成當否……（四七八）
下匙筯合飯蓋…………（四七八）
辭神……………………（四七八）
腰經還絞………………（四七八）

渴葬行虞卒之節……（四七八）
踰月葬卒哭不待三月……（四七九）
父母及祖父母偕喪虞卒……（四七九）
重喪中遭輕喪者重喪虞卒祔……（四七九）
并有喪卒哭小祥相值……（四七九）
先忌與卒祔相值行祀之節……（四七九）
國恤中私喪虞卒……（四八〇）
卒哭後布網巾當否……（四八〇）
祔……（四八一）
總論……（四八一）
論祔禰之非……（四八一）
無祖則祔高祖……（四八二）
祔不論宗支有嗣無嗣……（四八二）
虞祔沐浴櫛髮之異……（四八三）
就祖廟所奉處行祔祭……（四八三）
告廟設虛位……（四八四）
考妣單設并設……（四八五）
饌品……（四八五）
茅沙正祔位各設……（四八五）
玄酒……（四八六）
設盥盆西階……（四八六）
祭時服色……（四八六）
行祭早晚……（四八六）
匙楪居中居西之辨……（四八六）
叙立……（四八七）
新舊兩主奉出還迎之節……（四八七）
出主……（四八七）
祖位參降之節……（四八七）
亡者位無參神……（四八七）

新舊兩位進饌之節……（四八八）
亡者位左設與上食不同……（四八八）
飯羹左右之義……（四八八）
酌獻之節……（四八八）
祭酒之義……（四八九）
啓飯蓋……（四八九）
祝文……（四八九）
讀祝……（四九一）
祔祭不哭之義……（四九一）
亞獻終獻……（四九一）
侑食下當有扱匙正箸之文……（四九一）
扱匙正箸之節……（四九二）
闔門啓門撤羹進茶伏立之節
……（四九二）
告利成之義……（四九二）
下匙箸合飯蓋……（四九二）
辭神在斂主前……（四九二）
并有父母喪祔祭……（四九二）
重喪中遭輕喪者重喪虞卒祔
……（四九三）
祖喪中孫死祔祖……（四九三）
本生親祔祭……（四九三）
重喪中諸親喪祔祭……（四九三）
妾祔……（四九三）
宗子有故攝行……（四九四）
宗婦使人攝行……（四九五）
先忌與卒祔相值行祀之節……（四九六）
祔祭有故追行……（四九六）
葬後諸節……（四九六）
靈床三年不撤之非……（四九六）

葬後上食當否……………………（四九七）
葬後朔望奠……………………（四九九）
朔望日祠堂參禮後行事几筵
……………………（五〇〇）
葬後椅卓仍用素……………………（五〇一）
三年内新山墓祭……………………（五〇一）
三年内几筵時祭行否……………………（五〇一）
三年内几筵禰祭……………………（五〇二）
喪中禰祭……………………（五〇二）
喪中有事告几筵……………………（五〇二）
葬後上墓之節……………………（五〇三）
慰疏答式……………………（五〇四）
小祥……………………（五〇四）
練祥用死日……………………（五〇四）
變服之節……………………（五〇四）
衰服練改當否……………………（五〇四）
去負版衰辟領……………………（五一一）
葛絰……………………（五一二）
絞帶用布用麻……………………（五一四）
練屨……………………（五一六）
婦人練服……………………（五一七）
男女絰帶變除不同……………………（五一八）
饌品……………………（五一八）
茅沙玄酒……………………（五一八）
設盥盆西階……………………（五一八）
行祭早晚……………………（五一八）
匙楪居中居西之辨……………………（五一九）
出主……………………（五一九）
入哭位次……………………（五一九）
無參神降神時止哭……………………（五一九）

進饌時炙肝并進……（五一九）
左設與上食不同……（五一九）
飯羹左右之義……（五一九）
酌獻之節……（五二〇）
祭酒之義……（五二〇）
啓飯蓋……（五二〇）
告祝之節……（五二〇）
祝文……（五二〇）
攝主祝……（五二一）
妻祭夫祝……（五二一）
諸親喪虞卒以下祝……（五二一）
讀祝……（五二一）
亞獻終獻……（五二一）
侑食下當有扱匙正筯之文……（五二一）
扱匙正筯之節……（五二一）
論加供之非……（五二二）
闔門啓門撤羹進茶伏立之節
……（五二二）
告利成之義……（五二二）
諸親祭告利成當否……（五二二）
下匙筯合飯蓋……（五二二）
辭神……（五二二）
練祥日弔哭……（五二二）
父在母喪練……（五二三）
本生親喪練禫……（五二三）
妻喪練……（五二三）
并有父母及祖父母喪練祥……（五二三）
重喪中遭輕喪者重喪練祥禫
行廢……（五二三）
本生親喪中行所後家練祥禫吉

……（五二三）
重喪中輕喪練祥備禮……（五二四）
國恤中私喪練祥……（五二四）
國恤中并有私喪練祥……（五二四）
染患中成服未備者不可退行練祥……（五二四）
以染患重病追行練祥禫……（五二四）
病中遭親喪者練祥之節……（五二四）
聞訃追服行練祥之節……（五二四）
出繼追服行練祥之節……（五二五）
追服退祥者本祥日行事前期告由之節……（五二五）
過期不葬者練祥禫變除之節……（五二五）
并有喪卒哭小祥相值……（五二五）
改葬與練祥相值……（五二五）
先忌與祥禫相值行祀之節……（五二五）
適嗣死喪中練祥權主……（五二五）
練後諸節……（五二六）
練後上食哭泣有無……（五二六）
練後晨昏展拜……（五二七）
練後上冢哭……（五二九）
練後哀至則哭……（五二九）
練後未除服者朔望會哭……（五三〇）
期功變除後服色……（五三〇）

禮疑類輯卷之十一

喪禮……（五三一）
大祥……（五三一）
練祥用死日……（五三一）

變服之節……………………（五三一）
冠服……………………（五三一）
網巾……………………（五三六）
婦人祥服……………………（五三八）
饌品……………………（五三九）
茅沙玄酒……………………（五三九）
設盥盆西階……………………（五三九）
行祭早晚……………………（五三九）
匙楪居中居西之辨……………………（五三九）
出主……………………（五三九）
入哭位次……………………（五四〇）
無參神降神時止哭……………………（五四〇）
進饌時炙肝并進……………………（五四〇）
左設與上食不同……………………（五四〇）
飯羹左右之義……………………（五四〇）
酌獻之節……………………（五四〇）
祭酒之義……………………（五四〇）
啓飯蓋……………………（五四一）
告祝之節……………………（五四一）
祝文……………………（五四一）
攝主祝……………………（五四一）
妻祭夫祝……………………（五四一）
諸親喪虞卒以下祝……………………（五四二）
讀祝……………………（五四二）
亞獻終獻……………………（五四二）
侑食下當有扱匙正筯之文……………………（五四二）
扱匙正筯之節……………………（五四二）
論加供之非……………………（五四二）
闔門啓門撤羹進茶伏立之節
……………………（五四二）

告利成之義……（五四三）
諸親祭告利成當否……（五四三）
下匙筯合飯蓋……（五四三）
辭神在斂主前……（五四三）
祔廟……（五四三）
告辭……（五四三）
考位祔廟……（五四五）
妣位祔廟……（五四六）
舊廟奉來祔新主……（五四八）
新主自遠奉來祔廟之節……（五四八）
吉祭前不可合櫝……（五四九）
班祔神主改題入廟……（五四九）
祔高祖者祖亡後吉祭時遷祔祖龕……（五五〇）
無後宗子祔廟……（五五〇）
奉主入廟後拜禮……（五五〇）
祔廟追行……（五五〇）
喪服既除後處之之節……（五五一）
練祥日吊哭……（五五一）
并有父母及祖父母喪練祥……（五五一）
并有喪前喪祥日變除之節……（五五一）
重喪中遭輕喪者重喪練祥禫行廢……（五五二）
本生親喪中行所後家練祥禫吉……（五五二）
重喪中輕喪練祥備禮……（五五二）
國恤中私喪練祥……（五五二）
國恤中并有私喪練祥……（五五二）
染患中成服未備者不可退行練祥……（五五二）

以染患重病追行練祥禫……（五五二）
病中遭親喪者練祥之節……（五五三）
聞訃追服行練祥之節……（五五三）
出繼追服行練祥之節……（五五三）
追服退祥者本祥日行事前期告由之節……（五五三）
過期不葬者練祥禫變除之節……（五五三）
改葬與練祥相值……（五五三）
先忌與練祥禫相值行祀之節……（五五三）
適嗣死喪中練祥權主……（五五四）
失禮追行大祥……（五五四）
服盡後主祥禫……（五五四）
祥後諸節……（五五五）
撤倚廬……（五五五）
祥後食肉之非……（五五五）
祥後行奠之節……（五五六）
父在母喪祥後饋奠當否……（五五七）
祥後省墓哭……（五五七）
禫前晨謁……（五五八）
除喪後受吊……（五五八）
父在母喪除服後受吊……（五五九）
祥禫後廬墓之非……（五五九）
禫前書疏式……（五五九）
禫……（五六〇）
總論……（五六〇）
中月而禫……（五六一）
計閏不計閏之辨……（五六一）
卜日……（五六三）

總論……（五六三）
丁亥之義……（五六三）
环玟之制……（五六三）
卜日雜儀……（五六四）
退祥者用本月行禫……（五六四）
禫日變服之節……（五六四）
設位靈座……（五六八）
饌品……（五六九）
茅沙玄酒……（五六九）
設盥盆西階……（五六九）
行祭早晚……（五六九）
匙楪居中居西之辨……（五六九）
出主告辭……（五六九）
出主……（五七〇）
入哭位次……（五七〇）
參神有無之辨……（五七〇）
降神時止哭……（五七〇）
進饌時炙肝并進……（五七一）
左設與上食不同……（五七一）
飯羹左右之義……（五七一）
酌獻之節……（五七一）
祭酒之義……（五七一）
啓飯蓋……（五七一）
告祝之節……（五七一）
祝文……（五七二）
攝主祝……（五七二）
妻祭夫祝……（五七二）
諸親喪虞卒以下祝……（五七二）
讀祝……（五七二）
亞獻終獻……（五七二）

侑食下當有扱匙正筯之文……（五七二）
扱匙正筯之節……（五七三）
論加供之非……（五七三）
闔門啓門撤羹進茶伏立之節
……（五七三）
告利成之義……（五七三）
諸親祭告利成當否……（五七三）
下匙箸合飯蓋……（五七三）
辭神在斂主前……（五七三）
并有重喪中前喪禫祭行廢
……（五七四）
重喪中遭輕喪者重喪練祥禫
行廢……（五七四）
本生親喪練禫……（五七四）
本生親喪中行所後家練祥禫吉
……（五七四）
所後喪中爲本生親喪持服行禫
之節……（五七四）
心喪中行重喪禫吉……（五七四）
國恤中私喪禫吉……（五七四）
妻喪禫……（五七五）
父喪中妻喪練祥禫……（五七五）
父在母喪禫……（五七五）
追喪禫祭……（五七五）
主人追服者徑行祥禫退月服吉
……（五七五）
過期不葬者練祥禫變除之節
……（五七五）
先忌與祥禫相值行祀之節……（五七五）
避寓中行禫……（五七六）

服盡後主祥禫……（五七六）
禫後諸節……（五七六）
禫後服色飲食之節……（五七六）
禫後從仕赴舉之節……（五七九）
祥禫後廬墓之非……（五七九）
父在母喪禫後書疏式……（五七九）
吉祭……（五八〇）
總論……（五八〇）
卜日……（五八三）
總論……（五八三）
丁亥之義……（五八四）
环珓之制……（五八四）
卜日儀節……（五八四）
齋戒……（五八四）
改題之節……（五八五）
設酒果……（五八五）
告辭……（五八五）
考妣各卓祔位設位……（五八七）
饌品……（五八七）
茅沙玄酒……（五八七）
設盥盆不分内外……（五八七）
祭時服色……（五八八）
行祭早晚……（五八八）
匙楪居中居西之辨……（五八八）
祭時男女位……（五八八）
詣祠堂奉主就位之節……（五八八）
出主……（五八九）
參降諸節……（五八九）
飯羹左右之義……（五八九）
祭酒之義……（五八九）

啓飯蓋……（五八九）
告祝之節……（五八九）
祝文同板異板之辨……（五八九）
讀祝……（五九〇）
獻祔位之節……（五九〇）
亞獻終獻三獻各進炙……（五九〇）
扱匙正筯闔門啓門撤羹進茶伏
立之節……（五九〇）
受胙……（五九一）
告利成之義……（五九一）
下匙筯合飯蓋……（五九一）
遞遷……（五九一）
祔高祖者祖亡後吉祭時遷祔
祖龕……（五九一）
埋祧主之節……（五九二）
埋主之所……（五九二）
埋主時告辭……（五九三）
埋主臥安立安之辨……（五九四）
埋主時舉哀……（五九五）
支子官次所奉先代神主奉還祠
堂行吉祭……（五九五）
禫月行吉祭者吉事無拘……（五九五）
父在母喪吉祭及復吉之節……（五九六）
并有喪吉祭……（五九六）
承重孫父喪中未行祖喪吉祭者
諸叔父復寢之節……（五九六）
期功服葬前重喪吉祭行否……（五九六）
本生親喪中行所後家練祥禫吉
……（五九六）
心喪中行重喪禫吉……（五九七）

國恤中私喪禫吉……（五九七）
緬服中行吉祭……（五九七）
主人追服者徑行祥禫退月服吉……（五九七）
攝祀人不可行祧遷……（五九七）
孟月行吉祭者仲月行時祭當否……（五九七）
立後後行吉祭之節……（五九八）

禮疑類輯卷之十二

喪禮……（五九九）
居喪雜儀……（五九九）
内外艱之辨……（五九九）
喪中避染疫當否……（六〇〇）
遭喪後哭先墓之節……（六〇〇）
居喪食飲之節……（六〇〇）
喪杖拄輯之節……（六〇一）
喪中出入服色……（六〇三）
居喪接人之節……（六〇四）
喪次設酒食之非……（六〇五）
居喪出入謝答可否……（六〇七）
居喪出入時告拜靈筵之節……（六〇八）
喪中就學授徒……（六〇八）
居喪誦讀之節……（六〇九）
喪中諸父昆弟喪送葬行奠參祭……（六〇九）
喪中吊哭……（六一〇）
重喪中遭輕喪不能具服者會哭受吊之節……（六一二）
居憂中遭師喪……（六一二）

　國恤中居私喪雜儀……（六一三）
　喪中避染疫當否……（六一三）
　喪中遇變亂奔問當否……（六一三）
　喪中慰疏……（六一三）
服中雜儀……（六一五）
　期以下服中飲食常服之節……（六一五）
　期功以下復寢之節……（六一七）
　服中赴舉……（六一七）
　服中不聽樂……（六一九）
　服中赴宴會……（六二〇）
　服中授徒講業之節……（六二一）
　服中吊人……（六二二）
　大小喪練後葬後歸家之節……（六二二）
心喪雜儀……（六二四）
　心喪服色……（六二四）
　心喪中有服者服本服帶……（六二五）
　心喪中受吊……（六二六）
　心喪中吊人……（六二七）
離喪次諸節……（六二七）
　在外行奠之節……（六二七）
　在外望哭之節……（六二八）
　在外吊哭……（六二八）
　服人不在喪次者受吊……（六三〇）
書疏式……（六三一）
　疏狀雜式……（六三一）
　父喪中繼母在前後子孤哀之稱……（六三三）
　庶子所生母喪自稱……（六三四）
　承重孫并有父母及祖父母喪書疏自稱……（六三四）

承重孫母在祖父母俱亡稱孤哀……………………（六三四）
爲人後者本生親喪慰答書式
……………………………………（六三四）
收養父母喪書疏式……………（六三四）
卒哭前答慰狀…………………（六三五）
禫前書疏式……………………（六三五）
父在母喪禫後書疏……………（六三六）
喪中慰疏………………………（六三六）

禮疑類輯卷之十三

喪禮……………………………（六三七）
喪中行祭………………………（六三七）
總論……………………………（六三七）
葬前廢先祭當否………………（六四〇）
過期不葬者祭先之限…………（六四二）
葬後卒哭前忌墓祭當否………（六四二）
喪中行祭服色…………………（六四三）
喪中行忌祭諸節………………（六四六）
喪中文廟從享位忌祭略設當否
……………………………………（六四八）
喪中行參禮諸節………………（六四八）
喪中有事告先廟………………（六四八）
喪中有事告几筵………………（六四九）
三年内几筵時祭行否…………（六四九）
三年内新山墓祭………………（六四九）
葬同先塋三年内墓祭…………（六五一）
合葬三年内墓祭………………（六五二）
新喪葬前前喪墓祭當否………（六五三）
喪中祭土神……………………（六五四）

禫前行祀之節……（六五四）
吉祭前行祀之節……（六五五）
喪中宗家輪行之祭……（六五五）
宗子喪中祭祀……（六五五）
長子喪中祭祀……（六五七）
本生親喪中行所後家祭祀之節……（六五八）
妾子承重者其母葬前行祭當否……（六五八）
祖父母喪中葬後祭祀……（六五八）
父母喪中子女忌墓祭……（六五八）
期以下服中大小常祀……（六五九）
死者有服無服行祭廢祭之説……（六六二）
喪中祭祀用肉當否……（六六三）
五服變除……（六六四）
親喪追服變除用聞訃成服兩日之辨……（六六四）
親喪追服與在家兄弟先後變除之節……（六六四）
立後追服之節……（六六四）
并有喪前喪祥日變除之節……（六六四）
過期不葬者練祥禫變除之節……（六六四）
成服有故遲退者變除……（六六五）
期功諸服變除月數……（六六五）
重喪中期服變除之節……（六六六）
親喪中期服追除當否……（六六七）
朔日參禮與除服先後……（六六七）
服期者十一月練祭無變除……（六六八）

期功變除後服色……（六六八）
寡居婦人脱服後服色……（六七〇）

禮疑類輯卷之十四

喪禮……（六七一）
父在母喪諸節……（六七一）
父在爲母服……（六七一）
父在母喪杖即位當否……（六七一）
父在母喪練……（六七二）
父在母喪祥服……（六七二）
父在母喪祥後饋奠當否……（六七三）
父在母喪禫……（六七五）
祖喪中父在母喪禫……（六七六）
父在母喪除服後服色……（六七六）
父在母喪除服後受吊……（六七六）
父在母喪禫後書疏……（六七六）
父在母喪禫後拜墓之節……（六七七）
父在母喪再期行事之節……（六七七）
父在母喪喪畢當禫之月行事之節……（六七七）
父在母喪吉祭及復吉之節……（六七八）
養妣服中改葬養考之服……（六八一）
妻喪諸節……（六八一）
妻喪去冠當否……（六八一）
爲妻服……（六八一）
妻喪遣奠祝……（六八二）
妻喪題主……（六八二）
妻喪虞卒哭主祭……（六八二）
妻喪虞卒祥禫諸祝……（六八二）
妻喪練……（六八三）

妻喪禫……（六八四）
父喪中妻喪練祥禫……（六八五）
妻母喪葬前妻喪練祭……（六八五）
妻主別處之説……（六八六）
妻主入廟……（六八六）
妻忌祝辭……（六八六）
長子喪諸節……（六八七）
爲長子服……（六八七）
長子喪居處服食諸節……（六八七）
長子喪中祭祀……（六八八）
殤喪諸節……（六八八）
爲殤服……（六八八）
殤絰不絞……（六八八）
殤喪雜儀……（六八八）
爲人後者本生親喪諸節……（六九二）
生父母喪去冠脱網巾……（六九二）
聞生父母喪儀節……（六九二）
爲本生父母服……（六九三）
爲本生舅姑服……（六九三）
本生親喪位次哭泣之節……（六九三）
本生親喪出入服色……（六九三）
本生親題主……（六九四）
本生親祔祭……（六九五）
本生親喪慰答書式……（六九六）
本生親喪練禫……（六九七）
本生親喪除服後服色……（六九八）
本生親喪除服後受吊……（六九八）
本生親改葬時吊服……（六九八）
親喪中出繼改服之節……（六九八）
所後喪中遭本生親喪奔哭成服

之節……………………（六九八）
所後喪中爲本生親喪持服行禫
之節………………（六九九）
本生親喪中行所後家練祥禫吉
……………………（六九九）
本生親喪中行所後家祭祀之節
……………………（六九九）
出繼子祭本生親…………（七〇〇）
無後本生親班祔…………（七〇〇）
出嫁女本生親喪諸節………（七〇一）
出嫁女爲本生親服…………（七〇一）
出嫁女本生親喪計聞訃日除服
當否………………（七〇一）
父母喪中在舅姑側受吊之節
……………………（七〇一）
父母喪中歸夫家諸節………（七〇一）
出嫁女親喪練祭無變除……（七〇一）
服中出嫁…………………（七〇二）
出嫁女喪畢後服色…………（七〇二）
妾子本生親喪諸節…………（七〇二）
妾子爲本生親服……………（七〇二）
承重妾子爲所生母喪服色……（七〇二）
庶孽婦人銘旌稱號…………（七〇三）
妾子所生母題主……………（七〇三）
妾孫爲其祖母服盡後主祥禫
……………………（七〇四）
妾子承重者其母葬前行祭當否
……………………（七〇四）
師友喪諸節…………………（七〇四）
師喪………………………（七〇四）

居憂中遭師喪……………………（七〇八）
朋友喪……………………………（七〇九）

禮疑類輯卷之十五

喪禮……………………………（七一三）
國恤……………………………（七一三）
服制總論……………………………（七一三）
臣民居國恤諸節……………………（七一四）
國恤奔哭……………………………（七一七）
國恤在外成服除服之節……………（七一八）
罪廢中及有叙後居國恤之節
……………………………（七二〇）
并有君父喪總論……………………（七二一）
王妃喪私親喪輕重…………………（七二三）
私喪中國恤成服……………………（七二四）
國恤中居私喪雜儀…………………（七二五）
私喪中遭國恤饋奠行廢用素
當否……………………………（七二六）
國恤中私喪葬期……………………（七二七）
國恤中私喪葬禮諸節………………（七二八）
國恤中私喪返魂儀節………………（七二九）
國恤中私喪虞卒哭…………………（七二九）
國恤中私喪練祥……………………（七三三）
國恤中并有私喪練祥………………（七三八）
國恤中練祥退行者本祥日行事
之節……………………………（七三九）
國恤中私喪禫吉……………………（七四〇）
國恤中私家改葬服行虞之節
……………………………（七四一）
國恤中私家大小常祀………………（七四二）

國恤中私家冠禮……（七四八）
國恤中私家昏禮……（七四九）

禮疑類輯卷之十六

喪變禮……（七五一）
聞喪……（七五一）
聞親喪未見訃書……（七五一）
生死交傳處變……（七五一）
聞親喪易服……（七五三）
聞親喪未奔哭……（七五三）
出使聞親喪……（七五三）
聞諸親及無服喪……（七五四）
親喪中聞外喪……（七五五）
發引及臨葬時聞喪……（七五六）
在官次聞諸親喪舉哀之節……（七五六）
聞訃後計入棺日成服……（七五七）
冠婚遇喪……（七五七）
臨祭遇喪……（七五七）
奔喪……（七五七）
奔喪被髮之非……（七五七）
奔喪所着……（七五八）
到家後諸節……（七五八）
主人奔喪與在家兄弟先後成服之節……（七五九）
所後喪中遭本生親喪奔哭成服之節……（七五九）
新婦未及見舅姑而赴舅喪……（七六〇）
出嫁女奔哭……（七六〇）
服人奔喪成服之節……（七六一）
追喪……（七六二）

親喪追服變除用聞訃成服兩日之辨……（七六二）
親喪追服與在家兄弟先後變除之節……（七六五）
母子聞喪各有先後變除之節……（七六八）
出嫁女本生親喪計聞訃日除服當否……（七六八）
病中遭親喪者練祥之節……（七六八）
追服退祥者本祥日行事前期告由之節……（七六九）
追喪除服前上食當否……（七六九）
喪期後滿者朝夕哭儀……（七七〇）
追喪禫祭……（七七〇）
主人追服者徑行祥禫退月服吉……（七七一）
立後追服之節……（七七二）
立後後告廟之節……（七七五）
立後後改題之節……（七七五）
立後追服者喪出再期後撤几筵當否……（七七六）
立後追服兩喪者成服先後……（七七八）
親喪中出繼改服之節……（七七八）
期功以下稅服當否……（七八〇）
出繼後所後家諸親追服當否……（七八一）
出嫁後夫黨諸親追服當否……（七八三）
親喪久後追服之非……（七八四）
代喪……（七八五）
父有廢疾子承重……（七八五）

父死喪中子代服……（七九三）
父在母喪而子死者其子代服當否……（七九七）
父喪中遭祖父母喪代服當否……（七九八）
嫡孫死喪中無後庶孫代之……（七九九）
代喪後告兩殯之節……（八〇一）
代喪後改題之節……（八〇一）

禮疑類輯卷之十七

喪變禮……（八〇三）
并有喪……（八〇三）
父母及祖父母偕喪襲斂入棺先後……（八〇三）
承重孫并有祖喪母喪飯含……（八〇四）
父母及祖父母偕喪成服先後……（八〇四）
立後追服兩喪者成服先後……（八〇五）
輕喪中遭重喪成服先後……（八〇五）
所後喪中遭本生親喪奔哭成服之節……（八〇六）
父死喪中子代服……（八〇六）
父喪中遭祖父母喪代服當否……（八〇六）
父喪中母亡服母……（八〇六）
母喪中父亡仍服母期……（八一〇）
父母偕喪設几筵持服……（八一一）
承重孫并有父母及祖父母喪持服……（八一五）
父喪未殯妻亡服妻……（八一七）

重喪中主輕喪……（八一八）
新喪成服前前喪上食當否……（八一八）
新喪葬前前喪上食用素當否……（八一九）
喪中死者祭奠用素當否……（八二一）
并有父母及諸親喪饋奠行事之節……（八二一）
新喪葬前前喪墓祭當否……（八二一）
并有父母喪朝祖時朝几筵……（八二三）
并有父母及祖父母喪發引先後……（八二三）
承重孫并有父母及祖父母喪先後葬……（八二四）
祖孫及母子偕葬……（八二五）
父母偕葬題主先後……（八二五）
父母偕葬返魂……（八二五）
臨葬遇喪……（八二六）
父母及祖父母偕喪虞卒……（八二七）
重喪中遭輕喪者重喪虞卒祔……（八二七）
并有喪卒哭小祥相值……（八二八）
并有父母喪祔祭……（八二八）
祖喪中孫死祔祖……（八二九）
所後喪中本生親喪祔祭……（八三〇）
重喪中諸親喪祔祭……（八三〇）
并有父母及祖父母喪練祥……（八三一）
并有喪前喪祥日變除之節……（八三二）
國恤中并有私喪練祥……（八三三）
親喪中期服追除當否……（八三三）
并有重喪中前喪禫祭行廢……（八三三）

重喪中遭輕喪者重喪練祥禫行廢……（八三六）
重喪中輕喪練祥備禮……（八三八）
并有喪吉祭……（八三八）
期功服葬前重喪吉祭行否……（八四〇）
本生親喪中行所後家練祥禫吉……（八四〇）
心喪中行重喪禫吉……（八四二）
母喪心制中遭父喪者祭母服色……（八四二）
所後喪中爲本生親喪持服行禫之節……（八四二）
父喪中妻喪練祥禫……（八四三）
并有君父喪……（八四四）
居憂中遭師喪……（八四四）

禮疑類輯卷之十八

喪變禮……（八四五）
道有喪……（八四五）
追後喪不可解斂飯含……（八四五）
大斂時追用幎握……（八四五）
在途喪到家成服……（八四六）
在途成服前饋奠……（八四六）
喪中身死……（八四六）
喪中死者襲斂衣服……（八四六）
喪中死者祭奠用素當否……（八四八）
喪中死者不行致奠……（八四八）
嗣子未執喪……（八四九）
子幼攝主……（八四九）
長子病廢次子攝主……（八五一）
嫡子廢疾次子傳重當否……（八五一）

父有廢疾子承重……（八五二）
無適嗣喪……（八五二）
爲長子立後次子不當主喪奉祀
……（八五二）
長婦次子中主喪當否……（八五四）
長子無嗣次子攝主……（八五五）
無衆子而長孫之弟攝主……（八五五）
適嗣死喪中練祥權主……（八五五）
妾子奉祀……（八五六）
因變故攝主……（八五六）
無後喪……（八五六）
有男主者婦人不可奉祀題主
……（八五六）
無男主者婦人奉祀題主……（八五八）
有本親則外孫不敢主喪……（八五九）
婦人喪夫黨爲主……（八六〇）
妻黨不可主喪……（八六〇）
養父母題主……（八六〇）
外祖考妣題主……（八六一）
無後諸親喪題主……（八六一）
無後宗子祔廟……（八六三）
無後諸親喪祝辭……（八六四）
無後諸親喪撤几筵遲速……（八六四）
長子無後班祔……（八六六）
繼祖禰之家兄亡弟及則兄主
別奉……（八六七）
無後諸親神主奉別室……（八六七）
無嗣祖妾神主……（八六八）
過期之禮……（八六九）
大斂成服不可同日……（八六九）

過期不葬者練祥禫變除之節……（八七〇）
過期不葬者期功諸服變除之節……（八七三）
過期不葬者祭先之限……（八七三）
追行之禮……（八七三）
大斂時追用幎握……（八七三）
七星板追用當否……（八七四）
成服有故追行……（八七四）
追後立主……（八七五）
祔祭有故追行……（八七七）
以染患重病追行練祥……（八八〇）
失禮追行大祥……（八八〇）
祔廟追行……（八八一）
兵火中權厝未備葬禮者追行諸節……（八八二）
追改之禮……（八八二）
改棺……（八八二）
誤成服追改之節……（八八三）
衰服補改可否……（八八三）
追改神主……（八八四）
神主誤題改正……（八八六）
染患中喪禮諸節……（八八七）
喪中避染疫當否……（八八七）
喪出癘疫不成服之非……（八八九）
饋奠不忌痘患……（八八九）
染患中成服未備者不可退行練祥……（八九〇）
以染患重病退行練祥……（八九〇）
避寓中行禫……（八九二）

以癘疫祔廟追行……（八九二）
山殯年久處變之節……（八九二）
喪中遇變亂諸節……（八九二）
喪中遇變亂奔問當否……（八九二）
兵火中權厝未備葬禮者追行諸節……（八九三）
亂後祔廟……（八九四）
被罪家喪禮諸節……（八九四）
銘旌題主請輓……（八九四）

禮疑類輯卷之十九

喪變禮……（八九七）
草殯……（八九七）
入棺前草殯成服……（八九七）
啓草殯至葬時諸祝辭……（八九七）
山殯年久者處變之節……（八九八）
權葬……（八九八）
總論……（八九八）
兵火中權厝未備葬禮者追行諸節……（八九九）
改葬權厝除緦服之節……（八九九）
改葬……（八九九）
總論……（八九九）
告廟之節……（九〇〇）
告墓之節……（九〇一）
改葬服……（九〇二）
改葬當服緦之類……（九〇二）
父喪中改葬母之服……（九〇四）
母喪中改葬父之服……（九〇六）
繼母葬前改葬母之服……（九〇九）

生母葬前改葬生父之服……（九〇九）
養妣服中改葬養考之服……（九〇九）
承重孫父喪中改葬祖之服
……（九一〇）
承重喪中改葬父母祖父母
之服……（九一〇）
三年内改葬之服……（九一一）
姑喪中改葬夫之服……（九一二）
期服中改葬父母之服……（九一二）
改葬時在家成服……（九一二）
改葬時攝主之服……（九一三）
吊服加麻之類……（九一三）
喪中祖父母以下諸親改葬時
服色……（九一四）
改葬服緦之節……（九一五）
國恤中私家改葬服……（九一五）
破墳出柩異日凡節……（九一六）
兩喪出柩改殯先後……（九一七）
改斂改棺之節……（九一七）
離先塋時朝祖墓當否……（九一八）
發引時設奠……（九一八）
兩喪發引相會之節……（九一八）
停柩設靈座靈寢……（九一九）
兩喪異殯……（九二〇）
吊……（九二一）
上食奠……（九二一）
三年内改葬兩設饋奠……（九二二）
兩喪几筵行饋奠之節……（九二三）
改葬與忌日生辰練祥相值……（九二四）
發引以後諸節……（九二五）

因喪改葬先輕後重……（九二五）
改葬虞……（九二六）
行虞當否……（九二六）
新舊喪合窆行虞之節……（九二八）
祖喪卒哭前行改葬母虞祭……（九三〇）
國恤中私家改葬行虞之節……（九三一）
葬畢告廟……（九三一）
告廟諸節……（九三一）
新舊喪改葬葬畢告廟……（九三二）
改葬後除服前諸節……（九三三）
改葬除服……（九三四）
除服之節……（九三四）
改葬權厝除緦服之節……（九三六）
仍舊復土後即除服……（九三六）
虛葬……（九三七）
虛葬之非……（九三七）
失君父……（九三九）
失君父處變……（九三九）

禮疑類輯卷之二十

祭禮……（九四三）
總論……（九四三）
廟祭世數……（九四四）
祭三代四代之説……（九四四）
祭三代家告祠祭四代當否……（九四七）
廟制……（九四八）
厦屋殿屋之制……（九四八）
昭穆之制……（九四九）

祠堂……………………………………………（九五〇）
祠堂之制………………………………………（九五〇）
龕制……………………………………………（九五一）
正寢……………………………………………（九五三）
合櫝……………………………………………（九五三）
前後室并祔……………………………………（九五三）
班祔……………………………………………（九五四）
總論……………………………………………（九五四）
長子無後班祔…………………………………（九五五）
諸祔位同入本龕内……………………………（九五五）
祔位坐次………………………………………（九五七）
班祔不論奉祀者疏戚尊卑……………………（九五九）
妻主別處之説…………………………………（九五九）
權祔……………………………………………（九六〇）
殤主班祔………………………………………（九六一）
婦未廟見祔廟可否……………………………（九六一）
無後本生親班祔………………………………（九六二）
天疾人不入廟之非……………………………（九六二）
祔主埋安………………………………………（九六二）
遺書遺衣………………………………………（九六三）
遺書……………………………………………（九六三）
遺衣……………………………………………（九六三）
祭田……………………………………………（九六五）
祔位祭田親盡後區處…………………………（九六六）
祭器……………………………………………（九六七）
影堂……………………………………………（九六七）
晨謁……………………………………………（九六八）
晨謁焚香………………………………………（九六八）
晨謁不計未潔…………………………………（九六九）
值忌祭行拜先後………………………………（九六九）

衆子獨行晨謁當否……（九六九）
喪中先廟晨謁……（九七〇）
出入告……（九七一）
參……（九七二）
每龕一大盤……（九七二）
饌品……（九七三）
茅沙……（九七四）
設盥盆不分内外……（九七四）
參禮服色……（九七五）
總論……（九七五）
幞頭襴衫皂衫帽子靴……（九七五）
幅巾深衣大帶黑履……（九七五）
凉衫……（九七六）
假髻特髻大衣長裙……（九七六）
背子……（九七六）
序立……（九七六）
出主……（九七七）
參降先後之異……（九七八）
獻拜之節……（九七九）
望日用酒與否……（九八〇）
閏月朔望參當行……（九八〇）
朔望奠婢僕代行之非……（九八一）
朔望只行焚香當否……（九八一）
忌祭與參禮相值行祀之節……（九八二）
朔日參禮與除服先後……（九八二）
喪中行參禮諸節……（九八二）
國恤中參禮……（九八二）
俗節……（九八二）
俗節名義……（九八二）
俗節增删……（九八五）

俗節墓廟并行……（九八六）
饌品……（九八七）
國恤葬前俗節……（九八九）
支子異居遇俗節……（九八九）
薦新……（九八九）
薦新諸節……（九八九）
三年内薦新……（九九一）
國恤葬前薦新……（九九一）
在外遇新物……（九九一）
支子異居遇新物……（九九二）
生辰祭……（九九二）
生辰祭當否……（九九二）
三年内生辰……（九九三）
子孫生日薦享當否……（九九三）
有事告……（九九四）
總論……（九九四）
冠昏告祠堂……（九九五）
告追贈……（九九五）
焚黄……（九九六）
有喪之家告追贈改題之節……（九九七）
延謚……（九九七）
告授官貶降及第生進……（九九八）
告生子……（九九八）
告喪……（九九九）
告移還安遷奉修改之節……（九九九）
喪中有事告先廟……（九九九）
告事祝……（一〇〇〇）
家廟移奉……（一〇〇一）
祠墓遇變……（一〇〇一）

禮疑類輯卷之二十一

祭禮……（一〇〇三）
時祭……（一〇〇三）
卜日……（一〇〇三）
總論……（一〇〇三）
丁亥之義……（一〇〇五）
环珓之制……（一〇〇六）
卜日雜儀……（一〇〇六）
孟月行吉祭者仲月行時祭
可否……（一〇〇七）
正位別廟時祭先後……（一〇〇七）
小宗家行時祭之節……（一〇〇七）
齋戒……（一〇〇八）
行時祭之所……（一〇一一）
考妣各卓……（一〇一二）
祔位設位……（一〇一三）
饌品……（一〇一四）
總論……（一〇一四）
果蔬……（一〇一六）
脯醢……（一〇一七）
佐飯切肉食醢……（一〇一九）
生魚肉用否……（一〇二〇）
湯炙品數……（一〇二三）
鹽醋醬……（一〇二四）
米食麵食……（一〇二六）
桃鯉燒酒油蜜果犬肉用否
……（一〇二七）
生時所嗜不嗜之物當用
與否……（一〇二九）
茅沙……（一〇三〇）

玄酒……（一〇三一）
時祭服色……（一〇三一）
設盥盆不分内外……（一〇三二）
行祭早晚……（一〇三二）
匙楪居中居西之辨……（一〇三三）
祭時男女位……（一〇三三）
詣祠堂奉主就位之節……（一〇三三）
出主……（一〇三四）
參降諸節……（一〇三五）
飯羹左右之義……（一〇三六）
酌獻之節……（一〇三八）
祭酒之義……（一〇三八）
啓飯蓋……（一〇三九）
告祝之節……（一〇三九）
祝文……（一〇三九）
讀祝……（一〇四〇）
獻祔位之節……（一〇四〇）
亞獻終獻……（一〇四一）
三獻皆進炙……（一〇四三）
扱匙正筯之節……（一〇四三）
闔門……（一〇四四）
徹羹進茶伏立之節……（一〇四五）
受胙……（一〇四六）
告利成之義……（一〇四七）
告利成……（一〇四八）
下匙筯合飯蓋……（一〇四八）
祖先生日行時祭……（一〇四八）
減墓祭行時祭之説……（一〇四九）
貧家行時祭之説……（一〇五〇）
時祭替行當否……（一〇五〇）

三年内几筵時祭行否……（一〇五一）
國恤中時祭……（一〇五一）
附土神祭……（一〇五一）
初祖先祖祭……（一〇五三）
禰祭……（一〇五四）
總論……（一〇五四）
卜日齋戒設位饌品以下行祀
諸節……（一〇五五）
禰祭過時不行……（一〇五六）
禰祭替行當否……（一〇五六）
喪中禰祭……（一〇五六）
三年内几筵禰祭……（一〇五六）

禮疑類輯卷之二十二

祭禮……（一〇五七）
忌祭……（一〇五七）
總論……（一〇五七）
閏月小月晦日死者忌日……（一〇五八）
兩日間死者忌日……（一〇五九）
行忌祭之所……（一〇六〇）
考妣并祭單設……（一〇六〇）
齋戒服色食素之節……（一〇六三）
饌品……（一〇六五）
茅沙用一器二器之辨……（一〇六五）
玄酒……（一〇六五）
設盥盆不分内外……（一〇六六）
祭時服色……（一〇六六）
行祭早晚……（一〇六八）
匙楪居中居西之辨……（一〇六九）
祭時男女位……（一〇六九）

詣祠堂奉主就位之節……（一〇六九）
出主……（一〇六九）
參降之節……（一〇六九）
飯羹左右之義……（一〇六九）
祭酒之義……（一〇六九）
啓飯蓋……（一〇七〇）
告祝之節……（一〇七〇）
祝文……（一〇七〇）
諸親忌祝有無之辨……（一〇七一）
父祭妻子讀祝當否……（一〇七二）
讀祝……（一〇七二）
舉哀之節……（一〇七二）
亞獻終獻三獻各進炙……（一〇七四）
論加供之非……（一〇七四）
扱匙正筯闔門啓門撤羹進茶伏立之節……（一〇七四）
告利成之義……（一〇七四）
告利成……（一〇七五）
諸親祭告利成當否……（一〇七五）
下匙筯合飯蓋……（一〇七五）
祭卑位拜坐立當否……（一〇七五）
兩忌同日行祀先後……（一〇七六）
忌祭與參禮墓祭相值行祀之節……（一〇七六）
先忌與卒祔祥禫相值行祀之節……（一〇七六）
子孫忌日值先忌用肉……（一〇七六）
忌墓祭輪行……（一〇七七）
齋舍或他所行忌……（一〇七七）
旅次及異居遇先忌……（一〇七七）

喪中行忌祭諸節……（一〇七七）
國恤中私忌……（一〇七七）
忌日私居服色……（一〇七七）
忌日接人供客之節……（一〇七八）
墓祭……（一〇七九）
總論……（一〇七九）
四名日行祭本義……（一〇八一）
墓祭增減同異……（一〇八二）
齊戒……（一〇八六）
饌品……（一〇八六）
祭時服色……（一〇八六）
總論……（一〇八六）
深衣……（一〇八七）
布席陳饌……（一〇八七）
進饌諸節……（一〇八七）
匙楪居中居西之辨……（一〇八八）
飯羹左右之義……（一〇八八）
參降之節……（一〇八八）
祭酒之義……（一〇八九）
啓飯蓋……（一〇八九）
扱匙正筯之節……（一〇九〇）
告祝之節……（一〇九〇）
祝文……（一〇九〇）
讀祝……（一〇九〇）
三獻各進炙……（一〇九〇）
侑食當否……（一〇九〇）
進茶……（一〇九一）
下匙箸合飯蓋……（一〇九一）
齋舍合祭或前期次日行祀……（一〇九一）

忌祭與墓祭相值行祀之節……（一〇九四）
上下墓及考妣位易次行祀之節……（一〇九四）
先祖墓同岡一獻之禮……（一〇九六）
墓祭行於家廟……（一〇九七）
俗節廟墓并行……（一〇九七）
支子祭先墓……（一〇九七）
墓祭奴子代行……（一〇九七）
三年内新山墓祭……（一〇九七）
葬同先塋三年内墓祭……（一〇九八）
合葬三年内墓祭……（一〇九八）
新喪葬前前喪墓祭當否……（一〇九八）
國恤中墓祭……（一〇九八）
墓祭輪行……（一〇九八）
附后土祭……（一〇九八）
后土先墓行祭先後……（一〇九八）
饌品祝文……（一〇九九）
喪中祭土神……（一一〇〇）
告祭省墓……（一一〇一）
有事告墓……（一一〇一）
省墓……（一一〇一）
始謁遠祖墓時哭拜當否……（一一〇二）
祠墓遇變……（一一〇二）

禮疑類輯卷之二十三

祭禮……（一一〇三）
遞遷……（一一〇三）
遞代只計奉祀孫世代不論母在否……（一一〇三）

最長房之義……（一一〇四）
長房遞奉之節……（一一〇五）
宗子死無子祧主移奉之節……（一一〇六）
庶孽奉祧主……（一一〇七）
出後子孫不用最長房之制……（一一〇八）
祧主還奉祠堂……（一一〇九）
最長房有故次長房奉祀當否……（一一〇九）
祧主不遷於長房則奉別室或別廟當否……（一一一〇）
攝祀家祧遷……（一一一二）
祭三代者高祖神主奉別室……（一一一三）
祧主改題之節……（一一一三）
祧廟奉安時告本祠堂之節……（一一一四）
長房祭祧主時親盡宗子位次……（一一一五）
遞遷時遺衣服隨遷……（一一一五）
正位遞遷後祔主埋安……（一一一五）
祧廟展謁時薦獻……（一一一六）
不遷之位……（一一一七）
親盡祖有勛不遷高祖別奉……（一一一七）
始封勛不遷次勛當遷……（一一一八）
大典奉祀條始爲功臣者代雖盡不遷別立一室……（一一一八）
不遷位墓所或宗家立廟高

祖不遷……（一一一九）
不遷位墓下有書院則當立別廟於宗家……（一一二二）
不遷位別廟不可同奉親廟四代……（一一二三）
王后考妣與功臣不遷不同……（一一二三）
從享之人不遷當否……（一一二三）
遠代不遷位稱號……（一一二五）
別室藏主……（一一二五）
王后考妣代盡奉別室……（一一二五）
祭三代者高祖神主奉別室……（一一二六）
祧主不遷於長房則奉別室……（一一二六）
親盡祖有勛不遷高祖別奉……（一一二六）
不遷位墓下有書院則當立別廟於宗家……（一一二六）
無後本生親奉別室……（一一二七）
繼祖禰之家兄亡弟及則兄主別奉……（一一二七）
無後諸親神主奉別室……（一一二七）
妻主別處之說……（一一二七）
班祔難容龕內者奉別室……（一一二七）
承重妾子祭其母……（一一二七）
出嫁女神主奉別室……（一一二八）
墓所藏主……（一一二八）
始祖神主藏于墓所……（一一二八）
不遷位墓所立廟……（一一三〇）

祧位歲祭……（一一三〇）
支子諸禮……（一一三二）
支子立祠……（一一三三）
姪父自立祠堂遷徙之義……（一一三三）
支子自主之祭……（一一三四）
支子權行廟祭……（一一三五）
論加供之非……（一一三六）
支子祭先墓……（一一三六）
忌墓祭輪行……（一一三七）
異居遇先忌……（一一三八）
支子官次不敢奉先廟……（一一三八）
妾子諸禮……（一一三九）
妾子奉祀……（一一三九）
妾母祭代數……（一一三九）
承重妾子祭其母……（一一四〇）
承重妾孫爲其所生祖母主喪祭當否……（一一四一）
庶孽奉祧主……（一一四一）
外庶孫奉祀者所生外祖母稱號……（一一四一）

禮疑類輯卷之二十四

祭變禮……（一一四三）
臨祭有故……（一一四三）
臨祭遇喪……（一一四三）
死者有服無服行祭廢祭之説……（一一四六）
有喪産廢祭當否……（一一四六）
染疫廢祀當否……（一一四七）
喪中行祭……（一一四九）

兩祭相值……（一一四九）
　兩忌同日行祀先後……（一一四九）
　忌祭與參禮墓祭相值行祀
　　之節……（一一五〇）
　先忌與卒祔祥禫相值行祀
　　之節……（一一五一）
　子孫忌日值先忌用肉……（一一五二）
　俗節墓廟并行……（一一五二）
異居行祭……（一一五三）
　告廟設虛位……（一一五三）
　避寓中行時祀當否……（一一五三）
　齊舍或他所行忌祭……（一一五三）
　旅次及異居遇先忌……（一一五四）
　墓祭行於家廟……（一一五六）
　紙榜參降之節……（一一五六）
祭祀攝行……（一一五七）
　主人不與祭使人攝行……（一一五七）
　妻祭使子攝主……（一一五八）
　時祭替行當否……（一一五九）
　墓祭奴子代行……（一一五九）
支子祭先……（一一五九）
　支子權行廟祭……（一一五九）
　支子祭先墓……（一一六〇）
　忌墓祭輪行……（一一六一）
次嫡奉祀……（一一六一）
　長子無後次子之子奉宗祀
　　……（一一六一）
　嫡子廢疾次子傳重當否……（一一六三）
　長婦立後次子還宗事當否
　　……（一一六三）

妾子奉祀……（一一六三）
總論……（一一六三）
良妾子奉祀……（一一六五）
婢妾長子奉祀他婢所生不可奉祀……（一一六五）
妾子得罪者奉祀……（一一六六）
次嫡無嫡子還宗于長子之庶子……（一一六六）
承重奉祀代數……（一一六六）
承重妾子稱孝……（一一六七）
立後奉祀……（一一六七）
爲長子立後次子不當主喪奉祀……（一一六七）
立後後行吉祭之節……（一一六八）
兄亡弟及後兄妻立後……（一一六八）
立後諸節……（一一七〇）
攝主奉祀……（一一七〇）
傳重攝祀……（一一七〇）
子幼攝主……（一一七〇）
長子病廢次子攝主……（一一七〇）
長子無嗣次子攝主……（一一七〇）
無衆子而長孫之弟攝主……（一一七三）
嫡孫死喪中練祥權主……（一一七四）
因變故攝主……（一一七四）
祭祀攝行……（一一七五）
攝祀家祧遷……（一一七六）
侍養奉祀……（一一七六）
侍養奉祀當否……（一一七六）
出繼人之子還繼本生祖……（一一七七）
外孫奉祀……（一一七七）

總論外孫奉祀之非……（一一七七）
外孫奉祀稱號代數……（一一七八）
外祖前後室并奉……（一一八〇）
奉祖禰及祖禰外祖者行祀先後……（一一八〇）
外庶孫奉祀者所生外祖母稱號……（一一八〇）
出繼子祭本生親……（一一八一）
祭本生親祝辭屬稱……（一一八一）
無後本生親班祔……（一一八一）
無後本生親奉別室……（一一八一）
出繼人之子還繼本生祖……（一一八一）
承重妾子祭本生母……（一一八三）
承重妾子祭本生母諸節……（一一八三）
承重妾孫爲其所生祖母主喪祭當否……（一一八三）
家廟移奉……（一一八四）
移居出次奉廟……（一一八四）
謫中奉廟……（一一八五）
亂時奉廟……（一一八五）
祠墓遇變……（一一八六）
祠堂火……（一一八六）
廟主見失……（一一八八）
失廟主還得處變之節……（一一八八）
廟主有蟲變……（一一八九）
墳墓遭水火……（一一八九）
墳墓遇賊……（一一九〇）
失墳墓處變……（一一九一）

禮疑類輯附録上

宗法……（一一九三）
大宗小宗之别……（一一九三）
傳重……（一一九五）
黜嫡……（一一九六）
得罪倫常不得奉祀……（一一九六）
嫁母子爲後……（一一九七）
支子祭先……（一一九七）
次嫡奉祀……（一一九七）
妾子奉祀……（一一九七）
立後奉祀……（一一九八）
攝主奉祀……（一一九八）
立後諸節……（一一九八）
總論……（一一九八）
爲長子立後次子不當主喪奉祀……（一一九九）
獨子爲大宗後……（一一九九）
立後不用遺命……（一二〇〇）
立後不待爲後者之許……（一二〇一）
立後不可捨近取遠……（一二〇一）
立後必聞官……（一二〇一）
上言立後……（一二〇二）
前後妻没後立後爲前妻子……（一二〇四）
長婦立後次子還宗事……（一二〇四）
立後追服之節……（一二〇四）
立後後告廟之節……（一二〇四）
立後後改題之節……（一二〇五）
立後追服者喪出再期後撤几筵當否……（一二〇五）

立後追服兩喪者成服先後……（一二〇五）
親喪中出繼改服之節……（一二〇五）
未聞官立後變禮……（一二〇五）
立後昭穆失序……（一二一〇）
立後後生己子……（一二一一）
罷繼歸宗……（一二一二）
身死後罷繼者還爲立後承祀……（一二一三）
禮斜後有改正之議處義……（一二一六）
出繼人之子還繼本生祖……（一二一六）

禮疑類輯附録下

雜禮……（一二一七）
居家雜儀……（一二一七）
定省之禮……（一二一七）
朔望拜禮……（一二一八）
上壽侍食教之自名……（一二一九）
上壽……（一二一九）
侍食……（一二一九）
教之自名……（一二一九）
夫婦相拜……（一二二〇）
内外親黨稱號行次……（一二二〇）
兼親稱號……（一二二三）
嫡庶間稱號位次……（一二二四）
諱法……（一二三一）
署押面簽……（一二三二）
附處倫常之變……（一二三三）
得罪倫常不得奉祀……（一二三三）
子婦放出之説……（一二三三）

以妾爲妻之變……（一二三四）
附被罪家處義……（一二三五）
被罪家喪禮諸節……（一二三五）
被罪家子弟赴舉當否……（一二三五）
堂室之制……（一二三五）
正寢廳事……（一二三五）
廟制……（一二三六）
祠堂之制……（一二三六）
冠服之制……（一二三六）
緇冠幅巾帽子幞頭……（一二三六）
深衣大帶……（一二三六）
黑履……（一二三七）
襴衫皂衫……（一二三七）
凉衫……（一二三七）
四䙆衫勒帛……（一二三七）
野服……（一二三七）
假髻特髻……（一二三九）
大衣長裙……（一二三九）
帔……（一二三九）
背子……（一二三九）
衻衣……（一二三九）

禮疑類輯序

禮惡乎本？本乎情。情惡乎發？發乎性。性惡乎受？受乎天。天之理賦於人而爲性。性之欲應乎物而爲情。情之致餙而見諸事者，節其中得其所安，則禮也。子思子曰：「喜怒哀樂之未發謂之中，發而皆中節謂之和。和也者，天下之達道也。」是故即是道而文之曰禮，由是禮而行之曰道。道即禮，禮即道，其實一也。道也者，不可須臾離，可離非道也。自夫日用飲食起居之節，以至事君父、序上下、尊天地、賓鬼神，是道是禮。夫豈有一物之遺，一息之間哉？人能順遂其性而求適乎情之所安，則庶幾無待於外，而自合乎禮也。惟其情肆性鑿，迷亂而不識其宜，故先王制禮，以詔天下後世，斯即脩道之爲教也。禮儀三百，威儀三千，其爲教也備矣。而天下之事變無窮，故所以應之者亦無窮。自曾子設問於夫子，其後賢儒隨其所遇之變，而各有論説，雖未必盡合於聖人，而要之補經傳之闕遺，以助時王之教者也。《遼史》稱朝鮮有箕子遺俗，緣情制宜，隱然有尚質之風。夫能緣情制宜，則其於禮固幾矣。暨我朝，刊聖作興，儒教彬蔚。三百年來，士之以知禮名者，無慮四五十家。凡於古訓之疑晦難明，時變之舛互不齊者，皆有所反覆質問，援引闡發，而第患其言散見，卒難搜考，故諭善朴聖源，乃盡取諸家之書，會稡分彙，以冠、婚、喪、祭爲目，附以宗法、雜禮，凡若干卷，名曰《禮疑類輯》。予覽而嘉之，亟命芸館刊布。雖窮僻孤陋之士，得是書而有之，則當其遇事起疑，庶可開卷瞭然，有所據依而行之，其有補於禮教，豈云少哉？雖然，儒先論禮之説，非有他也，即揆其情之所安而爲之節，求以合乎本然之性而已。學者能因其説而究其理，有得乎性情之微，則其言之所不及，亦可以推類而義起。苟無所自得，而秖以考據而已，則事變之無窮，其盡於是書乎？《易》曰：「精義入神以致用也，利用安身以崇德也。」合内外之道也。徒博而不能約，則禮云乎哉？予故溯其本而論之，使學者知所務云爾。予即祚之。七年癸卯孟冬初九日。

奎章閣原任直閣通政大夫，守原春道觀察使，兼兵馬水軍節度使巡察使，原州牧使知製教臣徐鼎修奉教謹書。

禮疑類輯序

有家日用之禮，莫重於冠、昏、喪、祭，而常變不一，則《曾子問》一篇辨析詳矣；古今異宜，則朱先生《家禮》參酌盡矣。然天下之事變愈無窮，前人之議論或不到者，亦不能無待於後也。我東賢儒輩出，禮學大明，疑而有問，問而有解；又或有自爲著説，雖其詳略同異之不齊，而要皆爲參互援據之資。蓋曾子之所未問，《家禮》之所未載者，亦多所發明，其有補於《禮經》大矣。顧其爲説各成一書，而或散出於諸家文集中。窮鄉之士既無以盡蓄，卒遽之際又難乎遍考，是以人遇無於古之變禮者，雖有先輩所已論，而輒自矇然，或於一書得其説，而不知諸書又有他説，卒無以參證而折中焉。所以書雖多而用則闕，學者常病之。潛溪李公惟哲氏承家學淵源，而尤致意於禮。既編前古禮論爲《四禮集説》，又取我東沙溪《問解》、尤庵《禮疑》、南溪《禮説》而合録之，别爲一部。其意蓋不止此，將以博採衆説，次第收入。而二書俱未了，公遽即世矣。其胤希正甫以公遺命屬聖源訖工，聖源惟不克承當是懼，嘗以是稟于我陶庵先生，先生教以《集説》固爲《家禮》羽翼，然猶不如東賢禮論之最切於應變，又近而可易徵也。遂謹就其合編三書者，删其繁複，定其次第。又博考諸集，攟摭要語，凡二十九家，三十七書，逐條補入，一如原例。

而若其分條定目，實與同門友俞彦鏶士精共之。蓋費十數年精力，而書始脱藁。原書二十四編，附録二編，總名之曰《禮疑類輯》。於是乎上下數百載間，許多疑變之禮，同異之説，一開卷瞭然，庶幾人之有疑莫證、臨卒難考者，有以證之詳而考之便。嗚呼！此實潛溪公所以始乎用力者，而亦賴我先師指導，卒底于成。覽者尚可以知厥功之所自也。顧此衰病已甚，神精都耗，更無餘力可及於《集説》，無以盡副李公遺托，是爲可愧也已。

崇禎紀元後三戊寅仲夏下浣凝川朴聖源書。

禮疑類輯引用書目

《晦齋集》文元公李彥迪所著。
《河西集》文靖公金麟厚所著。
《退溪集》文純公李滉所著。
《退陶言行録》退溪門人所録。
《頤庵集》文端公宋寅所著。
《蘇齋集》文簡公盧守慎所著。
《高峰集》文憲公奇大升所著。
《栗谷集》文成公李珥所著。
《擊蒙要訣》上同。
《牛溪集》文簡公成渾所著。
《松江集》文清公鄭澈所著。
《龜峰集》宋翼弼所著。

《寒岡集》文穆公鄭逑所著。
《西厓集》文忠公柳成龍所著。
《沙溪集》文元公金長生所著。
《家禮輯覽》上同。
《喪禮備要》上同。
《疑禮問解》上同。
《朽淺集》掌令黃宗海所著。
《旅軒集》文康公張顯光所著。
《愚伏集》文莊公鄭經世所著。
《續疑禮問解》文敬公金集所著。
《浦渚集》文孝公趙翼所著。
《冶谷集》掌令趙克善所著。
《澤堂集》文靖公李植所著。
《尤庵集》文正公宋時烈所著。
《華陽語録》尤庵門人崔慎所録。

《同春集》文正公宋浚吉所著。

《市南集》文忠公俞棨所著。

《南溪禮説》文純公朴世采所著。

《三禮儀》上同。

《静觀齋集》文貞公李端相所著。

《遂庵集》文純公權尚夏所著。

《農庵集》文簡公金昌協所著。

《芝村集》文簡公李喜朝所著。

《陶庵集》文正公李縡所著。

《四禮便覽》上同。

禮疑類輯凡例

一、取我東諸賢禮疑答問及著説論禮者，略加抄節，以類編輯，而專以冠、昏、喪、祭四禮爲主。

一、今此《類輯》，只爲便於觀覽，故分門立條，不能盡從《家禮》之序。或隨事而添入别目，如昏禮中不娶同姓之類。或以類而移此合彼。如祠堂章合于祭禮。

一、各目中如《喪禮》復條浴後去復衣、復衣不用襲斂等諸節，宜皆屬於復條。而初終急遽之時，臨浴當襲，或未知上款復條有此説，而忽易焉。故去復衣之説，則列於浴條；復衣不用之説，則列於襲條，而於復條則只書原目，注以詳見某條，他皆倣此。

一、五服之制，當以斬齊三年、杖期不杖期、大小功緦爲目，而斬齊三年者非一，杖期不杖期亦不一其類，至於功緦以下尤爲浩繁。或難於臨猝尋見，故勿論服之輕重，凡屬於本宗者，統以爲本宗服爲目，而又以父在爲母、祖在爲母之類，各爲小目以屬之。餘皆倣此，以便考閲。

一、喪葬諸具所當預備，故先以治喪具、治葬具爲目，如襲具、斂諸具諸説列於治喪具條，而至襲條、斂條則只書原目，注以見治喪具條。葬亦倣此。

一、祭禮自虞以下至忌墓祭大同小異，而時祭爲祭之備，故其大同處則只於時祭備書，而其小異處又於各祭條書之。

一、此書既以四禮爲主，如傳重立後之法，與夫居家雜儀、堂室衣服之制，雖亦不出於常禮之外，而名義稍異；又以許多諸説混録，則亦甚繁雜，故此則別爲附録，而傳重立後，名以「宗法」，居家以下，則名以「雜禮」，以置四禮之後。

一、每卷首第二行低一字，書大目。如冠禮、昏禮。第三行低二字，書小目。如冠禮爲大目，則告祠堂、迎賓之類爲小目。第四行低三字，書次小目。如昏禮中親迎爲小目，則設位、醮子之類爲次小目。而其中又有小目者，低四字書之。如喪禮五服爲小目，而本宗服爲次小目，則父在爲母之類，又爲本宗服之小目。又或於一目之中，諸説浩多，不可無細分者，則略以小注標之，如深衣右總論、右裁衣身法、右裁裳法之類。以便考覽。

一、諸賢之説，固不無同異得失之不一，而不敢以意去取，俱爲載録。其中有無甚關緊，或一人説中語意重疊者，或諸賢已有定論、其他説別無新意見者，則略加删減。又或截去頭尾間例用之辭，以就省約。

一、諸條中有彼此互看者，各注其下，以備參考。雖一問答之語，而有頭項不同，則亦分屬各條。

一、不見問目而可知答語者，删其問目。不得已可存者，節略採入。

一、勿論答問與平説，其主説之人，一併書以別號。

一、一章之内列書諸賢説，而不拘年代，各隨其事序，而或先或後，其無大關緊處，只從年次書之。

一、問者之書名書字當一依本文，而一人之各見於諸書者，或名或字或號，其例不一。此編則輯爲一書，規例有別，不可無一定之法，而人之易知，字不如名，故并以姓名雙書。名未考者，書字。而或有加別號於段首者，所以尊異之也。

一、不書問目而直書某曰云云，則其下注以答某問者，不見於本文，則亦闕之。其自爲著説，如栗谷《擊蒙要訣》、沙溪《家禮輯覽》，則亦注其書名。

一、我東諸儒論禮之説，固不止此，而或有見聞未接處，亦有未及刊行者，姑不盡録。

禮疑類輯卷之一

冠禮

總論

問：「冠禮只舉士而名之？」曰：「士冠禮，至於昏、喪亦然。」李惟泰。沙溪曰：「《禮經》及朱子説可考。」

《士冠禮》疏曰：「《周禮》六官六十，叙官之法，事急者爲先，不問官之大小。《儀禮》見其行事之法，賤者爲先，故以士冠爲先，無大夫冠禮，諸侯冠次之，天子冠又次之。其昏禮亦士爲先，大夫次之，諸侯次之，天子爲後。」又按《曲禮》曰：「禮不下庶人。」注曰：「庶人卑賤貧富不同，故《經》不言庶人之禮。」古之制禮者，皆自士而始也。先儒云：「有其事則假士禮而行之。」蓋《家禮》所以只據士禮而作，恐亦是此意歟？○《大全》：問：「庶人吉凶，皆得同行士禮，以禮窮則同之可也，故不别制禮焉，不審然否？」朱子曰：「恐當如此。」

問「二十而冠，十五而笄」二段：「陽數奇陰數偶，故嫁娶之時，皆以此爲節。而冠笄則男用偶數，女用奇數者何耶？」沈世熙。南溪曰：「《冠義》注陳氏曰：『男者陽類，二十而冠，以陰而成乎陽。女者陰類，十五而笄，以陽而成乎陰。陰陽之相成，性命之相通也。』」

冠禮父母昏禮主婚者異同 見昏禮

告祠堂

尤庵曰：「命其次宗子云云者，雖自冠其子，而必告於大宗之祠，故其祝板亦以宗子爲主。」答郭始徵。

又曰：「古禮，冠位皆在廟中，而《家禮》祠堂章祝文式有『非宗子不言孝』之文，據此，宗子有故，支子必於廟行事，可知也。不然，繼高祖之宗子有故，何不設高祖位於私室，而必命次宗子乎？廟雖相遠，必就而行之，恐爲得禮也。」答權諰。

又曰：「繼高祖之宗有故，則命其次宗子，若其父自主之。次宗子，謂繼曾祖或繼祖之宗子也。其父，謂繼禰之宗子也。據此，則行之禰廟，《家禮》已言之矣，復何疑乎？若是繼禰者之弟，則亦當告於禰廟，而自冠其子矣。」答沈世熙。

問：「告祠堂注只云某親。」李遇輝。尤庵曰：「某親之下，當書其名，蓋父前子名，禮也。」

問：「若冠者是宗子之三從弟，則只告於高祖乎？冠者之曾祖、祖父，又若異廟，則亦各其宗子告之耶？」柳貴三。南溪曰：「似當只告於冠者所自出之主，而異廟者不必并告，行禮後因其宗子而謁之而已。告時冠者亦不參。」

又曰：「雖繼曾祖以下之宗，前期三日告祠堂時，當用告高祖祠堂之禮。雖高祖祠堂，若不行冠禮於其祠，則冠後見祠堂，當如見曾祖祠堂之禮，其告辭云云則同。蓋所謂父母無期以上喪者，實指宗子而言。必如此，然後方可行禮。故或行於高祖廟，或行於曾祖廟，無定所也。」答金相殷。

又曰：「命其次宗子者，繼高之宗有故，使繼曾之宗行禮於曾祖廟也。若其父自主者，繼高之宗有故，使冠者之父代告於高祖廟而行禮也。二項各不同，繼曾之宗，自告其祖廟，安有介子某之稱耶？」答鄭尚樸。

問：「主人告于祠堂，祝文曰『某之某親之子』，以冠者見于祠堂，告辭則曰『某親某之子』。此下戒賓之辭及昏禮婿家告祠堂，則與主人告于祠堂同稱。宿賓之辭及昏禮女家告祠堂，則與冠者見于祠堂同稱。規例不一，何耶？」鄭尚樸。南溪曰：「宿賓事已迫。以冠者見，見其身。女家告祠，不稱女名。此三者，義當名其父，餘則可以親屬行第通稱而無所妨，故恐諸祝辭皆由於此矣。至於稱宗子名爲始告之例稱，又何疑耶？」

將冠者服

四䙆衫

南溪曰："「四䙆衫，《儀節》云：『䙆，衣裾分也，即今四袴衫。』」答羅斗甲。

勒帛

沙溪曰："「勒帛，丘氏曰『裹足也』。宋嘉祐中，歐陽公爲考官，以朱筆橫抹舉子文，自首至尾，謂之紅勒帛。向年見漢人以布三四尺裹足至膝，縛繞袴管，恐此即是勒帛也。似與歐公語合。」

三加冠服

總論

栗谷曰："「三加，欲初加笠子，再加頭巾，三加紗帽角帶。」與牛溪。

沙溪曰：「無幅巾，則以程冠爲初加，笠子爲再加，儒巾爲三加。」答李惟泰。

尤庵曰：「老先生程冠之説，是出於不得已也。蓋以爲與其以無幅巾而廢禮，毋寧用此而成禮之，猶爲愈也。蓋本先賢所嘆拘於小不備，而歸於大不備之説也。皂衫如今黑團領，凡上衣之染黑者，皆可用也。初加若無深衣，則用朝服亦可。蓋古禮初加服玄端，玄端是朝服也。《禮》曰『朝玄端，夕深衣』，是玄端與深衣相對，而今世朝服又近於玄端矣。」答沈世熙。

又曰：「據古禮，則初加只加緇布冠，若無幅巾，則只用緇冠，恐無妨。古禮初加用玄端，玄端尤不易，然只用玄色服，則略有據矣。沙溪先生嘗答此問曰：『無幅巾則以程冠爲初加。』三加之服，據《家禮》，則用公服，當用今世學校所服之服矣。皂衫則《家禮》用於再加，今用於三加，未知如何？」答俞命賚。

同春曰：「若無深衣諸具，則用直領道袍某冠等似宜，再加用笠與紅團領，三加用頭巾黑團領，如何？」答閔泰重。

又曰：「冠禮初加既用五彩絛，再加用某帶，三加用學子所着革帶，無乃爲穩耶？」答静觀齋。

南溪曰：「緇冠、皮弁、爵弁以爲三加之制者，蓋皆先輕而後重也。」答高益謙。

又曰：「冠禮三加。凡禮以三爲度者，恐或天、地、人三才之道也。」答沈世熙。

又曰：「冠禮依《家禮》用幞頭，非不井然有據。第丘《儀》、《問解》皆言，今制非有官者，不可用公服，乃以儒巾代之，則恐難違此而直從《儀禮》《家禮》也。」答崔錫鼎。

陶庵曰：「冠禮，冠服無可借，如不得已，則進士青衫可借用。曾聞同春先生鄉居，借用及第新紅袍云。」答羅烱奎。

緇冠

尤庵曰：「緇冠頭圓，故着於頭者，無不圓矣。武既圓，則梁亦隨其圓而接着矣，未見其不便也。」答沈世熙。

又曰：「緇冠只用《家禮》寸數，則髻大者高闊頗不着，不得已當稍寬其寸數，以相着爲度矣。如深衣袖，雖以一幅爲準，而一幅不能反屈及肘，則不拘於一幅，亦此類也。」答閔泰重。

問：「《大全·深衣制度》曰『武前後三寸，左右四寸』，其下文曰『上爲五梁廣四寸』云云。梁是跨頂前後者，則以四寸之梁，着於三寸，袤不相合矣。《大全》恐傳寫之誤也。」鄭尚樸。南溪曰：「恐當以《家禮》爲正。」

幅巾

問幅巾「幅」字之義。吴遂昌。南溪曰：「用黑繒一幅，故以此爲名歟？」

問幅巾之制。李惟泰。沙溪曰：「以《朱子大全》及《性理大全·補注》之説觀之，既有巾額，又有幓子，明矣。國俗泥於《家禮》卷首圖，直以巾額爲幓子。而又摺一邊刺之，如衣裾之制而已，至於當中作幓之制，棄而不爲，是何等制也？」

《朱子大全》「幅巾刺一邊，作巾額，當中摺幓」云云。○《性理大全·補注》「用皂絹六尺許，當中屈摺爲兩葉。就右邊屈處，摺作小横幓子」云云。

尤庵曰：「幅巾無巾額之文，《家禮》與《大全》互有詳略，兼看相足可也。」答沈世熙。

問：「自幓左四五寸間之左字，文義似甚未瑩。」吴遂昌。南溪曰：「必以幓左言之，方有依據。」

深衣

問：「金而精制深衣用綿布，性傳疑其當用白麻布。」禹性傳。退溪曰：「亦未知的是何布，然綿布韌，無乃好乎？」

又曰：「今考向留時山正深衣，別集用丘氏《儀節》，衣六幅，裳六幅，故左右有襟，其綴裳之法，全與《家禮》不同矣。滉常疑《家禮》及《大全》書深衣圖，裳前後各六幅，前則以左揜右，疊六爲三，以當後仍六幅之廣，其形制相舛不相應，故丘氏之法，宜若可用。今所裁制不用丘說，只依《家禮》衣身四幅、裳十二幅之制，其前後廣狹亦不相舛，便於著用。所以然者，其前六幅自分左右在兩旁，不以相揜故也。然則衣四裳十二非誤，乃作圖者誤爲相揜，以應曲袷之說耳。○用丘制，則宜於曲袷，而似嫌於太鑿。爲新制，今依《家禮》自爲得體，但於曲袷微有未恰耳。」答金就礪。

南溪曰：「深衣制度既以指尺爲之，恐無不稱之理。劉氏說亦有不通處，瘦者猶可略削其幅，而肥者難以別添他幅。」答羅斗甲。

問：「深衣不得廣布，則非古制也。以道袍爲襲之上服，何如？」金光五。遂庵曰：「深衣，禮服也。不得廣布，則雖連幅，猶愈道袍。」右總論。

沙溪曰：「按衣全四幅，如今之直領衫，但不裁破腋下，俗所謂對襟是也。丘《儀》從白雲朱氏之說，欲於身上加内外兩襟，左掩其右。今人又裁破腋下而縫合之，綴小帶於右邊，如世常服之衣，非古制也。」《家禮輯覽》。

陶庵曰：「深衣裁法稍加分寸之說，已詳於《家禮輯覽》。蓋前留四寸，而後留一寸也。或曰『留寸非朱子本意，莫若作方領時，兩肩上裁入三寸，反摺剪去之際，毋直而斜摺之，則衣下齊自爲全幅，而兩襟之會不期方而自方，雖不留分寸，而裳下齊自整，布勢平直，而無横斜之患。如此則朱子領緣廣二寸之説自明』云。此言如何？韓久庵之説恐誤矣。」答李載亨。○按久庵以小帶綴於左右襟之旁，而相向而結。○右裁衣身法。

沙溪曰：「裳六幅，每幅布本廣二尺二寸。初裁廣頭各一尺四寸，狹頭各八寸，兩邊各除一寸，以爲縫削之用，則廣頭恰成一尺二寸，狹頭恰成六寸，恰是三分之一。將六寸者，十二幅上屬於腰，則恰成七尺二寸；將一尺二寸者，十二幅下歸於齊，則恰成十四尺四寸，適足無餘欠。《玉藻》所謂『深衣三袪，縫齊倍要』，《深衣》所謂『腰縫半下』，皆交見而互備之文也。《補注》穿鑿，何足説也。」答李惟泰。

尤庵曰：「狹頭通長八尺八寸，廣頭通長一丈七尺六寸云云，竊恐猶未仔細也。若以算法度之，則狹頭當爲八尺七寸九分六釐有奇，廣頭當爲一丈七尺五寸九分二釐有奇矣。然《家禮》不用此法，只以狹頭九尺六寸，除兩邊縫一寸而爲七尺二寸，以廣頭一丈六尺八寸，除兩邊縫一寸而爲一丈四尺四寸矣。若考裳之本注，則可見。」答沈世熙。○下同。○右裁裳法。

又曰：「裳十二幅，連綴爲一，則其裳有圓圍之形矣。故《家禮補注》於身長二尺二寸之外，又加一寸，而亦使之圓，殺使合於裳之圓圍，按圖可見矣。」

又曰：「裳之狹頭七尺二寸也，衣全四幅，除六邊之各一寸，又於當前兩邊裁入三寸，而還綴領二寸，則通四幅爲八尺矣。以此八尺合於裳之七尺二寸，則衣有餘而裳不足，故裳之綴衣處縮於衣身，按圖可見矣。」右衣裳連綴之法。

又曰：「曲裾條鄭注所謂續衽鉤邊，蓋謂連續裳旁之衽，不使分開者，是續衽也。又覆縫其餘，不使辟戾者，是鉤邊也。先生初年誤以鉤邊爲後世之曲裾，遂以一幅布裁爲兩幅之制矣。其後追覺其誤，而去之矣。」答宋晦錫。○右續衽鉤邊。

沙溪曰：「或問：曲裾裁制，若以本注所謂狹頭當廣頭之半之説考之，此是三分之一爲狹頭，二爲廣頭也。狹頭七寸三分有奇，廣頭一尺四寸六分有奇，而《圖注》則曰『廣頭之闊一尺四寸，狹頭之闊八寸』者，何也？愚答曰：此乃裁之之法也。若各除兩旁爲削幅，則狹頭之闊爲六寸，廣頭之闊爲十二寸，而正合本注狹頭當廣頭半之説也。然裁之之際，當以廣頭之六分有奇，合之於狹頭之三分有奇，然後狹頭乃爲八寸也。」《家禮輯覽》。○右曲裾。

退溪曰：「魏氏引《禮》文，領亦用寸半，俾少露領。今詳《玉藻》，果不分領與裳袂，則雖用魏説，未爲不可。然今所製乃《家禮》本文，雖不露領，固亦無妨矣。魏氏所斥或人衣領裁入三寸以爲領之説，實爲無稽。別用布一條作領，斯爲得之。」答金就礪。

愚伏曰：「《禮》曰『曲袷如矩以應方』，詳味其文，則乃是其制本方，似非既交自方之謂也。且今之喪服即是古制，而其辟領與袷皆方，安知古者衣領本皆如此耶？其領既方，又無左右衿，則其勢必不得兩衿相掩，必牽引之，然後方及腋下。非徒領勢微斜，不能如矩衣，裳亦皆後廣而前狹，寬急不均。竊意當兩衽相對直下，令前後方正，無牽引拘急之患。《禮》所謂衽當旁者，謂衽之兩旁相當，非謂衽在身旁也。」答權盼。

尤庵曰：「深衣領，《家禮》不言幾何，而只言緣二寸。若依古禮領二寸，則所謂緣二寸，盡掩其領而無餘矣，然則無設領之意。故《家禮補注》依古禮領二寸、緣寸半爲正。故今人依此爲之，然有違於《家禮》之制，未知如何也。領之長當與衣身齊，而所謂加緣於其上者，指領而言也。然寸半之緣，當并加於裳旁及下際也。」答李碩堅。

同春曰：「袂口別緣，豈以袂短爲慮故耶？」答郭始徵。○右方領黑緣。問：「深衣小帶，《家禮》及《備要》不言，何耶？」洪益采。遂庵曰：「衣之有紐，古今何異？《家禮》是草本，《備要》從《家禮》，故偶然遺漏耶？」

陶庵曰：「云云，韓久庵之説，恐誤。」詳見上裁衣身法條。○右小帶。

大帶 條帶革帶并論

同春問：「深衣大帶，嘗謂必用已夾縫者四寸，不曾致疑。若以四寸夾縫，則當爲二寸，其狹已甚。昔見先叔主所服之帶甚廣，必用已夾縫者四寸。曾讀《玉藻》陳注云『士以練爲帶單用之，而緶緝其兩邊，故謂之綼』，《補注》單用之説，必出於此，不爲無據。然朱夫子既酌古今之宜以爲之制，今何可捨《家禮》而他求耶？○《家禮》本文則廣四寸夾縫之云，恐不可謂必以四寸夾縫作二寸也。弟之所制用已縫者四寸，而不甚廣，指紋雖大於此，豈至太廣耶？況兄主身長，曾見與弟恰同，若用二寸，則其狹甚矣，豈合於深邃褒大之服耶？更考《玉藻》『大夫大帶四寸，士二寸，再繚四寸』，陳注『四寸，廣之度也，士惟廣二寸，而再繚腰一匝，則亦是四寸矣』云云。據此，則帶廣本以四寸爲度，惟士從降殺之義，而亦必再繚，準四寸之數。《家禮》從簡，既不用再繚之節，則其用四寸無疑，亦與古用綼、今用夾縫一般義也。如何如何？」慎獨齋曰：「《家禮》本文『廣四寸，夾縫之』此數句語勢似可東西看，而詳觀《家禮》及《禮記》，則有可以一言下者，而顧左右不之察耳。《記》曰『士練帶』，陳注釋之曰『練，繒也』，《家禮》亦曰『帶用白繒』，然則繒乃士帶之物也，豈有士帶而爲夾四寸之理？蓋士之帶單二寸，必再繚，然後準四寸之數。《家禮》除再繚而夾縫之，是將再繚腰單四寸之數，夾作二寸，以應士帶元單二寸之制，其實是再繚之單四寸也。只除再繚之節，而不沒單四寸之數，此朱子之本意也。何必以士之繒而攝大夫之盛，棄二寸之規而創夾四寸之制乎？若然，實倍於再繚矣。以練言之，則非大夫之制也。以夾四寸言之，則非士之制也。既非大夫也，又非士也，朱子豈爲是無據之制乎？然《家禮》所言，只論士之帶而已，若據此而曰通大夫皆用云，則未可知也。來意似欲以非士非大夫之制通上下用之，無乃不經乎？先人造衣帶時，實士職也，以士而應用二寸之制無疑。况先人指紋頗闊，分明用二寸，若用四寸，則其廣闊必異於常云云。○《大全》曰：『緣紳之兩旁各半寸。』《補注》曰：『緶緝其兩邊各寸，即二寸也。』緣紳之制，當從《大全》。而二寸之帶黑白適均，四寸之帶黑白不均而多白。若從《補注》，則二寸之帶全黑，四寸之帶黑白適均。記得先人之帶，黑白適均必二寸，而緣兩邊各半寸無疑。」

又問大帶說：「頃見英甫爲言『再繚二字，本出《玉藻》，而明是再繚腰之義，則《家禮》再繚決不可異看。其下作兩耳之文，自是别一件事，再繚字不可牽附於此』云，其論良是。果爾，則當依盛教作二寸，再繚爲四寸。果爾，則合於古矣。唯是夾縫之制，與古禮不相應，此却可疑。」愼獨齋曰：「再繚之文，雖出於《玉藻》，而《家禮》之意，實爲兩耳，而借用耳，豈有圍腰而結於前，既結而復繚之理乎？再繚腰云者，初繚腰一匝，再繚腰一匝，然後結之。既結而再繚，是《玉藻》之制乎？若以夾縫二寸而再繚，則是實單八寸矣。士之帶非夾也，大夫之帶非再繚也。既違《玉藻》，且違《家禮》，何所據而云然耶？愚未見其合於古也。」

同春曰：「大帶以四寸，夾縫爲二寸，文勢似然。」答郭始徵。

問：「大帶繚結，先生平日以再圍於腰，而結爲兩耳爲是。考《備要》圖，則分明一圍而結之。」李箕洪。尤庵曰：「大帶再繚，《禮記》本文分明可考，恨未及先師在時而奉質也。」

又曰：「《玉藻》論大帶處，大夫四寸，士以二寸再圍於腰，而亦爲四寸。《家禮》再繚之文似出於此。」答沈世熙。

又曰：「《家禮》大帶本注終有所難解者，先言結於前，而後言再燎，似是文勢倒置矣。若以再繚之繚字爲結字意看，則繚字本意終有所不然者。於祠堂章繚以周垣之繚，可見矣。用四寸，夾縫則明是二寸。若不再繚，則《禮記》四寸之制，終始不成矣。無乃與古制相泥耶？」答朴重繪。

靜觀齋曰：「大帶之制，《家禮》注說從《玉藻篇》。士之制以達於上，而略有增損也。官卑者一從《家禮》，爲再繚之制，而又從《儀節》單用爲是，官尊大夫以上，則直爲四寸之制，不必再繚，似合禮家本意。」答李端夏。

農巖曰：「大帶再繚，《玉藻》與《家禮》文同義異。然《玉藻》用單綷之制，故帶廣二寸，而再繚腰則爲四寸。《家禮》用夾縫之制，故繒廣四寸，而既成帶則爲二寸。其實亦未嘗不同也。若如或說，用四寸一條而夾縫之，則却成八寸，恐非《家禮》之意也。」答柳應壽。

尤庵曰：「《備要》陳襲條大帶，此注所云，蓋謂若無大帶，則用常時所帶者云爾。其上襲具條，無則用平日所帶。所謂無亦指大帶而言，非謂絛帶也。絛帶是屬大帶者，何可自爲一件事耶？」答或人。

問：「大帶用白繒何義？」吴遂昌。南溪曰：「或順衣之色。」高峰曰：「絛制未詳，然亦可以意定也。用青、紅、黄、白、黑相次織成，廣五六分，似可也。但相次云者，用五色各寸許也，若小小相間而相次者。再則似成斑布之樣也。」答退溪。

又問「革帶標題云即唐九環帶」云云。吴遂昌。南溪曰：「其初以革爲之，九環帶如今品帶，所謂環者，似亦犀金圜物。」即俗稱帶錢之類。

黑履鞋靴并論

尤庵曰：「黑履，深衣章所謂白絇繶純綦者是也。先師嘗言今之唐鞋相近，竊恐然也。」答權諰。

問：「絇者止屈修，恐是絛字之誤也。」鄭尚樸。南溪曰：「恐然。」

又問：「綦屬於跟。《要解》。朱子曰『綦，鞋口帶』，與此屬於跟之説有異，其故何也？無乃履與鞋異制而然耶？」南溪曰：「跟，足踝也。爲綴兩帶於其處，謂之綦。但《士喪禮》繫法甚密，至朱子時從簡易，如今繫草鞋者，故云然。」

尤庵曰：「革履謂之鞋，又履之無絇謂之鞋。」答閔泰重。

又曰：「履，《古今注》履即舄之制。鞋，丘《儀》有布鞋皮鞋之文，蓋以布皮爲之者，而其制未詳。然其形淺，而以組繫之。故於鞋言繫，履與靴其形深，故言納也。」答李遇輝。

帽子

同春問帽子。沙溪曰：「諸家説可考。」

《天中記》《釋名》曰：「帽，冒也。」〇丘瓊山曰：「今世帽子有二等，所謂大帽者，乃是笠子，用蔽雨日；所謂小帽者，或紗或羅或段爲之。二帽之外别無他帽。」

幞頭

松江問：「《家禮》黲幞頭布裹角帶之制，無官者通用，如冠禮三加之，用否？」龜峰曰：「我國法有官者時散通用紗帽，則無官者不得用紗帽。《家禮》祠堂章下有官用幞頭，無官用帽子，而《朱子語類》不應舉者，祭服亦用幞頭，帽子亦可。云幞頭，則乃是當時上下通用也。」又問「用今笠代幞頭未安」云云。龜峰曰云云。詳見祭禮忌祭條中祭時服色條。

尤庵曰「幞頭，《事物記原》『古以皂布三尺』」云云。見《家禮》，參本注幞頭下小注。

又按，朱子曰：「幞頭本是偃脚垂下，要束得緊，今却做長脚。」問：「横渠説唐莊宗因取伶官幞頭帶之，後遂成例。」曰：「不是恁地。莊宗在位亦未能便變化風俗，兼是伶人所帶，士大夫亦未必肯帶之。見畫本，唐明皇已帶長脚幞頭。或云藩鎮僭禮爲之，遂皆爲此樣。或云乃是唐宦官要得常似新幞頭，故以鐵線插帶中，又恐壞，其中以桐木爲一幞頭骨子，常令幞頭高起如新，謂之軍容頭。後來士大夫學之，令匠人爲我斫個軍容頭來。蓋以木爲之，故謂之斫。及唐末宦者之禍，人皆以此語爲讖。王彦輔《麈史》説如此，説得有來歷，恐是如此。後人覺得不安，到本朝太宗時，又以藤做骨子，以紗糊於上。後又覺見不安，到仁宗時，方以漆紗爲之。嘗見南劍沙縣人家尚有藤骨子，可見此事未久，蓋此非一朝一夕之故，其變必有漸。」答李遇輝。

襴衫 皂衫并論

沙溪曰：「昔年隨先君赴京，見國子監儒生著儒服者，以藍絹爲衣，以青黑絹廣四五寸飾領緣及袖端與裔末，領則圓也，是襴衫云。」

《事物記原》：「《唐志》曰：『馬周以三代布深衣，著襴及裾，名襴衫，以爲上士之服，今舉子所衣者。』」○《天中記》曰：「唐太尉長孫無忌議服袍者下加襴緋紫緑，皆視其品，庶人以白。」○明道曰：「邵堯夫初學於李挺之，師禮甚嚴，雖在一野店，飯必襴、坐必拜。」○朱子《君臣服議》曰：「直領者，古禮也，上有衣而下有裳者是也。上領有襴者，今禮也，今之公服上衣下襴相屬而不殊者是也。」○《大明集禮》曰：「宋公服曲領大袖，下施横襴。洪武二十四年，定生員巾服之制，襴衫用玉色絹布爲之，寬袖。」

尤庵曰：「襴衫之制，頃年閔尚書鼎重貿一件於燕市而見贈，其制如本朝團領，而但傍耳只一葉，即質青而緣黑，云是皇祖所制，館學士所服也。未知宋朝所謂襴衫者，亦如此否？第觀朱子嘗言衣有横襴，故謂之襴。此則别以横布著衣前，如屋之有闌干矣。據此，則燕市所貿與朱子所言恐不同也。以黑爲之者，謂之皂衫。以白爲之者，謂之凉衫。其制則皆當如襴衫也。」答鄭纘輝。

南溪曰：「皂衫，《考證》云猶言黑衫，宋時士大夫之常服也。」答羅斗甲。

陳設序立

尤庵曰：「堂從南端至北壁，其深三丈，則設洗亦自堂之南端。南至于庭者，亦三丈也。」答沈世熙。○下同。

又曰：「凡堂室之制，北爲房室，而南爲堂矣。今無廳事無房室，故以帟幕權設爲房，倣古制也。」

河西曰：「席右，右即席之北也，即席西向跪，衆子則南向。」

問：「衆子冠位少西南向。」沈世熙。尤庵曰：「長子西向，故次子避而南向也。」

南溪曰：「上言布席阼階上者云云，統言長子、衆子之異，下筵于東序者，正布長子之席，元非疊文，阼階上東序，亦無異位也。」答鄭尚樸。

問：「祭禮則主人以下皆北面，支子而卑者在右少退，宜矣。冠禮接賓時，必東西相向，而居其右，何歟？」或人。尤庵曰：「尊者在外，卑者在内故也。」

迎賓

尤庵曰：「冠禮，宗子迎賓而拜之禮也，若其父與祖亦拜，則是二主也。」答李遇輝。

問：「似聞同春先生行子冠，以宋監役光𣘘氏爲主人，而先生亦隨而拜揖云，不能無疑。」李遇輝。尤庵曰：「《曾子問》曰：『季桓子之喪，衛君請吊，哀公爲主。客升自西階，公拜興哭，康子拜稽顙於位，有司不辨也。今之二孤，自季康子之過也。』吉禮若與喪禮無異，則冠禮其父亦拜，恐有二主之嫌。然今之受吊者，兄弟皆拜，以此例之，則亦無兩主之嫌耶？未可知也。」

三加行禮之節

南溪問：「賓揖將冠者，立于席右，右乃席之北，則冠者將南向，立於房外，而向席否？」尤庵曰：「來示恐得之，但冠者立於房外，是一節；賓揖將冠者，立於席右，又是一節，而今來示合而爲一，恐失照勘也。」

南溪曰：「如其向者，贊在冠者之背後。」答李行泰。尤庵曰：「據《儀禮》，則再加三加，賓盥如初，而主人皆亦降矣。《家禮》則省之耳。」答李遇輝。

寒岡曰：「降二等没階者，恐漸益加敬之意。」答任屹。問「三加曰兄弟俱在，若無兄弟之人，此句在所當略」云云。任元耈。南溪曰：「兄弟自親昆弟至族昆弟，緦服之内，皆可言兄弟也。三加祝辭明有由淺入深底意。」

沙溪曰：「按簡易《家禮》，三加祝辭無兄弟俱在一句。」《家禮輯覽》。問：「再加三加皆言帶，而初加則不言帶，三加言徹帽，而再加則不言徹冠巾，何也？」閔泰重。尤庵曰：「可互看。」

問：「櫛是初加所用，至三加始徹者，何耶？」鄭尚樸。南溪曰：「豈以畢事後并徹故耶？」

醮禮

問：「醮，小注『醴則一獻，酒則三獻』，未曉其義。」李惟泰。沙溪曰：「《禮》注可考。」

《曾子問》注：「醴重而醮輕者，醴是古之酒，故爲重。醴則三加之後，總一醴之。醮則每一加而行一醮也。」○《郊特牲》注：「夏、殷之禮，醮用酒，每一加而一醮；周則用醴，三加畢，乃總一醴也。」

南溪曰：「《周禮》五齊，一曰泛齊，二曰醴齊，三曰盎齊，四曰醍齊，五曰沉齊。所謂醴齊者，乃醴也。意者後世公家吉凶之禮，多用古制，故獨存其物。私家多用今制，故只用酒耳。輕重之別，似亦以古今而異矣。」答李行泰。

問：「嘉薦令芳，《家禮》無設脯醢之文，而祝辭云云，恐不得不設。」沈世熙。尤庵曰：「祝既有嘉薦之文，則何可不設耶？」

問：「『壽考不忘』，《士冠》注『不忘，長有令名』，此是名揚于世，使人不忘之意耶？」鄭尚樸。南溪曰：「似然。」

字冠者

寒岡曰："冠而字之，成人之道，所以敬其名也，宜其不得不降階，而重其禮也。"答任屹。

問："冠而字之何義？"曰："『伯某甫，仲、叔、季，惟所當』者，何義？"李惟泰。沙溪曰：

"《禮經》及先儒説可考。"

《曲禮》注王氏曰："冠，成人之服也。"夫成人，則人以字稱我矣，則人名非我所當名也。《士冠禮》曰："伯、仲、叔、季，長幼之稱。甫，丈夫之美稱，孔子爲尼甫，周大夫有家甫，宋大夫有孔甫，是其類也。"《檀弓》曰："幼名，冠字，五十以伯仲，死謚，周道也。"朱子曰："《儀禮》疏云，少時稱伯某〔甫〕，至五十乃去某甫，而專稱伯仲。此説爲是。如今人於尊者，不敢字之，而曰幾丈之類。"〇葉氏曰："子生三月而父名之，非特父名之，人亦名之也。至冠則成人矣，非特人不得名之，父亦不名焉。故加之字而不名，所以尊名也。五十爲大夫，則益尊矣，有位於朝，非特人不字，父與君亦不字焉。故但曰伯仲而不字，所以尊字也。或曰，《士冠禮》『既冠而字曰伯某甫，仲、叔、季，惟所當』，則固已稱伯仲，何待於五十？疑《檀弓》之誤。此不然，始冠而字者，伯仲皆在上，此但以其序次之，所以爲字者，在下某甫也，如伯牛、仲弓、叔肹、季友之類是已。至於五十爲大夫，尊其爲某甫者，則去之，故但言伯仲，而冠之以氏，伯仲皆在下，如召伯、南仲、榮叔、南季之類是也。《檀弓》言伯仲者，非加之伯仲也，去其爲某甫者而言伯仲爾。」問：「賓字冠者曰伯某父者，謂告其祝辭訖，又舉其字以告之耶？」柳貴三。南溪曰：「來說得之。」

冠者見父母

尤庵曰：「《附注》單言母起，此承《冠義》母拜之文而言，故不言父矣。父母爲之起，今世皆行，有何駭俗之理耶？葉氏謂母及兄弟比於父有所屈，故拜之，而父則不可屈也。今《附注》之不言父，或出於此耶？」答李遇輝。

南溪曰：「冠禮應答拜者，此未知指何人，曹芝山《考證》以嫂當之。尤齋云：『同堂兄弟，豈無相敵者？』愚以爲不然。冠者之弟，則本不在東序之列。兄雖在座，《附注》温公說母爲之起立，下諸父及兄倣此，然則恐無答拜之義。」答尹拯。

禮賓

遂庵曰：「《家禮》只云以一獻之禮，而不著其儀節。愚嘗略倣鄉飲禮獻酢酬之儀，行之於冠禮。」答洪益采。

問：「幣帛貧不能辦。」李行泰。南溪曰：「幣不必帛，今俗用紙墨之屬，似亦可矣。」

問：「賓贊有差贊字，兼賓主之贊而并言之耶？」鄭尚樸。南溪曰：「恐然。」

冠變禮

將冠遇喪

尤庵問：「將冠遇喪，則如之何？」沙溪曰：「古禮有個節目，當酌古參今，倣而行之耳。」

曾子問曰：「將冠子，冠者至，揖讓而入，聞齊衰、大功之喪，如之何？」孔子曰：「内喪則廢，外喪則冠而不醴，徹饌而掃，即位而哭。如冠者未至，則廢。」注：「冠者，賓與贊禮之人也。若是大門内之喪，則廢而不行。喪在他處，可以加冠，止三加而止，不醴之也。醴及饌具悉撤去，又掃除冠之舊位，乃即位而哭。」○「如將冠子而未及期日，而有齊衰、大功之喪，則因喪服而冠。」注：「未及期日，在期日之前也。因喪服而冠，斬衰不可。」○《雜記》：「以喪冠者，雖三年之喪可也。既冠於次，入，哭踊三者三，乃出。」○《開元禮》：「以其冠月，因喪服則冠也，非因冠月，待變除卒哭而冠也。」○孔子曰：「武王崩，成王年十三而嗣立。明年夏六月，既葬，冠而朝於祖。」按，此言因變除而冠也。以此觀之，斬衰而冠亦有據也。

市南曰：「因喪冠條，添入小功一節，雖似可疑，然細玩經文本意，非謂凡未冠者遭小功之服，皆可因喪而冠也，爲筮戒有吉日者而發也。蓋古者筮日於廟，其禮甚重，與後世告廟略同。日月既卜，不可進退，而遭喪成服，適值其時，則雖未行吉禮，而猶必因喪以冠者，重其失時也。若未筮戒而遭喪者，則亦何必因喪乎？」答尹宣舉。○下同。

又曰：「若年歲當冠，而遭期以上喪，則雖未卜日者，似只當因喪而冠。蓋壯年重喪，不可着童子之服，亦日月頗久，似與功緦不同。」

服中冠禮行廢有服人爲賓并論

市南曰：「冠昏無輕重，若必不得已而爲之説，則無寧曰昏重於冠。蓋冠有因喪，而昏不可以凶服將事，吉凶之分，尤斬截也。」答尹宣舉。○下同。

又曰：「《雜記》『大功之末，小功既卒哭』云云，此章疑有脱簡，古人已言之。但既謂之末，又有既卒哭之説，無乃大功月數多，故纔經葬虞，未可便謂之末，而與小功既卒哭者，又有一段層級耶？」

又曰：「下殤小功不可冠昏云者，雖似過重，但殤服減其月算，而無變除戚之也。自期而降，小功則服内不可行吉禮，亦情理固然。五月既除之後，則凡吉禮無不可行者。由此觀之，則長殤大功之末，服雖未除，與降小功既除者略等，似無不可行冠之理。且《家禮》只言大功未葬，而不言降大功降小功者，此實參酌古今爲之中禮也，何必更着一層説話也。」

尤庵曰：「本生叔母既降大功，又以殤而降七月，則其未葬前，似無嫌於行冠禮，而但《儀禮》降七月者，猶係大功，則於其未葬行此吉禮，實非《家禮》之意。又，成人之降殤，《家禮》有明文，而殤之降成人，只見於《通典》，亦難據此以爲不易之定論。又，人家或有經年不葬者，若待其葬，則冠昏有失時者，故先師常謂過三月，則雖未葬，當以已葬處之，亦恐合於人情禮意也。」答俞命賚。

又曰：「無母者，外祖父母服中冠昏之疑，鄙意終有所滯礙也。小功葬前不許冠娶，雖見於《雜記》，然朱子既斟酌古今定爲中制，而只限大功未葬，則今何敢遽捨朱子之訓，而從《雜記》之文乎？況古禮之不可行於今者何限，而獨於此堅守乎？呂與叔墓誌一款，今人亦固行之矣。大抵今人於本宗小功，雖新死，不復拘於吉禮，而獨於外服加察，故前日有東人重外家之説矣。今人若於本宗一切受用如《雜記》，則雖非朱子之訓，豈非甚善乎？蓋本宗雖百世婚姻不通，而古人爲舅婿者甚多，多輕重之倫，豈不懸絶，而吾東則一切反之矣。」答或人。

又曰：「緦麻成服後，即許飲酒食肉，則冠禮之行於是日，亦似無妨。然若以一日之内吉凶相襲爲未安，則稍退亦可。」答申曼。

問「舍弟冠禮定行之翌日，即祖父賤妾之葬日也」云云。李德祥。陶庵曰：「《禮》曰：『大功之末可以冠子。』大功之末猶然，況緦而盡者乎？苟是同宫，則雖臣妾之喪，亦爲之廢祭，吉禮尤非可論，而此則亦既各居矣，行之恐無不可矣。」

尤庵曰：「冠禮固有父母因爲主人者，亦或有不然者矣。子冠而有母拜之文，安得謂母都無事也？」答沈世熙。

又曰：「《禮》『大功之末可以冠禮』，則冠禮不是繁華設樂之儀。有服者，未見其不得臨教節目也。且雖重服既葬，則便許飲酒食肉，此與葬前有間矣。武王既葬，周公冠成王，使祝雍作頌，其辭甚文。古人於禮，事雖喪中，不以爲嫌也。惟《家禮·冠禮》『有期服，人不得爲主人』之文，既不得爲主，則爲賓亦似未安，須參酌古今禮而取中，處之如何。若行禮後，不與所酬酒饌以示變，則似宜矣。」答芝村。

國恤中冠禮見喪禮國恤條

禍家行冠昏之節

陶庵曰：「古者冠則三加，昏必親迎，禍家子孫既無廢冠昏之義，則古禮烏可廢？而又豈有冠昏輕重之别耶？雖非備禮，唯行於京城者，爲大未安耳。」答閔昌洙。

附笄禮

總論

問「二十而冠，十五而笄」云云。沈世熙。南溪曰云云。見冠禮總論條。

問許嫁。沙溪曰：「鄭注以昏禮納徵以後爲許嫁，納徵，即今納幣也。」

問：「笄禮廢久，今雖未能猝然復古，若於同牢翌日追行，則於俗見不甚怪異，於禮意亦不甚相遠。」權燮。　遂庵曰：「未笄成昏，甚無謂也，兩家相議爲之甚善。　翌日追行，猶勝於全然廢却矣。」

笄禮諸節

南溪曰：「婦人之笄，緣於許嫁。　雖未許嫁，禮殺於冠子，無告祠堂一節，故不用宗婦爲主。」答成文憲。

尤庵曰：「笄條以其黨爲稱者，如金生員家、李進士家之類。」答宋晦錫。

又曰：「笄禮但言不用贊，則其用儐自當如例矣。」答李遇輝。

南溪曰：「禮『婦人無冠』，今之有冠自秦漢始。」答朴尚淳。

又曰：「中國之俗，婦人爲髻與男子同，其飾恐不必異。」答沈世熙。

問笄禮。金光五。　遂庵曰：「尤庵先生宅曾行此禮，可以取則矣。　所謂笄者，安髮之笄，以纚韜髮作髻訖，橫施此笄于髻中，以固髻纚者。　緇纚長六尺，所以裹髻承冠，以全幅疊而爲之。」

尤菴曰：「其無見尊長之禮。按王氏曰『幼女多羞』，《家禮》省此禮者，豈亦爲此也耶？」答李遇輝。

背子

静觀齋曰：「背子是宋朝之制，非出於古經者也。女子笄即男子之冠，而男子所加之服是深衣，然則此是對深衣者。而《儀禮·士昏禮》親迎條曰：『女純衣纁袡，立於中房。』注曰：『袡亦緣也，袡之言任也。以纁緣其衣，象陰氣上任也。』又曰：『士妻嫁服褖衣。』云此是女子攝盛之服也。今此笄禮，雖無攝盛之文，而背子之制，亦恐類此。」答金壽恒。

禮疑類輯卷之二

昏禮

總論

問："冠禮只舉士而名之曰『士冠禮』，昏喪亦然。"李惟泰。沙溪曰云云。詳見冠禮總論條。

嫁娶年歲先後

尤庵問："男子三十而有室，女子二十而嫁，不幾於過時歟？"沙溪曰："《家語》及《内則》可考。"

《家語》哀公問曰："《曲禮》『男子三十而有室，女子二十而有夫』，豈不晚哉？"孔子曰："夫禮言其極，不是過也。男子二十而冠，有爲人父之端；女子十五而許嫁，有適人之道。"○《内則》注方氏曰："嫁必止於二十，娶必止於三十。陰以少爲美，陽以壯爲强故也。」

尤庵曰：「男子三十而有室，女子二十而嫁，是禮也。女子雖少而嫁先於男者，理勢然也，寧有越次之嫌乎？故《禮》曰『男女異序』。」答李遇輝。

不娶同姓

尤庵曰：「貫異而姓同者，東俗不嫌通昏，得罪禮法深矣。今朝家新行禁條，故如西伯與李副學敏迪議定已累年而不敢生意矣。大抵禁令新行，而士大夫廢閣不憚，非徒於理未安，必有罪罰矣。况朝家以禮法導民，而民乃不從，可乎？」答金得洙。

南溪曰：「同姓不娶之義，其見於《禮記》《家語》者，可謂詳矣。舜娶於堯，殷人五世而通昏，淳古聖賢之事，不敢深究。周公制禮，始有同姓不娶之法。而孔子答季桓子之問，又不翅日星矣。斯所謂禮樂至周大備，『郁郁乎文哉，吾從周』者也。繼此以往，雖百世不能易，則後學所當恪守，而不敢變者也。姓爲正姓，如周之姬是也。氏爲庶姓，如魯之三家，各自爲氏是也。庶姓已别矣，親屬已盡矣，至於百世猶不可申以昏姻者，其義顧不重耶？中國士大夫莫不本於古昔侯王之後，故其譜牒所從來班班甚明，猶不敢爲此，而况我國薦紳，雖稱巨閥，自高麗以上，靡得以詳，則夫諸李之鄉貫雖或異籍，而安知其不如魯之庶姓自別而俱出於一源乎？此附遠厚別別嫌明微之道，所關非細，恐不可諉於俗例，而直從之也。嘗聞之，古老李漢陰德馨於壬辰倭難時，以接伴使隨天將往來幕中，儒士多有慕其風義者，及聞娶於李山海之門，曰：『此夷虜之風，中國絶無此事。』又曰：『李爺若非此事，豈不爲完人？』至於國家議昏，率斥姓李者，不在揀選中。宣廟朝有所屬望，必欲破此格，而諸名臣引義争之甚力，遂從之。獨士大夫家至今承訛襲舛，不以爲非，蓋任便從俗，不稽古經之過也，可嘆！」答李之濂。

陶庵曰：「國俗初以姓同而貫異爲無嫌矣，自尤翁釐正其弊矣，既明知其爲同姓，則何可因仍襲謬而不之改乎？慶州之金亦不可。」答權震應。

異姓破族昏

退溪曰：「異姓七寸非有族義，古之道也。族義已盡，故通昏，但據禮律，猶計其尊卑之行，若非同行，則不許爲昏。同行謂如六寸八寸兄弟姊妹同行然者也。尊卑不同，如七寸九寸叔姪然者也。失此則以爲亂倫有禁，今俗都不計耳。」答李淳。

愼獨齋曰：「禮律計尊卑議昏之説，僕亦致疑。禮律未知指何書也。漢惠帝娶甥女，古人有言之者。《大明律》亦言倫序之當辨，無乃指近親通昏，而無倫序者耶？我國地狹，大姓之家，遠近間多是族人。若計族行，則免於亂倫者鮮矣。若七寸，則族義似盡，而一家生八寸，何可通昏乎？倫序亦不當論耳。退溪先生説恐不可從也。」答同春。

尤庵曰：「親戚既疏而昏媾復合，朱子以爲散聚之理，自然如此，夫豈非禮而朱子言之？」答李東稷。

又曰：「異姓議親，以華制言之，則當無問遠近，而東俗則雖八九寸之外，猶且驚怪。惟巨室大家之好古者，謹於同姓而不必拘於異姓之親，漸成風俗，則雖稍近而亦不爲嫌矣。」答金壽增。

南溪曰：「外從兄弟姊妹爲婚者自秦漢始，事見《事文類聚》，後遂成俗。不但吕滎公爲然，黄勉齋子輅又娶朱子女孫。蓋《大傳》言同姓百世不通昏姻，而不及外姓，故中國不以爲嫌也。然《通典》袁准謂之非禮，至大明太祖定式，令天下勿昏云。」答申漢立。

又曰：「愚自少時，意謂本宗既以十寸謂之親，同姓只許袒免，則我國雖重外族，當以八寸爲限，使有内外輕重之別，可也。及後考據諸書，《禮》有稱母從兄弟爲從舅之文，程子稱横渠以表叔，横渠爲程子父表弟。朱子於汪尚書自稱以表姪，汪爲朱子外祖妹子。又稱程允夫以内弟，程爲朱子父韋齋内弟復亨之子，蓋再從親也。然後始知中國猶以五寸六寸爲外族，而所謂七寸八寸，則終無見處矣。至於通昏，則漢之鍾瑾，宋之吕希哲、黄輅，皆娶内外姊妹，而母之從姊妹以下，《通典》

『外屬無服，然尊卑不通昏議』及退溪《答李淳書》詳言之。今以禮律言，則固非所疑於尊卑之科矣。以中國之道言，則本無異姓七寸八寸之親矣。以我國之俗言，則亦當限以七寸八寸之親矣。然則安有十寸而不可通昏者乎？第念世人或於異姓八寸情誼深厚，無異近族之故，其子皆多講以戚分，仍稱叔姪者，謂之厚風，則容亦有之。求之禮義，未見其可據之文。《孟子》所謂『非禮之禮，非義之義，大人不爲』者，恐指此類而發也。或乃因此又疑一邊稱兄弟叔姪，一邊結以昏姻爲未安者。夫如鍾、吕、黄之徒，皆有姊妹之稱，又有緦麻之服矣，尚無所妨於昏姻，况於此乎？不信禮義儒賢，而信世人，君子所不取也。嘗見《儀禮通解·親屬篇》有宗族，有母黨，有妻黨，有昏姻，與其遠從無據之戚分，曷若近取有名之妻黨昏姻爲更親厚，而尤近於朱子所謂聚散之理矣。」答李羽成。

陶庵曰：「『外屬無服，然尊卑不通昏議』云云，古人謂昏姻爲兄弟以疏族重與結親而不失其序，如是而後，方可順理。退翁之論極嚴正，然尤庵已不能行其言，其出於《語類》一條録上。幸於此參量以决之，如何？○先生將以外孫尹周教爲再從孫女之女婿，蓋異姓九寸叔姪爲夫婦也。」答俞彦欽。

主昏

尤庵曰：「宗子雖未娶，既當家主祭，則族人昏娶，亦當爲主矣。若幼稚未省人事，則以此爲主，恐涉於僭矣，當以族人之長爲主矣。且既爲宗子，則雖族屬之尊者，亦當以此爲主，此則有《家禮》明文矣。」答或人。

問：「裴幼華問舍弟：『幼章爲伯父後，是爲宗孫，幼華娶時，幼章以宗孫主昏，可乎？幼章娶時，幼華以堂兄主昏，可乎？』旅軒答『賢兄之昏，賢弟主之；賢弟之昏，賢兄主之』云。既以宗孫爲重，則兄弟之昏，宗孫皆當主之。若以兄弟爲重，則弟昏，兄當主之。而弟主兄昏，兄主弟昏，無乃錯雜乎？」或人。尤庵曰：「一以宗子主其兄之昏，一以門長主其弟之昏，皆有所據，何以謂之錯雜乎？」市南曰：「冠昏時，宗子遠居，則可謂有故矣。其父主之，似無可疑。既自主其禮，書辭假宗子之稱謂，亦不近情，與宗家主祭之義，差有不同。」答尹宣舉。

問：「宗子、次宗子皆有故，則當以宗子之長子主之否？抑以門長主之否？」李世璞。南溪曰：「似當用門長。」

遂庵曰：「宗子有故，則當昏家家長主之矣。」答李松晚。

問：「娶婦時，彼家既無主昏之人，又無同姓强近之親，昏書外面何以書之？新婦外祖主之耶？抑其母親主之耶？」李天封。寒岡曰：「遠族中亦無姓同者耶？世俗無姓親，則不免母親主之。」

冠禮父母昏禮主昏者異同

同春問：「《家禮》冠禮條云：『必父母無期以上喪。』昏禮條云：『身及主婚者無期以上喪。』兩條不相應，何以也？據朱夫子答李繼善之問，則母有服似可行昏。然則昏輕而冠重耶？」愼獨齋曰：「所示冠昏禮條異辭之疑，凡文字政宜活看，何可泥也？冠禮亦宗子主之，豈獨昏禮然哉？雖宗子主之，父母亦參於其禮，豈以期以上喪而可參乎？朱夫子答李繼善之説，未可知也。況以輕重言，則昏禮尤不當行者耶。」

南溪問：「冠禮云：『父母無期以上喪。』昏禮云：『身及主昏者無期以上喪。』此未知爲互文之義否？抑有以也。」尤庵曰：「恐是互文也。蓋昏重於冠，豈有父母有重喪，而可以行之者乎？」

又問：「云云，一則曰父母，一則曰身及主昏，已非可通看之義。又見《大全》李繼善問答，亦有叔父主昏，即可取婦，無嫌禮律。皆可考之文，參以《通典》，何承天父有伯母慘祖爲昏主，女身又小功，不嫌於昏之義，似當一以主昏爲主。然則其父母爲宗子宗婦，無故而并行醮子醮女受饋之禮者，上也。其父母爲支子有故，而祖或世父爲主昏，父母姑不得與而行昏禮，其次也。而皆不害爲通行之禮，又有合乎身及主昏異文之義。然則父母之在斬衰期後者，尚可無礙，況於心喪者乎？此義頗甚直截，誠以婚嫁失時，爲人倫莫大之事，故《禮》稱『大功之末，可以冠子嫁子』。又解者以有故謂父母之喪者，其義然也。今若必以通看之義行之，其或喪慘相仍，至有六七年不得成昏者，此亦不可不慮。未知崇意，復以爲如何？但先生於繼善末端，受盥饋處，有『本領未正，百事俱礙』之説，此似與前日通看之義相符。所以不敢質言，以有今日申稟於門下者也。又按婦人喪父母，既練而歸，注謂歸夫家也。及葉味道有其妻喪母，既葬而歸，誤歸之月，尚可補填之。問而先生答謂補填如今追服，意亦近厚。或有不便歸，而不變其居處飲食之節，可也。以此推之，所謂補填居處，明是止於既練之前而已。惟其哀情猶在，而斷以服制，或如門下所謂已嫁者。既許其歸于夫家，則未嫁者之嫁恐無異同之旨，無不可矣。審其然，則疏意解二十三年以父卒三年後在母心喪而嫁云者，亦皆無礙。未知其理本自如此，而今人創見，反以爲滋惑也耶？第歸家一節，亦有未明者，如大夫、士父母之喪，既練而歸者，正同婦人，而其居處飲食在大祥前，決無自異於宗子之理。然則朱先生所謂補填者，或亦仍通心喪之內而言耶？以此尤不敢自決耳。高門所行，與《儀禮疏》已在心喪而行昏、《家禮》在期喪而主昏有異者，采固知之，但未知醮子受饋等節，皆能不疑而准禮自行否？」尤庵曰：「來諭以冠禮父母爲自爲繼高祖之宗子，此於鄙意有所未安。父母固有繼高祖之宗子者，亦有不得爲宗子之父母者。鄙意以爲父母有三年或期年之喪，則雖自有宗子，而亦不可行。故特言父母以明之也。未知果然否？至於昏禮，則視冠禮，事體又別，其醮女、醮子、見婦、受饋、禮婦等縟儀，又不但如冠禮之子拜而起立而已。其於冠禮，既以重服不可行，而況於昏禮可知矣。故愚每以爲冠昏通看者，以此而已。今來示引諭商證極其詳密，可破古今拘攣之弊矣。又朱先生論君喪三年，而一月之後，許軍民云，則其微意可知矣。但李繼善『本領不正』之文，又相妨礙如此。愚於此亦難決定其從違矣。大抵《家禮》冠昏異同之文，以道理言之，則愚見似長；以文勢觀之，則高見似順。若得朱先生論昏禮以失時爲重之訓，則來説方得無疑。未知如何？『大夫、士既練而歸，正同婦人』云云，鄙意則以爲此大不同也。士、大夫支子雖歸，而其喪服自若也。至於婦人，則有所屈而服已除矣。服既除而歸夫家者，寧有復得自伸之理乎？雖以其夫言之，豈可爲伸其妻之情，而三年不御於内，同於父母之理乎？斷恐不如是也。」

又曰：「昏禮只言主昏者，而不言父母，故世俗使宗子主昏，則父母雖斬衰，猶行之，是大不可也。」答宋基學。

市南曰：「冠言父母，婚言主昏者，例當互看。昏禮言身，而冠禮不言身，作互例看，亦似無妨。」答尹宣舉。

遂庵曰：「《家禮》冠昏兩禮，以父母及主昏者别而言之，似有深意，當依此行之。」答鄭必東。

陶庵曰：「來示雖多端，而所引重不過《家禮》冠昏異文及朱子答李繼善二條耳。冠昏之不可以通看，曾亦面諭，而繼善事固可爲主昏者無服之證矣。至於母有服而行昏禮，則以『母在未安，本領未正』之語觀之，可知其不許矣。朱子既言其未安未正矣，則《家禮》亦朱子自著，又何故故着主昏者三字，而没却父母，以啓後人苟且用禮之弊耶？父母之包在主昏中者，可知矣。至如見婦一節。夫禮者，理也。天理流行，無所括礙。有些不通，即是非禮，非禮則苟而已矣。尤翁之言固可信，而至於同春先生初喪行昏之憂，其爲後世慮患益深。玄石之論，則蓋以人情事勢言之耳。方今世道日敗，喪紀大壞，以識者而處此之世，其將從彼乎？從此乎？」答閔遇洙。

不用問名納吉

尤庵曰：「問名、納吉，古禮然矣。然朱子於《家禮》刊去此等，只存納采、納幣、親迎，以從簡便，後學行之，無所闕礙。而丘《儀》有之，然其祝辭及書式，皆欲去卜之叶吉加之卜占等語，何也？問名將以加之卜也，納吉所以告其卜也，將不卜，則問名不亦虛乎？既不卜，則所謂納吉者，何事也？如果卜焉，則祝辭、書式并欲去之者，又何意？是皆不可知也。大抵古人重卜筮，必就於廟，其禮甚嚴。今人既不知其法，而所謂卜之者，不過詢於索糈之盲人，而曰卜云，則近於誣矣。故鄙家則依《家禮》不用問名、納吉之儀，而惟日期則不可不相知，故與女家相議擇定矣。然來示真愛禮存羊之意矣，不勝欽仰，當令家弟如教爲之耳。」答李端夏。

昏書式

問：「書式用丘氏《儀節》乎？」具鳳齡。退溪曰：「用之甚宜。」

尤庵問：「昏書式不著於《家禮》，今當何從？」沙溪曰：「當以丘《儀》參酌用之。」

《儀節》昏書式：「忝親某郡姓某啓：某郡某官執事，稱號隨宜。伏承尊慈，不鄙寒微，許以令愛，貺室僕之男某。若某親之子某。茲有先人之禮，敬遣使者，行納幣禮，伏惟尊慈俯賜，鑒念不宣。年月日，忝親某郡姓某再拜。封皮上狀某官尊親執事。」

靜觀齋曰：「丘《儀》則云『謹專人納采』，而《問解》則改爲『敬遣使者』，因《家禮》本篇有『使子弟爲使者』之語。今者羅公亦欲親領來到弟家，則毋寧還用丘《儀》曰『謹專人納采』式，謹專人行納幣之禮，如何？」答金壽恒。

問：「昏書式，今人多有不用古，或省文書之。」金光五。遂庵曰：「今人所用出於《考事撮要》，唯在行禮者取捨耳。」

問：「主人具書注用牋紙，如世俗之禮？」李遇輝。尤庵曰：「當時所用禮式不可考，然想與丘《儀》所載不相遠也。」

又曰：「先人猶言昔賢也，以爲祖先者亦有一説矣。」答閔泰重。

問：「遠地醮子者，昏書月日，當書以發行日耶？書以納幣日耶？」李志爽。尤庵曰：「以告之以直信之義觀之，則從遺書之日而書之似當。」

南溪曰：「納采復書之式，《家禮》不著。蓋古人昏禮往復，皆用儷啓，舊見程、朱《文集》亦有此，其無定例可知，今丘瓊山《儀節》爲著其文，後人自當依此准用。」答朴泰和。

問：「以宗子主昏而卑且幼，昏者尊而長，則其昏書措語，可無所嫌耶？」李時春。南溪曰：「宗子有收族之義，古所謂有君道者此也，似不可以尊卑長幼論。當隨其屬而稱之，但如惷愚之語，在所斟量耳。」

問「宗子既主昏，則其父具書，何耶？女家復書，則宗子之爲主人者爲之」云云。鄭尚樸。南溪曰：「如祠堂班祔，父母在，則具饌，而祭于宗家。其父具書，亦其例也。雖女家，若是族人之女，則安知其父之不爲具書？蓋當蒙上文故耳。」

尤庵曰：「昏書《家禮》有之，而古禮只使使者致命，後世如有事故不能作書者，依古禮行之，不爲無據矣。」答李選。

告祠堂

問：「與繼高祖之宗子及次宗子皆異居，而其家有祖禰之廟，則告辭只當行於祖禰廟耶？抑將遍告耶？若宗家遼遠，則何以爲之？」李世璞。南溪曰：「行禮時，只當告祖禰之廟。既行之，拜謁告祝略如冠禮，恐或得之。」

問「冠昏告辭規例不一」云云。鄭尚樸。南溪曰云云。詳見冠禮告祠堂條。

又曰：「納采昏書儀節，置香案上開展，則未聞。」答柳貴三。

尤庵曰：「路遠而不得於是日復命，則一日再設酒果，非所慮也。設或再設，恐亦無害。」答南溪。

問：「若從俗禮而送幣後告之，則世俗送幣例於夜半後行之，夜開廟門，太涉褻慢，先於前一日晨謁時告之，似好。」權燮。遂庵曰：「可矣。」

問：「婿家從俗只行納幣一節，則女家納采告廟已不可得而行。然不可拘此，而全廢告廟之禮云云。」李世璞。

南溪曰：「如此俗禮，隨時裁處而已，恐不必相問，但《五禮儀》有『納采納幣，同日同使』之文，女家告廟，只得行之於此時也，如何？」

納幣

納幣納徵同義 幣物厚薄并論

尤庵問：「納幣與納徵有異否？多不踰十者，何歟？」沙溪曰：「禮家諸説可考。」

《禮輯》曰：「納幣即古納徵禮。」○《儀禮·士昏禮》：「納徵玄《周禮》：「六入爲玄。」纁，「三入爲纁。」束帛儷皮。」注：「束帛，十端也。儷皮，兩鹿皮也。」○《雜記》：「納幣一束，束五兩，兩五尋。」注：「兩者合其卷，玄三纁二爲五兩，陽奇陰偶也，兩者配合之義。每卷二丈，合之則四十尺，即五尋。又一束十卷也。八尺爲尋，每五尋爲匹，從兩端卷至中，則五匹爲五個兩卷，故曰束五兩。」鄭氏曰：「四十尺謂之匹，猶匹偶之匹，古人每匹作兩個卷子。」○《記》：「皮帛必可制。」疏：「可制爲衣物，此亦教婦以誠信之義。」

尤庵曰：「納幣用紙未聞，然尚愈於全廢耶。」答尹寀。

納幣親迎異日

尤庵曰：「納幣與親迎，據禮既不可同日，而聖考朝因沈承旨光洙榻前啓辭，上特令前期一月行之，永爲定式，此不可違矣。」答李端夏。

使者 使者服色并論

問：「納幣時，今用賤隸。」禹性傳。退溪曰：「以子弟固善，然他禮不能盡用古禮，則循俗亦或可乎？與婚家議處。」

南溪問：「使者盛服，將用何服？」尤庵曰：「當用當時所尚爾，然以古禮畢袗玄之義觀之，似當尚玄耳。」

南溪曰：「壻婦之服，已多變通，使者恐不當更用盛服。」答沈世熙。

親迎

設位

尤庵曰：「鋪房，俗語，如今言書房也，豈以鋪陳床席而得名耶？」答沈世熙。

問：「凡大禮皆行於堂，而此設位獨於室，何歟？」柳貴三。南溪曰：「初昏親迎之禮，自當行於室中，恐非冠祭之比矣。《禮》曰『人君左右房，大夫、士東西室』而已。」

又曰：「椅者，婿婦之位也，或陳而不用。」答鄭尚樸。

牢床

問：「同牢之時，各用饌床，可也？而或有中設一床？」具鳳齡。退溪曰：「中設而對坐，似非禮意，當婿東婦西，各用饌床。」

同春問：「同牢之牢字，以牲看否？以器看否？所以同牢者，何義？」沙溪曰：「牢字有兩意，而經傳多謂牲爲牢。」

《郊特牲》「共牢而食」注：「牢，俎也。」○《王制》注：「方氏曰：『牢，圈也。以能有所畜，故所畜之牲皆曰牢。』」○《昏義》：「共牢而食，合巹而酳，所以合體、同尊卑以親之。」注：「共牢而食，同食一牲，不異牲也。合巹有合體之義，共牢有同尊卑之義。」○《小學》：「畜犬百餘，共一牢而食。」

南溪問：「牢床，《家禮》只用蔬果，似當益以魚肉脯鮓之類，以從時宜。然亦苦無品節，若依《五禮儀》七果五果之說，誠有所據。第今日亦莫知其何謂，則不得已俯從俗制否？」尤庵曰：「七果五果之說，似有可據矣。然雖未滿此數，不嫌於因奢示儉之義也。」

又曰：「《儀禮圖》特豚是一豚也，兔腊是兔之全體而乾者也。」答朴是曾。

南溪曰：「《昏禮圖》所謂湆者，即大羹之稱。會者敦之蓋，敦則今盛飯之器也。腊是田獸之乾肉，脯腒脩之類，似皆在其中矣。又鳥腊曰腒，即乾雉也。亦可通用豚牲代以雞，中原人於祭禮固有此說，恐亦太苟簡也。」答李端夏。

又曰：「昏禮饌床，《儀禮》則固有其文矣，《家禮》所言止此，不詳其品數幾許。鄙嘗依《家禮》《五禮儀》諸說，略有所定，行之家間者稍簡省，亦未知如何？」答申漢立。

同牢饌床圖				
生果	鮓	胾	麵食	
正果	醋菜	肉湯	薏苡	
油蜜果	卵	殽	盞盤	
乾果	熟菜	魚湯	匕箸	
生果	脯	膾	米食	

一分饌

婿服飾

寒岡曰：「冠服從俗用黑，團領紗帽不妨。」答盧懼仲。

尤庵曰：「婿服既曰攝盛，則當用大夫服，而若胸背，則存之亦可，去之亦可。」答李端夏。

婦服飾

總論

南溪問：「婦服，《家禮》只云盛飾，殊未分曉。按通禮，冠服之制，莫盛於假髻、大衣、長裙，以此推之，今之時服雖未能盡合古制，然其大致不至甚悖否？」尤庵曰：「婦人盛飾，未考其制。《家禮》所謂假髻、大袖、長裙，果如今俗所用乎？醮女注有整冠斂帔之文，然則當用冠，而不必用假髻矣。但未知冠制，亦如今人所用者耶？○弊宗及尼山尹氏皆有冠子耳。」

南溪曰：「女飾當以時服爲主。所謂時服者，似是出於宋時大衣、長裙之制。其首飾亦古，副編次之遺意，但俗姆誤爲詭狀，不可猝變，是可嘆也。向來前輩以花冠、純衣纁袡行之，雖有所據，亦未必合於《家禮》斟酌古今之意，未知孰勝也。」答沈世熙。

又曰：「婦若從婿攝盛，似當用假髻、大衣、長裙，然儀家二禮并無其文，則恐用冠子、背子，或冠子、大衣、長裙爲當。背子既曰本國蒙頭衣，大袖既曰本國長衫，則其制不難知矣。所謂冠子、大衣、長裙，固非《家禮》上下相通之服，然亦有説。《語類》：「或問：『婦人不着背子，則何服？』曰：『大衣。』問：『大衣非命婦亦可服否？』曰：『可。』」今罷此制，而用華冠、袡衣，恐甚不然。何者？婦人冠子起於後代，而純衣纁袡乃周制也。既非《儀禮》，又非《家禮》，一今一古，湊合而成之，亦不及於牢床之用。特豚黍稷，雖乖於今，猶全於古也。此事恐當更詳而歸正。」答尹拯。

陶庵曰：「古者昏用袡衣，玄衣而纁緣，義有所取，而今俗用紅長衫，甚無謂。好禮之家，當製用袡衣，以爲變俗復古之漸矣。」《四禮便覽》。

假髻特髻大衣長裙

同春問假髻。沙溪曰："「假髻者，編髪爲之。古詩曰『東家婦人髪委地，假髻美人還承寵』云云。假髻無首飾曰特髻。」

《二儀實録》曰："「燧人氏，婦人束髪爲髻。髻，繼也，言女子必有繼于人也。」○《周禮》「副編次」注："「副，覆首爲飾，若今步摇，服之從王祭。編，編髪爲之，若今假紒，與髻通。服之以桑。次，次第髪長短爲之，若今髲鬄，與髢通。服之以見王。」皆王后首飾。

尤庵曰："「大衣、長裙各自一件，不相連續也。成服條大袖，即參禮之大衣也。然一書之中，一衣而兩名，似可疑。故或疑大衣之衣字，是袖字之誤。背子之制未詳，或謂如我國之長衣也。」答宋晦錫。

背子見笄禮

衲衣見附録雜禮冠服之制條

帔

問帔。沙溪曰：「諸家説與《詩》注不同，更詳之。」答尤庵。

《韵會》弘農謂帬爲帔，或作被。○《會通》納幣章曰：「一品以下霞帔，庶民藍青素霞帔。」○《淳于棼傳》云：「冠翠鳳冠，衣金露帔。」○《詩》「被之僮僮」注：「首飾也。」○韓愈氏曰：「着冠帔。」

親迎告辭

朽淺曰：「親迎二字，果不稱名實，或可以存羊之義而書之耶？必欲去之，則代以成昏二字如何？」答李成俊。

遂庵曰：「某氏猶言某姓之家。」答李柬。

醮子贊用婦人見下

問：「昏禮，父醮子，命之曰『先妣之嗣』，《曲禮》曰：『生曰父母，死曰考妣。』《小學》注曰：『先妣，蓋古稱也。』今者以先妣稱之者，是何義耶？父不參於醮子者，抑何歟？」崔慎。慎獨齋曰：「《士昏禮》注曰：『勉率婦道，以敬其爲先妣之嗣。』疏：『婦人入室代姑祭也。』詳此注疏之文，則只謂婦人入室代姑承祀事也，直是指父母亡後代姑祭而言，故曰『先妣之嗣』也，非有他意也。凡事家長主之，父醮子，母不參，何疑之有乎？」

杇淺曰：「醮支子而用『承我宗事』之語，亦似未恰當，或以助字易承字，如何？」答李成俊。

問：「祖父醮孫，父母序立之次。」李成俊。杇淺曰：「嘗見中原人禮書，婦見于舅姑也，祖父母并南向，舅姑立於東西云，疑亦據此，而父母立於東西耶？捨是而更無可倣處。」

奠雁

沙溪曰：「朱子於此，既曰『順陰陽往來之義』，又云『雁亦攝盛之意』，蓋既許攝盛，則雖庶人，不得用匹。又昏禮贄不用死，故不得不越雉而用雁也。據此則攝盛之義似長。」《家禮輯覽》。

問「《家禮》『奠雁』注以生色繒交絡」云云。金光五。遂庵曰：「生字疑五字之誤。」

女家主人告辭

問：「親迎時，女家主人告辭曰『歸于某官某郡姓名』云。某官是婿之父也，歸字用於婿父，可耶？」或人。尤庵曰：「據以上告辭凡例，則姓名下恐脱『之子』二字。」

遂庵曰：「古有承襲之規，未娶而有官者多，婦家用某官字，以此耶？」答李柬。

南溪曰：「凡禮，女子殺於男子，笄不告祠堂，昏而始告，以其笄輕而昏重也。至於親見祠堂，男子猶不爲，况女子乎？《儀節》有男子見祠堂之儀，未知果是也。」答柳貴三。

迎婿

問：「《朱子大全》昏禮迎婿有女尊長出迎之文，意不必女父也。」栗谷曰：「非女父而有主昏者，則可以爲之。既無主昏者，而女父兼尊長，則女父爲之，可也。其所謂女尊長者，似必有爲而言。」

寒岡曰：「《禮》，主人迎婿于門外時，主人再拜，婿答再拜，而《家禮》略之。勉齋以爲昏禮大節，不可以不嚴其禮，再拜之禮不可以廢之云。鄙人亦嘗以爲不可不用再拜之禮。」答盧懼仲。

醮女

尤庵曰：「婿之無父者，既廢醮禮，則女亦當廢也。父起而命之，重其禮也。又，女子外成，則亦所以敬之也。」答李遇輝。

南溪曰：「醮女，《家禮》不用脯醢，必有其意。冠禮則因『嘉薦令芳』之文及丘氏之説，用之或可。今此添入，恐無所據。」答尹拯。

婿婦交拜

退溪曰：「今示婦再婿一復如之，此一條似當行之。」答具鳳齡。○下同。

又曰：「婦先四拜，婿再拜，依丘氏《禮》爲善。」

同春問婿婦交拜之儀。沙溪曰：「朱子已有定論，可考而行之。」

《語類》：「問：『昏禮，温公儀婦先拜夫，程儀夫先拜婦，或以爲妻者，齊也，當齊拜，何者爲是？』朱子曰：『古者，婦人與男子爲禮皆俠拜，每拜以二爲禮。昏禮婦先二拜，夫答一拜，婦又二拜，夫答又一拜。冠禮雖見母，母亦俠拜。』」

沙溪曰：「《語類》朱子曰云云，見上。退溪不考《語類》而以己意答人之問，殊爲未安。」答金壩。

就坐飲食之節

問「同牢之時，初進酒，又合巹，只兩飲，而必備三杯，何義」云云。具鳳齡。退溪曰：「三杯必循俗意，然只用二爵，何害。」

又曰：「紅絲循俗，恐亦無甚害理。」答具鳳齡。

尤庵曰：「初言祭酒舉殽，婿婦一時行之之禮也，再言婿揖婦，舉飲，婿自飲，而導婦使飲也。祭酒舉殽者，古人飲食必除少許，以祭先代始爲飲食之人。故祭酒於地，舉殽少許置豆間空處也。再斟三斟皆不祭者，以初斟已祭故也。祭禮則三獻皆祭，與此不同，未詳。再斟三斟無殽，古人飲食之禮然也。」答俞命賚。

又曰：「再斟後亦有酒從味數，乃俗禮也，不用爲當。」答南溪。

問：「今俗巹杯以紅絲繫之。」李世璞。南溪曰：「於禮無之，不敢爲説。」

贊用婦人

尤庵曰：「昏禮，贊用婦人，温公説也，然未知《家禮》之意亦如此也。然温公説似亦謂婿婦行禮時所用之贊耳。其父醮子之時，則未見其必用婦人之義，恐附注者誤附於此也。」答李遇輝。

南溪曰：「兩家各擇親戚婦人之知禮云者，爲其室中之事，非衆賓男子所可與，而又非夫婦所得自爲者，故必使兩家親戚婦人爲贊，使得交導其志而成其禮也。」答李德明。

男女賓

南溪曰：「此所謂男賓女賓即婿之從者，非醮禮時親戚婦人也。醮禮則兩家父母命之，故用親戚婦人。交拜時，只婿婦行禮，故用從者。其義各自不同。」答金相殷。

不用樂

問：「《昏禮》注『昏禮不用樂，幽陰之義也』，嚴肅之事，莫過於宗廟祭祀，而尚用樂，則昏禮以嚴肅之故，不用樂云者，未知其義。」李遇輝。尤庵曰：「祭祀用樂，所以（悞）〔娱〕神也，與昏禮自不同。」

假館行禮

尤庵曰：「昏禮假館，地遠，則不得不爾也。如冠禮以堊爲階，亦此意也。」答朴是曾。

問「親迎注一則，令妻家設一處」云云。俞命賚。尤庵曰：「所謂一處，指婿所館而言也。其下所謂就彼之彼，歸館之館，皆指此一處而言也。來諭以彼字爲女家者，非是。」

又曰：「世人或以女氏本家爲婿館，而女氏父母借人家送女于其處。若以其日送女于婿家爲難，則如是行之，如何？」答金光老。

同春曰：「設館親迎，是程、朱所已行而載之《家禮》。奠贄之禮，舅獨受之，誠似歉欠。然禮當統於尊，姑固待於舅，而舅不必待姑。俟他日于歸，奠贄而見於姑，亦自不妨。」答羅星斗。

見舅姑

服色贄幣

尤庵曰：「衣服，《家禮》只言盛服而已，無當着某服之文，當用世俗所用之盛服耳。」答或人。

同春問：「昏禮，婦奠贄幣，贄幣何物耶？」沙溪曰：「《禮經》諸説可考。」

《曲禮》：「婦人之摯：椇、栗、脯、脩、棗、椇。音矩，一名石李。」注：「摯，執物以爲相見禮也。」○《周禮》注：「摯之爲言至也，所執以自致也，亦作贄。」○《士昏禮》：「婦執笲音煩，竹器而衣者。棗、栗，拜，奠。舅坐撫之。腶脩，拜，奠。姑舉以授人。」注：「棗栗取其早自謹敬。腶脩取其斷斷自脩也。」○《白虎通》

云：「凡(肉)〔内〕脩陰也。棗，取其朝早起。栗，戰慄自正也。」○《禮輯》曰：「《家禮》改用幣者，近世以幣帛爲敬，故舉其所貴者爲禮。」○《會通》曰：「幣，絹帛也，量婦家貧富，或絹或布，隨宜用之，不拘多少。」

尤庵曰：「古禮，見舅姑時只用贄，《家禮》兼用贄幣，然世俗單用之，從俗恐無妨。《禮》曰『婦人之贄棗栗腵脩』，所謂腵者，捶脯施薑也。古禮及《家禮》贄之器數無文，而世俗并盛棗栗脯脩于一器，從俗恐無妨。若從《家禮》而并用贄幣，則不得不各盛一器矣。雖或用幣，非必布帛也，紙束亦可。昔年尼山尹參判家行昏禮時，亦用紙爲幣矣。○據古禮，則棗栗奠于舅，腵脩奠于姑。」答或人。

南溪曰：「『升奠贄幣，采嘗據《問解》所引《禮輯》之説，以爲贄是虚字，幣即代古棗栗腵脩者也。及考《家禮諺解》，質之尤齋，皆云兩用，古贄今幣。然則《禮輯》所謂改用幣者，何以看破耶？○下文或言無贄，或言不用幣，似是只用贄，只用幣，以見殺於舅姑之義，而尤齋云言贄者，幣亦舉之，恐不然。」答尹拯。

舅姑坐向 婦席并論

問：「冠禮時，主人主婦皆南向坐，而此則舅姑東西相向，何義？」李遇輝。尤庵曰：「夫婦相對坐，常禮也。冠禮受子拜之時，則諸父在東，諸母在西。若夫婦相對而坐，則背東背西，故不得不南面也。丘《儀》則於此亦當南面也。

又曰：「舅雖不在，其姑似不可據南面之位耳。」答南溪。

南溪問庶婦改席。尤庵曰：「只言改席，而不言向背，略如庶子冠禮，或不至無據耶？」

見尊長

南溪問：「尊於舅姑者，如見舅姑之禮云者，似指兩階下四拜而已。或謂并與其贄幣，前後四拜而皆同云，然則尊於舅姑者雖多，皆行此禮歟？然《家禮》間有參用時俗處，恐不至如此之無所限節。」尤庵曰：「既曰如見舅姑，則其禮似不可降殺矣。所謂尊於舅姑者，舅姑之父與祖伯叔父以上也。」

又曰：「尊於舅姑者既曰如見舅姑之禮云，則其有贄可知，其曰無贄者，單指諸尊長而言之。古者宗子有君之道焉，故宗子雖疏且卑屬，皆有齊衰三月之服，其見之之禮與舅姑同，何疑乎？」答或人。

南溪曰：「今俗新婦見祖父母，亦用贄幣一段，尤春諸丈之意亦然。蓋一家有祖父母、父母，家事任長，當以祖父母爲主，而《家禮》昏禮却以父母當之，如醮見、饋饗等禮，何嘗上關於祖父母耶？其義既然，則所謂如見舅姑者，恐只是前後四拜之節而已。况其所謂尊於舅姑者，祖父母外實有許多人物，豈宜各行贄幣之禮，一如見舅姑者耶？鄙見如此。」答李行泰。

靜觀齋曰：「《家禮》既云如見舅姑之禮，况婦人之以腒脩爲贄者，乃是斷斷自修之義，則其見於大夫人前，恐無甚異於見舅姑也，用贄亦可。」答李廷夔。

問：「尊長不同居，則廟見而後往，若廟在尊長家，則如何？」琴鳳儀。　尤庵曰：「先見尊長，而後見廟似宜。」

饋舅姑

南溪問：「冢婦饋于舅姑，斟酒，置舅卓子，降，俟舅飲畢，拜。與下文『獻，姑飲畢，降，拜』不同，豈有禮意於其間耶？」尤庵曰：「或云此拜字是升字之誤，竊恐饋于舅姑與初見時有差，故皆獻舅姑訖總拜之也。其下薦饌又殺於進酒，故不復拜也。未知如是否？」

問：「舅姑之尊，一也。降俟一節差不同，何也？」李德明。　南溪曰：「舅嚴姑慈之分也。」

問：「舅姑降自西階，婦降自阼階，何義？」俞命賚。　尤庵曰：「阼階，主人之階，示以家事授婦，使爲主人之義也。《昏義》曰『以著代也』。」

又問：「注合升。」尤庵曰：「舉牲全體納之於鼎也。」

問「長孫妻亦可以冢婦論耶」云云。李成俊。杇淺曰：「長孫之妻，亦是著代之冢婦，饋饗等禮，恐難廢之，而降自阼階一節，在其中矣。」

婿見婦親

先拜宗子

尤庵曰：「婦之於夫家，由親而及疏，故與夫成婦，然後見舅姑，見舅姑然後見尊長及諸親。婿於婦黨，但從其尊卑之序，故先宗子後父母也。」答李遇輝。

南溪曰：「以婦人主恩、男子主義而然也。」答鄭尚樸。

見婦父母

同春問：「婿見婦之父母，亦皆有幣，此禮可行否？」沙溪曰：「《家禮》有之，雖非古禮，行之無妨。古禮並附參考可也。」

《士昏禮》："「婿入門，東面，奠摯，再拜。」注："「贄，雉也。」疏："「凡執摯相見，皆親授受，此獨奠之，象父子之道質，故不親授也。」〇《士相見禮》："「贄，冬用雉，雉用死。夏用腒。乾雉也。」

問："「《居家雜儀》『受女婿拜，立而扶之』，此曰『跪而扶之』者，無乃婿初見，故有所致隆於平日而然耶？」鄭尚樸。南溪曰："「似然。」

問："「婦見舅姑，然後婿見婦之父母，禮也。今既不能親迎，則合巹翌日，婿行見婦父母之禮，如何？」具鳳齡。退溪曰："「婿在婦家，安得待後而不見婦父母乎？翌日三日，看事如何而處之如何。」

同春曰："「婦未見舅姑，而婿先見婦父母，本非禮意，而今日事勢似不得不爾。但婦之見舅，既從俗無幣，以俟他日，而婿反執幣以見妻父母，無乃有所謂不稱情之嫌耶？」答權諰。

見婦祠堂

南溪曰："「《禮》無婿見婦家先廟之文，若婦之父母已没入廟，則似不可不拜也。告辭未詳。」答李世璞。

回昏禮

尤庵曰：「回昏禮云者，近出於士夫家云云，第念三代之盛世，登壽域其得百年者甚多，故有人君問百年之禮。雖曰三十而有室，至九十則正是回昏之歲也。今俗之所行者，若果宜於天道，合於人理，則聖人必制爲節文，以教於民矣。且以婦人言之，再行醮禮，與一與之醮云者，其名義不甚正當，竊恐不可使此名習於人之耳目也。然人子之情至於是日，不能昧然經過，則不過設酌以賀，略如生朝之義者，其或無妨耶。大抵此事，必須先定其當行與否，然後有服無服從可問也。苟曰可行而不可已，則當看《家禮》身及主昏者無期以上條而處之也。」答遂庵。

南溪曰：「所喻回昏之禮，遍考禮書，終無此文，想古無此禮而然也，今不免從俗行之，則似當略倣昏禮，設同牢床東西對坐傳杯之儀而已。若拜跪諸節，恐不必一一遵行，以損安老之大致也。舉樂一般，既非初昏之比，又何必全然廢却耶？」答朴泰恒。

陶庵曰：「回昏禮，禮無出處，世俗所行，不過襲謬。有識之家，則都不設昏儀，只子姓親黨會集上壽而已。此猶可倣，從俗則不可。」答李彦愈。

昏變禮

將昏遇喪

尤庵問：「將昏遇喪，則如之何？」沙溪曰：「古禮有個節目，當酌古參今，倣而行之耳。」

曾子問：「昏禮既納幣，有吉日，女之父母死，則如之何？」孔子曰：「婿使人吊，如婿之父母死，則女之家亦使人吊。父喪稱父，母喪稱母，父母不在，則稱伯父、世母。婿已葬，婿之伯父致命女氏曰：『某之子有父母之喪，不得嗣爲兄弟，使某致命。』女氏許諾而不敢嫁，禮也。婿免喪，女之父母使人請，婿不娶而後嫁之，禮也。女之父母死，婿亦如之。」注：「有吉日，期日已定也。彼是父喪，則此稱父之命；彼是母喪，則此稱母之命，吊之。」○「親迎，女在塗，而婿之父母死，如之何？」曰：「女改服，布深衣，縞總，以趨喪。女在塗而女之父母死，則女反。」注：「女子在室爲父三年，已嫁，則期。今既在塗，非在室矣，用奔喪之禮，而服期。」○「婿親迎，女未至，而有齊衰、大功之喪，則如之何？」曰：「男不入，改服於外次；女入，改服於內次，然後即位而哭。」曰：「除喪則不復昏禮乎？」曰：「祭，過時不祭，禮也，又何反於初？」注：「此特問齊衰、大功之喪者，以小功及緦輕，不廢昏禮，禮畢乃哭耳。若女家有齊衰、大功之喪，女亦不反歸也。」

寒岡問：「定昏未納采，而婿之父母死，則奈何？」退溪曰：「未納采不可以定昏論。」

又問：「納采而婿之父母死，則世之人或送衰服於婦家，是何如？」退溪曰：「當依《曾子問》『納幣有吉日，而婿之父母死』處之，送衰服不可也。」

又問：「納采而婿之父母死，則當待服除爲昏。若婿死，則奈何？」退溪曰：「《曾子問》吉日而女死條，夫死亦如之。注『若夫死，女以斬衰往吊，既葬而除也』，未論許嫁與否。然先儒云聖人不能設法以禁再嫁，此女必無禁嫁之理。況吾東方婦女不許再嫁，則此女成服往吊，亦恐難行也。」

問：「婚娶只隔兩三日，彼此忽有遭服，則奈何？」李尚賢。同春曰：「新郎新婦有服，則當退行，若無服，只主人有服，則使門長主之以過，似宜。」

問：「《曾子問》『婿親迎，女未至，有齊衰喪』注『小功及緦輕，不廢昏禮，禮畢乃哭』云，而亡者若是同居之親，則似難准此。」尹寀。尤庵曰：「緦小功不廢昏禮云者，似通門内門外喪而言也。然叔父之下殤及外祖父母，雖曰小功，而亦有難行者，未知如何？」

市南曰：「《曾子問》『親迎在塗，不言小功緦』者，亦謂盛禮輕服，不可相奪。蓋出於權制也。若未及親迎，而遭小功之服者，又安知不如《雜記》之所云耶？冠有吉日而遭服，則不必改日者，雖未備禮，而因喪亦可冠也。至於昏則不可，以吉日既卜之，故遽行其禮，唯視所遭之喪輕重如何，而或行或退。此冠昏之所以不同也。」答尹宣擧。

服中昏禮行廢與冠變禮服中冠禮行廢條參看

同春曰：「令曾孫已服既輕，而其父母亦非期喪，且禮必大宗子主昏，大宗有故，則次宗子主之。若爾，則台監不必主昏，如何？然既是一家重喪，遲待葬後，尤善否？」答或人。

同春問：「外祖喪未葬而行昏禮，似甚未安。」慎獨齋曰：「外祖喪未葬而行昏，不當論也。先王制禮，雖列於小功，我國與中國情勢大異，禮緣人情，何可抑情泥古，以毁本國常行之節也？」

國恤中昏禮見喪禮國恤條

冒哀嫁娶之非

問：「古人有嫁不失時之戒，若過二十三年，則後雖有故，或葬或練，從俗嫁之，如何？且伯叔父母喪葬後，父母必欲從俗嫁娶，則爲子者，亦當如之何？」或人。尤庵曰：「三十而不娶，誠違《禮經》之訓，然亦可謂冒哀而行之乎？女子亦如此矣。朱子於《孟子》親迎娶妻章注説分明，今冒哀嫁娶，與不親迎似不同矣。父兄如欲犯禮行之，則亦當從容婉轉，開導以禮法，所謂喻父母於道者，如此矣。」

禫月廢昏

南溪曰：「禫月行昏，禮雖似無妨，彼家持難之意，實合情禮，其欲計較親年於數月之内以爲進退者，於義亦不安矣，莫如待行他日之爲順耳。」答李泰壽。

改葬時廢昏

南溪曰：「曾祖破墓後至永葬前，常在喪次執饋奠行哭泣，雖或因事往來他所，豈可還家行昏禮如平常乎？此在情理甚不安，非如服内行昏，以主昏爲主也。」答成至善。

同春曰：「改葬服未除之前，昏娶恐未安。」答李尚賢。

禍家行冠昏之節見冠變禮

失君父行昏之説見喪變禮失君父處變條

見舅姑

舅往婦家見婦

問「世俗婚姻，婿父有率其子往婦家成禮，因見新婦」云云。姜碩期。沙溪曰：「因舅之來，執贄而見，有違禮意，俟後日行之，或可也。然大本既失，一切皆非。」

問：「父率子往婦家，成禮後，拘於情理，必欲相見，則婦當執贄而四拜耶？」李志爽。尤庵曰：「既執贄而見，則行四拜禮，何疑？」

同春曰云云。答羅星斗。詳見昏禮親迎條中假館行禮條。

成昏久後見舅姑

尤庵曰：「親迎翌日，當見舅姑，而今既過兩月，咫尺不得見，則已是變禮也。且既不親迎，故有此相妨節目，正朱子所謂『本領未正，百事俱礙』者。夫既不親迎，而欲致詳於見舅一節，是不能三年而緦功，是察者也。要之，隨便宜以行，似當矣。」答李端夏。

舅没姑存見姑見廟先後

南溪曰：「《儀禮》疏曰『舅没姑存，則當時見姑。三月亦廟見』，若以此文准乎今禮，親迎之明日，婦先見姑，又明日，婦見于祠堂爲宜。蓋先姑而後舅者，生死人神之别也。」答梁處濟。

未及見舅姑而赴舅喪見喪變禮奔喪條

姑服喪中婦初見

南溪曰：「見姑之禮，吉凶相雜，亦無可據之文，誠未易裁處。第以母子大體言之，其婦雖未見姑，平日書物候訊，皆用姑婦之節矣。今當姑服喪之日，乃以初見之故，不行吊哭，未知於義何如也？義之所在，禮有時而變云者，恐指此類矣。」答李惟材。

舅没姑存饋禮行廢服中饋禮并論

尤庵曰：「姑雖獨在，饋禮似不可廢。」答南溪。

南溪曰：「舅亡之家，恐當依有事則告例，以參禮行之。惟其母在者，受贄而已。」答朴泰尚。

尤庵曰：「朱子答李繼善婦盥饋之問，以爲母若有服，則亦難行此禮。據此，則當廢盥饋之節矣。然繼善之母服，則是爲子三年也，與今姑服大功有間矣。」答李端夏。

未見舅姑而失夫者歸夫家之節

陶庵曰：「俯詢禮疑，實是變故之大者。其婿新娶，未及行見舅姑禮而出走，無去處已八年云。多日沉思，且考禮書，與一二士友相議，録出一紙，以示於尊。姻家未告廟之前，令女于婦之行，恐不可不亟爲之。此在天理人情必然，而無可疑者矣。」答李命胤。○按一紙即答金華壽書，在喪變禮失子處變條當參考。

廟見

成昏久後廟見

寒岡問：「娶妻經年，而歸拜舅姑訖，即拜祠堂，何如？尚待三月，無乃執泥不通乎？存羊之義，亦不可不取。」退溪曰：「此處存羊之義恐用不得。」

寒岡曰：「逑昔以此事稟于李先生。答曰云云。見上。然今以淺見思之，初歸入門，即詣祠堂，亦似太遽。入門而拜舅姑，宿齋而廟見，恐爲穩當。」答蔡夢硯。

問：「新婦三月而廟見，蓋爲親迎者也。若經年或逾時而後來，則見舅姑即拜祠堂後，行見尊長饋舅姑之禮，如何？」姜碩期。沙溪曰：「來示得之，退溪説亦然。」

舅姑已没廟見之禮

同春問：「舅姑已没，則新婦廟見，其禮似自别，未知如何？」沙溪曰：「《儀禮》詳之，并與朱子説參考。」

《士昏禮》：「若舅姑既没，則婦入三月乃奠菜。注：「奠菜者，以篚祭菜也。蓋用菫。」疏：「此言舅姑(俱)〔既〕没者，若舅没姑存，則當時見姑，三月亦廟見舅。若舅存姑没，則婦人無廟可見，或更有繼姑，自然如常禮也。按《曾子問》云：『三月而廟見，擇日而祭於禰。』此言奠菜，即彼祭於禰，一也。用菫者，取謹敬。」席于廟奥，東面，右几。席于北方，南面。注：「廟，考妣之廟。」疏：「若生時見舅姑，舅姑別席異面，不與常祭同也。」祝盥。婦盥于門外。疏：「生見舅姑，在外沐浴。」婦執笲菜，祝帥婦以入。祝告，稱婦之姓曰：『某氏來婦，敢奠嘉菜于皇舅某子。』疏：「若張子、李子。」婦拜，扱地，注：「手至地也，猶男子稽首。」坐奠菜于几東席上。還，又拜如初。婦降堂，取笲菜，入。祝曰：『某氏來婦，敢告于皇姑某氏。』奠菜于席，如初禮。婦出，祝闔牖户。老醴婦于房中，南面，如舅姑醴婦之禮。疏：「舅姑生時，使贊醴婦於寢之户牖之間。今舅姑没者，使老醴婦於廟之房中。其禮則同，使老及處所則別也。」婿饗婦送者丈夫、婦人，如舅姑饗禮。」疏：「舅姑存，自饗送者，今舅姑没，故婿兼饗丈夫、婦人，並有贈錦之等。」○《語類》朱子曰：「昏禮廟見舅姑之亡者而不及祖，蓋古者宗子法行，非宗子之家，不可別立祖廟，故但有禰廟。今只共廟，如何只見禰而不見祖？此當以義起，亦見祖可也。」

問：「舅姑已没，而與祖先共廟，則新婦之廟見也，當何先後？」李時春。南溪曰：「舅姑既没，則婦入三月乃奠菜，即《士昏禮》文也，《家禮》無此節目，恐當依本文用告事之儀而已。其與祖先共廟者，只行通共拜謁之禮而已，有何先後之別？」

陶庵曰：「按朱子義起之論，是見祖廟之謂也，非奠菜之謂也。如早孤者取婦入門，不可不追伸饋奠之禮。欲行此禮者，若并奠於高祖以下，則事涉拖長，同見祖廟，而只於禰龕奠以別饌。雖似未安，義各有主，恐無嫌也。」《四禮便覽》。

改娶

妻喪三年内改娶當否

沙溪曰：「按《國制》，士大夫妻亡者，三年後改娶，若因父母之命，或年過四十無子者，許期年後改娶。」《家禮輯覽》。

尤庵曰：「去歲殷孫再娶，在其前妻三年内，心有不安，呈禮曹，得其批，然後乃敢行禮。今此人亦禀於禮曹而行之，則庶幾其不惑矣。」答俞命賚。

禮疑類輯卷之三

喪禮

總論

同春問「喪禮固當從《家禮》，而或有疏略未備處，欲從《儀禮》，則又有古今異宜難行處」云云。沙溪曰：「當以朱子易簀時遺命爲準，故記者不一，具列于左。」

《朱子行狀》：「先生病革，門人問温公喪禮，曰：『疏略。』問《儀禮》，頷之。門人治喪者，一以《儀禮》從事。」○《言行録》：「諸生入問疾，因請曰：『萬一不諱，當用《書儀》乎？』先生摇首。『然則當用《儀禮》乎？』亦摇首。『然則以《儀禮》《書儀》參用之乎？』乃頷之良久，恬然而逝。」

問：「沙溪謂喪禮當遵朱子遺命，而《行狀》云云，《言行録》云云，并見上。何所取信？」李尚賢。同春曰：「《言行録》似詳備，當從無疑。」

問「小斂時主人兄弟白巾環絰，括髮時絞帶，遷尸後，首絰腰絰散垂。齊衰以下着巾加免，婦人首絰腰絰之文，《家禮》并略之。《備要》援引古禮，如是煩擾，當以《家禮》爲正，而古今之間亦似太簡。《家禮》飯含時云『主人袒』，又云『襲所袒衣』，小斂後則齊斬以下至同五世祖者皆袒，不言『襲所袒衣』，至大斂并皆闕之，與《備要》詳略不同」云云。崔瑞吉。南溪曰：「《家禮》酌古今，從簡便；《備要》倣遺命，復古制，意各有主。今人固當以《家禮》爲主，如其節目中不可不追正處，已多具載於楊氏之説，恐當以此參商准行也。至如《備要》諸條曲折雖繁，若是不悖於《家禮》大節者，亦可添補而無妨矣。」

又曰：「文公以前當用《儀禮》，以後當用《家禮》，禮家之大體也。但《家禮》乃初年本，未及再修，故丘氏《儀節》、金氏《備要》亦不得已作。數十年前，士大夫多用《儀節》，今則全用《備要》。蓋兩書大體亦皆本於《家禮》，大同小異，無甚不可故耳。然《備要》因文公遺命，多用《士喪禮》之文，却與《家禮》酌古通今之意煞有出入，如此處恐當參商行之也。」答權鑌。

初終

遷正寢

問：「疾病遷居正寢，似是通言父母也，然以《喪大記》『世婦卒於正寢，士之妻皆死於私寢』之文觀之，則唯貴者宜遷，而《家禮》不言。」崔徽厚。遂庵曰：「似當以《家禮》爲正也，注既言男子婦女云云，則通言無疑。」

問：「疾病遷居正寢，禮也。鄭鈺云『若值祁寒，則臨絶之人遽遷于寒廳，殊非人子之所忍』，此説恐近之。」梁處濟。

南溪曰：「此出於正終之義，當以病者之命進退之。」

問：「將絶之人，離安穩之寢室，而遷疏曠之前堂，亦非静俟之道。無乃此正寢非前堂也，特以寢室中非偏褻者而言耶？」鄭尚樸。南溪曰：「所論恐誤。」

男女不相褻

問：「男子不絶於婦人之手，婦人不絶於男子之手。然將逝者之母或父欲見之，則奈何？」成文憲。南溪曰：「恐非父母之謂。」

問：「男子不絶於婦人之手云云，此婦人男子，若總稱云，而以朱子指婦人出諸門外之意觀之，則父母之於子女，皆不可見耶？第《喪大記》注曰『君子重終，爲其相褻』，且《春秋》僖公薨於小寢，譏其近女室，且《會成》亦言『君子于其死也，欲終始而不褻，則男女之分明，夫婦之化興』，詳此文勢，則所謂男子婦人似非總稱。」崔徵厚。遂庵曰：「本意則雖出於不褻男女之義，而以此文勢觀之，則不但夫婦間而已。」

夜半死者從來日

問：「周夜半爲朔，商雞鳴爲朔，陰陽家皆以子時爲明日，然則雞鳴前子時死者，當從何日？」玄以規。尤庵曰：「日分必終於亥，而始於子，初二日之子，自不干於初一日也。」

復

復衣侍者并論

同春問：「復衣當用平日常服之上衣耶？」沙溪曰：「當用死者之祭服，《禮經》可考。」

《士喪禮》：「復者以爵弁服，簪裳于衣。」注：「爵弁服，純衣純與緇通。纁裳也，禮以冠名服。簪，連也。」疏：「士服爵弁，助祭於君，士復用助祭之服，則諸侯以下，皆用助祭之服可知。凡常時衣服衣裳各別，今此招魂取其便，故連裳於衣。」○《記》云：「復者朝服，以其事死如事生，冀精神識之而來反。」○《大記》：「復，大夫以玄赬，玄衣纁裳。世婦大夫妻。以襢展衣，丹縠衣，色赤，鄭玄云色白。士以爵弁，士妻以稅彖衣。色黑而緣以纁。」○「婦人復不以袡。」注：「以絳緣衣之下曰袡，蓋嫁時盛服，非事鬼神之衣，故不用以復也。」方氏曰：「復各以死者之祭服，以其求於神故也。」

愚伏曰：「禮，天子諸侯復用小臣，小臣，近臣也。朝服，平生所服以事君者，冀精神識之而來反，故服之，其用意可謂精切矣。《儀禮·士喪》『有司復』，疏『有司，府史之等，尊卑皆朝服也』。今士人家無府史之屬，故《家禮》直云侍者。今當以鈴下親近蒼頭服上衣以復，內喪則又疑當令女僕爲之。此雖禮家之所不言，以事死如生之意推之，則婦人平生無故不出中門，出則擁蔽其面；男僕非有繕修及大故，不入中門，入則婦人必避之；乃於神魂飄散之際，冀其歸復，而使平生所必避之男僕，執其衣以招之，是猶欲其入而閉之門，不惟事理不當而已也。抑朱子所謂侍者，安知非通指女侍者而言耶？又按《周禮》，大喪，御僕持翣，后之喪，女御持翣，從柩且然，況於招魂乎？《儀禮》所謂小臣者，必是閹人，故得以通用而不別言耳。」

浴後去復衣見沐浴條

復衣不用襲斂見襲條

復衣置靈座見靈座條

呼復

栗谷曰：「復時俗例必呼小字，非禮也。少者則猶可呼名，長者則不必呼名，隨生時所稱可也。婦女尤不宜呼名。」《擊蒙要訣》。

問：「呼字，《禮》有明文，而《要訣》不稱。」尹宷。尤庵曰：「恐是俗禮。」

問：「復，人家皆呼曰『某持衣去』，與來復之本義大相反。鄙家則呼之曰『某甫回來』。」李泰壽。南溪曰：「所處得之。」

遂庵曰：「復時以『歸來』呼之，來説得之。」答李志逵。

問：「劉注復聲必三者，禮成於三也。《大記》三呼，冀魂天地四方之中而來也。二説何如？」成文憲。南溪曰：「聲三之義，《大記》注所謂天地四方之説似長。」

愚伏曰：「今人有死而復生者，多言魂氣始升，猶眷戀形體，欲還入宅之，而怕人環哭叫聒，不得便入云。以理求之，神道尚静，似當如此。復時宜令孝子暫時輟哭，以專望反之，誠乃得盡愛之道，未爲薄於親也。觀疏家哭訖乃復之文，則古人亦必輟哭而復矣。」

立喪主

主字有二義

問：「立喪主小注『若無親族，則里尹主之』，《喪大記》曰：『喪有無後，無無主。』此主字似有二義，一是長子長孫主奉饋奠者，一是與賓客爲禮，親且尊者主之也。果有此二義否？有服之親各有位次，不宜與賓客爲禮矣，如何？」李行泰。南溪曰：「字有二義，是也。與賓爲禮，乃喪之大節，故必家長主之。以《家禮》注中宗子云云觀之，可推知也。」

問「昆季之喪」云云。柳貴三。南溪曰：「當以宗子爲主，若伯叔父在，則其亦爲與賓客爲禮之主歟。」

退溪曰：「一家主人外，無同居之親且尊者，則不得已，主人兼拜賓耳。」答李德弘。

父在父爲主與大祥條中服盡後主祥禫條參看

栗谷曰：「母喪父在，則父爲喪主，凡祝辭皆當用夫告妻之例也。」《擊蒙要訣》。

問：「父在，子無主喪之禮，故朔虞卒哭凡殷奠皆父主之，而楊氏謂『長子主喪，以奉饋奠』云云。」黄有一。西崖曰：「虞卒哭殷奠，父既與其祭，焚香奠酒似當親行。至如朝夕奠，子所獨行者，則執事代之。楊子所云奉饋奠者，疑亦只云奉饋奠之事耳，非欲其使哀子自執其禮也。」

寒岡曰：「父在父爲主者，《禮記・奔喪篇》取統於尊之義而言之，非饋奠諸事皆屬於其子，而父獨與賓客爲禮也。」答崔季昇。

尤庵曰：「凡喪，父在父爲主，則無論父之在遠與老病，亦當以父爲主，而攝行之矣。惟七十老而傳重，然後子得爲主矣。」答玄以規。○右夫主妻喪。

南溪曰：「凡喪，父在父爲主，然則只當以亡子題主也。雖以此題主，而亡者有妻子，則自當行三年之祭，其何未安之有？」答李挺英。

問：「父主子喪，練已除服，則祥禫誰可主之耶？」韓士英。尤庵曰云云。詳見大祥條中服盡後主祥禫條。○右父主子喪。

問：「婦之喪，虞卒哭之祭，夫雖主之，祝辭則當云舅使子某告婦歟？」權碩儒。慎獨齋曰：「當如此。」

南溪問：「舅主婦喪，依《服問》及《喪服》疏則不主庶婦，依《奔喪》，則亦主庶婦之同宫者，但《禮記集説·奔喪》『父在父爲主』下統言父主之義，而不録本疏只主同宫之文，而朱子答陳明仲及《語類》一條，亦不分適婦庶婦，而并言之。然則將依《集説》及朱子説，不論同宫異宫，而統主婦喪耶？抑此兩疏係是泛論，故自不分適庶，而既主其喪，則當用本疏同宫異宫之義耶？若是舅所當主之喪，雖舅方在斬衰中，亦無所礙耶？」尤庵曰：「此同出於古經，而彼此逕庭，有難適從。然無論適庶與異宫同宫，一主於父在父爲主之説，然後無有妨礙抵捂之弊矣。舅在斬衰中，則雖主婦喪，而亦當看事之輕重，有可權攝者，則不必自主之也。」

又曰：「凡喪，父在父爲主，其舅只主虞祭云者，自是一說，豈大夫不主諸子喪之意耶？然從此說，則多有窒礙處，不若從前說之爲無弊也。」答或人。

問：「《喪服小記》：『婦之喪，虞卒哭，其夫若子主之。』《通解續》注曰：『婦謂凡適婦庶婦也，虞卒哭祭婦，非舅事也。』疏曰：『婦之喪，虞卒哭，其夫若子主之者，虞與卒哭俱在於寢，故其夫若子主之也。』按尤齋所謂一主於父在父主之說，若主此說，則虞卒大小祥亦舅皆主之，然則《喪服記》、《續解》注皆將棄而不用。淺見則喪與祭本來自別，俱存兩說，各從其義。葬前則一依《奔喪》父在父主之說，父皆主之，葬後則一依《喪服記》、《續解》注之說，其夫若子主之，如何？」李世弼。南溪曰：「《家禮》立主注專以『父在父爲主』爲主，而《備要》仍之。蓋其葬時，以亡婦題主，而至虞卒哭，乃以其夫若子主之，自祔以後，終喪入廟，舅又當主之。祝辭、儀節不無出入矛盾者。故意尤丈之說，雖非古禮，猶得《家禮》注意而無甚妨礙矣。示意以本疏在寢之說爲重，然則當限虞卒哭祥禫。夫自主祭，而姑變亡婦字稱亡室爲得禮宜耶？抑用攝行例，稱舅使子某云云耶？不敢質言。」

又曰：「《語類》曰『妻喪，木主要作妻名，不可作母名』，若是，婦須作婦名，翁主之，此尤爲主喪之明證也。」答白以受。

又曰「十五月禫時，舅雖無服，自當主祭」云云。答金九鳴。詳見大祥條中服盡後主祥禫條。

陶庵曰：「主喪之節，家國體異，異宮之義，古今制殊，只當以父在父爲主爲經也。」答楊應秀。

又曰：「凡喪，父在父爲主，禮之經也。然子之婦於屬爲卑，若其夫若子，則夫婦有齊體之義。子之於母，恩重服重，不害爲容其自伸，是以虞卒哭則其夫若子主之，惟於祔而舅主之，豈不以尊卑有等而然耶？大抵主喪與主祭，雖若抵捂，而實則并行而不悖矣。」答柳乘。○下同。

又曰：「兩祥之於虞卒，宜無異同。《小記》本文注『虞卒哭祭婦，非舅事也』，今指兩祥而問曰是舅之事耶？夫若子之事耶？其爲非舅之事明矣。以此推之，夫若子之主兩祥，亦無可疑。」右舅主婦喪。

問：「孫之喪，其父主之，而祖不得主，則祔廟時，以誰爲主，而祔於何處耶？」李箕洪。尤庵曰云云。詳見祔祭條中無祖則祔高祖條。

遂庵曰：「祖在，祖爲主，先生家行之，故某家亦行矣。」答金光五。○右祖主孫喪。

嗣子未執喪之家主喪見喪變禮嗣子未執喪諸條

無適嗣喪主喪見喪變禮無適嗣喪諸條

無後喪主喪見喪變禮無後喪諸條

五代祖喪主喪見五服本宗服條中爲五代祖條

重喪中主輕喪見喪變禮并有喪條

承重妾孫爲其所生祖母主喪祭當否見祭變禮承重妾子祭本生母條

出繼子爲其本生親主喪見喪禮爲人後者本生親喪諸節條中題主條及祭變禮出繼子祭本生親諸條

主婦

問："《家禮》立主婦注謂亡者之妻，易服注有妻子之妻字，成服注有妻妾之妻字，各歸喪次注非時見乎母，此則皆指主喪者之母也。爲位注主婦、衆婦坐于床西，小斂、大斂注主人、主婦憑哭，朝祖注皆次主人、主婦之後，及墓注主婦、諸婦女立於壙西幄内，虞祭亞獻主婦爲之，卒哭主婦進饌，祔祭主婦終獻，小祥注主婦率衆婦女，此則皆指主喪者之妻也。而爲位以下諸條，則亡者之妻，一不舉論，殊甚可疑。若以亡者之妻、主喪者之妻渾稱主婦，則尤爲未安。」姜碩期。沙溪曰：「初喪，則亡者之妻當爲主婦，時未傳家於冢婦故也。虞祔以後，則主喪者之妻當爲主婦，祭祀之禮，必夫婦親之故也。張子曰：『宗廟之祭，東酌犧象，西酌罍尊，須夫婦共事，豈可母子共事也？』此等處觀其所指如何耳。」

南溪曰：「所謂宗子雖七十無無主婦，及張子東酌犧象，西酌罍尊，必夫婦親之者，乃經禮也。今此奉主一節，固爲男女之異任，既無主婦可以行之，則是實其變者，恐當姑安於男攝女事而不當，遂安於舅婦共事。」上尤庵。

易服

易服之節

沙溪曰：「丘《儀》易服一條，移於未立主喪護喪之前者，蓋以爲親死一刻，未可以華飾故也。然禮廢不講久矣，豈人家皆有知禮者，而必知去華飾服素之義乎？況親死，一家號痛擗踴、急遽奔遑之際，何暇及此節目乎？此《家禮》所以必先立其護喪之知禮者，而後次及易服之節也。」《家禮輯覽》。

問：「易服着深衣，扱前襟於帶，當喪着多飾之服，如何？《曾子問》『女易服布深衣』注『言布不言麻，深衣之麤者也』，《深衣》本注曰：『純以采曰深衣，純以布曰麻衣。』《雜記》『卜宅葬日，有司麻衣布帶』，麻衣即白布深衣，布帶以布爲帶云，則易服深衣似指麻衣而言，扱襟之帶似指布帶而言。」崔碩儒。慎獨齋曰：「似是。」

被髮

沙溪曰：「被髮出於西原蠻俗。唐初胡越一家，蠻俗漸染於中國，因有此禮。及至開元，采入典禮，而温公取之，《家禮》因而不删。《家禮會成》據丘氏之論去之，行禮之家，固當從之。但行之已久，一朝去之，恐未免譏罵耳。」答黄宗海。

西原蠻子親始死，被髮持缾瓮，慟哭於水濱，擲銅錢紙錢於水，汲歸浴尸，謂之買水，否則鄰里以爲不孝。○《左傳》：「辛有適伊川，見被髮於野而祭者，曰：『不及百年，此其戎乎！』竟爲陸渾氏。」○又「晉大夫反首拔舍」注：「反首，散頭髮下垂。拔跋舍，拔草舍止。蓋壞形毁服，以示憂戚。」○丘氏曰：「《問喪》『親始死，雞斯徒跣，扱上衽』注：『雞斯讀爲笄纚，笄謂以骨爲笄也，纚即《内則》所謂縱者，韜髮之繒也。蓋謂親始死，孝子去其冠，露出其笄纚而未及去，至括髮乃去之，非謂以之爲喪服也。』歷考古禮，并無有所謂被髮者，惟唐《開元禮》有之。温公謂笄纚今人平日所不服，被髮尤哀毀無容，故從《開元》。」按今世人雖無韜髮之纚，然實用笄以貫髮。今包網巾與纚頗相似，今擬初喪，即去冠帽，露出網巾骨笄，至括髮時始去之，似亦同古意。然不敢自是，姑記于此。

重服人去冠當否 網巾并論

沙溪曰：「爲所生父母及祖父母與妻喪，豈有不去吉冠之禮乎？」答黃宗海。

問：「司馬公所謂『齊衰以下，去帽着頭巾，加免於其上』者，今不可遵行耶？」黃宗海。沙溪曰：「去帽云者，去平時所着吉帽也。着頭巾云者，如丘氏所謂用白巾如俗製小帽之類，方言白匴頭。而加免於其上也，未知是否？」

尤庵曰：「初終期以下，無免冠之文，而但重服着冠自如，則莫或駭俗耶？」答或人。

又曰：「期服於初終，崔氏既有白巾之文，則或布或綿或紙，何所不可？雖倉卒，亦無難辨之弊矣。若拘於此，而期之重服，終着吉冠，則尤似駭俗。無寧從俗去冠也。且白巾用於免前，免時則當去白巾矣。若仍着白巾，則勢當於巾上加免，而繞免於巾尖，何所不可？」答朴重繪。

南溪曰：「今人去冠，東俗也。沙溪謂祖父母妻喪，則當去冠。以此推之，期大功重服，循俗去冠，或不至大悖耶？帶亦似以華盛而去之。」答柳貴三。

問「曾聞先生以初終期服以下去冠爲非禮」云云。沈潮。遂庵曰：「吉冠云者，指華盛之物，以我國言之，如紫鬃笠濃丹絲笠等物，麤巾黑笠不在吉服之中也。然所生父母，雖曰期服，布笠亦當去之。」

又曰：「爲長子斬衰不解官與祖父喪同，何必去冠耶？」答成爾鴻。

陶庵曰：「去冠，於禮惟妻子婦妾爲之，而期大功則不論。故後世議者多歧。沙溪以爲祖父母與妻喪，豈有不去冠之禮？尤庵亦以爲期而吉冠似駭俗，毋寧從俗去冠。先正所論雖如此，而於禮既無明文，雖是哀遑之中，頭上不冠，亦甚無儀。且被髮之制，始自《開元禮》，則開元以前，遭父母喪者，但去冠而已。今之期大功者若去冠，則是與古之服三年者無異矣，不其過乎？」《四禮便覽》。

問：「所生父母及祖父母與妻喪，皆去冠，然則網巾亦從而脱耶？伯叔父母之喪，不當去冠耶？」崔瑞吉。南溪曰：「網巾則古所謂纚也。《儀禮》父母之喪，猶不去笄纚，則安有以重服而獨去網巾耶？伯叔父母乃是旁期。前輩不言者，恐或有意。」

又曰：「網巾生父母喪則亦似脱之耳。」答權鐨。

告喪

沙溪曰：「家有喪，亦當告也。蓋《禮》『君薨，祝取群廟之主，藏諸祖廟』注：『象爲凶事而聚也。』以此推之，可知其必告也。」《喪禮備要》。

朽淺曰：「主人以衰絰入廟告事，甚涉非便，代以子弟，亦難創立。」答趙惟顏。問告喪。尹宷。尤庵曰：「似當告於初終矣，酒果則恐不可設也。」

南溪曰：「《家禮》冠昏及祭無不爲告廟者，獨於喪禮闕之，而發引之日，遽爲朝祖，又闕告辭，殊未達其義。《備要》雖因聚群主之意，有當告之文，今人亦未聞有行之者也。大抵此事既無明文，則廢之固當耶？」上尤庵。

又曰：「喪者人家之大變，豈雖不告，而自可無憾於幽明？故《儀禮》《家禮》皆不言其節歟？」答李綖。

遂庵曰：「家有喪，告廟，使無服者告之，則何待成服後？」答安太奭。

陶庵曰：「按《備要》有事則告條云『家有喪止必告也』，但無告廟之文，故世俗行之者甚少。然子生既告，則其死也，安得無告？《家禮》亦無所見，不敢擅爲補入。然事莫大於死生，如欲行之，則似當在訃告之前。」《四禮便覽》。

問：「宗子生有告祠之節，不幸夭逝，則亦當告之耶？」蔡徵休。遂庵曰：「其生既告，則其死亦似當告。」

治喪具

總論喪具預備

同春問：「有親老臨期者，預備喪具，而恐未免左氏預凶事之譏。」沙溪曰：「當以《禮經》爲準，左氏此論，似有爲而發。且朱子曰：『左氏説禮，皆周末衰亂不經之禮，無足取者。』」

《王制》「六十歲制，七十時制，八十月制，九十日修，唯絞紟衾冒，死而後制」注：「漸老則漸近死期，當預爲送終之備也。歲制謂棺也，不易可成，故云歲制。衣物之難得者，須三月可辦，故云時制。衣物之易得者，則一月可就，故云月制。至九十，則棺衣皆具，無事於制作，但每日修理之，恐或有不完整也。絞，所以收束衣服。紟，單被也。絞與紟皆用十五升布爲之。凡衾皆五幅，士小斂緇衾赬裏，大斂則二衾。冒所以韜尸。此四物須死乃制，以其易成故也。」〇《檀弓》「喪具，君子耻具，一日二日而可爲也者，君子不爲也」注：「喪具，棺衣之屬，君子耻於早爲之而畢具者，嫌不以久生期其親也。然六十歲制，七十時制，八十月制，九十日修，蓋慮夫倉卒之變也。一日二日可辨之物，則君子不預爲之，所謂絞紟衾冒，死而後制者也。」○丘氏曰：「謂之耻具者，耻成其制，非不畜其質也。」

問：「舉世爲親備不虞者，必制於閏月，此有可據耶？」李行泰。南溪曰：「閏月之説乃俗談，不足論也。」

沐浴之具

沐浴水

沙溪曰：「浴用香水。《五禮儀》君喪有之，僭不敢用也。沐水從《禮經》，用潘汁可也。」答黄宗海。

《大記》「君沐粱，大夫沐稷，士沐粱」注：「淅粱或稷之潘汁以沐髮也。君與士同用粱者，士卑不嫌於僭上也。」

襲具

總論

沙溪曰：「按《雜記》不襲婦服，女喪亦當不襲男服。」《喪禮備要》。南溪曰：「三稱之服，自士以上，皆可用也。但《雜記》注云『諸侯七稱，天子十二稱』，此似愈貴則愈多。」答梁處濟。

深衣公服紗帽品帶不用并論

南溪曰：「《家禮》不舉他服，必用深衣者，蓋本《書儀》，意非偶然，則其在後學有難廢而不用，抑何拘於平日服着與否乎？」答李之老。

問：「襲用幅巾深衣，禮也。然有官者兼用黑團領褡䙌於深衣之下，未知如何？」姜碩期。

沙溪曰：「《禮輯》所論得之古禮，襲三稱，爵弁服、緇衣纁裳。皮弁服、白布衣素裳。褖衣黑衣赤緣裳。并用之。今朝服與深衣并用，恐不妨，紗帽及品帶磊嵬難用。」

《禮輯》曰：「恐礙于斂，故雖有官者，亦用幅巾深衣。」

問「《備要》小注深衣與公服并用無妨，并用則公服似爲襲時上衣。孔子之喪，襲衣十一稱，加朝服一」云云。韓大震。遂庵曰：「《家禮》蔡氏注曰『士以上深衣爲之次，庶人吉服深衣而已』，據此則大夫以朝服爲上衣，士以深衣爲上衣。襲時有官者，當用公服無疑。然或亡人遺命用深衣，則從命可也。」

又曰：「有官襲用深衣，則小斂用紅團領，大斂用黑團領，襲用黑團領，則小斂用紅團領，大斂用色道袍直領。屬如此者，不必用深衣矣。帽巾則襲時所用，大小斂則不用，置諸棺內，《禮》無其文矣。」答韓大震。

深衣大帶幅巾黑履勒帛之制 并見冠禮三加冠服條

裹肚之制

頤庵曰：「裹肚即俗之小帖裹也。」

沙溪曰：「愚嘗問于景任曰『《家禮》裹肚之用，最在內，乃屍身親近之物，必是如今包裹腰腹之物』，景任答曰『來示無疑』。」《家禮輯覽》。

又曰：「裹肚者，恐非裹肚天益也。」答黃宗海。

網巾行縢之制

退溪曰：「網巾之制出於大明初，則固《家禮》所不言。今既生時所常用，又《儀注》許代以皂紵制用，今依《儀注》用之，可也。行縢不言固可疑，或云《家禮》所謂勒帛即行縢，未知是否？」答金就礪。

問：「《大明集禮》襲用網巾，《五禮儀》代用皂羅，今亦依此用之，何如？且着袴之後，無兩脛結束之制，或用行縢，或用如唐制朝服靴之類，亦何如？」姜碩期。沙溪曰：「古人生時，亦有施掠頭之制，襲不斂髮未安。向年權教官克中之喪，吾令以冒段爲網巾，以帛造行縢用之。」

遂庵曰：「網巾非古也，然則金玉之圈，亦是俗制也。但金玉至硬，不合親膚，則從俗之家畫以金銀亦何妨也？」答李志逵。

婦人冠制

退溪曰：「婦人襲冠，禮所不言，難以義起。然《儀注》『襲有幅巾』注云『皂紬，制如掩頭』，其於婦人亦依此，象平時所服而制用，無乃宜乎？」答金就礪。

寒岡曰：「斂時婦人之冠，略倣煖帽之制，主於掩頭，設使婦人有冠，冠非襲斂之所合用。」

答沙溪。

問：「女喪裹首之制，未有定説，願聞之。」姜碩期。沙溪曰：「古者男女之喪并用掩裹首，後世始以冠代掩，冠又磊嵬難安，故代以幅巾，而皆是男子之飾，則女喪猶遵古禮，用掩可知也。」

尤庵曰：「首則用掩無疑。」與朴世振。

問：「《禮》『掩，練帛，長五尺，析其末』注云：『爲將結於項中，又還結於頤下。』然則析其末爲四脚，前二脚抹額而結於項後，復收後二脚，以結於頤下也。注所謂項中，似是項後中，未知然否？」李橝。尤庵曰：「以還結於頤下之文見之，則似是析其一頭之意，而《儀禮》疏又有後二脚之文，此則似是兩頭皆析之意。二説各是一意耶？未敢質言。」

問：「掩以女帽之制代用如何？」崔碩儒。慎獨齋曰：「俗皆用之，從俗可也。雖用女帽，女帽則只着於首。而掩之制以爲裹首掩面也，着以女帽而復用掩亦可。」

南溪曰：「婦人冠，《家禮》用掩，俗禮用女帽，安有其間可以酌古宜今者耶？」答權鑌。

婦人衣帶履

尤庵曰：「婦人襲當用深衣，可考於《曾子問》矣。既用深衣，則其制當如男子，而帶亦當用深衣所用之帶矣。小大斂上服，則不得已當用東俗所尚之服矣。」答李遇輝。

又曰：「上衣以紅綃製之，則是紅長衫也。紅長衫是東俗嫁時之服。禮，嫁時服不以襲，則今製此用之，未知如何？聞京中内喪以青黑色製衫爲襲云，此無乃爲宜耶？以正禮，則依《通解續》所載婦人喪服之制，如男子深衣，而用之似可矣。」與朴世振。

又曰：「婦人昏當用袡衣，喪當用深衣。袡亦是深衣，而但緣用紅色爲異。帶亦如深衣之帶，而亦以紅緣其紳之旁及下也。」答朴世義。

同春曰：「斂時布紟不入，《大記》之説誠然，且以人事言之，布紟甚不宜於斂事矣。嫁時服何可不用？古人多言貧甚以嫁時衣爲斂之意耳。唯袡衣《大記》既云『婦人復不以袡』，則似不當用耳。」答閔元重。

遂庵曰：「男女通服深衣，雖有古文，然《家禮》常時男女各有盛服，送終之節，似不可通服而無别也。先師於女喪一番用深衣，似亦從古之意耶？」答崔徵厚。

陶庵曰：「按《備要》謂婦人襲衣用圓衫，而圓衫之制無出處。」又曰：「帶當考，以是婦人服，未有定制，最爲可疑。尤庵答人問以爲據古禮則婦人亦當用深衣，帶亦用深衣之帶。今俗以深衣謂非婦人之服，絶無行之者，以古禮廢而俗制勝故也。深衣者，於古爲貴賤文武男女吉凶通用之服。俗制無稽，古禮有據，去彼取此，有何可疑？此制雖似駭俗，而若自一二家而始，則或可以變俗矣。○《玉藻》有士妻褖衣之説，亦可採用。」《四禮便覽》。○按褖衣之制，見附録雜禮冠服之制條中衶衣條。

問：「《備要》襲具曰婦人帶當考，而無用不用之決辭，何歟？」權鑌。南溪曰：「婦人帶當考，終無歸宿，果可疑。似以婦人之服，《儀禮·士昏禮》有純衣纁袡，《周禮》內司服有王后六服，皆不言帶，《家禮》吉凶通用大袖長裙，亦不言帶，獨《士喪禮》男子婦人并具絰帶，故婦人平日所用之帶，有難考據，故爲此説也。自漢以後，始有婦人帶制，至唐宋轉具大帶革帶，見《文獻通考》，終非經禮賢訓，則亦似難用耳。」

問：「女喪履用新件彩鞋，去其地皮糊紙飾用，如何？」梁處濟。南溪曰：「似然。」

握手之制

退溪曰：「握手説云云，兩端有繫，皆在下邊，其先掩一端之繫，仍自下邊，繞掔一匝，固順便，其後掩一端，則自下邊斜而向上鈎中指，勢不順便，如何？」答高峰。○下同。

又曰：「握手下角之繫繞手一匝之際，反繚之，然後向上鈎之，恐其不順便依然只在也。且疏所謂反而上繞取繫者，以先有一匝向上之繫在手表，故可依此而上繞。今方當繞手一匝之際，而欲繚之，則無物可依以繚之，恐其説又難施也。如何？」

高峰曰：「按《儀禮》本條握手二，右手則只一繫，左手兩端皆有繫。今從左手者，《家禮》既不用決，故從無決者耳。」

尤庵問：「握手之説，紛然異同，莫適所從，願聞的確之論。」沙溪曰：「《禮經》諸説鑿鑿可據。僕嘗有所論，詳著于左。」

《士喪禮》：「握手用玄纁裏，長尺二寸，廣五寸，牢中旁寸，著，組繫。」注：「牢讀爲樓，樓謂削約握之中央，以安手也。」疏：「名此衣爲握，以其在手，故言握手，不謂以手握之。云廣五寸牢中旁寸者，則中央廣三寸，廣三寸中央又容四指而已。四指，指一寸，則四寸，四寸之外，仍有八寸，皆廣五寸也。讀從樓者，義取樓斂狹少之意。云削約者，謂削之使約少也。」○「設決麗于掔，自飯(指)〔持〕之。設握，乃連掔。」注：「設握者，以綦繫鉤中指，由手表與決帶之餘連結之，此謂右手也。古文麗亦爲連，掔作腕。」「按上文握手長尺二寸，裹手一端，繞於手表，必重，宜於上掩者，屬一繫於下角，乃以繫繞手一匝，當手結之。以其右手有決，今言與決同結，明是右手也。下《記》所云設握者，此謂左手，鄭云手無決者也。」○《記》：「設握，裏親膚，繫鉤中指，結于掔。」注：「掔，掌後節中也。手無決者，以握繫一端，繞掔還從上自貫，反與其一端結之。」疏曰：「經已云設握麗于掔，與決連結。據右手有決者，不言左手無決者，故記之。按上文握手用玄纁裹，長尺二寸，今裏親膚，據從手内置之，長尺二寸，中掩之，手纔相對也。兩端各有繫，先以一端繞腎一匝，還從上自貫，又以一端嚮上，鈎中指，反與繞腎者結於掌後節也。」○奇高峰答人曰「按《儀禮》本條」云云。見上。○按此疏家之説，則左右手各用一握手，分明可考。近世講禮者，或云用一握手，兩端上下角皆有繫，其設之分置兩手於兩端四寸中，各以其繫結之，使之不散云。未知何所據而云然。姑以所見言之，疏家所謂廣三寸，中央又容四指而已者，握手通長一尺二寸三分，其長則各四寸，乃就其中央四寸處，樓斂狹少，使其間適足以容四指四寸，而《釋名》所謂握以物置尸手中，使握之也。即《儀節》所謂用帛一幅於死者手中握之也。又留其兩端各四寸不動，以待裹手之際，可掩其手表四寸之廣也。又所謂長尺二寸，裹手一端，繞於手表，必重，宜於上掩者，屬一繫於下角者，以其握手中央四寸置之手內，又以其兩端各四寸掩其手表，則必重疊相掩云耳。又所謂據從手內置之，長尺二寸，中掩之，手纔相對也者，以其長尺二寸，中央置於手內，而以兩端各四寸，重掩其手表，則兩端之廣袤，纔與之相對，而裹之無過不及之差云爾。若用一握而分置兩手，則《經》所謂牢中旁寸何爲而設耶？注疏所謂重疊相掩云者何爲而發耶？《經》所謂設決設握乃右手也，下《記》所云設握者乃左手，而鄭云無決者也。是果一握手，而分置兩手乎？或云纔相對云者，謂其分置兩手於一握手之兩端而繫之，則其兩手相對而不散云。若如是説，則其重在於繫手，而不在於裹手，《家禮》所謂握手者裹手之義安在？《儀禮經》曰握手長尺二寸，《記》曰裹親膚，賈疏曰今裹親膚，今謂子夏《記》也。世人以板本誤書今裹作令裹，故展轉致疑，可嘆。從也。」

問：「《家禮》握手之制，兩端各有繫。《儀節》則四角皆有繫。」退溪曰：「瓊山四角有繫，結束便易，其説如何？」姜碩期。沙溪曰：「握手兩繫，《禮經》分明，瓊山與退溪雖有説，似難從也。」

問「《喪禮備要》設握手注『手表向上止向下』，乃《士喪禮》疏也。由手表之上落繞手一匝四字」云云。李世龜。南溪曰：「所謂落繞手一匝四字者，每以其制不免於拘掣爲恨，若果如此，則可謂平正無礙，其有補於喪禮大矣。」

冒

退溪曰：「質殺之用不用，當依丘氏説處之。」答金就礪。

尤庵問：「冒，今俗鮮用之，雖用者，或失其制。」沙溪曰：「詳載《禮記》，其制甚好，不可不用。」

《喪大記》「君錦冒黼殺，綴旁七；大夫玄冒黼殺，綴旁五；士緇冒赬殺，綴旁三。凡冒，質長與手齊，殺三尺」注：「冒者，韜尸之二囊，上曰質，下曰殺。先以殺韜足而上，後以質韜首而下。《王制》注：「象生時玄衣纁裳。」其制縫合一頭，又縫連一邊，餘一邊不縫，兩囊皆然。不縫之邊，上下安七帶，綴以結之。」○《雜記》「冒者，所以掩形也，自襲以至小斂，不設冒則形，是以襲而設冒也」注：「雖已著衣，若不設冒，則尸象形見，爲人所惡。」○《士喪禮》注：「上玄下纁，象天地也。」疏：「冒爲總目，下別云質與殺自相對。《喪大記》皆以冒對殺，不云質，則冒既總名，亦得對殺爲在上之稱。」按《禮器》「天子之堂九尺」注，方氏曰：「陽數窮於九，天子則體陽道之極。堂階之高，其尺以九爲節。自是以下降殺以兩，故或以七，或以五，或以三焉。以此觀之，綴旁七或五或三，恐亦是此義，而天子之冒，其亦綴九歟？」

尤庵曰：「質殺製法，《喪大記》與《士喪禮》疏分明各是一説。《大記》疏則縫合一頭及縱者一邊，而綴帶於不縫之一邊。《士喪》疏則縫合一頭與縱者兩邊，而仍於質之下口、殺之上口相接處綴帶也。《大記》《士喪》皆鄭注而太簡難曉，又孔賈兩疏不同，以致疑惑耳。」答朱奎煜。

遂庵曰：「冒屈之，則頭不縫，不屈而以兩葉合之，則縫其頭矣。七帶云者，左右邊各綴七帶，非謂合左右爲七也。」答成爾鴻。○下同。

又曰：「以襲時右衽推之，則不縫之邊，似在右邊矣。」

問：「黼，王侯之制，而今大夫冒用黻殺，恐未合禮意。」成文憲。南溪曰：「《大記》曰『大夫玄冒黼殺』，蓋古者天子諸侯之大夫，品秩不甚相遠，今若酌而用之，似宜。」

問：「襲用冒，小斂之時，設藉首之疊衣，補肩之空處，夾脛之卷衣於冒上者，恐未知便宜矣。既襲而冒，則其曰未掩面，欲時見面者，亦何謂也？」金相殷。南溪曰：「襲用冒爲古禮，藉首、補肩、夾脛、未掩面等節，皆今禮。初不相同，故無掣肘之患也。惟殺之逆韜，若果直囊，則難矣。然殺制一邊猶未縫，可以手探而整之。至於用冒之後，不便於藉首、補肩、夾脛、未掩面四者，亦或《備要》之病，非《家禮》所知也。」

問：「冒質自襲後始設，而至小斂後撤去。或埋之於屏處，或納之於棺中。問于丈巖，答曰：『《禮記》注冒者韜尸之二囊，上曰質，下曰殺。先以殺韜足而上，後以質韜首而下而已。元無撤去之說，似是仍用於小斂之時也。』此說如何？」李光國。遂庵曰：「丈巖説是。」

飯含之具

珠錢米

問：「飯含一段，古人所論多有異同，未知的從，願聞折衷之論。《家禮》用錢，而今則通用珠，亦何所據歟？」姜碩期。　沙溪曰：「《禮經》諸説可考。」

《禮運》飯腥注：「飯腥者，用上古未有火化之法，以生稻米爲含也。」《檀弓》注：「方氏曰：『飯即含也，以用米，故謂之飯含也。』」《檀弓》「飯用米貝，不忍虛也。不以食道，用美焉爾」注：「實米與貝于死者口中，不忍其口之虛也。」此不是用飲食之道，但用此美潔之物，以實之焉爾。　汪氏克寬曰：「含者何？口實也。實者何？實以玉食之美也。　玉食者何？天子飯以玉，諸侯以珠，大夫以璧，士以貝，庶人以錢是也。然則何以實之？孝子事死如生，不忍虛其親口之意也。」《雜記》「天子飯九貝，諸侯七，大夫五，士三」，《周禮》「天子飯含用玉」，此蓋異代之制不同如此。　本注謂飯含也，是即以飯爲含矣，參之《禮運》曰飯腥，穀梁氏謂貝玉曰含，則二者雖皆爲口實，而用則不同。　謂之飯含則可，謂之飯含也，則不可。　按古者諸侯用珠，而國俗士庶人通用珠，《五禮儀》亦許用之，此亦異代之制不同故也。

又曰：「古人之含，天子以玉，諸侯以珠，大夫以璧，士以貝，庶人以錢。《家禮》之用錢，從庶人之禮，所以從簡也。」答黃宗海。

南溪曰：「《五禮儀》通用珠之義，今不可考，蓋亦以物貴而用便也。」答崔瑞吉。

又曰：「飯含，《士喪禮》用稻米，其用糯米，未知所始也。」答吳遂昌。

又曰：「《士喪禮》稻米四升，可當今之一升。《家禮》二升，似減於古，而其實倍之，未詳。」答梁處濟。

尤庵曰：「飯含，抄米多少隨宜，禮書亦未有定式耳，此孝子不忍虛之意，而終歸於腐爛，竊恐從少爲宜。」答李憺。

幎巾 見飯含條中飯含諸節條

靈座之具

椸

尤庵曰：「椸而覆以帕，則略似屏樣，故置魂帛於其前，《家禮》之義，不過如此。」答慎後尹。

魂帛之具

魂帛重并論

南溪曰：「古者束帛依神，《家禮》改用結絹之制，當以此爲正，第未詳其制，則束之何妨？」答梁處濟。

尤庵曰：「重，鑿木爲之，其形如鼎，蓋鼎飲食之具，而鬼神憑依飲食，故用之。」答韓如琦。

銘旌之具

銘旌尺度

沙溪曰：「依《五禮儀》用造禮器尺無妨，銘旌若用周尺，太短，有駭俗見。」答黃宗海。

問：「《家禮》立銘旌，三品以上九尺，五品以下八尺，四品尺數更不舉論，未知何意？」姜碩期。

沙溪曰：「五品以下之下字，當作上字無疑。」

小斂之具

大小斂布

退溪曰："大斂無横縱布，此《家禮》依《書儀》以從簡也。後來先生以高氏喪禮爲最善，則蓋以《書儀》爲未盡也。楊氏已詳言之。故《家禮》大斂注引高氏之説，丘氏《禮》及今《儀注》并從之，則大斂用絞何疑？布廣雖有彼此之殊，只依丘《禮》中吴草廬説用之，未見其有礙。何可增用耶？蓋絞束相去之間，雖未連接，無害也。"答金就礪。

問："小斂布，以吴草廬及退溪説觀之，本國布幅雖狹，而不可增用，明矣。至於大斂布，亦如是否？世或以今布三幅裂爲六片，而用五，如此則不至甚狹，而庶與古布二幅爲六者相近云。此説如何？"黄宗海。沙溪曰："我國布甚狹，若不連幅，則大小斂絞布尺寸之數，皆不合古制。連幅之未安，不猶愈於狹布之不中度乎？大斂横布，如來示爲之，則庶不戾於古意矣。"

又曰："大斂横絞，若依中朝布裂爲三片，則狹不可用矣。須取三幅，每幅裂爲二片而用五，可也。"《家禮輯覽》。

遂庵曰："小斂布連幅，大斂布不連幅。"答趙鴻猷。

環絰

問：「若用環絰之制，則斬衰齊衰並用之歟？」李惟泰。沙溪曰：「《禮經》及丘《儀》可考。」《雜記》「小斂環絰，公、大夫、士一也」疏：「親始死，孝子去冠，至小斂不可無飾。士素委貌，大夫以上素弁，而貴賤悉同加環絰，故公、大夫、士一也。」○《大記》「君將大斂，子弁絰，即位于序端」注：「弁絰，素弁上加環絰，未成服故也。」疏：「成服則着喪冠也。此雖以大斂爲文，小斂時亦弁絰。」○丘氏曰：「按此二條及諸家之説，則首絰之下，必有巾帽以承之，可知矣。三代委貌爵弁之類，今也不存，宜用白巾，如俗製孝巾小帽之類，似亦得禮之意。」又曰：「小斂之後，俟堂之前，凡有服者，不徒具腰絰，又當具絞帶，但服斬者用環絰，齊衰以下，首不用絰，皆免耳。」按《儀禮》《禮記》皆無齊衰不用環絰之語，而丘《儀》但服斬者用之，可疑。

白布巾

問：「《儀節》小斂條所謂白布巾，何樣布耶？」姜碩期。沙溪曰：「此必練布也，時未成服，故不得遽用生布也。」

遂庵曰：「古者無孝巾，故以白布巾爲飾，今則從《備要》，既着孝巾，何可并戴白巾？」答姜宰望。

括髮免布頭帤并論

牛溪問：「免布，《家禮》只用一寸絹裹頭，而丘氏用白布巾以代之，何歟？《家禮》言露首，而丘氏用頭巾，未知古禮如何？」龜峰曰：「宜從《家禮》。」

同春問：「《家禮》男子斬衰者袒括髮，齊衰以下皆袒免云云。未知斬衰者，只括髮而無免，齊衰者，只免而無括髮耶？所謂括髮，其制如何？」沙溪曰：「《家禮》此條果不詳備，當以《小記》及《語類》爲準。」

《喪服小記》「斬衰，括髮以麻。爲母，括髮以麻，免而以布」注：「親始死，子服布深衣，去吉冠，而猶有笄纚，徒跣，扱深衣前衽於帶。將小斂，乃去笄纚，着素冠。斂訖，去素冠，而以麻自項而前交於額上，郤而繞於紒，如着幓頭。然幓頭今人名掠髮，此謂括髮以麻也。母死亦然，故云爲母括髮以麻，言此禮與喪父同也。免而以布，專言爲母也。蓋父喪小斂後拜賓竟，子即堂下之位，猶括髮而踊。母喪，則此時不復括髮，而着布免以踊，故云免而以布也。」○《語類》：「括髮是束髮爲髻，鄭氏《儀禮注》及疏以男子括髮與免及婦人髽皆云如着幓頭。然所謂幓頭即如今之掠頭編子，自項而前交於額上，却繞髻也。」

尤庵曰：「括髮，古者無被髮之制，故但以麻繩圍繞於髻，而謂之括髮。齊衰以下之免亦然矣，但有麻與布之異耳。《家禮》所謂撮髻者，亦是繞髻之義耶？至於《語類》所謂束髮爲髻云者，似是束其所被之髮，而爲髻之意。然則與古之所謂括髮者，其制不同耶？先師於《家禮輯覽》亦無定説，今不敢質言。」答韓如琦。

問「括髮條大注曰『括髮，謂麻繩撮髻』，又按《輯覽》所引朱子説，則只云括髮，束髮爲髻，而無麻繩二字，皆與《小記》自項向前交於額上之説不同」云云。李德明。南溪曰：「括髮一節，《家禮》與古禮異者，《要解》已以因《書儀》爲言。蓋以《喪服圖式》爲證，非空言也。抑嘗思之，古人笄纚而不被髮，故只以麻繩括髮，如免之制而已。今人既已被髮無髻，則勢須以撮髻爲重，恐其不用自項交額之制者，因此而然也。」

同春問：「《家禮》括髮條括髮用麻繩撮髻云者，指斬衰而言也，又以布爲頭𦅸云者，指齊衰而言也，髽亦用麻繩撮髻云者，又指斬衰而言也。布頭𦅸則蒙上文，故不再云耶？近考《家禮》斬衰章，婦人服有布頭𦅸，則斬衰亦用布矣。男子婦人似無異同，括髮條布頭𦅸亦通斬衰看，如何？」愼獨齋曰：「斬衰章婦人服有布頭𦅸，則括髮條似當如之，但此論婦人之制，莫是從殺而言，不分别齊斬耶？男子而何可用布於斬衰乎？」

問：「頭𦅸則一，而男子則用於括髮，婦人用於成服者，何耶？」鄭尚樸。南溪曰：「豈亦所謂婦人陰少變故耶？」

尤庵曰：「小斂後免非爲斂髮也，免冠，故免以代之耳。」答梁以杞。

問：「免者不冠者服，蓋以免代冠，而今人巾上亦加免，何也？」李彦純。南溪曰：「古者不巾，至《家禮》因《書儀》有巾，故加免於其上矣。」

陶庵曰：「按斬衰括髮之制與齊衰之免相等，蓋古禮，親始死露笄縰，將小斂乃去笄縰，着素冠。斂訖又去素冠，於是時也，頭無所着，故以麻免代之。而今則始死被髮，斂後束髮，而例着頭巾，既着頭巾，則麻免之制似無所施，固當從古禮去頭巾，而只用麻免。習俗之久，有難猝變。嘗見温公之説有曰『齊衰以下着頭巾，加免於其上』，此則只言齊衰，而不及於斬衰。然免既加於其巾，則括髮之麻，亦無不可施之義。愚意以爲無論斬衰齊衰，皆當着頭巾，而加之以麻免。此所謂頭巾，即丘氏所謂白布之巾也。或者謂免之爲名，出於免冠，則既巾而免，殊無意義。是則有不然者，蓋孝巾所以承冠者，非冠也。龜峰嘗論《要訣》中用孝巾行祭之失，曰『免冠而拜，先祖可乎』，栗谷亦不能難。以此觀之，巾之不可爲冠明矣。然則白巾上加麻免，有何不可乎？」《四禮便覽》。

婦人髽簪

沙溪曰：「婦人撮髻以麻，指斬衰而言，齊衰則以布也。《小記》説可考。」答黄宗海。

《喪服小記》注：「髽有二，斬衰則麻髽，齊衰則布髽，皆名露紒。」

同春問：「《家禮》『婦人喪服，竹木爲簪』，《喪禮備要》『竹簪，或用木爲之』云云。未知斬齊衰通用，或竹或木耶？」沙溪曰：「《家禮》與《儀禮》不同，附録于下。」

《儀禮喪服圖式》：「斬衰箭笄，箭，篠竹也，箭笄長尺，凡惡笄皆長尺歟。」○「始死，將斬衰，婦人去笄，至男子括髮着麻髽之時，猶不笄。成服始用箭笄，惟妾爲君之長子，雖服斬衰，不着箭笄。」○「齊衰惡笄有首，惡者木理麤惡，非木名也。或曰榛笄也，以榛木爲之。有首者，若漢之刻鏤摘頭。」○「女子子適人者爲其父母，及妾爲女君、君之長子惡笄有首，餘無明文，則期之笄未詳。」○「婦人惡笄終喪，惟女子子既卒哭，而歸夫家，則折吉笄之首。吉笄象骨爲之，有首，爲其太飾，故折之。」

南溪曰：「髽云者，謂婦人之髻也。吾東方平日無婦人作髻之事，雖當喪，只依俗斂髮而已。」答李行泰。

問：「男子同五世祖者皆袒免云，而婦人則只曰髽于別室，無某親所限。」李德明。南溪曰：「婦人之禮，視男子加略，况有出嫁降服之節，則恐當只以有服者限之耳。」

大斂之具

大斂布 見小斂之具條

大斂衾

同春問："初死，所覆之衾，不用於襲斂耶？"沙溪曰："温公説可考。"

温公曰："按《士喪禮》疏云'大斂之時，兩衾俱用，一衾承薦於下，一衾以覆尸'，則始死所用之衾，至大斂即以承薦，非停而不用也。"

入棺之具

棺槨之制

尤庵曰："周制棺槨七寸，以周尺度之，今則以木尺度之，周尺七寸視木尺三寸，不至大懸絶矣。《家禮》則無寸數，而温公之論棺不欲厚，其厚之稍減者，意者始於趙宋乎？"答李選。

沙溪曰："按《左》二年，'宋文公卒，始厚葬，槨有四阿'注：'四阿，四注槨也。'以此觀之，棺之有虚檐，亦由此四注而成歟？"《家禮輯覽》

南溪曰："虚檐似謂天板四方有剩分，高足似謂地板設四足云耳。灰漆謂以骨灰漆之，取其有光云，第未知果否也。"答李行泰。

尤庵曰：「漆布不見於《家禮》，而《備要》言之，恐只可用於棺縫耳。」答閔泰重。

問木匠。梁處濟。南溪曰：「匠即以木片四合之制，如翣之四旁是也，然後乃施木板於其上，《備要》初本正用此制，今以簡便從下一説。」

問穿七星之義。退溪曰：「南斗司生，北斗司死。」

沙溪曰：「按或云嘗因遷葬者，見其棺中，則瀝青已化爲糞土，無復有其性。蓋松脂之所以千年化爲茯苓者，以其有生氣也。至瀝青則雜以蚌粉、黄蠟、清油，又煎火爲用，則又失其生氣也，安有爲茯苓之理乎？此言頗有理，用者詳之。又按朱子曰『木棺瀝青似亦無益』，然則莫若只用於縫合處而已。」《家禮輯覽》。〇下同。

又曰：「俗方松脂作末，以麤布篩下，八斤黄蠟，以刀割碎，法油、少蚌粉各五兩二錢，合煎乃用，則棺内上下四方可足塗也。或松脂一斤，黄蠟、法油、少蚌粉各七錢弱，合煎八次，於事爲便。法油先秤鍾子知其兩數，次盛法油於其中，秤之可知錢數。」

漆棺見入棺條

棺中所鋪之物

沙溪曰：「俗禮先以白紙立鋪於棺内四墻數重，次以乾燥正灰三四斗，隨宜鋪底二三寸許，加七星板于灰上，前立鋪紙次疊藏之，無使灰出外，布褥席于其上。」《家禮輯覽》。

問：「今俗棺中鋪褥及席者，何所據耶？」李惟泰。沙溪曰：「《開元禮》有之，《五禮儀》大喪條亦有之，此無僭逼之嫌，用之似佳。」

《開元禮》大夫士庶人喪大斂條云：「棺中之具，灰炭、枕席之類，皆先設於棺内。」

遂庵曰：「天衾之制，未知自何代始也，衾製雖五幅，至於天衾，則一幅宜矣。」答金光五。

成殯之具

素帳

問：「初喪用帳必素者，何義？」李顯稷。尤庵曰：「劉氏以爲靈座之間，盡用素器，以主人有哀素之心故也。帳之用素，或出於此耶？」

柩衣

同春問柩衣上玄下纁之制。沙溪曰：「柩衣乃夷衾也，《禮經》可考。」《喪大記》「自小斂以往用夷衾，夷衾質殺之裁，猶冒也」注：「夷衾亦上齊手下三尺，繒色及長短制度如冒之質殺。」〇《士喪禮》「牀笫夷衾」疏：「冒，緇質，長與手齊，赬殺掩足，夷衾亦如此，上以緇，下以赬，連之乃用也。此色與形制大同，而連與不連，則異也。鄭云小斂以往用夷衾，本爲覆尸覆柩，不用入棺矣。」〇「幠用夷衾」注：「夷衾本擬覆柩，故斂時不用。今得覆棺於後，朝廟及入壙，雖不言用夷衾，又無徹文，當隨柩入壙矣。」

又曰：「《通典》及《開元禮》并稱『夷衾，柩衣之名』，不知始於何時？然古禮既有明據，遵用無疑。」答同春。

問夷衾。李橝。尤庵曰：「古禮直謂之衾，而但無識而已。今俗制如柩形，自上罩下，未知出於何書耶？鄙家果依古制，甚便於用矣。俗制則罩下之際，甚覺艱澀不便。」又曰：「柩衣之制，以古禮，則上玄下纁而連縫之，其形如常用之衾。且上玄下纁，皆當居半，不必如質殺之下三尺上齊手也。」答俞命賚。

成服之具

衰服之制

退溪曰：「五服之布麤細之等，尤是《禮經》所謹，今人父母喪亦用細布，其失非輕，而謬云中朝之布，如是其可乎？」答金就礪。

朽淺曰：「古之織布之法，齊衰以上，生麻所織也；大功以下，熟麻所織也。《家禮》大功條所謂大功，粗熟布，乃熟麻所織，而非既織之後，用灰鍛治者也。」右五服布。

退溪曰：「體豐者，衰服加用別幅，亦恐不可。若豫有廣幅布別樣者以備急用則可，蓋豫凶備，人家所不免也。」答金就礪。

問：「古者布廣二尺二寸，今之布幅甚狹，必連幅而用之耶？」姜碩期。沙溪曰：「古者布之廣狹升數，皆有定法，其廣必二尺二寸，故衰衣與袂縱橫皆二尺二寸，取正方也。吾東之布，則其廣至狹有一尺五六寸者，有一尺二三寸者，若不連幅，而其人肥大，則不得穿着，衣袖亦短，不成貌樣。必須連幅用之，然後衣可以容身，袂可以芘手，而合縱橫正方之制。或言連幅非古制，不可爲也，不通之論也。」右喪布連幅當否。

沙溪曰：「衰外削幅，裳内削幅，初不言三年與期功之異。衰皆外削幅可知也。」答姜碩期。

問：「裳縫内向，衣縫外向，不同何也？」成文憲。南溪曰：「凡服，衣重而裳輕，縫向外者，示變於吉也。」右内外削幅之異。

問：「辟領之制，《家禮》本文已詳，且其義則特著於《大全·答周叔謹書》，其曰『是有襞積之義者，正猶衰負版之寓悲哀心』，甚有情理。而楊氏謂辟猶開也，從一角反摺肩上，似甚苟簡無謂，而《備要》必取此説，恐當以《家禮》爲正。」李柬。遂庵曰：「此一段來示似是。」

南溪曰：「袷乃古交領之制，非楊氏所創也。今識禮家只用於孝子喪服，蓋亦鮮矣。其裁制法，有巧思者皆能之。」答柳貴三。○右袷。

又曰：「《喪服制度》注曰『衣帶下尺者，要也』，猶今言要帶，故其説以要爲準。」答鄭尚樸。○右帶下尺。

同春問：「喪服綴衽之制，齊斬皆同否？」沙溪曰：「《喪服》疏可考。」

《喪服》疏：「斬衰衽前掩其後，齊衰衽後掩其前。」右綴衽。

退溪曰：「負版與衽連幅用之，恐不可。」答金就礪。

問負版之義。閔泰重。尤庵曰：「負其悲哀之心之義。」右負版。問裳制前三後四之義。梁處濟。南溪曰：「《喪服》疏曰『前爲陽，後爲陰，前三後四，各象陰陽也』。」右裳。

同春問：「喪服衰負版辟領，或有不用於傍親者，是果有説歟？」沙溪曰：「楊氏謂旁親不用衰負版辟領，以爲朱子後來議論之定者。愚按《儀禮》衰裳之制，五服皆同，只以升數多少爲重輕。父母重，故升數少，上殺下殺旁殺輕，故升數多云云。《儀禮》雖輕服，并無去衰負版辟領之文。《家禮》至大功始去之，後賢損益之意也。其曰衰負版辟領，惟子事父母用之，此外皆不用云者，乃楊氏之説也。今之行禮者，牽於楊説，雖於祖父母及妻喪，亦不用，殊失古禮之意矣。鄭注曰『前有衰，後有負版，左右有辟領，孝子哀戚，無所不在』，丘氏曰『孝子哀戚，無所不在云者，特舉最重者而言之耳』，又曰『齊衰三年以下至不杖期，皆名齊衰，而不異其制，當從《家禮》本注爲是』云，丘説恐得之。」

又問：「《家禮》卷首圖云衰負版適惟子爲父母用之，其餘不用者，不裁闊中，當從之否？」沙溪曰：「按功緦以下之衰，雖去負版辟領衰，而闊中則與齊衰無異，故楊氏曰『衣服吉凶異制，衰服領與吉服領不同也』，圖説舛誤，不可從也。」右期功以下衰制同異。

中衣直領之制

同春問：「衰服之下，承以布深衣，禮也。但深衣之制當緝邊，此不宜於斬服，如何？」沙溪曰：「中衣在衰服内，雖緝邊可也，《禮經》何可違也？」

慎獨齋曰：「直領雖俗制，然斬衰當斬下齊耳。」答崔碩儒。

問：「中衣當初循俗用中單之制，今欲依古禮，用深衣，抑仍舊無妨否？」李選。同春曰：「皆不妨。」

尤庵曰：「直領中單之制，不見於《家禮》，不敢質言。只是斬衰不緝，齊衰緝之云，則以衰服之制，推而言之耳。」答金得洙。

南溪曰：「雖喪服，若用古深衣之制，則緝邊無疑，至於中單衣，乃是俗制，本無所據，恐不用緝邊。」答梁處濟。

又曰：「古者喪人衰服内着布深衣，而别以布緣邊，蓋此最在身裏，如今袍襖之類，不係於喪服，故自緣其邊。雖着此服，當出入時，不得不更着生布直領。此則固非出於《禮經》，而猶是表而出之在外，似不當緣邊耳。」答權鑌。

陶庵曰：「《備要》既云中衣各如其服，則期以下亦當以次減殺，以稱本服。今所謂道袍，即當以中衣看矣。」答金時鐸。

孝巾 素委貌并論

問：「《家禮》無布頭巾以承屈冠，而人人用之者，何所據耶？」黄宗海。沙溪曰：「按《禮》，秃者縗巾加絰。而國俗例於喪冠下施孝巾，出自丘《儀》。雖非古禮，恐亦不妨。」

南溪曰：「《漢·輿服》云『委貌與皮弁同制，長七寸，高四寸，形如覆杯，前高廣，後卑鋭』，然後世所不存，丘氏已言之，安有鄉名之可言耶？但其圖今見《輯覽》。」答梁處濟。○下同。

又曰：「委貌見上素弁圖式注：『爵弁之形，以木爲體，廣八寸，長尺六寸，以三十升布染爲爵頭，色赤多黑少。今爲弁絰之弁，其體亦然，但用素爲之。』」

屈冠之制

問冠梁作㡓。沙溪曰：「用紙糊爲材，廣五寸二分半，裹以布，乃就其上摺作三㡓，爲廣三寸，而用線縱縫之。世俗不曉此制，先作材廣三寸，然後用布㡓裹其上者，非也。按緇冠亦以紙糊爲材，廣八寸，然後乃就其上襞積爲五梁，而爲廣四寸，此亦可見矣。又據《家禮》本文，不謂以布爲㡓而裹之，乃言裹以布爲三㡓，則是先裹以布，而後乃作㡓，可知矣。」

南溪曰：「冠襞積向右，《雜記》注曰：『吉冠攝縫向左，左爲陽，吉也。凶冠攝縫向右，右爲陰，凶也。』其小功以下向左者，服輕者殺，可以同於吉冠故耳。」答羅斗甲。

問：「冠圖外畢，謂冠末向外而止耶？」柳貴三。南溪曰：「來示得之，《家禮》所謂向外反屈者是也。」

首絰腰絰

退溪曰：「首絰，《家禮》無兩股之文，故《儀節》及《補注》皆云當單股，但《周禮·弁師》『王之弁絰，弁而加環絰』鄭康成曰：『環絰，大如緦之麻絰，纏而不糾。』賈氏曰：『緦之絰兩股，環絰則以一股。』《禮·檀弓》『子柳妻衣衰而繆絰云云，請緦衰而環絰』注：『繆，絞也，謂兩股相絞，五服之絰皆然。惟吊服之環絰一股。』此等處非一，則當從《禮》注説爲正。」答金就礪。

又曰：「首絰單股，《周禮》謂之弁絰，古人用此絰以吊喪，乃絰之至輕者也。五服之絰皆兩股，况於親喪用單股絰乎？《儀節》之文，吾所未知也。今勿疑用兩股，今俗用三股，亦無稽之事，不可從也。」答李德弘。

沙溪曰：「據《禮經》及朱子説，小斂之絰，當用單股。成服之絰，當用兩股。而丘《儀》及《補注》小斂成服通用單股，恐不可從也。」

《雜記》「小斂環絰」注：「環絰一股。」疏：「親始死去冠，至小斂不可無飾，加此環絰也。」○《檀弓》「衣咨衰而繆絰」注：「繆，絞也，謂兩股相交，五服之絰皆然。唯吊服之環絰一股。」○問：「《三禮圖》苴絰之制，疑與環絰相似，近得廖丈所畫，紐而爲繩，屈爲一圈，相交處以細繩繫定，本垂於左，末屈於内，似覺與左本在下之制相合。」朱子曰：「未盡曉所説，恐廖説近之。」右首絰用兩股。

同春問：「《家禮》斬衰首絰九寸，腰絰七寸，何義？」沙溪曰：「此與《儀禮》文雖異，實則同，當參考。」

《喪服傳》「苴絰，大搹，去五分一以爲帶。齊衰之絰，斬衰之帶也，去五分一以爲帶。大功之絰，齊衰之帶也，去五分一以爲帶。小功之絰，大功之帶也，去五分一以爲帶。緦麻之絰，小功之帶也，去五分一以爲帶」疏：「苴麻之有蕡者，以色言之，謂之苴；以實言之，謂之蕡。斬衰貌若苴，齊衰貌若枲。」○「絰，實也，明孝子有忠實之心，麻在首在腰皆曰絰，分言之則首曰絰，腰曰帶。首絰象緇布冠之頍項，腰絰象大帶。」○鄭云：「盈手曰搹，搹，搤也，中人之搤圍九寸。據大拇指與大巨指搤之。以五分一爲數者，象五服之數也。」疏：「圍九寸者，首是陽，取陽數極於九。自齊衰以下，取降殺之義，無所法象。」右斬衰首腰絰寸數等差。

又問：「《家禮》斬衰首絰麻本在左，末加本上；齊衰首絰本在右，末繫本下，何義？」沙溪曰：「《儀禮注疏》詳論之，可考也。」

《士喪禮》「苴絰，下本在左；牡麻絰，右本在上」注：「苴絰，斬衰之絰也，下本在左，重服統於内，而本陽也。牡麻絰，齊衰以下之絰也，右本在上，輕服本於陰，而統於外。」疏：「按《雜記》云『親喪外除』，鄭云『日月已竟，而哀未忘』『兄弟之喪内除』，注云『日月未竟，而哀已殺』，此言統内統外者，亦據哀在内外而言；本陽本陰者，亦據父者子之天爲陽、母者子之地爲陰而言也。」○《喪服》疏：「下本在左，以父是陽，左亦陽。下是内，言痛從心内發故也。此對爲母右本在上也。」右斬衰首絰左右本之辨。

又問：「今俗首絰之纓，或不結而垂之。」沙溪曰：「不結非也，禮意分曉。」《喪服傳》「長殤九月，纓絰；中殤七月，不纓絰」注：「絰有纓者，爲其重也。大功以上，絰有纓；小功以下，絰無纓。」疏：「絰之有纓，所以固絰，猶冠之有纓以固冠，亦結於頤下。」○《家禮》：「冠纓結於頤下，首絰纓如冠之制。」右首絰結纓。

問：「首絰、腰絰及絞帶，左絞耶？右絞耶？」吴遂昌。南溪曰：「右絞，如帶法。」右腰首絰絞法。

問「腰絰散垂不言其絞」云云。退溪曰：「無三年散垂之理，如此處，恐或未備。」《言行録》。

龜峰曰：「腰絰散垂，古禮至成服乃絞，《家禮》則成服時散垂。古禮又散於啓殯，又絞於卒哭，而《家禮》皆削，似是闕文。又朱子曰『腰絰散垂象大帶』，以是看之，似終喪散垂，而此説孤單，今若從《家禮》散垂，則卒哭後，從古禮絞之爲可。○腰絰從古禮成服時絞，又散啓殯時，又絞卒哭日，亦合古禮。」答牛溪。

同春問：「腰絰，古者小斂後散垂三尺，至成服乃絞。《家禮》成服始言散垂三尺，不言絞之之時，何歟？」沙溪曰：「曾以此問鄭道可答云云，其言似是。」寒岡説見下。

答沙溪。

寒岡曰：「《家禮》無乃因言經制，而追記散垂之説乎？非必散於方絞之日，無乃覽者當詳之乎？好禮之家，一從古禮而爲之，恐未爲不可，何必追散於將絞之時，以違《家禮》本意乎？」

沙溪曰：「按《士喪記》『三日絞垂』注：『成服日絞腰絰之散垂者。』疏：『以絰小斂日腰絰，大功以上散垂，不言成服之時絞之，故《記》又言之。小功緦麻，皆初而絞之，不待三日也。』《既夕禮》『丈夫散帶垂』注：『爲將啓變也。』疏：『散帶垂者，小斂節，大功以上男子皆然，若小功以下及婦人，無問輕重，皆初而絞之。』《玉藻》『五十不散送』疏：『始死，三日之前，腰絰散垂。三日之後，乃絞之。至啓殯亦散垂，既葬乃絞。五十既衰，不能備禮，故不散垂。』以此觀之，小斂日散垂，而成服日乃絞，明矣。而又曰《家禮》散垂之文，見於成服條，而不言其絞之之時，與《禮經》不同，恐或闕文。又按，《大全·答胡伯量書》曰：『絞帶一頭作環，以一頭穿之，而又插於腰間，以象革帶，絰帶則兩頭皆散垂之，以象大帶。』觀此文勢，似謂成服後，仍亦散垂。然豈初年議論未定時之説歟？恐當以《禮經》爲正。」《家禮輯覽》。

問「殤之絰不絞」云云。梁處濟。南溪曰：「《喪服》疏曰：『殤大功亦於小斂服麻散垂，至成服後，亦散不絞，與成人異也。』其義亦可推見。」右腰絰散垂。

絞帶

退溪曰：「既有絰帶，絞帶之大，恐當有斟酌也。」答金就礪。

尤庵曰：「絞，正帶也；絰，加帶也。絞蓋象吉服之革帶，絰象大帶也。其在吉服，先以革帶束衣，而加大帶於其上，故大帶有紳之名。紳者，申也，蓋申束革帶之義也。此乃朱子説也。然則絞既正帶，則與絰同其大，何足疑也？首絰之小於腰絰，禮之末失也。」答或人。

問絞帶之制。李惟泰。沙溪曰：「此詳在《家禮》與《儀禮》，其制以長繩中屈之作彄子，然後乃合其餘繩，是通全帶以繩爲之，故曰繩帶，即三重四股也。鄭道可謂只彄子以繩爲之，非是。」

《喪服》斬衰章傳曰：「絞帶者，繩帶也。」疏曰：「以絞麻爲繩作帶，故云絞帶也。」又《家禮》云：「絞帶用麻繩一條，大半腰絰，中屈之爲兩股，各一尺餘，乃合之，其大如絰。」○丘氏曰：「按文公《語録》，絞帶較小於腰絰，《家禮》大如腰絰，今擬較小爲是。」

問三重四股之制。金得洙。尤庵曰：「最初單一股爲一重，以此一股疊以爲繩爲二重，又以此繩再疊爲三重，如此則自成四股矣。」

問：「三重四股何義歟？」金光五。遂庵曰：「古制之義未可考，無乃取其堅緻歟？」

問：「腰絰象大帶，絞帶象革帶，則平時無大帶、革帶并着之文，而只於喪日并着腰絰、絞帶於一時，何歟？」吴遂昌。南溪曰：「如深衣大帶，又以五彩絛結之，是象革帶也。」

喪中出入時服色見居喪雜儀條

杖

同春問：「苴杖，《家禮圖》六節，《五禮儀》亦六節，何義耶？今可從否？」沙溪曰：「據《禮》，只齊心而已，無六節之文。」

《喪服傳》「杖各齊其心，皆下本」疏：「按《喪小記》，杖大如絰。注云如腰絰者，以杖從心以下與腰絰同處故也。杖所以扶病，病從心起，故杖之高下以心爲斷。下本，順其性也。」

問：「今世杖期之杖，小於齊衰之杖，不知有所據耶？」李行泰。南溪曰：「無明文，然以又用次等生布之説推之，或有其理耶，不敢質言。」

問：「父爲長子三年者，及夫爲妻杖期者，既曰有杖，則杖不可虚設，可杖於出入之時，而世俗絶無行者。」梁處濟。南溪曰：「豈以妻子之杖，或厭尊或拘俗而然耶？」

屨

慎獨齋曰：「古之菅屨，疏『屨皆是草也』，朱子所謂草鞋，未見其必藁也。繩屨之制，雖不可詳，而豈有屨鞋皆有繩之理乎？《家禮》斬衰用粗麻屨，與古經不同。今人齊衰亦用藁鞋，不失古者疏屨之義，何不可之有？」答鄭基磅。

婦人喪服之制

問：「婦人服制，朱子《家禮》似無明文。瓊山《儀節》有大袖長裙，蓋頭腰絰等服。」金誠一。退溪曰：「今按《家禮》楊復注，婦人用大袖長裙蓋頭，而無絰帶之文云云，然今於《家禮》本文，亦未見三物之文，只依丘氏禮爲宜。」

又曰：「婦人冠絰之制，遵古禮則好，然亦當自視其家行喪禮如何。若他事不能盡如禮，獨行此一節無益也，又駭俗也。」答金就礪。

問：「婦人服制，若從《禮經》，則衰如男子衰，下如深衣無帶，下尺無衽，而絰帶之大小一如男子耶？抑從《家禮》大袖長裙之制乎？朱子所謂婦人服不可如男子衰者何意？」姜碩期。沙溪曰：「婦人服制，《儀禮經傳・喪服圖式》連衰裳具絰杖之制甚備，必朱子晚年定論，與《家禮》不同也。

好禮之家，遵行甚佳。曾問之鄭道可，其意亦然，《喪禮備要》具載之，以爲用者之擇取耳。」

又曰：「按朱子曰『《喪服》斬衰章疏，婦人亦有絞帶布帶，以備喪禮』，呂氏云『無絞帶布帶』，當考。」《家禮輯覽》。

問：「婦人服制，《儀禮》與《家禮》不同，而《備要》兩存之，當何從？」李尚賢。同春曰：「從《儀禮》恐好。」

尤庵曰：「婦人大袖長裙無杖，自是《家禮》之文。雖違於《儀禮》，似無害矣。既用大袖長裙，而用杖，則兩違於《家禮》《儀禮》，未知如何。」答李箕洪。

又曰：「婦人服制，《家禮》無杖，而據《儀禮》，則似不可闕，故《家禮附注》丁寧言之，舅夫是斬衰，則用竹何疑？齊衰桐，亦甚明白矣。」答李遇輝。

問：「大袖長裙，與參禮時大袖長裙不同耶？」朴光一。尤庵曰：「其制當無吉凶之殊矣。」

又曰：「婦人服有絰無冠，無疑矣。」答李橝。

蓋頭之制

南溪問：「喪服婦人蓋頭之制，《備要》云以布三幅聯之，其長與身齊，更無他制。竊意與今袱子稍長者一樣，以此製用無妨否？宋時婦人似是吉凶皆用蓋頭，如《居家雜儀》喪禮朝祖之類可考。第此服必以兩手執之，以擁蔽其面。其出外，則固可，在堂參祭時，亦當用之否？」尤庵曰：「蓋頭之用於祭時，未之前聞，且《家禮》不言其制，尋常以爲與我國婦人所着不大相遠也。其吉凶皆用，則無疑矣。」○《儀節》既曰『全身障蔽』，又曰『以一幅布爲之』，中國布其幅雖闊，恐不可以一幅全身障蔽，尤不知其如何也。」

南溪曰：「盛教所謂我國婦人所着未知指俗制羅兀而言耶？然則用《家禮》婦人服制，成服之家以布羅兀代蓋頭，其或可否？」答尤庵。

童子喪服之制

沙溪曰：「童子不冠，則豈有孝巾及冠乎？」答同春。○下同。

又曰：「首絰象緇布之頍項也，童子未冠，何缺項之有乎？申生義慶以爲婦人雖不冠，有絰，童子亦當有之。婦人之絰固有明文，童子則不現諸書。申説可疑。鄭景任云『童子首絰』，禮無所考。來諭所謂『童子未冠，何缺項之有』者，簡易明白，恐攻破不得。」

禮疑類輯卷之四

喪禮

沐浴

沐浴水見治喪具條中沐浴之具條

浴後去復衣

沙溪曰：「悉去病時衣，易以新衣，當在於疾甚之日，而去復衣一節，宜入於設床遷尸覆以衾之時。」《家禮輯覽》。

尤庵曰：「復衣浴後去之云者，謂去之於身上，其後置之靈座，葬後以爲遺衣服，自是常行之禮也。」答或人。

襲

襲衣冠帶履握手冒見治喪具條中襲具條

復衣不用襲斂

同春問：「復衣用於襲斂，不妨否？」沙溪曰：「《禮經》可考。」

《喪大記》「復衣不以衣尸，不以斂」鄭注：「不以衣尸，謂不以襲也。復者，庶其生也，若以其衣襲斂，是用生施死，於義相反，《士喪禮》浴而去之。」

襲不用緇冠小帽

問：「加幅巾而無用緇冠之文，何耶？」吴遂昌。南溪曰：「吉凶詳略，禮固不同。」

遂庵曰：「古者人死不冠之説，文元公引之，必有所考據矣。」答李志逵。

南溪曰：「小帽子始於唐時，今則人無不用，然非《禮經》所載也。況其制不如幅巾之當於冠，網巾之當於縰，終不可闕者，則恐難用也。」答權鑌。

右衽結紐

問：「《家禮》襲章無右衽之文，《備要》『遷尸其上下』注曰『衣皆右衽，小帶似可結』，而無結之訓。」權鑌。　南溪曰：「《家禮》至小斂始曰左衽不紐，襲之右衽因此可知，故《備要》云。然襲時雖無結紐之文，俗禮亦多行之者矣。」

襲奠 始死奠并論

問：「始死必用脯醢之奠者何義歟？」姜碩期。　沙溪曰：「《檀弓》及劉氏説可考。」

《檀弓》「始死之奠，其餘閣也歟」注：「閣所以庋置飲食，蓋以生時庋閣上所餘脯醢爲奠也。」疏：「鬼神所以依於飲食，故必有祭酹，但始死未容改異，故以生時庋上所餘脯醢以爲奠也。」○劉氏璋曰：「凡奠用脯醢者，蓋古人家常有之，如無，別具饌數品。」

又曰：「《儀禮》襲及小斂奠皆設於尸東當肩，《家禮》小殮奠則設於尸南。《家禮》與《儀禮》不可合一意看也。」答黃宗海。

又曰："《儀禮》疏云奠設于尸東者，以其始死，未忍異於生，其義可知也。"答同春。

問："《備要》襲奠圖左醢右脯，靈幄奠圖則左脯右醢，彼此不同，何歟？凡祭，果用偶數，而獨於靈幄奠圖，果用奇數，何歟？"申佾。南溪曰："脯醢左右果不同，大抵左脯右醢，乃象生時之意，恐此爲是。其右脯左醢者，似是寫誤致然。至於果品，東俗例用陽數，出於《五禮儀》，準禮，此亦當從。虞時兩大祭，減用二器，而獨用三器者，有未盡正故也。"

陶庵曰："古禮有始死奠，而《家禮》則有襲奠，《備要》仍之，蓋以襲在當日故也。今或襲斂過期，甚或至於多日，其間全無使神憑依之節，豈非未安之甚者乎？兹依古禮，移置於易服之下，如無閣餘酒脯之屬，雖别具，亦可且一日一奠，誠不忍廢。若累日未襲者，每日一易爲當。"《四禮便覽》。

偕喪襲斂先後見喪變禮并有喪條

喪中死者襲斂衣服見喪變禮喪中身死條

爲位

死者襲後生者有位

陶庵曰："襲在於死之當日，未襲之前，男女哭擗無數，奚暇爲位而哭？雖或延至二三日之後，必死者襲，而後生者方可有位也。"答李命元。

位次隨時而變

栗谷曰："尸在床而未殯，男女位于尸傍，則其位南上，以尸頭所在爲上也。既殯之後，女子則依前位于堂上，南上，男子則位于階下，其位當北上，以殯所在爲上也。發引時，男女之位復南上，以靈柩所在爲上也。隨時變位，而各有禮意。"《擊蒙要訣》。

牛溪問："《家禮》服位只有襲後爲位，而成服位則無儀節，既殯之後，則似當與襲後爲位不同，而丘氏《儀節》亦無明文，今不知何據？"龜峰曰："襲後位次南上者，以在尸傍，以尸首爲上也。殯後既位于堂下，則位次當北上，亦以襲時尊尸之義爲也。今人多膠守襲時位次而不改，於殯前位之最下居近尸首，尊者反在於下，甚不可仍。」

同春問：「《家禮》爲位注『主人坐於床東，奠北，衆男坐其下，期功以下皆南上』，而殯後不言位次。今人或仍奠北之位，而以南爲上，或就東階下，而以北爲上。何者爲得？」沙溪曰：「成殯後，當以尸柩所在爲上，主人之位以北爲上，衆主人自北而南，古禮然也。《家禮》不分曉，可疑。」

《士喪禮》：「朝夕哭，婦人即位于堂，南上；丈夫即位于門外，西面北上；外兄弟在其南，南上。」

○《擊蒙要訣》云云。見上。

問：「發引時男女之位，一依殯後之儀而無變歟？」閔維重。同春曰：「當然。」

朽淺曰：「云云，今雖從俗設哭位於幄內，而其禮當如壙東西之位。」答李成俊。詳見及墓條中設靈幄條。○下同。

問「下棺前孝子」云云。吴益升。尤庵曰云云。

問：「《喪禮備要》虞祭主人以下入哭條，注云『皆入哭於靈座前，其位皆北面，丈夫處東西上，婦人處西東上』，然則虞祭時，男女之位皆在堂上歟？虞後朝夕上食時，位次亦如虞祭之儀乎？」閔維重。同春曰：「當然。」

沙溪曰「《家禮》虞祭主人以下」云云。答同春。詳見虞條中人哭位次條。

南溪曰：「《家禮》主人位次床東奠北者，初喪在家之禮也。《奔喪》即堂下東之位者，殯後自外至之禮也。義自不同。」答李行泰。

又曰：「爲位之儀，則葬前婦人位乎堂上東面，丈夫位乎堂下西面。至虞祭時，主人兄弟及與祭者皆入哭於靈座，其位皆北向，丈夫處東西上，婦人處西東上，一如祠堂參禮序立。以此觀之，几筵朔望之祭，亦當依此爲之，不必追用葬前朝夕哭奠之儀。」答李鼎新。

人家狹隘位次變通

南溪曰：「《家禮》殯于正堂内外東西之位，自無所妨。今則人家形勢難得如此，只依《備要》說行之，恐當。」答文後開。

又曰：「朝哭注『主人以下皆服其服，入就位』，所謂位者，蓋指爲位而哭條床東西向位也。竊詳《家禮》葬前，則皆用此位，如吊時哭出西向，及朝祖時男子由右，葬時壙東西向之文，俱可爲證。故《儀節》曰『男位於柩東西向，女位於柩西東向』，今《備要》直用《儀禮》門外西向之位，恐非《家禮》本意。但今人家廳堂狹隘，勢不得不作階下位次，然則依《開元禮》或升或降似宜。」上尤庵。

喪人位在諸父上

問：「《家禮》時祀設位圖世各異行，雖宗子立於諸父之後，而至喪禮，則其位反在叔父上，何也？」韓瓘。牛溪曰：「《家禮》初喪立喪主，所以重宗統，絶窺僭也。家廟作阼階，惟主人當之。雖諸父位於前，而皆不敢當阼階之前矣。然則孝孫承重，必以主喪受吊，而當主人之位，無可疑矣。」

沙溪曰：「祠堂序立，常禮也，襄後及祥禫祭，皆以服之輕重爲次。雖諸父在喪人之後，何未安之有乎？」答黄宗海。

飯含

飯含諸具見治喪具條

飯含諸節

問：「飯含，主人被髮而行之，似非慎終之意，古禮有可據變易之節耶？」姜碩期。沙溪曰：

「斂髮當在小斂之後，飯含時，無變易之節矣。」

尤庵曰：「瞑巾，襲後覆面之巾也，子孫含則舉此巾，賓客含則當口處有孔，使之不舉而含焉。卒襲時去之。與下幎目各是一物也。」答或人。

問：「爲飯含，由足而西，東面而舉巾。其所以東面者，何義？無乃東是生養之方，故人子不忍死其親而然耶？」鄭尚樸。南溪曰：「似或然也。」

問「扱米之必用左手者，袒左故耶」云云。梁處濟。南溪曰：「用左手便也，其必左袒者，《覲禮》疏云『禮事無問吉凶，皆袒左』，主人兄弟雖不預舉扶之列，恐不可廢。」

退溪曰：「不獨飯含，如斂絞舉尸撫尸之類，皆喪者所當自爲。古人於此，非不知有所不忍，所以必如是者，以愛親之至痛迫之情，當此終天之事，不自爲而付之人，尤所不忍，故古禮如此。今人不忍於小不忍，而反忽於大不忍，切恐不可。」答鄭惟一。

遂庵曰：「飯含餘米埋之似無妨。」答崔徵厚。

承重孫并有祖喪母喪飯含 見喪變禮并有喪條

飯含代行

問：「長子病，則飯含等事，當代以次子乎？長子之子乎？」尹宷。尤庵曰：「古禮有使客爲之之文，引用此文，或爲有據矣。」

子婦喪飯含

問「子婦喪飯含贈玄纁當使夫若子主之耶」云云。尹宷。尤庵曰：「飯含亦有賓客爲之之文，恐無一定之主也。贈是重禮，舅似主之，而既無明文，不敢質言。」

追後不可解斂飯含見喪變禮道有喪條

靈座

設靈座之所

同春問：「大斂後設靈座於故處，所謂故處，指何所耶？」沙溪曰：「將大斂，先遷靈座於旁側。大斂畢，復設靈座於故處。所謂故處，指堂中而言也，非謂棺前也。置棺于堂中少西，故靈座于堂中，乃禮也。《家禮會成》復靈座注云『設于棺前』，《儀節》置於棺前，皆失古禮之意。既置棺於堂之西，而設靈座於棺前，則是果靈座之故處乎？」

椸制見治喪具條中靈座之具條

魂帛椅上置褥衣當否

問「設魂帛，注云『椅上置坐褥，褥上置遺衣』」云云。梁處濟。南溪曰：「『椅上』以下，即《儀節》文，恐不必準用。」

復衣置靈座葬後不埋并論

問：「復衣，今人納之魂帛箱中，何所據耶？」黄宗海。沙溪曰：「禮，遺衣裳必置於靈座，今以復衣置於靈座，恐亦無妨。若并魂帛埋之，則不可。」

慎獨齋曰：「復衣，古無埋之之語，而今皆埋之，若從古，則似當與遺衣服藏于廟中矣。」答崔碩儒。

南溪曰：「詳禮意，所謂遺衣裳設於靈床者，似只頓置於靈床，而仍加魂帛其上，非如今人所謂納箱也。」答李箕洪。

爐盒酒果同設

問：「置靈座注『設香爐盒盞注酒果於卓上』，或曰『初喪荒迷之際，祭儀未備，故不設香案』，此言如何？至虞祭始曰設香案，虞祭以前同是初喪，故如此耶？」金榦。南溪曰：「或者之説恐得之，《輯覽》圖爐盒亦與酒果同設矣。」又曰：「設盞注酒果於卓上者，蓋將進之也。然此非當進之節，故必俟小斂時，撤襲奠而行此奠也。」答柳貴三。

遂庵曰：「《家禮》襲奠、小斂奠之間，更無他奠。意者設香爐盒盞注酒果於卓上云者，預備此物於别卓，欲用於小斂奠。《備要》圖以香爐等物置於倚卓之前，似失《家禮》本意。」答金秀五。

魂帛

魂帛之制見治喪具條

魂帛出納開閉之節

尤菴曰：「《家禮》魂帛無用箱之文，至返魂注始有魂帛箱之文，然用蓋開閉，則未有考，豈置帛於箱，而以帕或覆或開耶？」答韓如琦。

問：「栗谷云『朝奠後魂帛不可入于箱，夕奠後始納箱，而入于帳内』，魂帛無故終日出置，未知如何？」李橝。尤菴曰：「開閉出納，甚覺煩瀆，只依祭時神主之儀，以帕代櫝而開斂，如何？大概《家禮》無明文，只得隨事之便耳。」問：「束帛箱，世俗夜則闔而卧置之，晝則開而立置之。」金得洙。尤菴曰：「卧置似是禮意。」

遂菴曰：「奠及上食時倚立魂帛，雖無可據之文，而《備要》圖有之，何可已也。」答或人。

南溪問：「奉魂帛入就靈床，俗以魂帛安於衾枕之間，恐涉煩猥，似當依《儀節》奉置床上而已，未知如何？」尤庵曰：「靈床之制，世俗夕時展衾正枕，一如平時，然後奉魂帛置于衾枕之間，雖似猥屑，然以朝夕設奉養之具如平生，及設盥櫛之文觀之，則如此恐亦無妨。」南溪曰：「魂帛出入時，本不用箱蓋，以巾覆之而已。至於設奠時，則必奉竪魂帛於箱上，所謂不開者，非是。」答李綖。

遂庵曰：「帛箱以西爲上，似宜。」答安太奭。

埋魂帛見虞條

銘旌

銘旌尺度見治喪具條中銘旌之具條

大夫士之辨

問大夫士之辨。沙溪曰：「《通典》諸説可考。我國之制，雖未知一如古制，而大概嘉善以上以大夫論。」或云通政亦古之下大夫。

《通典》賀循曰：「古者六卿，天子上大夫也，今之九卿、光禄大夫、諸秩中二千石者當之。古之大夫，亞於六卿，今之五營校尉、郡守、諸二千石者當之。上士，亞於大夫，今之尚書丞郎、御史及秩千石、縣令在官六品者當之。古之下士，亞於中士，今之諸縣令長丞尉在官八品九品者當之。」○李氏覯曰：「一命者，天子之下士，公侯伯之上士，子男之上大夫也。再命者，天子之中士，公侯伯之大夫，子男之卿也。三命者，天子之上士，公侯伯之卿也。」○丘氏曰：「按一命若今八九品官，再命若今六七品官，三命若今京官五品以上者。」

有資級無實職妻從夫實職并論

南溪曰：「受嘉善之命，而無實職，則恐不得已只當以新資而合舊銜。癸卯初，延平以資憲爲吏參，頃者李相降拜知中樞老職。雖非常官之比，其以崇品而合卑銜，恐無所殊。」答李鼎新。

寒岡曰：「國法雖通政，而非經實職，則妻不許封。嘗見一京朝官，升堂十年，而後喪室，神主不敢書淑夫人，其後除判決事，始改題其夫人神主，聞者曰是禮也。」答旅軒。

同春問：「無實職而只有資級者，其妻稱號，可從資級而書之乎？」沙溪曰：「當從實職，不可但以資而稱某封也，書鄉貫某氏爲可。」

南溪曰：「近例外官不得封及婦人，則是不得出夫人帖也。既不受命帖，而徑自書旌，恐於義不可。」答金洪福。

贈職實職先後書婦人書真誥及書兩行并論○見題主條

不書致仕上同

書處士徵士別號上同

削官者及其妻稱號見喪變禮被罪家喪禮諸節條中銘旌題主條

無官者及其妻稱號見題主條

婦人書封氏

問：「銘旌只言書某官某公，而不言書某封某氏，何耶？」金𠏹。南溪曰：「本文既以三品五品六品爲説，是以男子主之也。其不别舉某封某氏，蓋出從簡之意，亦非有闕耳。」

書姓貫當否見題主條

庶孽稱號

問：「無官而非學生者，既稱以學生，則非文非武之庶孽，亦可以稱校生耶？」閔泰重。尤庵曰：「從生時所稱可也，於《家禮》復條可見矣。」

又曰：「武藝庶孽，銘旌以武學或以業武書之，如何？」答洪友周。

又曰：「許通庶孽於榜目書以許通，則死後題主，亦當依此耳。其未許通者，隨生時所稱而書之耳。」答沈梯。

遂庵曰：「學生業儒，當從在時所稱。」答閔鎮綱。

庶孽婦人銘旌稱號

沙溪曰：「氏所以别其姓也，庶孽雖賤，稱之何嫌？且召史之稱不典，或曰書以某姓之柩，無妨云。」答同春。

尤庵曰：「妾用氏字，未見其僭。娘字亦未有娼女之嫌，朱韋齋稱朱子母夫人爲娘矣。召史之稱，果不典雅矣。」答吴益升。

問：「嫡庶婦人并稱某氏，則無别。」李顯稷。尤庵曰：「并稱恐無不可，古禮皇后稱氏，諸侯夫人亦稱氏，士大夫妻亦稱氏矣。」

静觀齋曰：「稱以召史，雖似不典，自有國法可據。必欲稱氏，則不無犯分之嫌，蓋無禮文可據故也。與其從無可據，而有犯分之嫌，曷若從《國典》之爲穩耶？沙溪所謂稱某姓者，則終未知其可也。」答李知白。

芝村曰：「即今常漢女，人皆稱召史，生爲士大夫妾，與常漢有别，而死乃與常漢同稱，亦涉未安。鄙意若以庶孽而爲人妾則稱氏，其本賤人，則依《問解》中或説稱姓，似稍合宜。」答閔鎮厚。

遂庵曰：「庶孽孺人之稱，未知其穩當。」答金光五。

殤喪稱號見殤喪諸節條

銘旌書柩字

問："尸未在柩，則之柩二字，無乃虚耶？"鄭尚樸。南溪曰："恐是要其終而稱之。"

立銘旌

問："銘旌初立於右，終立於左，何也？"鄭惟一。退溪曰："按尸南首，而靈座在其東，則疑其初所謂立於靈座之右，與其後立於柩東者，同是爲右。蓋自尸南首而言，則東爲右，非左也。"

沙溪曰："按《士喪禮》『置于宇，西階上』疏：『此始造銘旌訖，且置於宇下西階上，待爲重訖，以此銘置於重。又下文卒塗，始置於肂。以二反埋棺之坎也。若然，此時未用，權置於此也。』以此觀之，今倚於靈座之右者，疑亦權置。"《家禮輯覽》。又曰："《家禮》銘旌倚於靈座之右，亦古禮權置西階之義，大斂後設跗于柩東，隨處而雖異其所，蓋靈座在東，殯在西，以靈座言之則在右，以殯言之則在東，在於靈座與殯之兩間矣。《儀節》圖與《家禮》似不大異，但尸柩在堂中間，與靈座正相值，殊失少西之義耳。來喻云用素帳，特時俗之爲者，此亦不然。《士喪禮》帷堂注曰：『必帷之者，鬼神尚幽闇也。』《家禮》亦曰：『以帷障卧内。』又曰：『主人以下出帷外。』又曰：『設襲床於帷外。』帷之見於禮者如此，想銘旌本屬於柩，故《家禮》圖亦在幃内，更詳之。"答申湜。

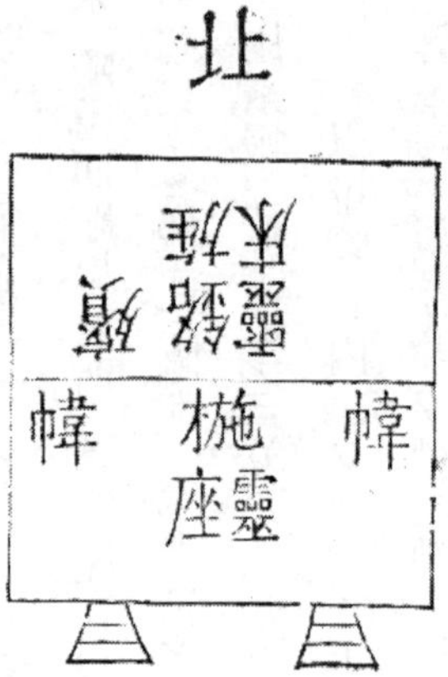

親厚入哭

服色哭拜諸節 吊慰并論

問：「始死而吊，將何服？主人出見賓否？」李惟泰。沙溪曰：「《檀弓》及諸儒說可考。」《檀弓》：「曾子襲裘而吊，子游裼裘而吊。主人既小斂，袒括髮，子游趨而出，襲裘帶絰而入。曾子曰：『我過矣，夫夫是也。』」疏：「凡吊喪之禮，主人未成服之前，吊者吉服。吉服者，羔裘玄冠，緇衣素裳，又袒去上服，以露裼衣。此裼裘而吊是也。主人既變服之後，吊者雖着朝服，而加武以絰。武，吉冠之卷也。又掩其上服。若是朋友，又加帶。此襲裘帶絰而入是也。」〇魏氏堂曰：「主人未成服，來吊者宜淺淡素衣。今人必以白衣往吊者，非也。」○丘氏曰：「按高氏曰，古人謂吊死不及尸，非禮也。今多待成服而吊，非矣。」又曰：「親始死，雖不敢出見賓，然有所尊者，不可不出。」

尤庵曰：「靈座魂帛銘旌之具，一時皆備，則待其設而哭拜可也。如或曠日未設，則親厚之人何可等待不入哭乎？哭尸而當拜與否，則未有明文，不敢質言。」答尹寀。

問：「臨尸哭盡哀，則出拜靈座時不哭耶？」閔泰重。尤庵曰：「當看情義之輕重也。」

問：「子游之吊也，小斂前裼裘而吊。今小斂前帶黑帶可乎？」李東耉。南溪曰：「禮意如此，故子游行之，今亦恐無不可行之理。」

陶庵曰：「未小斂時，裼裘而吊，曾子既許子游以知禮，無服則無論姓之同異，以吉衣帶入哭，恐無妨。」答安鳳胤。

問：「《備要》引丘《儀節》文煩碎，此處從《家禮》，似甚簡當。」李東。遂庵曰：「丘《儀》蓋出於君使人吊襚禮，故《備要》引之，欲使用於所尊也。若敵以下，則從《家禮》爲宜。」

小斂

小斂布見治喪具條中小斂之具條

舒絹疊衣

沙溪曰：「按《五禮儀》大夫士庶人喪引此節文，削去絹字，只有舒疊衣三字，未知如何？恐是别用絹一條舒之，而次疊一衣藉其首，仍卷兩端補其首之兩旁，與肩相齊，然後以絹結之，使不解散。」《家禮輯覽》。

慎獨齋曰：「凡束絹者，兩端各卷之，以兩卷合而束之。今者解其束而舒之，置於尸首之下，要以兩端之卷，知補其空缺也。」答金之白。

尤庵曰「此四字以文勢觀之則」云云。答或人。與沙溪説同。

左衽不紐

問：「不紐，世皆以爲去紐，如何？」金就礪。退溪曰：「紐，按《喪大記》『左衽結絞不紐』注：『衽，衣襟也。生向右，左手解，抽帶便也。死則襟向左，示不復解也。結絞不紐者，生時帶並爲屈紐，使易抽解。死時無復解義，故絞束畢結之，不爲紐也。』詳此注意，此所謂紐非指衣襟之係，亦非指帶，當指絞布之結而言也。若《家禮》及《儀注》所謂不紐者，與《喪大記》不同。襲帶已結於前，而小斂不用帶，則非指帶也；其下方有未結以絞之文，則又非指絞布也，正指襟係而言也。然凡結無耳則難解，有耳則易解。紐者，結之有耳者也。篇首深衣帶圖下注釋紐爲兩耳，是也。故《家禮》《儀注》皆曰不紐，未嘗言去紐，可知是存其係，而結之不爲紐耳。世俗截去衣係，則誠誤矣。」

沙溪曰：「按《士喪禮》注『遷尸於襲上而衣之。凡衣，死者左衽，不紐』。《開元禮》亦如此，而《家禮》至於小斂始有之，是亦未忍遽死其親移之於小斂耶？」《家禮輯覽》。

尤庵問：「《家禮》襲則右衽，而或有自。襲至大小斂皆左衽者，何所據而然歟？《家禮》小斂條以餘衣掩尸左衽不紐者，若指襟係而言，則凡衣襟之係皆在於右，若左衽，則自無可係之紐，而既曰左衽，又曰不紐，何也？」沙溪曰：「《家禮》與《喪大記》《士喪禮》似不同，未知果何如也？」

《喪大記》「小斂大斂皆左衽結絞不紐」注：「衽，衣襟也。生向右，左手解，抽帶便也。死則襟向左，示不復解也。結絞不紐者，生時帶並爲屈紐，使易抽解。死時無復解義，故絞束畢結之，不爲紐也。」按《士喪禮》「乃襲三稱」注：「遷尸於襲上而衣之。凡衣，死者左衽，不紐。」又按《開元禮》亦如此，而《家禮》至於小斂始爲左衽，是不忍遽死其親而移之於小斂也。《家禮》所謂不紐與《喪大記》結絞不紐之文意各有異。《家禮》既曰左衽不紐，其下又曰裹之以衾，而未結以絞，則《家禮》之意似謂既爲左衽，不得結小帶，是不結衣襟之小帶也。世俗不知者，割去小帶，亦可笑也。《士喪禮》「襲三稱」鄭注雖有左衽之説，考諸經文，初無此意，鄭氏因《喪大記》「小斂大斂皆左衽」之文，而有此説。《喪大記》實無襲亦左衽之意，而至大小斂始爲左衽，則當從《喪大記》及《家禮》之説，不可從鄭氏誤見也。奇高峰及退溪門人力主鄭説，恐不可也。

問：「左衽者，夷狄之風，而《喪大記》死者小斂左衽者，殊甚可疑。」成晚徵。遂庵曰：「左衽注云云。見上。蓋欲與生時有變也。此制肇於周公《儀禮》之撰，而夷狄左衽之説，始見於春秋之後。後世禮家遵承古經，則夷風之嫌何必區區。」

小斂未結絞

問：「《家禮》小斂未結絞未掩面者，孝子之至情，而今人多以尸體浮動爲慮，而即爲結絞，誠所未安。」黄宗海。沙溪曰：「來示然矣，當以《家禮》爲正，然丘氏所論，亦似有理。」

丘氏曰：「《儀禮》無未結絞未掩面，猶俟其生之説，《家禮》此説，蓋本温公《書儀》也。今擬天氣暄熱之時，死者氣已絶，肉已冷，决無可生之理，宜依《儀禮》卒斂爲是。」

南溪曰：「云云，然丘氏又有當暄熱時，依《儀禮》卒襲之説，恐當酌處也。」答李德明。

舉尸憑尸之節

問：「舉扶之際，侍者與婦女在位滚同，似未安。」梁處濟。南溪曰：「《喪大記》『奉尸侇于堂』

注：『於遷尸，主人主婦已下從而奉之，孝敬之心。』此男女之證也。侍者不必皆賤隸，容有近臣室老，且其位次各異。喪事嚴急，所不得而避焉者。若其母之喪，内御者浴鬠，詳見《士喪禮》。」

問庶子有子不憑尸之義。李彦純。南溪曰：「有子則或不主其喪故也，更詳之。」

小大斂入棺不敬之戒

頤庵曰：「小斂大斂者，只要掩蓋尸體，仍爲固護之道耳。今俗惟以縛束牢緊爲能事，擇壯者極力結絞，誤矣。禮於小斂猶未結絞者，豈獨孝子欲時見其面乎？蓋人死一二日，或有復生者矣，而緊絞若此，是重絶生道也，豈禮以明日小斂又明日大斂之本意哉？况於入棺之後，多填衣服，高若堆阜，及加蓋板，乃用長木大索左右挽引。若有不合，又使健僕並登而蹴踏，其爲不敬，未暇論矣。胸陷腹折，必至之勢也。而可忍爲乎？護喪者結絞當一如禮，棺中只令平滿，其長木大索等物，切勿備之可也。」

小斂變服

問：「《禮記》小斂環絰散帶，可行之否？」退溪曰：「節文太繁，恐不可從，只得依《家禮》

小斂括髮成服，腰絰只不散垂爲當。」言行録。

牛溪問：「小斂變服，斬衰用環絰白布巾，腰絰帶散垂三尺，具絞帶，此禮見於丘《儀》，未知一出於《儀禮》，而以補《家禮》之闕者歟？」龜峰曰：「環絰等變服一節，雖載於丘《儀》，而《家禮》之所删也。自初終至成服，其間變服節次，甚有等級。不可棄朱子所定而又尋古禮。」

沙溪曰：「按古禮，環絰，小斂時所着，而至襲絰去之。《儀節》在於憑尸之後，當以《禮經》爲正。」《喪禮備要》。

又曰：「《家禮》從簡，略去小斂變服之節。若從古禮，則小斂時環絰白巾，括髮時絞帶，遷尸後首絰腰絰散垂。至成服乃絞，啓殯又散垂，卒哭又絞。年五十者及婦人及小功以下，腰絰直結，本不散垂。《家禮》散垂，與《儀禮》不同。」答姜碩期。

又曰：「愚問于愚伏曰：『《儀禮》初喪成服前用環絰，齊衰三年亦有之。丘《儀》但服斬者用之，其餘皆免，可疑。』答曰：『環絰《儀禮》及《禮記》并無齊衰不用之語，每疑丘説以何書爲據。』」《家禮輯覽》。

問：「司馬公所謂齊衰以下去帽著頭巾加免於其上者，今不可遵行耶？」黄宗海。沙溪曰云云。詳見易服條中重服人去冠當否條。

又曰：「《檀弓》注括髮當在小斂之後，尸出堂之前，今俗或至成服始括髮，非矣。」答黄宗海。

問：「袒括髪條大注『男子齊衰以下至同五世祖者，皆袒免于別室』，而婦人則只曰『髽于別室』，無某親所限，亦似欠詳。」李德明。 南溪曰：「婦人之禮，視男子加略，其義然乎？況有出嫁降服之節，則恐當只以有服者限之耳。」

又曰：「髽云者，婦人之髻也，吾東方平日無婦人作髻之事，雖當喪，只依俗斂髮而已。」

問：「將飯含，主人左袒，飯含訖，襲所袒衣，而至小斂後，則袒括髪而不言襲所袒衣者，何歟？《儀禮》襲絰之節，當行於何時歟？」李惟泰。 沙溪曰：「襲絰之節，在於小斂之後，《士喪禮》詳之，《家禮》從簡而略之。」

《士喪禮》：「小斂，主人及衆主人袒，男女奉尸，俠于堂。主人出于足，降自西階。衆主人東即位。婦人阼階上，西面。主人拜賓，大夫特拜，士旅之。即位，踊，襲絰于序東，復位。」注：「拜賓，鄉賓位拜之也。即位，踊，東方位。襲絰于序東，東夾前。」疏：「衆主人雖無降階之文，當從主人降自西階。主人就拜賓之時，衆主人遂東，即位於阼階，以主人位南西面也。經云主人降自西階，即云主人拜賓，明不即位而先拜賓，是主人鄉賓位拜賓可知。復位者，復阼階下西面位。」○《儀節》：「主人降下階，凡與斂之人，皆拜之。拜訖即於階下，且哭且踊，訖，掩向所袒之上衣，首戴白布巾，上加以單股之絰，禮所謂環絰也，成服日去之。具腰絰，散垂其末三尺，及具絞帶，復位。」按丘《儀》用環絰，與《儀禮》不同，當從古爲正，見《喪禮備要》。

沙溪曰：「按禮，動尸舉柩皆袒，於事便也，事訖還襲。《家禮》從簡，故皆略之，只一袒於將遷尸之際。今雖難一一從古，如大小斂等大節目，恐當依《禮經》爲正。」《喪禮備要》。

南溪曰：「凡禮，袒者爲將事也，事訖還襲。《家禮》一袒於遷尸之際，又無還襲之文，以至成服，殊似闕略，則《備要》大小斂等節目一依古經者，恐無不可。曾見答具時經書，欲反從《家禮》爲是，然則襲斂之時，左袒行事之義闕矣，未知何如？」答尤庵。

又問：「《備要》初喪有環絰白巾之制，先生家不用此制云，是否？」尤庵曰：「環絰雖是古禮，而朱子不載於《家禮》者，以其繁文難行也。朱子嘗言曰『而今禮文覺繁，多使人難行，後聖有作，必是裁減了方始得行』，乃於《家禮》裁減古禮處甚多，此實朱子折衷裁減之禮也。朱子非後聖乎？吾以爲古制之不載於《家禮》者，今不必行，而一從《家禮》爲宜也。」《華陽語録》。

又曰：「小斂後免非爲斂髮也，免冠故免以代之耳。」答梁以杞。

問：「經帶，《家禮》在成服條，而《備要》從古禮移於小斂條，豈朱子之意以成服前則襲斂等事，重在於送死，而至於生人，則其繁文縟節，有難一一暇及，故凡此經帶故移於成服耶？」李柬。遂庵曰：「雖未知夫子之意果如何，而蓋當此時古禮之不行久矣。《書儀》簡約易行，故《家禮》用之，據而行之，不亦宜乎？若一一欲遵古禮，則從《備要》亦可，此在行禮者之所自擇耳。」

陶庵曰：「按《備要》有『將小斂，白巾環絰，既遷尸，拜賓襲絰』之文，蓋據古禮也。然孝子哀遑罔極之中，似未暇於此等儀節，《家禮》之闕而不書，無亦以是耶？」《四禮便覽》。

遂庵曰：「小斂後不言襲，似是文不備。」答金光五。

環經白布巾括髮免髽之制見治喪具條中小斂之具條

還遷尸牀

問：「還遷尸牀于堂中之還字爲句之説，不是以文勢言之。沐浴時，徙尸牀置堂中間，而小斂於西階之西，憑尸哭擗，袒括髮免髽于别室，然後遷尸牀于堂中間，乃一串文字，非有他意。而尊兄必欲以自别室還爲訓，然則袒括髮之上，何無出字耶？況免髽，則齊衰以下親之所同爲者，何可連上文主人主婦看乎？俗傳退溪釋云者，未必的然，更爲見教，幸甚。」申湜。沙溪曰：「嘗有如令公説者，問於退溪，答云『還自主人以下，自别室還於其位』，或云上文小斂牀置于尸南，斂畢，還遷尸牀于堂中，以祔祭條還奉新主之文觀之，則上説是云云。俗傳退溪釋果有可疑處，固不可盡信此條。則其所答問丁寧如此，何可謂不可信也？且令公以袒括髮之上無出字爲疑。既云于别室，則雖無出字，而出字之義在其中，何可疑乎？來喻又謂免髽不連主人主婦，此亦誤矣。免雖齊衰以下之事，髽則實是主婦之事，何可謂不連？況還字統言主人以下，尤無所疑。」

拜賓之節

同春問：「《曲禮》曰『居喪之禮，升降不由阼階』，今《家禮》『受吊，主人哭，出，西向再拜』，所謂西向位，其不在阼階下乎？似與《曲禮》相違，可疑。」沙溪曰：「按禮，始死拜賓在西階下東面，而小斂後始就阼階下西面也。」

《士喪禮》：「君使人禭，主人拜如初，升降自西階，有大夫則特拜之，即位于西階下，東面，不踊。」注云：「即位西階下，未忍在主人位也。」疏曰：「小斂後始就東階下西南面主人位也。」又「男女奉尸侇于堂，衆主人東即位，主人拜賓，即位踊」。注云：「即位踊東方位。」疏：「即位踊東方位者，謂主人拜賓訖，即向東方阼階下即西面位。」又《雜記》曰：「吊者即位于門西東面，主孤西面，吊者入，主人升堂西面，吊者升自西階。」注云：「門西，大門之西也。主孤西面，立於阼階之下也。主人升堂由阼階而升也，《曲禮》升降不由阼階，謂平常無吊賓時耳。」

又問：「古禮小大斂啓殯，皆有拜賓之節，荒迷哀殞之際，一何繁文縟節之多耶？《家禮》略之，丘《儀》補之，從《家禮》恐當。」沙溪曰：「應氏、丘氏説似切至，從古恐當。」

《雜記》「小斂大斂啓皆辯遍拜」注：「禮當小斂大斂及啓殯之時，君來吊，則輟事而出拜之。若他賓客至，則不輟事，待事畢，乃即堂下之位而遍拜之。」應氏曰：「小斂大斂啓殯，皆喪事之變節，而切於死者之身也。生者之痛，莫此爲甚，亦於是拜死者，吊生者，故主人皆遍拜以謝之，而致其哀也。」〇丘氏曰：「《禮》有拜賓之文，《家禮》無之，今補入者，蓋以禮廢之後，能知禮者少，賓友來助斂者，不可不謝之也。」

小斂奠

河西曰：「小斂設奠下文具字當在奠字下，觀大斂章可見。」

南溪曰：「小斂奠恐當設於卓上。」答李東耉。

同春問：「《家禮》小斂奠，卑幼者再拜，主人亦拜耶？不言尊丈，何也？」沙溪曰：「言卑幼，則孝子似在其中歟？丘《儀》云『孝子不拜』，當考。尊丈於卑幼喪不拜也。」

《士喪禮》葬前無拜禮。

代哭

代哭之義

同春問代哭之義。沙溪曰：「《士喪禮》可考也。」

《士喪禮》注：「代，更也。孝子始有親喪，悲哀憔悴，禮防其以死傷生，使之更哭，不絶聲而已。」

大斂入棺

大斂布大斂衾見治喪具條中大斂之具條

棺槨之制見治喪具條中入棺之具條

棺中所鋪之物上同

大斂變服

同春問：「大斂變服，《家禮》所無，而奔喪條云又變服如大小斂者，何歟？或疑大字衍。」沙溪曰：「據《士喪禮》，大小斂皆有變服之節，而《家禮》本條脱漏，奔喪條非衍也。」

《士喪禮》：「小斂，主人袒，奉尸俠于堂，拜賓，即位，襲。將大斂，主人及親者袒，鄭注：「大斂變也。」卒塗，主人復位，襲。」

舉棺置堂中

問：「舉棺少西，抑有義意耶？」成文憲。南溪曰：「其東將設靈座故也。」

大斂有床上棺中之異

問：「或於床上大斂而納于棺中，可謂得正乎？」金就礪。退溪曰：「《家禮》大斂無絞，故就棺而斂，今依高氏、楊氏、丘氏説，大斂用絞，則床上大斂而納于棺當矣。但恐或與棺中不相稱穩，須十分商度，令無此患可也。或曰雖用絞就棺而斂，亦無大害於理也。」

尤庵問：「世人皆於棺中大斂，是果禮意否？」沙溪曰：「《禮經》及丘氏説可考。棺中大斂，非但非古禮而已。棺中逼窄，結絞之際，多有不敬之事，決不可爲也。但人家堂室常患狹少，既置棺於堂西，又設斂床于東，則或未免狹窄難容，如此者不獲已，就斂於棺中耳。」

《喪大記》：「君將大斂，小臣鋪席，商祝鋪絞衾衣，士盥于盤上，士舉遷尸于斂上。」疏：「小臣鋪席者，謂下莞上簟，敷於阼階上，供大斂也。鋪絞衾衣等，致于小臣所鋪席上，以待尸也。士，商祝之屬也，將舉尸，故先盥于盤上也。斂上，即斂處也。」○丘氏曰：「按此則大斂不於棺中可知矣。世俗不知《家禮》卷首圖非朱子本意，往往據其説，就棺中大斂，殊非古意。竊意《家禮》本《書儀》，蓋合兩斂以爲一。小斂布絞，將入棺，乃結之。温公非不知古人大小斂之制，蓋欲從簡以便無力者耳。然君子不以天下儉其親，有力者自當如禮。」

實棺

南溪曰：「《喪大記》曰『凡陳衣不詘，非列采不入，絺綌紵不入』，謂間色及絺綌紵布不用於小斂大斂也。今之治喪者泥於此説，亦不用於實棺，則過矣。」

大小斂入棺不敬之戒見小斂條

婦人棺内不入其夫遺衣落髮

問云云。閔泰重。尤庵曰云云。詳見喪變禮虚葬條。

入棺後解絞布之非

問：「《家禮》大斂無絞布，世或有專用此《家禮》者，尸體下棺，便解絞布，使堅者而不固，卷者而反舒，此禮如何？」安弘重。愼獨齋曰：「或者之説，何必論之也。」

大斂後拜賓見小斂條中拜賓之節條

漆棺結棺及見樣并論

沙溪曰：「國俗棺外四面隙處以漆布塗之，或以菽末油紙塗之，裹以油芚，書上字于上頭，以索結之，以麤布或麻條從棺底近上五六處緊結之，以爲舉棺之資。未結裹前，棺之長短廣狹高下書諸壁上，以憑外槨之造。」《家禮輯覽》。

成殯

沙殯塗殯

同春問：「人家殯宮火患甚可畏，或有沙殯或塗殯者，未知如何？」沙溪曰：「禮，君大夫士殯皆用塗，所以備火也。温公以漆棺未乾，又南方土多螻蟻，廢此不用，以從其便。今若以火爲慮，則或塗或沙，隨宜爲之。」

《喪大記》：「君殯用輴，欑至於上，畢塗屋。大夫殯以幬，欑至于西序，塗不暨于棺。士殯見衽，塗上。帷之。」注：「輴，盛柩之車也，殯時以柩置輴上。欑猶叢也，叢木于輴之四面，至于棺上，以泥盡塗之。此欑木似屋形，故曰畢塗屋也。大夫之殯不用輴，其棺一面貼西序之壁，而欑其三面，上不爲屋形，但以棺衣覆之，塗不暨于棺者。天子諸侯之欑木廣而去棺遠，大夫欑狹而去棺近，所塗者，僅僅不及于棺而已。士殯掘肂以容棺，肂即坎也。棺在坎中，不没其蓋，縫用衽處，猶在外而可見。其衽以上，亦用木覆而塗之。貴賤皆有帷，惟朝夕哭乃褰，鬼神尚幽闇也。」○《語類》：「先生殯其長子，就寒泉庵西向掘地，深二尺，闊三四尺，内以火磚鋪砌，用石灰重重遍塗之，棺木及外用土磚夾砌。」○伯量問：「殯禮可行否？」曰：「此不用問人，當自觀其宜。今以不漆不灰之棺，而欲以甎石圍之，必不可矣。」

靈床

問：「靈床，《儀節》《三才圖會》皆東首。」申湜。沙溪曰：「靈床東首，恐非是。病時東首，以受生氣也。死後則自襲皆南首，獨於靈床東首無據。」

南溪曰：「靈床寢具依奉柩南首無疑。」答文後開。

靈床奉魂帛見魂帛條中魂帛出納開閉之節條

靈床三年不撤之非見葬後諸節條

素帳見治喪具條中成殯之具條

殯宫長燈非禮

問：「今俗自初喪至葬前，皆懸燈於殯宫以徹宵。」申湜。沙溪曰：「據禮，自襲至大斂，自啓至發引，只於行事處爲燎以照，厥明滅之。殯宫長燈恐非禮。」

《士喪禮》：「記既襲，宵爲燎于中庭。厥明，滅燎。」《士喪禮》：「小斂，宵爲燎于中庭。厥明，滅燎。」注：「燎，火燋。」疏：「古者以荆燋爲燭，對手執者爲大也。大斂，燭俟于饌東。」注：「燭，燋也。饌有燭者，堂雖明，室猶闇。火在地曰燎，執之曰燭。《既夕禮》朝祖宵爲燎于門内之右。」疏：「鬼神尚幽闇，不須明。柩車東有主人，間有婦人，故於門右照之，爲明而哭也。」

南溪曰：「長燈之規，似出於釋教。」答柳貴三。

婦人守殯

南溪曰：「留婦人守之者，蓋男子既歸於中門外廬次，婦人亦居别室，則殯廳將無人留侍，所以爲此制。蓋似今人輪回直宿之規，而婦人之位本在堂上故耳。」答權鑌。

愼獨齋曰：「兩婦人之守，守靈座也。《備要》圖書於帷中，恐其誤也。各歸喪次，則兩婦人亦當然也。所謂喪次，亦不遠也。」答崔愼。

問：「外喪亦以婦人守之耶？」崔厚徵。遂庵曰：「此婦人通指女子婢妾而言，男僕不敢入門，則捨婦人，而使誰守殯乎？」

殯後男女位次見爲位條中位次隨時而變條

居廬

廬次

沙溪曰：「按《喪大記》「父母之喪，居倚廬」疏：「於中門外東墻下，倚木爲廬。以草夾障，不以泥塗飾之。既練，始居堊室。」與《家禮》不同，量而行之，可也。」《喪禮備要》。

問：「中門外擇樸陋室爲喪，次云几筵設正寢，而居於中門，非常侍几筵之意。」朴鐔。南溪曰：「孝子晝則長在廬中，夜則退于中門之室，晨則入哭，與平日侍奉一體，是乃所謂常侍几筵者，豈可以所居稍遠貳之耶？」

問「非適子以隱爲廬」云云。李彦純。南溪曰：「《喪服》注『倚廬在中門外東方北户』，非適子者，廬於東南角，以其適子當應接吊賓，故不於隱者，其辨如此。」

又問：「疏衰不廬。廬，嚴也。然則疏衰之爲廬，非禮耶？」南溪曰：「齊斬之分，其嚴如此，今則居憂者雖斬衰，堊室而無倚廬，况齊衰耶？」

撤倚廬見祥後諸節條

同春問：「倚廬，今俗例於發引日即毁，以古人諒闇三年之事觀之，不撤似可。」沙溪曰：「古者喪人三年居于倚廬，何可毁也？但發引時，如或有礙，則姑撤無妨否。」

禮疑類輯卷之五

喪禮

五服

爲本宗服

齊斬之義

問斬衰三年之義。沙溪曰：「《禮經》可考。」

《喪服》疏：「斬三升布以爲衰，不言裁割而言斬者，取痛甚之意。」〇《記》疏：「衰是當心廣四寸者，取其哀摧在於遍體，故衣亦名爲衰。」〇《檀弓》注：「衰，明孝子有哀摧之意。」〇《三年問》：「二十五月而畢，若駟之過隙，然而遂之，則是無窮也，故先王爲之立中制節。」〇又曰：「何以至期也？至親以期斷，天地則已易矣，四時則已變矣，其在天地之中者，莫不更始焉，以是象之也。」○又曰：「何以三年也？曰加隆焉爾也。」疏：「聖人初欲爲父母期加隆焉，故三年。」○又曰：「上取象於天，下取法於地，中取則於人。」注：「三年象閏，期象一歲，九月象物之三時而成，五月象五行，三月象一時也。取則於人者，始生三月而剪髮，三年而免父母之懷也。」

尤庵曰：「父母之喪，雖有齊斬之異名，而其致哀之道一耳。《家禮》寢苫枕塊，雖只據斬衰而言，然以其下文時見乎母者觀之，則但據父喪而言，故只言斬衰也。其下所謂齊衰，則指五月三月杖期不杖期而言，非謂母喪也。大抵齊衰有單指母而言者，有并指五月三月而言者，或有并指杖期不杖期而言者，當隨文勢事理看也。」答或人。

父在爲母 承重孫祖在爲祖母曾高祖母並論

退溪曰：「《禮》曰『父在爲母何以期也？至尊在不敢伸其私尊也』，由是言之，爲母申心喪三年，恐後王之制，《家禮》著之而垂世教耳。《儀禮》『父必三年而娶，達子之志也』，唐賈公彦疏有『心喪三年』之説，則恐周時已有其禮，但《禮經》無文，故又疑其出於後王之制耳。今人既遵《家禮》之教而爲心喪，當用《家禮》之禫服，以循世俗之成例。就義裁之，中而申仁愛之情，用意宛轉，無有不盡之憾矣。必若以是爲未足，期除之後衣冠反用純白，服《家禮》所損之禫服，損白而用黲。跨古禮無服之一期，其於至尊在不敢伸私尊之義何如哉？」答金就礪。

問「父在爲母期，乃《儀禮》經文，而《家禮》闕之」云云。姜碩期。沙溪曰：「唐上元中武后表請父在爲母終三年，至宋朝亦然，故《家禮》仍之，非闕文也。」

問：「《家禮》不言父在爲母期，《大明律》陞母服爲斬衰三年，此亦時王之制也。今之士大夫獨於此而援據古禮，斷然服期者，何歟？」申湜。沙溪曰：「《儀禮》『父在爲母期』子夏傳疏『心喪猶三年』，爲千古不易之典。朱子曰：『父在爲母期，非是薄於母，只爲尊在其父，不可復尊在母。』其義可謂嚴矣。唐武曌請於高宗，令天下父在爲母亦服三年，輕壞聖典，實俑於此。宋朝爲之不改，至大明遂有同父喪斬衰三年之制。國朝從古禮，最得無二尊不貳斬之義。遵聖賢之教，從時王之制，更何疑耶？」

又問：「尊兄既謂宋仍唐制，父雖在不降其母云，而楊氏獨於所後母降服杖期，楊亦宋人也，何其前後説之違戾也？」沙溪曰：「楊注與《家禮》不可一例看。《家禮》，時王之制，所當行者，楊注則異乎此。楊氏所著有《祭禮圖》十四卷、《儀禮圖》十七卷、《家禮雜説附著》一卷，頗以古禮爲主。其後周復以楊氏所撰入《家禮》各條之下，雖與《家禮》不同，而各有所主，又何疑也？《朱子大全》問《儀禮》『父在爲母』，朱子曰：『盧履冰議是，但今條制如此，不敢違耳。』以此觀之，朱子從時王之禮，而楊氏所著不拘今制，頗採古禮，故有異也。」

尤庵曰：「謹按《儀禮》之文，雖南北朝尚能遵行，至武曌始爲爲母終三年，此悖經違禮之大者也。惜乎宋朝因之，而朱子於《家禮》不敢違，不得一洗其陋。然其平日議論，則不翅明白矣。況《家禮》於杖期條嫡孫祖在爲祖母也，則朱子之意尤可見矣。我《國制》一從《禮經》，以正千載之謬，甚盛美也。然世人尚且拘礙於武曌之制，是武曌之孝於其親，反勝於周公、朱子矣，寧有是理？若曰《禮經》不敢違，服可屈而祭可伸，則是半上落下、直情徑行之道也。孔子謂子路曰：『先王制禮，行道之人皆不忍也。』閔子騫曰：『哀未忘也，先王制禮，不敢過也。』賢孝好禮之君子，要知俯而就之之道矣。」答閔蓍重。

南溪曰：「周制以公、大夫、士爲陞降服制之節，至於《家禮》不用此義，蓋自《開元禮》而然也。禮，大夫之庶子爲其母大功，士之庶子爲其母杖期，父没皆三年，今只存士而删去大夫者，欲同之故也。」答李德明。

沙溪曰：「按所後父在爲所後母，及所後承重祖在爲祖母、曾高祖母，同心喪三年。」《喪禮備要》。

承重孫祖在爲母

問：「嫡孫父卒祖在爲其母當何服？父在爲母降，則承重之孫，似不當異視，而《禮》無明文，何歟？」姜碩期。同春曰：「或者曰《喪禮備要》父卒祖在嫡孫爲其母杖期一條，有甚駭之者。蓋夫妻父子，一體之親，同室之内，父爲妻期，故其子爲父屈而不敢伸，乃與父同杖期，而不敢過其父也。舅與婦異室，祖與父異世，安得引以爲例？古人所謂祖不壓孫，恐指此理而言也云云。又按嫡孫雖爲祖承重，而於其母亦長子，若爲其母十一月而練，十三月而祥，其他兄弟當依三年，則几筵設撤祝辭稱謂皆有可疑者，此是大節目。博考禮書，未見明證可攻破或説者，更詳之。」

又曰：「承重孫祖在母喪，先師之意，似謂一如父在母没，而議者多以爲無明文，不可如此。其言亦似有理，疑不敢决，勢須姑服本服，以俟後之君子。」答閔維重。

尤庵曰：「嫡孫既與祖爲體，而又當爲祖母降服，則似當於母一體降服。然既無明文，且有祖不壓孫之文，有截然不可易者，則遽從降服之例，有所不敢者，故先師亦嘗疑之。而比見士夫家遭此者皆行三年，竊恐於禮疑從厚之文爲得也。」答李命益。

問杖期條嫡孫父卒祖在爲祖母下注。沙溪云「父卒祖在爲母」云云。梁處濟。南溪曰：「《禮經》無明文，沙溪説恐未安。」

父喪中母亡服母見喪變禮并有喪條

母喪中父亡仍服母服上同

父有廢疾子承重見喪變禮代喪條

父死喪中子代服上同

父在母喪而子死者其子代服當否上同

父喪中遭祖父母喪代服當否上同

嫡孫死喪中無後庶孫代之上同

爲高曾祖父母

問：「高曾之服與緦麻小功無異，而名以齊衰者，何也？」成文憲。南溪曰：「《喪服傳》曰：『小功者，兄弟之服，不敢以兄弟之服服至尊也。』注曰：『重於衰麻，尊尊也；減其日月，恩殺也。』」

問：「楊氏所謂當增之條，當見於曾祖父母服五月之下，而見於高祖父母服三月之下，何也？」或人。尤庵曰：「此條據《儀禮》，則但言曾祖父母齊衰三月，不别言高祖者，蓋合高祖於曾祖而同爲三月也，故楊氏據《儀禮》總言於高祖之下，使一體觀之也。○曾祖五月，高祖三月，《家禮》及《大明律》也。」

五代祖喪

遂庵曰「五代祖喪，宗孫似當承重」云云。詳見喪變禮改葬條中改葬當服緦之類條。

陶庵曰：「五代祖禮當毁廟，廟既毁，則雖嫡嫡相承之宗子，無復據而可宗之義，與衆子無異，恐不可遽承其重而服喪三年。吾意則人家祖先之壽考如是者甚鮮，而其内外俱存爲尤難，或考或妣若先没，則其神主當遞奉於最長房。伊時其生存祖先，亦同移養於親屬差近之子孫，於情理似無所礙，及其天年終養之後，宗子衆子皆服齊衰三月，而《語類》云：「四世以上若逮事，亦當齊衰三月。」其喪則最長房仍主之，以終三年，而其服則只當服本服而已。設或無他長房而只有宗子，則亦當齊衰三月，主喪三年，而後奉以埋安，未知如何？」答崔祏。

爲人後者爲所後曾高祖

問：「《家禮》斬衰條只出爲人後者爲所後父也，爲所後祖承重也，不及曾高祖，是何歟？抑有推不去之義耶？」申湜。沙溪曰：「斬衰條爲人後者爲所後父也，爲所後祖承重也，既爲其子，則雖不言曾高祖，以此推而上之，何疑之有乎？非徒曾高祖，五服之親並當有服，豈有推不去之理乎？」

夫爲妻

沙溪曰：「按《喪服》注『父在則不杖，以父爲之主也』疏：『天子以下至士庶人，父皆不爲庶子之妻爲喪主，故夫皆爲妻杖得伸也。』據此，父主喪則夫不杖，父不主喪則夫杖，不惟大夫爲然，士庶人亦同。但《奔喪》曰：『凡喪，父在父爲主。』與此疏異。姑存之，以備參考。」《喪禮備要》。○下同。

又曰：「按《雜記》『爲妻，父母在，不杖，不稽顙』注：『此謂適子妻死而父母俱存，故其禮如此。』然大夫主適婦之喪，故其夫不杖。若父没母存，母不主喪，則子可以杖，但不稽顙耳。此并言之，不以辭害意云云。《家禮附注》父母在爲妻不杖之説，疑出於此。而據注説父没母在似當杖，更詳之。」

尤庵曰：「妻喪實具三年之體段，故練杖禫祥只是一串事，《小記》注説恐不得爲定論。」《小記》注：「爲妻不杖則不禫。」

南溪曰：「據立喪主條疏説父在所主庶婦同宫者也，然則大夫之庶子爲妻杖期似無疑，若父主其喪，則惟祔祭自主，餘皆使其夫行之。」答梁處濟。

陶庵曰：「《雜記》有父在爲妻不杖之文，而《家禮》不論父在父亡，通爲杖期，當以《家禮》爲正。」《四禮便覽》。

父爲長子

問：「禮，承重子體而不正，則父不服三年云。若長子殤而死，次子承重者，亦以非正論，不服三年乎？」玄以規。尤庵曰：「看《儀禮》爲長子疏不曰長子死，而必曰第一子死云云之説，則可知矣。」

又曰：「左右服制當以伊川先生所撰《太中公家傳》爲據。《家傳》曰：『男六人：長曰應吕，次曰天錫，皆幼亡；次曰顥，先公五年卒；次頤也；次韓奴，次蠻奴，皆幼亡。』其下又曰『年八十，喪長子』，指明道也。明道之兄，雖有應吕、天錫，而皆幼亡，明道得爲長子也。據此，則左右雖有幼亡之兄，而左右之爲長子無疑矣。既爲長子，而繼祖之統，則豈可曰『體而不正』？而何可不爲長子服斬乎？蓋凡所謂長子云者，皆以成人而言也。若在殤年，則不得爲長子，故《家禮》無斬殤之文。」答朱南老。

同春問：「《語類》『庶子之長子死，亦服三年』云云。」沙溪曰：「以《禮經》及諸儒所論，與朱子他説參觀之，《語類》此條分明是記録者之誤，無乃亦字是不字之誤耶？未可知也。父在則爲長子不服三年，及不服三年有四種，疏家説詳之。」

《喪服傳》曰：「庶子不得爲長子三年，不繼祖也。」注：「爲父後者，然後爲長子三年。」疏：「經云繼祖，即是爲祖後，鄭云爲父後者，然後爲長子三年，不同者，周之道，有嫡子，無嫡孫，嫡孫猶同庶孫之例，是爲父後，然後爲長子三年也。此鄭據初而言，其實繼祖父身三世，長子四世，乃得三年也。馬融等解爲五世，鄭以義推之唯四世，不待五世也。雖承重，不得三年有四種：一則正體不得傳重，謂適子有廢疾，不堪主宗廟也；二則傳重非正體，庶孫爲後是也；三則體而不正，庶子爲後是也；四則正而不體，適孫爲後是也。」又疏：「養他子爲後者，亦不服三年。」○《喪服小記》：「庶子不爲長子斬，不繼祖與禰故也。」○《大傳》：「庶子不得爲長子三年，不繼祖也。」○庾蔚之云：「用恩則父重，用義則祖重，父之與祖各有一重之義，故聖人制禮，服祖以至親之服，而《傳》同謂之至尊也。已承二重之後，而長子正體於上，將傳宗廟之重，然後可報之以斬，故《傳》《記》皆據祖而言也。若繼禰便得爲長子斬，則不應云不繼祖。《喪服傳》及《大傳》皆言不繼祖，以明庶子雖繼禰而不繼祖，則不服長子斬也。」○朱子曰：「凡正體在乎上者，謂下正猶爲庶也。正體謂祖之適也，下正謂禰之適也。雖爲禰適，而於祖猶爲庶，故禰適謂之爲庶也。」○問：「《周禮》有大宗之禮，立適以爲後，故父爲長子三年。今大宗之禮廢，無立適之法，而子各得以爲後，則長子少子不異，庶子不得爲長子，三年不必然也。父爲長子三年，亦不可以適庶論也。」曰：「宗法雖未能立，然服制自當從古，是亦愛禮存羊之意，不可妄有改易也。」

尤菴曰：「庶子之長子死，亦服三年，果在《語類》中矣。然不服三年者，此實《禮經》之大節目。朱先生若爲此説，則必有許多論議，以明其曲折，不宜但爲寂寥十字文，以與聖經爭衡也審矣。故文元老先生以爲此亦字是不字之誤，然考諸鄉本唐本，則皆作亦字，此未可知耳。然《問解》所援《禮經》及朱子説，不啻分明，後學似當從之耳。」答朴光後。

又曰：「禮，庶子不得爲長子三年，不繼祖與父也。據此，則必是繼曾祖之長子，然後其父乃得斬也。其意蓋以所繼遠，故其責重，其責重，故其服亦重也。若以士大夫祭三代之故，以曾祖爲斷云爾，則有不然。」答朴重繪。

又曰：「出後於人者，禮既同於衆子，則其不得爲其長子斬明矣。大抵爲子斬者，據禮，則必適適相承者，然後乃可行之。適適相承云者，謂祖父以上，皆以長子相承，其間如有支子傳重養他子爲後者，則雖累代之後，亦不可爲長子服斬矣。然朱先生高祖振實其父惟甫之支子，則是非適適相承者，而先生猶爲其長子塾服斬衰，則雖非適適相承，而若繼祖與父，則當爲長子三年矣。」答朴光一。

南溪曰：「《家禮》父爲嫡子當爲後者，煞有曲折。《喪服傳》有正體於上將所傳重之文，疏又申以適適相承之説，《開元禮》此條下亦引正體傳重之語，獨《備要》只曰繼祖父已三世者當服斬衰。愚嘗謂人必因此而誤服長子三年矣。厥後尹童土舜擧服長子晢三年，權右尹説服長子恒三年，蓋童土乃出後於從叔燧者，右尹之父又出後於從祖韐者，其於正體於上之義可謂刺謬也。嘗考朱子世系，其服長子塾三年者，正是四世，長適吻合經義，然後益知世人之不爲深考而輕服耳。」答金榦。○下同。

又曰：「以程子《濮王典禮疏》及胡文定以所後子奉祀之義觀之，則所後子雖謂之正可也，但《喪服》大功章適婦不爲舅後者，姑爲之小功，注『凡父母於子，舅姑於婦，將不傳重於適，及將所傳者非適，服之皆如庶子庶婦也』，疏『及將所傳非適者，爲無適子，以庶子傳重及養他子爲後者也』，然則所後子將與立庶子爲後者一體，蓋《禮經》父爲長子斬衰及四種不得三年之義，至重至精，與程子、胡文定泛論父子之大體者各是一義，何可但以泛論父子之大體者斷而行斬衰耶？」

遂庵曰：「《儀禮》喪服篇斬衰章父爲長子傳曰：『何以三年也？正體於上，又乃將所傳重也。』注：『此言重其當先祖之正體，又以將代己爲宗廟主也。』按正者適適相承之謂也，以此觀之，則必有此三義皆備，然後乃可服斬。養他子爲後者，只有傳重一義，故疏説如彼耶？」答金龜瑞。

又曰：「《禮》曰『爲人後者爲之子』，既曰『爲之子』，則與所生子何別？且以所後爲養，古今禮文無之，其於取養他人子謂之養云云。愚意竊以爲四種疏説取他子爲後者，指他姓也。如此則適適相承之家中間一代雖繼後，以此降服，似無其義。況程子上宋帝疏曰『陛下，先皇帝之嫡子』，朱子於《胡五峰行狀》曰『先生，文定公之嫡子』，是皆所後，而二夫子皆以嫡子歸之。此嫡字與疏説所謂適適相承之適同耶？異耶？管見如此，而不敢自信。」答李頤材。

問：「不得爲長子三年有四種，今弟之子三歲中風廢疾，終其身，或者謂不堪主宗廟，不當服三年，此説如何？」閔後騫。慎獨齋曰：「四種説是《儀禮》疏也，而未知如兄家長子，雖廢疾，無他代嫡之人，而亦用疏家説否也。杇淺曰：『父爲長子三年者，重其立嫡之法也。』豈緣祖在祖母在而不服繼體之服乎？」答李成俊。

陶庵曰：「禮有嫡子，無嫡孫，今其死者雖爲繼宗之子，而祖父生存，則只可稱以長孫而已，謂之嫡孫，則未也。既未得爲嫡孫，則其父亦不當以嫡子之服服之耳。」答崔祏。

祖爲承重孫

同春問：「《喪服圖式》服制輕重之義條下小注云『祖服孫大功，若傳重，亦三年』，似與注疏諸說不合。」沙溪曰：「以上文所引疏説及《喪服》不杖期疏及《家禮》之意推之，楊説之誤無疑。」

《喪服》不杖期條爲適孫疏曰：「適子死，其適孫承重者，祖爲之期。」又曰：「長子爲父斬，父亦爲斬，適孫承重爲祖斬，祖爲之期，不報之斬者，父子一體，祖孫本非一體故也。」按據此則祖爲孫本服大功，而爲傳重，故加服期，朱子《家禮》亦然，楊氏所謂亦三年者，必是字誤。

祖爲孫

同春問：「嫡子及嫡孫皆死，次孫當爲承重而又死，則祖父當以嫡孫例服期否？抑只服大功否？」沙溪曰：「楊氏《圖式》已論之，《喪服圖式》范宣曰：『庶孫之異於嫡者，但父不爲之三年，祖不爲之周，而孫服父祖不得殊也。』」

尤庵曰：「執事服制大功正是。蓋下正猶爲庶，實《禮經》之大節目也。賤子於今長孫婦亦服衆孫婦之服，蓋一律也。」答閔維重。

爲長子婦

問：「舅姑爲長子婦服不杖期，禮也，或以爲己爲承重子而遭長婦喪，則服期可也。己爲次子，則雖長婦，不可服期。」或人。尤庵曰：「此是今日大禁令，不可容喙。若泛論時制，則既以長子次子同爲期年，則於其婦似當同爲大功，而乃以長婦服爲期年，是子與婦無有差等。皇祖制禮之意，必有所在，而不敢知耳。」

又曰：「支子不得爲長子三年，則爲此子之婦，亦不得期，似然矣。蓋此服是從重而重者，則不得爲其子三年者，豈有反重於其婦之理乎？」答尹拯。

陶庵曰：「不杖期舅爲適婦，此則蓋指繼祖以上爲長子服斬者而言也。何以明之？衆子期年，衆子之婦大功，婦之服必下子一等，爲其子不服斬，則豈有爲婦服期之理？以此觀之，適婦爲當服斬之婦無疑。」答柳乘。

爲嫡婦不爲舅後者

尤庵問：「《家禮》小功條下楊氏曰『當增姑爲嫡婦不爲舅後者』云云，舅姑之於嫡婦本服期，何以云小功耶？」沙溪曰：「按古禮，衆子婦小功，嫡婦大功，兄弟子之婦亦大功。朱子曰：「兄弟子之婦正經無文，而舊制爲大功。」《小記》注『夫有廢疾，或他故，或死而無子不受重者，舅姑以庶婦之服服之』，楊氏所增『嫡婦不爲舅後者小功』，即以此爲據也。但唐太宗朝魏徵升衆子婦大功，同於兄弟子之婦，又升嫡婦期，則今嫡婦雖不得主祀，當與衆子婦同爲大功，似可也。」

爲宗子

問：「有大宗，有小宗，所謂爲宗子三月服，指何宗耶？」沙溪曰：「《大傳》可考。」《大傳》注：「凡大宗，族人與之爲絶族者，五世外皆爲之齊衰三月，母、妻亦然。爲小宗者，則以本親之服服之。」

問：「宗子之母在，則不爲宗子妻服，何也？」梁處濟。南溪曰：「《喪服》疏：『宗子主祭，母在，年未七十，母自與祭，母死宗人爲之服。宗子母七十以上，則宗子妻得與祭，宗人乃爲宗子妻服也。』」

爲孼屬

退溪曰：「古人雖嚴嫡庶之間，至於骨肉之恩，則嫡庶無異，故不分差等。古既如此，故吾東《國典》亦不敢分差等。」答金圻。

問：「内外有服之親或於己婢有子，而其子乃有服之人，則如何？竊意己婢未放良前似無服。」朴世義。尤庵曰：「婢爲乳母則當服，况其親屬乎？古有君爲臣服之禮矣。」

爲出母嫁母服

爲出母所後母祖母被出并論

問：「出母之服，父在與父没無異否？」李惟泰。沙溪曰：「《通典》已論之。」

晉賀循云：「父在爲母，壓尊，故屈而從周。出母服不減者，以本既降，義無再壓故也。今在杖條。杖者必居廬，居廬者必禫。」〇《檀弓》注：「出母無禫。」與賀説不同，更詳之。

又問：「所後母及祖母被出，則當何服？」沙溪曰：「《通典》論之。」或云妻出母亦服，則出外祖母有服明矣。推此，則出祖母無服，似未安。

《通典》晉步熊問曰：「爲人後而所後之母出，得與繼母出同，不復與親母同耶？父亡，已爲祖後，祖母見出，服之云何？祖父亡與在，服之有異否？」許猛答曰：「禮，爲人後者，爲所後者若子，則不能復服親母出，以廢所後者之祭也。爲人後者若子，繼母如母。夫言若言如者，明其制如親，其情則異也。繼母如母，則異親母。爲人後者若子，母出，亦當異於親子矣。爲父後者不得服出母，則足明祖後。母子至親，無絶道，則非母子者，出則絶矣。是以經文不見出祖母之服。若苟無服，則無（繫）〔繼〕祖存亡。」

同春曰：「嫁母出母之服，自有定制，恐不敢參以他論。第雖不敢爲三年喪，而齊衰杖期之制，如父在母喪之例，又何可不許也？方笠或平凉恐皆不妨。」答李永輝。

遂庵曰：「父既聲罪告祠而黜其妻，則子何敢以母事之？若夫國法之許不許，不見於禮。朝家不許，則爲夫者不敢再娶，勢固然也。父既絶之，則其子何敢棄父命而服三年乎？大抵萬古綱常與一時國制，似有輕重。愚意父命之重不下於國法，不知所以爲對也。」答尹翼東。

爲嫁母 嫡母繼母祖母嫁并論

問：「父卒母嫁，子無貶母之義，何以降服耶？」李惟泰。沙溪曰：「《通典》已論之。」

漢《石渠議》問：「父卒母嫁，爲之何服？」蕭太傅云：「當服周。爲父後則不服。」韋玄成以爲父没則母無出義，若服周，是子貶母也。宣帝詔曰：「子無出母之義。玄成議是也。」又問：「夫死妻稚子幼，與之適人，子後何服？」玄成對「與出妻子同服周」。或以爲子無絶母，應服三年。蜀譙周據繼母嫁猶服周，以親母可知，故無絰也。又曰：「父卒母嫁，非父所絶，爲之服周可也。」○宋庾蔚之曰：「母子至親，本無絶道，母得罪於父，猶追服周。若父卒母嫁而反不服，則是子自絶其母，豈天理耶？宜與出母同制。按晉制，寧假二十五月，是終其心喪耳。」

沙溪曰：「按《大全》，范灌妻前已更嫁，至是卒，人以其服爲疑。王氏曰：『禮無嫁母服，而律有心喪三年之文，是嘗爲洪雅配，不得爲仲芸母乎？』即命服喪如律。朱子既述其事，而曰：『處變事而不失其常，嗚呼賢哉！』」《家禮輯覽》。問：「出母與嫁母無輕重之差歟？」李惟泰。沙溪曰：「朱子説可考。」

朱子曰：「禮不著嫁母之服，而律令有之，或者疑其不同，以予考之，禮於嫁母雖不言親，而獨言繼，又著出母之服焉，皆舉輕以明重，而見親母之嫁者，尤不可以無服。又於爲父後者，但言出母之無服，而不及嫁，是亦舉輕以別重，而見嫁母之猶應有服也。」按，據此，朱子説輕重之義可見，又按《家禮》爲父後則爲嫁母無服，與此不同。○《喪服傳》曰：「爲父後者爲出母無服。」吳商曰：「此由尊父之命。嫁母，父不命出，何得同出母乎？又出母之黨無服，嫁母之黨自應服之，豈可復同乎？」

又問：「嫡母繼母嫁服之當如生母歟？爲父後亦服之否？」沙溪曰：「《通典》及《圖式》論之甚詳，可考也。」

周制，父卒，繼母嫁，從，爲之服，報，貴終也。馬融曰：「繼母爲己父三年喪畢，嫁後夫，重成母道，故隨爲之服。繼母亦報子周也。若繼母不終己父三年，則不服也。」王肅云：「從乎繼而寄育則服，不從則不服。」○皇密云：「經稱繼母如母者，蓋謂配父之義，恩與母同，故孝子之心不敢殊也。傳云繼母何以如母，明其不同。是以出母服周而繼母無制，不同之驗也。」○唐王博義一作乂奏：「喪服惟出母特言出妻之子，明非生己，則皆無服。嫡繼慈養，皆非所生。嫁雖比出稍輕，於父終爲義絕。繼母之嫁既殊親母，慈嫡義絕，豈合心喪？今請凡非所生父卒而嫁，爲人後者無服，非承重者服周，并不心喪。」詔從之。○《開元禮》：「父卒，繼母嫁，從，爲之服，報，不從則不服。」○宋服制令繼母嫁從齊衰杖期，不從則不服。○宋崔凱云：「父卒，繼母嫁，從，爲之服，報。鄭玄云：『嘗爲母子，貴終其恩也。』王肅云：『若不隨，則不服。』凱以爲出妻之子爲母，及父卒，繼母嫁，從，爲之服，報，此皆爲庶子耳。爲父後者，皆不服也。傳云：『與尊者爲體，不敢服其私親。』此不獨爲出母言，爲繼母發，已從，則爲之服，是私也。爲父後則不服。鄭玄云『貴終其恩』，不別嫡庶。王肅云『隨嫁乃爲之服』。此二議，時人惑焉。凱以爲繼母如母，則當終始與母同，不得隨嫁乃服，不隨則不服，如此者不成如母。爲父後者則不服，庶子皆服也。」按王博義、崔凱之説則以爲不從猶服周，《開元》及宋禮以爲不從則不服，著於《通解》，已爲斷案，況《儀禮》特言嫁從而不言不從者，可知其不服矣。

又曰：「不杖期條繼母嫁母之下母字，分明是而字之誤。」答申湜。

同春曰「嫁母出母服」云云。答李永輝。詳見爲出母條。

問：「妾孫爲其父所生母當服期，而其祖母適他，則當服其服乎？」韓如琦。尤庵曰：「祖母嫁而其孫之服無所考，不敢質言。」

南溪曰：「嫁祖母服禮無所考，恐只當依嫁母之服爲之節度。子於嫁母猶以爲父後不服，况孫於嫁祖母乎？子於出母更還依己者，猶不當爲之制服，又况於嫁祖母乎？愚意此服准禮爲父後者只依本服，同心喪之制而已。」沙溪先生曰：「妾母不世祭，元無承重之義，此恐尤爲不得三年之證也。」答高益謙。

爲父後者爲嫁母出母嫁母

問：「爲父後者爲嫁母出母，《禮經》雖無服，情理似未安。且子不爲母服，而母爲其子服，何義？」李惟泰。沙溪曰：「《通典》及《儀禮喪服圖式》論之甚詳。」

宋仁宗景祐三年，太常博士宋祁言，集賢校理郭稹生始數歲遭父喪，母邊氏更適王氏，今邊不幸而〔訃〕聞，稹乃解官行服。臣愚深用爲疑，伏見《五服制度》勑齊衰杖期降服之條曰：「父卒母嫁，及出妻之子爲母。」其左方注曰：「謂不爲父後者，若爲父後者，則爲嫁母無服。」侍御史劉夔奏曰：「父卒爲出母杖期及爲父後者無服。周、孔定禮，初無是説。今博士宋祁謂郭稹不當解官行服，臣謹按天聖六年勑《開元五服制度》《開寶通禮》并載齊衰降服條例，與祁所言不異。又假寧令母出及嫁爲父後者，雖不服，亦申心喪。注云皆爲生己者。今龍圖閣學士王博文、御史中丞杜衍頃年并爲出嫁母解官行喪，若使生爲母子，殁同路人，則必虧損名教，瑕玷孝治。臣又聞劉智釋義云『雖爲父後，猶爲嫁母齊衰』，譙周云『父卒母嫁，非父所絶，爲之服周可也』。昔孔鯉之妻爲子思之母，而嫁於衛，故《檀弓》曰：『子思之母死，柳若謂子思曰，子聖人之後也，四方於子乎觀禮，子盍愼諸。子思曰，吾何愼哉？』石苞問淳于睿曰：『爲父後者不爲出母服，嫁母猶出母也。』睿引子思之義爲答，且言『聖人之後服嫁母，明矣』。詳觀古賢精密之論，則稹之行服不爲過矣。」詔太常禮院、御史臺同共詳定，翰林學士馮元奏：「謹按《儀禮》《禮記正義》《開寶通禮》《五服年月勑》言爲父後者爲出母無服，惟《通禮義纂》引唐天寶六年制出母嫁母并終服三年，又引劉智釋義『雖爲父後者，猶爲出母嫁母齊衰，卒哭乃除』，二者并存，其事相違，何也？竊詳天寶六年之制，言諸子爲出母嫁母，故云并終服三年。劉智釋義言爲父後者爲出母嫁母，故云『猶爲齊衰，卒哭乃除』，二理昭然，各有所謂，固無疑也。況天聖中《五服年月勑》父卒母嫁及出母之子爲降杖期，則天寶六年出母嫁母并服三年之制，不可行用。又《五服年月勑》但言母出及嫁，爲父後者雖不服，亦申心喪，即不言解官。臣以爲若專用《禮經》，則是全無服。施之今世，理有未安。若俯同諸子杖期，又於條制更相違戾。乞自今後，子爲父後無人可奉祭祀者，依《通禮義纂》、劉智釋義服齊衰之服，卒哭乃除，踰月乃祭，仍申心喪，不得作樂，即與《儀禮》《禮記正義》《通典》《通禮》『爲父後爲出母嫁母無服』之言不相遠也。如諸子非爲父後者，爲出母嫁母，依《五服年月勑》降服齊衰杖期，亦解官申其心喪，則與《通禮》《五服制度》言雖周除仍心喪三年及《刑統》言出妻之子合降其服，皆二十五月内爲心喪，其義一也。以此論之，則國朝見行典制與古之正禮合，則餘書有偏見之説，不合《禮經》者，皆不可引用也。乞依前所陳施行。」詔：「今後似此，并聽解官，以中心喪。」《喪服圖式》。○晉東晳東一作束問：「嫡子爲出母無服，母爲子何服？」步熊答：「母爲之服周。」

問：「孔子既使鯉喪出母，則子思之獨不使白也喪之，何耶？」李彦純。南溪曰：「子於父母其恩義雖一，其尊卑從違之義，本注所謂『禮爲出母齊衰杖期，而爲父後者無服，心喪而已』者，已自十分明白。以此爲疑，則何事不疑耶？蓋此條朱子有兩説，《大全》答何叔京、林擇之書以《檀弓》所記爲誤，《語類》諸説與此注合，恐爲定論。但所謂污隆之説，《語類》以隨時之義釋之，是亦不可不知也。」

問「庶姪子惠章有嫁母」云云。柳星徵。遂庵曰：「禮嫁母之服云云。但曾聞柳僉使之生母，中年雖歸家統制令監，晚年來在一家之内云，如此則似不可以嫁母論。生當奉養於郡邑，没後當服齊衰三年，未知如何？○統制令監喪時，僉使之母若服喪，則不可以嫁母論。不服喪，則他日僉使當服嫁母之服。○愚意以爲其母賤人，雖不能守節，其子成長之後，棄彼來此，亦不害爲三從之道。況伯令公知而不禁，則到今在其子之道，安敢曰母行不純，而不以母事之乎？既不禁來在門墻之下，則年久之後，追覈其侍寢與否，無乃太深乎？」

問：「爲父後者爲出母之更還依己者，當何服耶？」李惟泰。沙溪曰：「《通典》已論之，可考也。」

《通典》：「魏嘉平元年，魏郡太守鍾毓爲父後，以出母無主迎還，輒自制服。宋庾蔚之謂：『爲父後不服出母，爲廢祭也。母出而迎還，是子之私情。至於嫡子，不可廢祭。鍾毓率情制服，非禮意也。』」

嫁母出母爲其子

問：「杖期條子爲父後爲出母嫁母無服，而不杖期條嫁母出母爲其子，子雖爲父後，猶服也。前後説不同，何也？且母不嫁不出，則爲長子當服三年，而爲衆子則當服期也。今泛稱降服，亦未詳。」或人。尤庵曰：「此段之意，以爲子爲父後，則不爲出母嫁母服，而出母嫁母則爲其子之爲父後者猶服也。蓋服有往來相報之義，故於此差，其義曰子雖以父後之故絶母，而不服也；其母則無絶道，故猶服也。母不出不嫁，則爲其長子當三年，而今降與衆子同服期，故曰降，蓋承上文爲父後者言之，故其立文如是也。」

爲養父母服

爲收養父母妾養子爲嫡母及母之養父母并論

寒岡曰：「收養，則國法許同己子，若侍養，則情有淺有深，義有重有輕，然收養子其父母在則只期，而心喪三年。雖父没而長子則期而除，况侍養則尤當斟酌。」答韓應南。

沙溪曰：「所謂收養，即三歲前收而養之者也。若已長成，則不可謂收養。三歲前養育者，雖路人當服三年，《通典》亦言之，中原閣老申時行爲他人所養，爲三年喪。」答黄宗海。

同春問：「有人取甥之子爲養，而亦非三歲前收育也云云，或云當服期年，或云平日既爲所養，而又將奉祀，則依《國制》養子之例，當服齊衰三年，或云期年而服除，心喪三年爲當，何以則爲得耶？」沙溪曰：「此人非三歲前養育，則不可爲三年服明矣。服期之説似近，而何可折衷於其間？」

又問：「云云，所謂三歲前云者，通指三歲以前之稱，豈但指一二歲者乎？後賢起此三年之制，以爲報恩之地，呈官立案，奉祀與否，似不當論。但此人有己之父母在，似當期而服除，心喪三年，而未知未除服之間，平居出入之服，只用白衣白帶草笠，如期服人乎？抑如出後子爲本生父母服乎？抑一如喪人乎？」沙溪曰：「來示皆得之，但三年服衰則似爲過重，期年後脱衰，以白衣白帶黑草笠行心喪恐宜。」

陶庵曰：「幼時收養，三歲以下與以上，難易懸絶，此服制之及於以下，而不及於以上者也。既無先王定制，則五六或七八歲被養者，只當斟量其恩義，自伸心制，而恐亦不敢爲三年也。」答楊應秀。

尤庵曰：「所詢和叔説以從孫被養於從祖，則雖在三歲之前，猶不可捨本屬而爲父子之服也。此則誠然。此正韓文公不可以叔而名其嫂爲母也。禮以治名，名以制麻，而聖人於名言行三者，致謹甚嚴，亦以此知和叔之不可還從本屬矣。蓋和叔平時既定其母子之名，而無所悖者，以本有母道也，子道也，非從孫比也。既以名之，故又以言之，而獨於行其終事，乃欲變其名言，以爲《國制》不足據，而反求於半上落下之地，則吾恐其反不如姑從《國制》之無甚害理，而猶爲有據也。」答尹宣擧。

南溪問「曾定服制，雖以齊衰三年爲教，世采實承先人之後，又繼母在堂，似當從《大典》分注降服期」云云。尤庵曰：「養父母服制，古所未有，只當依從周之義，一用《國典》，而既不得三年，則亦當從不杖期之文，似無疑矣。中衣固古制，而直領平凉子出於俗例，如此無害者，從之恐無妨。」

又問：「主杖期者其説曰，蓋觀禮意以名，父母服三年，而降者，惟所生父母直用伯叔父母例，及女適人者爲其父母不杖期，其餘皆在杖期之條，如嫁母出母猶爲天屬之親，而至於父卒繼母嫁從者，亦得與焉。今養父母本非如所生父母之嫌礙繼統，而乃不得比倫於繼母嫁從之類，直用伯叔之制，名實乖剌，恐爲未安。此言如何？第繼母嫁從，則《禮經》及歷代沿革並杖期而無心喪，養父母則《國典》降服而猶伸心喪，似稍交互，未的其輕重之義。又《大典》本注兩條若只曰己之父母在，及父没長子則降服期，又甚簡明。而今曰己之父母在，則降服、期、解官、心喪三年，又曰若父没，長子則期而除，若於其間别有異義者然。」尤庵曰：「主杖期者之説，雖如此，然既無可據明文，則何可義起也？《大典》本注己之父母在則降服、期、解官、心喪三年，又曰若父没，長子則期而除，看此則期而除四字，與上條立文自別，是不解官、不心喪，而直除之意否？《備要》則合爲一條，如來示之文。而其下不杖期條，則曰己之父母在，則爲養父母而解官心喪，父母雖没，長子則期而除，其立文亦別於上條，是亦不解官心喪，而直除之之意否？事體重大，不敢爲説也。」

南溪曰：「所謂侍養之親，絶無古今經傳之可據。第以所示者揆之，其服似當倣《通典》曹述初之説，以從同爨之制而已。心喪則《家禮》只言爲師、父在則爲母、爲所生父母，而近世沙溪所論稍推而廣之。然每曰量其情義之淺深云云，恐非外人所可得而酌處者。但既長，侍養必用三年之限，則其自幼被養者，雖欲加隆而無其地，此恐尤當商量矣。至於題主，益難爲説。蓋《禮》所謂族祖母者，本指曾祖父之婦也。今既曰夫之八寸孫，則親屬稱謂并無可據之文，未知何以處之，較爲近理耶？既是其夫同姓之親，而《禮》有禮窮則同之説，或可照例推用之否，皆不敢知，况旁題耶？其爲本族者，如以愚見，雖非古者反在父室之例，而又不可直以侍養爲祭正主而不服其重服，以違《禮經》之意也。」答崔寬。

又曰：「左右當初育之之時，未知以姑名而養無母之兒耶？抑以己無子，故以母名而養姪爲子，左右亦以子道自處耶？由前則自可應大功以上不加服之文，由後則只當用養母降服期之制也。夫以服制言之，無夫與子之姑，亦有量恩義而心喪之義，與己父母在降服之養母心喪者無所異。但稱姑而心喪則爲服人，如土亭爲其兄心喪之類。稱母而心喪則爲喪人。如父在爲母爲尊者屈而心喪之類。故古經今制輕重取捨之分，恐無捨此而他求之理。」答金載海。

問：「嫡妾俱無子者，與妾同居之時，收養三歲前兒，而及其長成後，嫡母便死，雖無同養之恩，與養父之喪一樣服三年耶？妾母之喪，則必服三年耶？」朴廷老。寒岡曰：「既與妾同養遺棄兒爲己子，則是亦妾子也，當以妾子服其母與嫡母服之義爲準。」

問：「爲母之養父母亦依外祖父母例，服小功乎？」禹性傳。退溪曰：「母既以爲父母，子安得不以外祖父母服之耶？」

族屬不以收養恩加服

問：「收養於繼祖母者，欲伸心喪三年，如何？」趙翼龍。陶庵曰：「收養之恩，可論於他人，非可論於祖母。本服之外，恐不當別伸心喪。蓋幼養之恩比天屬爲輕，今若別伸於本服之外，則意欲厚之，而反歸於薄也。」

同春問：「族屬有恩義，或加服以報之，如何？」沙溪曰：「《理窟》論之詳矣，量恩義之輕重，心喪可也。」

張子曰：「韓退之以少孤養於嫂，故爲嫂服加等。大抵族屬之喪不可有加，若爲嫂養便以有恩而加服，則是待兄之恩至薄。無母，不養於嫂，更何處可養？若爲族屬之親有恩加等，則待己無恩者，可不服乎？昔有士人少養於嫂，生事之如母，死自處以齊衰。或告之非先王之禮，聞而遂除之，惟持心喪，遂不復應舉，人以爲得禮。」

又問：「爲外祖父母三歲前收養者，亦依他齊衰三年耶？」愼獨齋曰：「服外祖父母本服，持心喪可也。」

南溪曰：「栗谷之於李氏，其拊育之恩，主祀之義，可謂至矣。其祭文有『先王定制，不敢踰越』之語，豈非今日所當法者？而若乃伸心喪之意，即所以致隆至情之地，亦恐無不可。」答趙得重。

問「人有無後，其姪以養育之恩，服喪三年耶」云云。全瑜。尤庵曰：「三歲前收養，國法雖有即同己子之文，然有本服之親，則當只服本服矣。然亦不可全然無別，故本服盡後有心喪之禮，近日朴進善世采氏是也。所養如無子孫，則被養者當主祀，服盡後，祔於宗家可也。蓋即同己子，則有國法，而不許奉祀矣。」

又曰：「外曾祖收養亦自是道理，我自是其子孫，而今乃比之他人服而報之，則其所以厚之者還爲似薄矣。或私伸情義如心喪者之爲，則不至大戾否？」答李湛。

愼獨齋曰：「禮舅妻無服，《大典》緦麻依《大全》服緦，脱服後情義猶以爲未盡，則斟酌心制若干月，似或可也。」答李悦。

爲慈母庶母服

爲慈母 慈母黨并論

問：「爲慈母三年，父在杖期，當爲心喪耶？祭之當如何？慈母之黨當不服否？」李惟泰。

沙溪曰：「《小記》及《通典》已論之，而庾説可疑，更在斟酌。」

《小記》曰：「慈母不世祭。」《通典》庾蔚之曰：「慈母無天屬之愛，寧有心喪之文？」按此二説，慈母只是養育之恩耳，其黨當無服也。

問：「《服圖》云『庶子無母，而父命他妾之無子者慈己，則爲其慈母齊衰三年，父不命則小功』云，若有生母而無父命，則養育慈己之恩雖重，只當服小功耶？」吴達文。愼獨齋曰：「無父命則不必服三年，但《大典》三歲前收養者齊衰三年，以此而言，則酌量恩義之輕重處之似當。

然有父母則降，《大典》亦言之。」

陶庵曰：「慈己之恩顧同，而有母無母輕重懸殊。父命與祖母之命截然不同，只當服小功，而於其間斟爲期年，則盛德者之外疇敢妄有此義起耶？」答金鎮大。

爲庶母 爲夫庶母服有無并論

退溪曰：「禮庶母服緦，指父有子之妾言也，然又謂父妾代主母幹家事者加厚云。今尊公侍人雖無子，乃代幹之人宜服緦，而稍加日數爲可也。古禮所以辨有子無子而服者，古之卿大夫妾御頗多，凡婢皆妾之類也，不可泛稱父妾而皆服緦，故以有子服緦爲文，其實當觀情義輕重而處之，故又有禀父命行服之言，須以此等事理量處之爲當。」答琴蘭秀。

栗谷曰：「父之婢妾則有子者有服，無子者無服矣。若主家之妾，則乃貴妾也，不論有子無子，而其家長尚有服，則况子爲父之貴妾，豈可以爲無子而無服乎？况同爨緦者著之《禮》文，恐不可目之以無服也。」答龜峰。詳見附録雜禮居家雜儀條中嫡庶間稱號位次條。

龜峰曰：「同爨之緦，《禮》文所謂指等輩而言，兄欲引以父妾，似未穩。貴妾之稱在諸侯大夫，而自其下則不可論也。禮有降殺，何得混稱貴妾？古禮未曾見士有貴妾也。凡人於父妾之主中饋者，應有別禮，而未得其據。制禮作樂，亦非人人之所敢爲也。」答栗谷。

問：「云云，退溪所謂稍加日數者，何耶？」姜碩期。　沙溪曰：「庶母雖無子，若同居，則以同爨服緦，若有養育之恩，則服以小功，亦無妨。」

問：「在大夫雖有子而猶且無服，況無子，則雖以代主母幹家事者，而似無服矣。」鄭基磅。　愼獨齋曰：「大夫降服，貴貴之義也。今之大夫異於古之大夫，故無期以下降服之規，豈於庶母必從古大夫之禮乎？」

問：「庶子爲父之他妾爲庶母之服耶？」黃宗海。　沙溪曰：「此在《通典》可考也。」

《通典》晉徐邈云：「兩妾之子，宜相爲庶母服緦也。」

遂庵曰：「庶母曾攝小君，則嫡子有服小功者，若爾，則妾子何可異同？皇朝、國朝之《禮》皆有杖期之文，今於小功之文，雖義起何妨？」答成晚徵。

尤庵曰「妾子於他妾之無子者」云云。答李遇輝。　詳見喪變禮無後喪條中無後諸親喪題主條。

同春曰：「禮，爲父妾之有子者緦麻，庶母慈己者小功，其妻則未聞有服。洪武加庶母服杖期，則其妻似亦當服，而亦未聞耳。今日士大夫未聞爲洪武之制者，其妻自當無服。若同居情重者，或可爲同爨服耳。其夫雖死，恐無異。」答或人。

爲殤服

三殤

問：「《喪禮備要》凡殤數其年以月不以歲者何義？生未三月，則不哭之，亦非人情，如何？應服斬衰三年之長子以殤死，則比他殤亦當加一等否？且《小記》丈夫冠而不爲殤，婦人笄而不爲殤，《家禮》男子已娶女子許嫁皆不爲殤云。兩説不同，當何從？」李惟泰。沙溪曰：「《禮經》及《通典》可考，《小記》《家禮》雖似不同，冠笄嫁娶恐皆勿殤耳。」

《通典》徐整問射慈曰：「八歲以上爲殤者服，未滿八歲爲無服。假令子以元年正月生，七年十二月死，此爲七歲，則無服也。或以元年十二月生，以八年正月死，以但踐八年，計其日月，適六歲耳。然號爲八歲，日月甚少；全七歲者，日月爲多。若人有二子，各死如此，其七歲者獨無服，則父母之恩有偏頗。」答曰：「凡制數自以生月計之，不以歲也。」○《喪服傳》：「無服之殤，以日易月。子生三月則父名之，死則哭之，未名則不哭也。」疏：「《家語》云男子八月生齒，八歲齔齒；女子七月生齒，七歲齔齒。今傳據男子而言，故八歲以上爲有服之殤也。必以三月造名始哭之者，以其三月一時天氣變，有所識眄，人所加憐，故據名爲限也。未名則不哭者，不以日易月哭，初死亦當有哭。」又曰：「以日易月，謂生一月者，哭之一日也。若至七歲，歲有十二月，則八十四日哭之。此惟據父母於子，不關餘親。子中通長嫡。若成人爲之斬衰三年，今殤死與衆子同者，以其殤不成人，如穀物未熟，故同入殤大功也。王肅、馬融以爲日易月者，以哭之日易服之月，殤之期親則以旬有三日哭，緦麻以三日爲制。」

問：「家弟死於辛酉十二月二十六日，而二十五日立春，已壬戌正月節也，且陰陽家以數推人命者，必以立春節過未過定新舊歲，以爲所生之年也，則家弟之死，是壬戌春也，是爲年二十成人而無後者也。其喪葬制服，當以成人無後者處之。」趙克善。浦渚曰：「古人制禮以年數定五殤，則似當依此而爲之制。若術家以立春前後爲新舊歲者，只可用之於推命，恐不可移用於喪禮計年之制也。」

尤庵曰：「《家禮》男子已娶，女子許嫁，不爲殤。男子必主已娶而不言已冠者，當時生子飲乳而有已冠者，不可以此爲成人也。故男子則必以已娶爲斷，女子則以許嫁爲斷。禮許嫁而笄，則笄與冠古禮則同，而後世則異矣。既笄，則雖未二十而不爲殤。男子則必已娶，然後可謂成人矣。」答閔泰重。

市南曰：「若男女年二十有故未冠笄而死者，則彼雖有未及冠笄而年限已周，彼之服我也必不敢以童子降其制，我亦不可殤之也明甚。《家禮》以嫁娶斷殤限，則雖二十、三十而有故未昏者，并在殤降之列，豈非未安乎？朱子本意果在於矯一時之弊，則後來安可無變通也。由此言之，年未滿二十者，雖既冠笄，殤之可也。年既二十，則雖未冠笄，成人服之可也。唯男子既娶、女子許嫁笄者不在此律。如是立論，則未知如何？」答尹宣舉。

陶庵曰：「古禮男子冠而不爲殤，婦人笄而不爲殤。《家禮》男子已娶、女子許嫁皆不爲殤。宋俗十歲總角者無之，故朱子有此斟酌，而今則與宋不同，男子當依古禮以冠爲度，女子則今無笄禮，當以嫁爲準。」答柳深。

旅軒曰：「當服三年，而死於長殤，其服似當降服期年，與庶子長子之殤有異矣。」答權赫。問：「應服斬衰，長子既冠而死，年爲上殤，則當降服期耶？」羅斗甲。南溪曰：「此段不係於冠娶與否，係於得爲正體傳重三者耳。」

沙溪曰：「中殤大功之服，當服七月也。從叔應服小功者，於長殤降服緦，中殤降而無服，明矣。」答洪霶。

又曰：「按從祖祖父長殤，禮雖不言，亦當服緦。」《喪禮備要》。

同春問：「出嫁姑爲姪之長殤，似當爲七月之服，而《儀禮圖》及《沿革圖》皆以小功載之，其故何歟？」慎獨齋曰：「竊意大功服比期稍輕，故略七月一節而合之於小功耶？未可知也。」

遂庵曰：「年過長殤，則雖未嫁娶，親戚之服之也，皆如成人也。」答姜再烈。

尤庵曰：「殤喪之服，雖同宗皆降，况外親乎？世有外親不降之説，未知此説見於何書耶？」答玄以規。

無服之殤

問「生未三月則不哭」。沙溪曰云云。詳見三殤條。

尤庵曰：「注説以爲生一月者，哭之以一日，然則生七歲者，當哭八十四日矣。然《禮》有『生未三月則不哭』之文，與疏所謂生一月者不同矣。」答閔泰重。

問：「『哭之以日易月』，注鄭玄云，生一月則哭之一日。疏云，若至七歲，七歲中必有八十四月，當以八十四日哭之。王肅、馬融以爲以哭之日易服之月，如殤之期親，則一期有十三月，當以旬有三日哭之，殤之緦親，則以三日哭之。二説何所適從？」梁處濟。南溪曰：「父則從鄭説，餘親則從王、馬説，其可自成一例否？」

嫡子不成殤者

退溪曰：「《家禮》不成殤者，只云哭之以日易月，而别無論適子當爲後不成殤者之如何，但如今爲長子斬衰三年之服行之者，亦未有聞，獨於此如是處之，恐又有問無齒决之譏。吾意於中亦當斟酌以處爲當。所謂素帶亦不當用布，經帶亦可耳。」答趙穆。

爲母黨服

母黨

尤庵問：「爲人後者所後父有前後妻，則以前妻之父書外祖，而服則兩服之耶？前妻死後己爲後，則以後妻之父書外祖耶？」慎獨齋曰：「前後妻必有養己者，當以養己者之父爲外祖也。兩服則未可知也。」

退溪曰：「外繼祖母繼外姑不可不服，來説甚當。昔有人爲人後者，欲不服本生繼母之服，呂子約移書責之曰：『子思曰：爲伋也妻者，爲白也母；不爲伋也妻者，不爲白也母。今某氏不爲公所生父之妻乎？』其人愧服而服之。子思此言明白之不當服出母，子約引之，明其被出，雖繼無不服之理。以此推之，凡繼者恐皆然。」答金就礪。

高峰曰「前年冬有一文官爲司諫，遭繼外祖母服，呈服制狀于本院，未幾，啓請出仕，其後以爲法制所無之服，不當呈服制狀，至於啓請出仕云云，以此辭避此事，可駭可嘆。按禮，繼母如母，則繼外祖母當如外祖母，何以曰法典無服乎？今按《大典》五服條祖父母曾祖父母高祖父母條下，皆有繼祖母同之文，餘不言繼母，故泥其文者，以爲繼外祖母無服，不亦膠柱之甚乎？《大典》以本宗外親分作横閒，故或有蒙上文不别舉者，若以泥文言之，則祖父母爲子孫之妻之服亦不言繼妻，若然，子孫之再娶者，其繼妻皆不服乎？《大典》亦不言妻繼母，然則妻繼母亦無服矣。吾之妻繼母乃吾子之繼外祖母也，泥文者皆必以爲無服矣。然按《家禮》緦麻章曰『爲妻之父母，妻亡而别娶亦同，即妻之親母雖嫁出猶服』云云，既曰妻親母嫁出猶服，則妻繼母亦有服也。且繼母如母云者，爲父而言也。然則爲外祖父服，而又有不服其繼室之理乎？又《大典》夫族條亦不舉繼祖母，然則夫之繼祖母皆無服乎？至於繼母條下只曰齊衰三年，而夫族横看則無其文，然則妻爲夫之繼母亦無服乎？此皆不待多言而明者，而世之論曾不之察，乃以繼外祖母無服之説，上罔天聽，下亂禮文，至以爲成法，而未聞有一人辨其非」云云。答退溪。

問：「外孫爲嫁出外祖母有服歟？」吴益升。尤庵曰：「《禮》不言本孫爲嫁出祖母服，况外孫乎？未有明據，不敢質言。」

同春問：「舅之妻無服，《國典》緦當何從？」沙溪曰：「舅之妻謂之舅母，古禮推不去，《開元禮》及《國制》皆緦，從厚恐不妨。」

又問：「外親適人者，亦當降耶？」沙溪曰：「不降，《喪服》疏可考。惟爲人後者，爲本生母黨當降。」

《喪服》疏：「外親雖適人不降。」○又曰：「外親無出入降。」○《通典》虞喜云：「大夫爲其外親爲士者，尊雖不同，亦不降。」

尤庵曰：「妾子爲君母之黨服，只見從服也。寧有因此而遂不服其外親之理乎？惟承重者，則不敢服。」答李橝。

問：「《服制》緦麻條及《圖式》於舅之子姑之子，但曰內兄弟外兄弟，而不言姊妹，然則內外姊妹無服耶？」玄以規。尤庵曰：「《家禮》既於從母兄弟姊妹之下以從母之子也五字釋之，則其下所謂舅之子姑之子字，當并舉兄弟姊妹而言也，於舅姑之子只言兄弟而不言姊妹者，省文也。」

南溪曰：「《儀禮·喪服》只曰從母昆弟，曰姑之子舅之子，一無姊妹字，而注疏外親雖適人不降云者，實包姊妹在其中，無可疑惑。」答金楺。

市南曰：「庶子升嫡與繼後不同，似無改其外祖之理。求之《禮經》，亦無明文。我國之人慣見嫡庶貴賤之別，故有是疑也。嫡母既是君母，雖不改外祖，庸非母耶？庶子承重與繼室之子奉祀者，似無大段差異。」答尹宣舉。

本生母黨

沙溪曰：「爲人後者，所生母黨降一等爲是。」答同春。

《通典》鄭氏曰：「雖外親，無二統。」既爲所後母黨服，又爲生母黨服，則是二統也。

南溪曰：「鄭云無二統者，猶言不敢并尊也，然則《備要》所定實從《家禮》男爲人後者皆降一等之例，其非二統也明矣。」答李之老。

芝村曰：「鄭氏所謂不可又爲本生母黨服者，非謂全不服也，以其不服本服而言。」答李頤命。

陶庵曰：「沙溪曰『爲人後者爲所生母黨降一等爲是』，以故今俗多用之，然《通典》『雖外親，無二統』之文，此於禮律極嚴正，恐當以此爲準。」《四禮便覽》。

出母繼母嫁母嫡母黨

同春問：「母出則母黨無服否？」沙溪曰：「據《儀禮・喪服》說，出母黨應無服。」

《喪服傳》曰：「出妻之子爲母期，則爲外祖父母無服。」《通典》步熊曰：「子雖不服外祖，外祖猶爲服緦麻。」

〇《通典》吴氏曰：「出母之黨無服。」

又問嫁母黨服。沙溪曰：「嫁母黨，經無不服之文，《通典》亦言之，但《家禮》嫁母出母服無異，獨於其黨不同，未知如何？」

吴氏曰：「嫁母，父不命出，嫁母之黨，自應服之。」

又曰：「或問杖期章爲嫁母出母同，而小功章爲其黨不服，只言出母，若然，爲嫁母之黨可以服之耶？按《通典》成洽難：『《喪服傳》曰「出妻之子爲父後者，爲出母無服，與尊者爲體，不敢服其私親也。」經爲繼父服者，亦父後者也。爲父後服繼父，則自服其母可知也。出母之與嫁母俱絶族，今爲嫁母服不爲出母服，其不然乎！經證若斯其謬耳。』吴商答曰：『出母無服，此由尊父之命。嫁母，父不命出，何得同出母乎？爲繼父服者，爲其父没，年幼隨母，恩由繼父，所以爲報耳。今欲以出母同於嫁母，違廢父命，豈人子所行？又出母之黨無服，嫁母之黨自應服之。』觀此則不服出母黨之義可知。」《家禮輯覽》。

陶庵曰：「按《通典》云『出母之黨無服，嫁母，父不命出，何得同出母乎？嫁母之黨自應服之』，愚意則嫁母雖無父命出之節，既與父絶，則同於出母矣。沙溪亦於嫁出母黨之或服或不服爲未可知，《通典》説恐不必從也。」《四禮便覽》。

沙溪曰：「母出則以繼母之父母兄弟爲外家，故不論繼母之存亡，皆有服。若母不出，則繼母雖生存，不爲繼母之黨服也。若妾子，則爲嫡母黨服，嫡母死，則不服也。」答同春。

《服問》曰：「母出則爲繼母之黨服，母死則爲其母之黨服，爲其母之黨服，則不爲繼母之黨服。」吳氏曰：「母出謂己母被出，母死謂己母死而父再娶。」〇鄭氏曰：「雖外親無二統。」〇虞氏曰：「縱有十繼母，則當服次其母者之黨。」

問：「禮爲繼母黨有服，適人之女出後之人，亦皆爲之服耶？」李時彥。南溪曰：「既以母出，故爲繼母黨服，則安有所異耶？」

問：「母未出之前，雖已服其本生外親，又當服繼母之親，而外親無二統之説，亦不可復論耶？」李德明。南溪曰：「母未出之前爲母黨服者，恐不宜復論於母出之後爲貳統也。」

問：「小功條庶子爲嫡母之父母兄弟姊妹，母出者爲繼母之父母兄弟姊妹，而皆不言其兄弟姊妹子之服何也？或曰：『母出者既絶於其母之黨，而以繼母家爲外黨，則其兄弟姊妹之子亦當服之，而不言者，闕文也。庶子非絶其母黨，而只爲嫡母服其黨，則兄弟姊妹之子，似不服也。』或曰：『既服其父母兄弟，則其子亦當皆服也。』未知如何？」李柬。遂庵曰：「上説似是。」

爲外先服窮者吊服加麻之非

問：「祖母大耋尊臨子孫衆多，而其中外孫已多有服窮者，或以爲古人於吊喪用吊服加麻，今於祖先之喪，則不啻如親舊情厚者，而只用玄冠素帶，太無情意。凡在外孫之列，而禮窮服盡者用練布冠雙垂帶，略如緬禮時有服之親加麻之制，而既葬而除之，似好云。又有難者曰『如此，則子孫爲祖先便用加麻制，是欲重而反輕，欲親而反疏，爲未安』云，兩説何者爲得？」閔遇洙。陶庵曰：「此事終恐情勝於禮。蓋此吊服加麻，本是朋友之服，非可施於祖先。其用於緬禮者，出於王丘之論，亦非古也。今欲牽引，則近於役文；苟曰創行，則嫌於義起，俱未見其可也。」

爲妻黨服

妻黨

退溪曰「繼外姑不可不服」云云。詳見爲母黨服條中母黨條。

冶谷曰：「《家禮》緦麻下注爲妻之父母，妻亡而別娶亦同，即妻之親母，雖嫁出猶服也。即妻之親母五字，乃釋上文爲妻之父母之文，詳看即字，則恐朱子不以妻之繼母爲可服也。」

同春問：「妻嫡母服不著於禮，何也？」沙溪曰：「繼母嫡母於禮并無，蓋蒙生母，故不言也。其妻服喪，則其夫無服，似爲未安。」

尤庵曰：「《家禮》曰『妻之親母，雖嫁出猶服』，據此，則嫡母繼母之不嫁出者，同於親母可知矣。」答閔泰重。

禮疑類輯卷之六

喪禮

五服

爲人後者爲本生親服

爲本生父母祖父母曾祖父母

尤庵曰：「杖期以上皆正統及妻也，爲人後者謂所生父母爲伯叔父母，故不爲杖期，而只得爲不杖期也。」答俞命賚。

陶庵曰：「按《喪服》曰：『爲人後者爲其父母報。』疏曰：『報是兩相爲報，既言報，則爲人後者爲其父母期，其父母亦當爲之期。』《家禮》《圖式》本生父母亦爲不杖期之說，蓋本於此。

以此推之，則本生祖父母當報以大功，曾祖父母亦當報以緦。」《四禮便覽》。

爲本生姊妹姑

同春問：「出繼者爲本宗親適人者再降否？」沙溪曰：「再降見《儀禮》，若降一等，與他兄弟無異。」

《儀禮·喪服》小功章：「爲人後者爲其姊妹適人者。」

尤庵曰：「兩男各出繼，兩女各出嫁，皆不再降。出繼人子孫復出繼，亦不再降，惟出繼而出嫁，然後再降矣。」答宋元錫。

南溪曰：「出爲人後者於出嫁之姊妹爲再降，以其爲人後及出嫁者，名義各異，不如或但并爲人後，或但并爲出嫁者，可以降而無甚嫌礙，故不得不再降。」答崔是翁。

沙溪曰：「按《喪服》小功章『爲人後者爲其姊妹適人者』注云：『不言姑者，舉其親者，而恩輕者降。』可知以此觀之，其降二等明矣。」《家禮輯覽》。

爲本生母黨見爲母黨條

爲人後者之子爲其父本生諸親與祭變禮出繼人之子還繼本生祖條參看

問：「爲人後者私親之服皆降一等，則祖服當爲大功。而或曰子則從父而已，父既以伯叔父視其父，則子當以四寸大父之服服小功也。此説何如？」任屹。寒岡曰：「孰爲立此薄祖之説，曾所未聞於禮文，且以伯叔父視父，則父之父當爲小功服乎？」

尤庵曰：「來諭從祖云云，恐亦有窒礙處，今此子則其父之所後父，與所生父爲同産兄弟，故此子謂其所生祖爲從祖也。若使其父爲無服人之後，則此子當爲所生祖無服乎？以故出繼之人不問其族屬遠近，而恐當從本服降一等也。蓋必與所後祖爲同産兄弟，然後於其孫始爲從祖也。若所生祖與所後祖爲無服之親，則將不得爲從祖而服小功也。寧有是理？此愚之尋常有疑，而以爲從其父降一等，猶爲有據也。」答閔維重。

又曰：「出後子既降其私親一等，則其子從而降一等，何疑？」答朴重繪。

南溪曰：「爲人後者之子爲本生諸親名服相違，曾有疑問者，殊無可據。第答以當從其父爲降一等之服矣，近見寒岡禮説，以此推之，其他諸服皆可推見。」答金楺。

問「爲人後者之子爲其父本宗服則無所論，甲者曰：『父出後與己出後同，何必别論，此則當用爲人後者爲本宗降服之例之説也。』乙者曰：『父之出後與己之出後異，父既爲人後，不問所後遠近，以伯叔父服父。父之伯叔父，已之從祖也，當依此降服。』尤庵答驪陽書即乙説也」云云。或人。陶庵曰：「愚之所主，則謂當從本服降一等而已。此則與甲説同。尤翁書中謂其所生祖爲從祖一段，雖似乙説，究其歸宿，則即甲説也。」

私親爲爲人後者

同春問：「男爲人後者，爲其私親皆降一等。私親之爲之也亦然。據此，則爲出繼子當爲大功，而卷首服制圖則降服不杖期，何也？」沙溪曰：「《喪服》不杖期章可考，《家禮》圖本此而言。」

《喪服》不杖期章：「爲人後者爲其父母報。」疏云：「報者，既深抑之使同本疏往來相報之法故也。」按既曰往來相報，則本生父母之爲之也，亦當如兄弟之子服不杖期矣。

尤庵曰：「云云，出繼而出嫁，然後再降。」答宋元錫。詳見爲本生姊妹姑條。

妻爲夫黨服

母爲長子

問："母爲長子齊衰三年，報也。子爲母，父在則期，而母爲長子，夫在猶三年，莫亦過重否？"姜碩期。沙溪曰："《儀禮》疏可考。"

《喪服》疏曰："母爲長子不問夫之在否皆三年者，子爲母有降屈之義，父母爲長子本爲先祖之正體，無壓降之義，故不得以父在屈。"

母爲適婦不爲舅後

沙溪曰："按禮，衆子婦小功，故適婦不爲舅後者，同爲小功矣。魏徵既加衆子婦服，與從子婦同爲大功，則此婦亦當爲大功也。"《家禮輯覽》。

爲夫曾高祖

同春問："妻爲夫之曾高祖《家禮》緦，古禮不著，何歟？"沙溪曰："横渠已論之。"

問：「爲夫之高曾宜無服，而緦者何？」張子曰：「此亦古無明文，至唐《開元禮》始爲緦，宋朝猶然。」

承重者妻從服及母與祖母服本服當否

退溪曰：「禮，曾孫爲曾祖承重，而祖母或母在，則其祖母或母服重服，妻不得承重。」答寒岡。

問：「孫之於曾高祖代喪者，其妻例服也。其間孫妻曾孫妻皆以冢婦并服其喪乎？」金就礪。退溪曰：「喪者之妻既服，其母與祖母似不當服。來諭引《家禮》小功條，爲嫡孫若曾玄孫之當爲後者之妻，其姑在則否之説，謂此必其姑當服，故不爲其婦服云云。來諭近是，疑其夫雖服重服，姑或祖姑以冢婦服之，則婦可以不服，故禮意如此也。且孫妻曾孫妻并服之，疑又恐未然。竊意孫妻曾孫妻俱在，則似孫妻服，二妻一在，則在者服矣。然此等事甚重大，難以率意而輕言之。」

又曰：「婦人之於夫之祖父母，夫承重，則從而服之。今曾玄孫之服曾高祖也，其妻則當從服矣。若其母，恐所謂舅没則姑老，已付主婦事於婦矣，疑若不當服矣。然《小記》『屬從者，所從雖没也服』疏：『謂屬從三妻從夫服，夫之黨其一也。』據此，則其夫雖已死，其妻亦當服矣。蓋傳重而至曾玄之服，其已上死不服者，與服同也。更詳之。」答寒岡。

愚伏曰：「夫承重則從服，而有姑在則不服，蓋亦喪不二孤之義也。然則只當服其本服耳。」答吴允諧。

問：「承重孫遭祖父母喪，則其妻從服三年乎？或曰：『其母爲主婦服三年，其妻當服本服。』未知如何？且曾玄孫承重曾高祖之喪，則其母若祖母當何服歟？或曰：『承重者之妻從服三年，則母與祖母當各服本服。』此説亦何如？」姜碩期。　沙溪曰：「先儒所論頗多，詳著于左。」

《通典》晉賀循云：「其夫爲祖曾祖高祖後者，妻從服如舅姑。」本注：「齊衰周也。」按《儀禮・喪服》：「婦爲舅姑不杖期，至宋朝始加服。」故賀云「齊衰周」。　○孔瑚問虞喜曰：「假使玄孫爲後，玄孫之婦從服周，曾孫之婦尚存緦麻，近輕遠重，情實有疑。」答曰：「有嫡子者無嫡孫，又若爲宗子母服，則不服宗子婦。按宗子之母在，則不爲宗子之妻服，本《喪服傳》文。　張子曰「宗子之母在，不爲宗子之妻服，非也。宗子之妻與宗子共事宗廟之祭者，豈可夫婦異服，故宗子雖母在，亦當爲宗子之妻服也。　東酌犧象，西酌罍尊，須夫婦共事，豈可母子共事也」云云，與此不同，更詳之。　以此推之，玄孫爲後，若其母尚存，玄孫之婦猶爲庶，不得傳重。傳重之服，理當在姑矣。」○庾蔚之謂：「舅没則姑老，是授祭祀於子婦，至於祖服，自以姑爲嫡，所謂有嫡婦無嫡孫婦也。祖以嫡統惟一，故子婦尚存，其孫婦以下未得爲嫡，猶以庶服之。孫婦及曾玄孫婦自隨夫服祖降一等，故宜周也。」○《儀禮喪服圖式》本朝乾德三年，左僕射魏仁浦等奏議曰：「謹按《内則》婦事舅姑如事父母，即舅姑與父母一也。古禮有期年之説，雖於義可稽，後唐劉岳《書儀》著三年之文，實在禮爲當。蓋五服制度，前代損益已多，況三年之内，几筵尚存，豈可夫衣麤衰婦襲紈綺？夫婦齊體，哀樂不同，求之人情，實傷至治。

况婦人爲夫有三年之服，於舅姑而止服周，是尊夫而卑舅姑也。」丁酉，始令婦人爲舅姑三年齊斬，一從其夫。○張子曰：「古者爲舅姑齊衰期正服也，今斬衰三年從夫也。」○又曰：「婦爲姑齊衰三年，嫡孫爲祖曾高祖後者，其妻從服亦如之。」○《家禮》：「婦爲舅斬衰三年，爲姑齊衰三年，夫承重則從服。」《大明律》、本朝《大典》同。○退溪先生答鄭道可云云。○又答金而精云云。○又答鄭道可云云。并見上。○按古禮，婦爲夫族皆降一等，故爲其舅姑亦期年。至宋魏仁浦等奏，始令婦爲舅姑三年齊斬，一從其夫承重者，并同《通典》。諸儒皆在宋以前，故謂婦服舅姑期，據古禮也。承重孫妻姑在則不從服，恐未然。横渠《理窟》及朱子《家禮》與時王之制皆云「夫承重，則妻從服三年」，更無其姑在則否之説，禮律甚明。今何可捨朱、張已定之論，而從諸家牽補之説耶？况魏仁浦等所論實有至理，恐不可旁引曲證以亂大義。頃年鄭時晦曄以其女羅萬甲之妻，遭夫之祖母喪，其姑在，欲不服三年。吾反覆論之，終乃服之。朴説之東説遭母喪，其兄東尹之子之妻亦不服三年，吾以宋朝加服及禮律之意言之，説之欲追服云。至如玄孫承重，則其間孫妻曾孫妻服，誠亦可疑。退溪前後三説各異，莫可適從，當質知禮者。○或曰：「玄孫承重則孫妻曾孫妻亦皆服三年。」恐是。蓋其夫生時既爲祖父，若曾祖父承重，其妻亦從服三年矣。其夫死後，其祖母若曾祖母死，則其妻以其夫已死，委重於子若孫婦，渠只服本服而已。則是一人之身齊斬之喪，前則重而後則輕，非徒人情有所不忍。其夫雖亡，傳重之義猶在，恐不當如是設令。雖非前日從服之婦，若無繼世傳重之義，則中間代序斷而不續，其曾玄孫何自而陡爲承重耶？其孫若曾孫雖已死未服，猶服也，必孫婦若曾孫婦皆服正統服，然後代序始繼而傳重有本耳。退溪所引「屬從者所從雖没也服」一段，實是的確明證，恐不容有他議，未知如何，更詳之。

同春曰云云。答姜碩期。○與上沙溪按説或曰條同。

問：「退、沙兩先生之説不同，何所適從？」金相玉。尤庵曰：「當以《小記》所從雖没也服爲正。」

南溪曰：「云云，只是主不服者之説，殊無如屬從者雖没也服之證親切的當，則雖無退溪所論，義當主服者爲是。」答梁處濟。

孽子承重則嫡孫婦不爲承重服

同春問：「有人祖在而嫡子婦嫡孫俱亡，只有嫡孫婦在，而亦無子，又無立後者，其祖傳後事於孽子矣。其祖死，其嫡孫婦當服承重服否？」慎獨齋曰：「所謂孫者，曾未承重，先死於父死之前，而祖父傳重於孽子，則孫婦雖是嫡屬，曾無承重之義。又已移宗於庶，今於祖父之喪，恐不可以所從亡也。服之禮一概論斷，未知如何。」

爲夫黨諸親

問：「妻爲夫黨服，於夫之卑行則不降，於夫之尊行則降之，何耶？」李命元。陶庵曰：「妻爲夫黨降夫一等，而服皆報服，故卑行之，爲伯叔母或從祖母皆不降，則伯叔母或從祖母亦不降，而爲之報服矣。」

問：「爲夫兄弟之孫女適人者，合有緦麻，而《備要》圖云無服，何歟？」李橝。尤庵曰：「恐《備要》傳寫之誤，當以降一等條私親之爲之也亦然之文照斷矣。」

沙溪曰：「按甥爲舅妻既有服，則舅妻當爲之報，而不著，恐是闕文。」《家禮輯覽》。

遂庵曰「女子嫁而夫黨已有喪者，婦之從服」云云。詳見喪變禮追喪條中出嫁後夫黨諸親追服當否條。

爲本生舅姑祖舅姑

退溪曰：「夫爲人後，其妻爲本生舅姑服期，前已濫陳鄙意，雖違《禮》服大功之文，然其止服大功，太不近情，可如此從厚故也。夫申心喪而妻不許申，固有如來示之未安者，然自《禮》之大功而引之於期，已汰矣。復自期而引之於三年，其爲徑情直行不已甚乎？所以不敢輒許其申也。然爲其妻者，亦不必二鼎而烹飪，對案而飲啖，自有隨時之宜，但必欲立爲申心喪三年之法，則不敢耳。」答鄭崑壽。

同春問：「妻從夫服皆降夫一等，禮也，爲人後者之妻於夫本親當又降一等乎？」沙溪曰：「降二等似無疑。」

又曰：「按爲人後者妻爲本生舅姑當從《禮》爲大功，不可加服期也。若居處飲食，則不必以大功爲斷。」

愼獨齋曰：「古禮爲舅姑服期，則爲人後者之妻爲本生舅姑當降服大功，而自宋朝婦從其夫服齊斬，則降三年當服期矣。」答崔碩儒。

問：「爲本生舅姑大功，則其服制除負版適衰，而常時則服玉色衣裙耶？」韓如琦。尤庵曰：「欲從《儀禮》，則當具衰負版辟領；欲從《家禮》，則當去之矣。玉色服來示恐得。」

南溪曰：「爲本生舅姑服大功禮律同，然退溪曰『太不近情』，又曰『從厚而已』，誠由是道也，其不近情而可以從厚者，皆當義起也，恐不可爲法。」答李之老。

陶庵曰：「本生舅姑服大功，於禮得之，當從沙老，愼齋説不當用，《續疑禮問解》元來多有可疑。」答趙儼。

南溪曰：「孫婦爲夫本生祖舅姑，古今禮無見處。所謂爲本生舅姑再降之義未詳，抑以從夫降一等，是爲夫諸親之常例，若爲本生舅姑，則當初於本服既降一等，以示嚴截之義，故并謂之再降耶？然則重者如此，況輕者乎？」答金榦。

爲夫繼母嫡母養父母慈母爲夫嫡母父母并論

問：「妻爲夫之繼母嫡母養母慈母等服，《禮》無明文，可疑。」姜碩期。沙溪曰：「繼母嫡母與生母無異，故不别言也。養母慈母亦從夫服，無疑也。昔年洪議政暹夫人之喪，沈相守慶以爲庶子妻爲嫡母無服，而不令服之。豈有嫡母死而庶子妻不服之理乎？其意極固滯也。」同春曰：「庶子爲嫡母父母小功，其妻服則無别著處，然似可以爲夫之外祖父母者旁照也。」答李相吉。

慎獨齋曰：「《國制》收養父母服服齊衰三年云云，其妻則無三歲前收養之恩，從服似過，而齊體之人似不宜異同，亦無明據，未知如何？泰之以爲君師服三年而妻無服，亦何異也？此説如何？」答同春。

尤庵曰：「養子之妻服無有明文，先師所謂從夫服者，豈亦不得已，而惟此猶爲有據，故云然耶？然古禮夫斬而妻期者，謂之從服，未見其必同於斬與三年，而謂之從服也。至宋魏仁浦獻議，以夫服齊斬婦襲紈綺爲未安，使之同服齊斬三年。然此則獨指舅姑服爲言，而其餘服則因舊各降其夫一等矣。鄙意夫既不行齊斬三年，則恐當從夫降一等之舊例，猶爲有據。若夫爲異姓之收養，則其妻終無所服，此爲未安。然以同爨服緦，亦豈至全然無事乎？然禮宜從厚，則先師之説爲可行耶。」答南溪。

同春曰：「禮爲父妾之有子者緦麻，庶母慈己者小功，其妻則未聞有服。若同居情重者，或可爲同爨服耳。」答或人。

南溪曰：「爲慈母者之妻，禮無其服，或當素服從喪否耶？不敢質言。」答李德明。

爲夫嫁母出母及庶子爲父後者之妻爲夫所生母

陶庵曰：「婦爲夫之本生父母，及嫁母出母，及庶子爲父後者之妻，爲夫所生母，見於《備要》，而此於古禮無所見。蓋子於本生父母及嫁母出母服雖盡而心伸其私者，未忘生育之恩故也。若婦之於姑，則無生育之恩，故其爲服本是義服。而今既無可服之義，則又安有心喪之可言？且凡婦之服，皆從夫降一等，而於心喪，則必令比同於其夫，不亦過乎？《備要》之添入恐不可從也。退溪嘗以爲夫之本生父母心喪謂之不可，而曰『亦不必二鼎而烹飪，對案而飲啖，自有隨時之宜』，沙溪又論此無許伸心喪之語，而但曰『當從《禮》爲大功，不可加服。若居處飲食，則不必以大功爲斷』。據此兩説，則於夫之嫁母出母，及庶子爲父後者之妻爲夫所生母，恐亦當推此而處之。」《四禮便覽》。

爲夫庶母見爲庶母條

出嫁女爲本生親服

出嫁女爲父母祖父母

尤庵曰：「出嫁女不降祖父母。《儀禮》疏曰：『祖父母正期也，正期故不敢降也。』或曰：『然則何以降父母耶？』《禮》曰至親以期，斷期所以爲三年者，加隆也。今女子出嫁，故於父母只除其加隆之一期，而於祖父母之正統，則仍其以期斷也。」答宋奎濂。

又曰：「女子出嫁者，於正統則不降，而降其父母者，既爲其夫服斬，故統不可貳故也。」答崔有華。

遂庵曰：「爲人後者，有所後祖以上私親，自當壓降，出嫁女祖以上無所壓，故不降。」答金光五。

爲兄弟爲父後者

同春問：「《家禮》不杖期條女適人者爲兄弟之爲父後者云，父雖在，亦服期耶？不降是何義？」沙溪曰：「《儀禮》可考也。」《儀禮·喪服》大功章「女子適人者爲衆昆弟」鄭注：「父在則同，父没乃爲父後者服期也。」○《記》疏云：「容有歸宗之義，歸於此家，故不降也。」南溪曰：「在禮，姊妹雖爲兄弟爲父後者服期，其兄弟之爲之，則必從降服大功無疑。」答李東耈。

姊妹既嫁相服期之辨

尤庵問：「《家禮》期服條楊氏所添姊妹既嫁相服期，可疑。」沙溪曰：「不但楊説，朱子説亦然，與《儀禮》不同，極可疑。曾問之鄭景任，答云『但聞姊妹皆嫁不再降，亦未見其出處，只是理當如此』云。」《儀禮·喪服》大功章：「女子子嫁者未嫁者，注：「未嫁者謂已笄許嫁者。」爲世父母叔父母姑姊妹，又大夫之妻爲姑姊妹女子子嫁於大夫者。」又疏云：「兩女各出不再降，若兩男爲人後亦如之。」○《語類》朱子曰：「姊妹於兄弟既嫁則降服，而於姊妹則未嘗降。」又曰：「姊妹於兄弟未嫁期，既嫁則降爲大功，姊妹之身却不降也。」

又曰：「愚謂《儀禮》大功章『出降者兩女各出不再降，若兩男爲人後亦如之』，以不再降之文觀之，其一降可知。楊《儀》説恐不可從。」《家禮輯覽》。

南溪曰：「云云，當從《儀禮》無疑。」答梁處濟。

出嫁女爲諸親只降一等

沙溪曰：「凡出嫁者只降一等而已，《家禮》圖爲姑降二等，乃誤也。非但此一條，爲祖姑小功，嫁則降緦麻，而圖則嫁無。爲從姊妹大功，嫁則降小功，而圖則緦麻。此數三條當從本文降一等爲是。」答吴允諧。

爲兄弟姪之妻

同春問「出嫁姑爲姪之長殤」云云。愼獨齋曰云云。詳見爲殤服條中三殤條。

問：「小功注曰：『女爲兄弟姪之妻已適人而亦不降，爲兄弟之妻則在室爲小功。』適人亦爲小功，固爲不降。而姪之妻則在室時固當爲大功，適人之後，若服小功，則是便降也。惡在其不降也?」或人。陶庵曰:「女爲兄弟姪之妻在室則爲大功一段,考之《家禮》,本不見於大功條,故《備要》《五服圖》亦屬之小功矣。來示似欲以大功條兄弟子之婦也通看男女,若然,則小功條又何故而別爲拈出一女字耶?此爲可疑,幸更思之。」

爲從父兄弟之妻

沙溪曰:「按女適人者爲其從父兄弟之妻,當爲報服,而《家禮》無之,恐是闕漏也。」《喪禮備要》。

無夫與子與私親相服

問「女適人而無夫與子之子字,通謂男女耶」云云。黃宗海。沙溪曰:「若有女子,則不可謂之無子也。」

尤庵問:「女之無夫與子者,似當爲其父母服其本服,而其舅姑在,則如何?」沙溪曰:「以《儀禮》疏觀之,女子適人無主者,雖反而不絕於夫氏,故爲父母猶服期,舅姑有無不當言也。」

《儀禮·喪服》不杖期章「姑姊妹女子子適人無主者,姑姊妹報」疏曰:「此等親出適,已降在大功,雖矜之服期，不絶於夫氏，故次義服之下。女子子不言報者，女子子出適大功，反爲父母，自然猶期，不須言報，故不言也。姑姊妹出適爲姪與兄弟大功，姪與兄弟爲之降至大功，今還相爲期，故須言報也。」

問：「姑姊妹無夫與子者當服期，而姑姊妹之夫有庶子服其喪者，則如何？」崔碩儒。慎獨齋曰：「夫之前室子庶子非己出，當服期，而繼後子即同己出，降服也。《儀禮圖》無主祭，則服期。」

問：「慎齋答人曰云云。見上。妄意前室子庶子雖非己出，其主祭則與繼後子一也。既有主祭者，而爲之服期，則與《儀禮》之説不同。」李光國。遂庵曰：「慎齋之訓未能曉，來示似然。」

尤庵曰：「《家禮》既云無夫與子，則雖有從子，何可不服本服乎？《家禮》之意，婦人之喪，必使夫家主之，豈可以夫家主喪與祭，而本家哀之之情有所降殺乎？哀不降而服自不殺，禮意較然。」答李命益。

南溪曰：「降父母者，猶以有出嫁之義也。其反兄弟姊妹本服者，以無夫與子。各有其意。」答柳貴三。

又曰：「《喪服》疏曰：『除姪與兄弟及父母之外，餘人爲之服者，仍依出嫁之服，恩疏故也。』」答鄭尚樸。

陶庵曰：「適人而無夫與子者，本親還服本服，以其無受我而厚之者，故服重者不降，此所以只稱姑姊妹女也。愚意以爲不必推看於輕服也。」答或人。

附 妾爲私親服

同春曰：「《家禮》所謂妾爲私親，則如衆人云云。兄之所疑正在於則字，以此爲不降之大證。此則字如屬上句，則果似𡯌𡰪。古文則字多屬下句讀，如將此則字屬之下句，則坦然無可疑。況《喪服》不杖期章『公妾以及士妾爲其父母』鄭注：『禮，妾從女君而服其黨服。』是嫌不自服其父母，故明之。《家禮》不杖期條亦云『妾爲其父母』，此言何謂也？兄謂雖降其父母，不降其餘親耶？降餘親而不降其父母則有之，降父母而不降其餘親，是甚義理？」答權諰。

妾爲君黨服

妾爲君之父母

沙溪曰：「按《儀禮》婦爲舅姑期，而妾爲君之黨服，與女君同。至宋朝陞舅姑服至三年，《家禮》因之，而不言妾之服。然《儀禮》既有與女君同之文，則妾爲君之父母亦當爲三年。」《家禮輯覽》。

同春問「妾爲君之父母服」云云。愚伏曰：「《儀禮》婦服舅姑期年，妾爲君之黨服，得與女君同，則亦期年矣。至後唐劉岳《書儀》稱婦爲舅姑服三年。宋乾德中左僕射魏仁浦等奏，以爲《書儀》之文在禮爲當，詔從之。今之爲舅姑斬齊，實自此始。以此推之，則妾當得與女君同，而《儀節》妾爲夫黨服圖爲舅姑期年，是仍以《儀禮》舊文爲據。今亦難以臆見服三年，惟在好禮君子，參商情禮而處之。雖服三年，猶爲從《儀禮》與女君同之文，而不爲義起也。」

又問：「云云，愚伏答云云。」見上。沙溪曰：「愚伏答是。」

妾爲君之黨

尤庵曰：「《儀禮》既曰『妾爲君之黨，其服得與女君同』，則不須別著君之長子衆子之服，而《備要》云云者，豈以既有其子之服，故恐其混同無別而然耶？旁期以下，雖無相報之義，然其女君既從夫而服，則妾又何敢殺於女君乎？恐當以《儀禮》爲主，同春所引愚伏説似好。」答閔鼎重。○愚伏説見上妾爲君之父母條。

問：「庶母於他妾之子當服緦否？」閔泰重。尤庵曰：「當以君之衆子服服之矣。」

朽淺曰：「妾與女君尊卑不同，則服其夫黨何敢同於女君哉？其服之所以止於君及女君，君之長子衆子，而不及長子之妻者，非有關於禮文也。」答李成俊。

妾爲女君之黨女君於妾無服并論

沙溪問「《喪服小記》『從服者所從亡則已』疏『惟女君雖没，妾猶服女君之黨』」云云。愚伏曰：「《儀禮》喪服篇及圖并無妾服女君黨之文，只疑疏説或誤耳。若如所疑，妾下脱子字，則下文當言君母之黨，不當直云女君之黨。」

南溪曰：「一從古禮屬從徒從之制，則妾爲女君黨之服，揆之人情，雖似隔遠，宜無不服，如《通典》荀訥之議可也。今《家禮》服制無他輕重之義，其於妾服，只著爲君爲女君及爲君之長子衆子及己子而已。《輯覽》及《喪禮備要》妾服圖亦仍之，只以《儀禮》添君之父母，以楊《儀》添大夫爲貴妾、士爲妾之有子三條，而此外更無爲女君黨之服之語。如欲於此從《儀禮》之制，而爲女君黨之服，則不惟人情爲不安，未知於從今禮從時制之義，無所背否也。計今世不舉此禮者，亦必有所由，然第未知畢竟果何如耳。」答尹拯。

同春問：「『云云，《喪服小記》『從服者所從亡則已』疏『惟女君雖没，妾猶服女君之黨』云云，此禮可行否？」沙溪曰：「女君於妾無服，見《喪服》注。妾服女君之黨，《通典》論之。女君没猶服其黨者，疏説雖如此，於《禮》無見，可疑。」

《喪服》注：「女君於妾報之則重，降之則嫌。」○《通典》荀訥答劉係之問曰：「禮，妾從服女君之黨如女君，此則同於近臣君服斯服，不與服君母黨同也。」

兩妾相服

問：「兩妾相爲服否？其服幾何？」沙溪曰：「《通典》可考。」

徐邈曰：「《禮》無兩妾相爲服之文，然妾有從服之制，士妾有子則爲之服緦，妾可得從服，又有同室之恩，則有緦服義也。」

妾子爲本生親服

妾子嫡母在爲所生母

寒岡曰：「宋朝《服制令》有無嫡母則爲生母服之説，今嫡母在堂，則恐當以心制終喪。」答朴明胤。

問：「妾子爲其母，古禮則期，而《家禮》則三年，《開元禮》則無嫡母得申。今有一庶人遭母喪，而嫡母生存，疑其服。」或人。陶庵曰：「雖有古禮及《開元禮》，而朱子於《家禮》既係之齊衰三年條，其下仍言爲父後則降，而不言嫡母在則降。愚意以爲當以《家禮》爲正。」

承重妾子爲所生母

問：「《喪服圖式》承重妾子若無嫡母及嫡母卒，則爲所生母服本服，此説如何？」李惟泰。沙溪曰：「承後之義既重，《儀禮》爲其母緦，更無無嫡母則爲其母申之文。楊氏所引宋朝制令雖本於《開元禮》，恐不可從也。」

南溪曰：「沙溪之意，謂不可申三年服耳，非謂亦不申心喪也。」答梁處濟。

愼獨齋曰：「某以爲長庶子爲父後，則不可主母之喪。雖賤人不可無主祀，則次庶子以三年服，主其喪而奉其祭，未爲不可。宋明甫之意亦然，而英甫之意不然，未知如何也？」答崔碩儒。

問：「人有盲廢未娶，私其家婢，生一子云云。龜川丈曰『天下無無母之父，又無無母之子，似當題父之主以顯考，題母之主以顯妣，立兩廟各奉以別嫌，又當追服三年』云云。」權燮。遂庵曰：「凡爲父之妻者爲子之母，何敢以父之婢妾稱顯妣乎？極不可，極不可。禮，庶子爲父後者，爲其母緦，此爲壓於父而不敢也，非以其壓於嫡母而然也。其人之行心喪，殊得禮意，追服三年似無謂矣。若别室祭其母云者，可矣，而亦不可具備廟制矣。雖質卑者，父若備禮娶之，生時與之齊體，則子不敢論其貴賤。如此者，稱顯妣可也。不然，何敢爾也。此人之不得服母三年，以其承重也。若有其弟，雖不稱顯妣，可以得伸三年矣。」

妾孫爲其父所生母

同春問：「妾孫爲祖後則爲其父所生母，雖無服，然亦應服承重三年者也。似當依妾子爲母緦而心喪之例，爲心喪三年，如何？」沙溪曰：「妾母不世祭，則元無承重之義。應服三年云者，不然矣。然雖無服，豈可遽同於平常之人乎？依諸孫期服之制，而若心喪者，可也。」又問：「妾子承重者爲其母當服緦矣，妾子之長子當何服？據有嫡子無嫡孫之文，似當服本服，如何？妾子之第二子即是承重其祖母之人，而爲其父尚存，不得服三年耶？」愼獨齋曰：「來示得之，但喪雖微賤，不可無主。其父雖存，既非主人，第二子似當服承重之服矣。」

市南曰：「庶子之子爲祖後，則爲父之母無服云。只此一款爲庶孫服其祖母之明證也。既未及爲祖後，則安敢爲其父承重而不服祖母也哉？」答尹宣舉。

尤庵曰：「庶孫承重者爲其父之母伸心喪，未有明文，難可臆斷。蓋妾孫於其父之母無承重之義，恐不可行三年，既不行三年，則何可伸心喪耶？」答李遇輝。

問：「庶子之子爲其父之母，父雖已死，亦當服期，而或有服三年者，如何？」閔泰重。尤庵曰：「若是承重庶子之子，則無論父在與否，而皆當無服，非承重者之子，則只服本服矣。三年則甚無謂矣。若謂其父當服三年，故代父三年云爾，則有大不然者。凡孫之爲祖父母三年者，是承重故也。今其祖母是其祖之妾而已，則其孫豈可亦謂之承重而服三年乎？」

又曰：「承重妾子之長子，則於其所生祖母無服，審矣。其餘諸子當如何？宣祖大王入承大統，於私親諸父諸兄弟既皆絶服，而今聞靈豐諸宗於河原諸子孫相爲服云，此與父之所不服不敢服之意相違。」答尹文舉。

南溪：「妾祖母承重服當否？」議曰：「所謂妾子妾孫有二種，一則是其父承重者，一則是其父不承重者。其父承重而父亡子代，則當如《通典》《通典》爲庶子後爲庶祖母服議，宋庾蔚之謂：「所後服若承祖後，則已不得服庶祖母也。」又天子爲庶祖母持重服議，蔚之謂：「庶子爲後，不得服其母，以廢祭故也，則已卒，己子亦不得服庶祖母可知矣。」又諸王持重爲所生母服議，蔚之謂：「庶子爲後爲所生母服緦，此《禮》之正文。近遂爲三年，失之甚也。」《家禮》《家禮》不杖期章庶子之子爲父之母，而爲祖之後則不服也。及《問解》沙溪答宋浚吉云云，見上。之說，無服而心喪期可也。其父初無承重之事，而父亡子代，則

《通典》《通典》庾蔚之謂：「父不承重，已得爲祖母一周。庶無傳祭，故不三年也。」《家禮》《家禮》不杖期章庶子之子爲父之母。以爲當服期，《通解續》《儀禮經傳‧圖式》本朝薛紳言祖母萬春縣太君王氏卒，是先臣所生母，服紀之制，罔知所適云云。詔太常禮院與御史臺詳定聞奏。衆官參詳：「耀卿王氏子，紳王氏孫，尤親於慈母、庶母、庶祖母也。耀卿既(止)〔亡〕，受重當從之也。又薛紳頃因籍田覃恩，乞將叙封母氏恩澤，回受與故父所生母王氏，其薛紳官爵未合叙封祖母，蓋朝廷以耀卿已亡，紳是長孫，敦以孝道，特許封邑，豈可王氏生則輒邀國恩，没則不受重服？况紳被王氏鞠育之恩，體尊義重，合令解官(特)〔持〕齊衰三年之服。」詔從之。以爲當服三年，但庾蔚之之論，亦以爲爲庶祖則三年，爲庶祖所生母則不三年。《通典》孫爲庶祖持重議，蔚之謂：「祖庶父嫡，己承父統，而不謂之繼祖，則祖誰當祭之？所謂繼是承其後爲之祭，故云傳重而服之斬。若杜琬所言祖父俱嫡，乃是繼曾祖耳，祖雖非嫡而是己之所承，執祭傳統，豈得不以重服服之乎？」未詳孰是？蓋其要似係於世祭之行不行耳。所謂於子祭於孫否之説，原於《穀梁傳》，而鄭氏引之以爲妾母不世祭之訓，其義正矣。然至朱子乃答竇、萬兩問，旨義明切。竇文卿問云云。答曰：「世祭與否，未可知。若祭，則稱之爲祖母，而自稱孫，無疑矣。」又萬正淳問云云。答曰：「妾母不世祭，則永無妾祖姑矣。恐疏義之説，或不可從也。爲壇之説，恐亦未安。祔嫡而袷妾并坐，尤爲未便。恐於禮或容有别廟，但未有考耳。」誠以《小記》既有『妾祔於妾祖姑』及『中一以上而祔』之文，不啻鄭重，則意者孔疏爲壇之語，或未可從，又當容有别廟之義云爾，然其下更着但未有考之説以結之，要是未定之論。又薛紳事《通解》雖有合令持三年詔從之之制，而其所主意在於受重代養、特許封邑、被王氏鞠育三事。代養、鞠育固然矣，至於受重，只是紳受重於耀卿，非耀卿受重於其所生母，則恐亦不通。雖其封邑，既以其母所得者而替授之，正如范文正之推恩朱氏，此特一時之恩例，其尤何足爲服喪之證哉？事理如此，而勉齋顧乃爲之收録，無所論正，殊不可曉。豈以《圖式》本是草具甫就者，故其勢自不得不然耶？然則此皆難可據而爲禮，以至於使人服行而無疑。雖於人情或似不安之甚者，恐當姑從《禮經》《通典》《家禮》《問解》不世祭之義爲少乖謬，不然，豈以朱子繼開制作之學既發其端，而終不爲之正論乎？」

遂庵曰：「周之法有嫡子無嫡孫，今庶子承重者存，則庶子之子不可以長庶論，爲其父之母似當服期，而但念庶子承重則便成適子，爲其母緦者，以庶母服服之也。其父既爲嫡子，則其子便是嫡子之子，爲庶祖母服期，似無其義。然既無可據之文，不敢臆斷。」答李頤根。

又曰：「所謂承重者，承祖之重也。寧有不承祖重而只承妾祖母之重之理乎？愚意則以尤庵先生所論爲不可易，故年前庶從弟之遭此禮，依尤師說而不服承重之制矣。」答李畬。

陶庵曰：「云云，大抵先王之禮，其所以明於適子支庶之分，至於此極者，蓋以益隆其尊祖嚴父之禮，非有所私與奪而然也。爲彼之論者，先以此爲崇禮敬親之本，然後考於禮家文字之間，則其於解其惑也無難焉，不必以抑至情薄仁恩自悼也。」答閔翼洙辨金潤疏書。

又曰：「其父既承重，則於其子爲庶祖母矣，庶祖母無服，恐非可疑。且禮有嫡子無嫡孫，則有服無服，豈有長子衆子之别耶？」答或人。

又曰：「庶子之子父死後祖母死，不敢代服三年，已於肅廟癸巳年間議于大臣，有定制矣。」答崔彦恒。

問：「妾孫其祖母適他，則當降其服乎？」尤庵曰云云。見爲嫁母條。

兼親服

問一人之身内外兼親稱謂與服制。李惟泰。沙溪曰：「《通典》已論之。」

庾蔚之曰：「一人之身而内外兩親，論尊卑之殺，當以己族爲正，昭穆不可亂也。論服當以親者爲先，親親之情不可没也。或族叔而是姨弟，若此之類，皆是也。《禮》云『夫屬父道，妻皆母道；夫屬子道，妻皆婦道』，此言本無親也。若本有外屬之親，則當推其尊親之宜。外親不關母婦之例，無嫌其昭穆之亂，故可得隨其所親而服之。若外甥女爲己子婦，則不用外甥之服，是從親者服也。外姊妹而爲兄弟之妻，亦宜用無服之制，兄弟妻之無服，乃親於外親之有服也。至若從母而爲從父昆弟之子婦，則不可婦禮待之，由外親之屬近而尊也。其餘皆可推而知矣。」

南溪曰：「變叔姪爲娣姒一款誠難辨説，但朱子解親屬記娣姒曰以夫之長幼爲先後，所謂從夫之爵、坐以夫齒者是也。既以夫之長幼爲先後，則本族叔姪之親有不暇論，不得已姑依庾蔚之之言，名從娣姒、服從叔姪，爲稍有據者否？」答李時春。

又曰：「一婿一甥既非本宗昭穆之嚴，則從其親者而爲小功，自是常禮。」答李泰壽。

問：「異姓姊妹爲外三寸妻，則稱號與其喪服當何從？」閔泰重。尤庵曰：「是《禮》所謂兼親，當從其服之重者耳。」

童子服 年歲當冠而遭重服者因喪冠見冠變禮將冠遇喪條

退溪曰：「禮，童子不免不杖不緦，當室則免矣杖矣緦矣，但言童子而不言年齒。然古有子幼則人以衰抱而拜賓之禮，況過十歲童子，寧不服耶？但其服或未必盡如成人，而緦則不服耳。」答金就礪。

沙溪曰：「凡服必相報，長者於童子喪已遞減其服，則童子於長者亦遞減以報之，明矣。據《喪服記》注疏，當室童子，雖服本宗而不服外親之緦，是亦遞減之義也。不當室者，雖本宗亦無緦，則小功以上獨不遞減乎？惟祖父母曾祖父母則依女雖適人不降之義，童子似亦不降也。更詳之。」答同春。

《喪服記》注：「童子，未冠之稱也。當室者爲家主，與族人爲禮於有親者，雖恩不至，不可以無服也。」疏曰：「與宗室往來，故爲族人爲緦服。若然，不在緦章者，若在緦章，則外内俱報，此當室童子，直與族人爲禮有此服，不及外親，故不在緦章，在此記也。」○《玉藻》：「童子無緦服，聽事不麻。」注：「無緦服，謂父在時己雖有緦喪不服，但往聽主人使令之事。不麻謂免而深衣，不加絰也。童子未能習禮，且緦服輕，故父在不緦，父没則本服不可違矣。」○《喪服傳》：「童子何以不杖，不能病也。」疏：「此庶童子以其未冠，首加免而已。」○《雜記》：「童子哭，不偯，委曲之聲。不踊，不杖，不菲，草履。不廬。」疏：「未成人者，不能備禮，直有衰裳絰帶而已。」○《問喪》：「童子當室則免而杖矣。」疏：「謂適子也。」○《喪大記》：「子幼則以衰抱之。」○《開元禮》：「若適子，雖童子亦杖，幼不能自杖，人代執之。」○劉智曰：「嬰兒無知，然於其父母之喪，則以衰抱之，其餘親八歲則制服。」○譙周曰：「童子小功親以上皆服，不免不麻，當室者免麻，十四以下不堪麻，則否。」○射慈曰：「六七歲雖未爲童，其姊死，宜着布深衣。」○崔凱曰：「童子始有親喪，去首飾，服白布深衣，以至成服。」○庾蔚之曰：「《禮》稱童子參差不一，愚謂當室與族人爲禮者，是八歲以上及禮之人，以其當室，故令與成人同。射慈以爲未八歲者服其近屬布深衣，或合禮意。」

愚伏曰：「非當室則無服云者，本謂緦服，不拘本宗與外親。若祖父母兄弟諸父之喪，自是重服，不當論也。遞減月數如報服之示恐不當，然有知則有哀，有哀則有服，何可以已年之少而減其月數耶？」答同春。

尤庵曰：「長者於殤以長中下各降一等，故少者亦於長者以三等各降一等也。如八歲童子，則於叔父之喪當服五月。童子八歲，則當爲長者服矣。」答李遇輝。

南溪曰：「童子服遞減之説，始於沙溪，未知其果然。蓋禮有上下尊卑之禮，尊者雖以童子減其服，而卑者恐不當以童子而減長者之服也。且以譙周説考之，十五以上自行常服，不必加冠，而後方成正服耳。所謂十四已下不堪麻則否者，亦未詳其所指，但可堪則服之之意已在其中矣。」答權鑌。

又曰：「《禮》有童子當室則免而杖之文，楊氏引用於《家禮》注中，杖則無可疑。若首絰則必冠者，而後乃可爲此制也。」答元夢翼。

遂庵曰：「童子年已十二，則衰裳腰絰不可省也。」答宋相允。陶庵曰：「《備要》言服必相報，長者於童子有三殤遞減之制，則童子於長者亦當遞減其服云。而考之古禮，未有明據。且禮之不爲未成人制服，以其用心不能一也，其能勝者不禁。劉智云：『童子八歲則制服。』射慈曰：『六七歲雖未爲童，其姊死，宜服布深衣。』今童子八歲以上者，哀慼親黨之喪如成人者有之，又況年十八九者，於五服之喪，豈可以已爲童子而遞減其服乎？《備要》説恐難遽從。」《四禮便覽》。

爲師友服見師友喪諸節條

諸服有無同異辨

退溪曰：「三寸姪婦四寸孫婦有服者，婦人内夫家，故爲夫黨服，三寸伯叔大功，四寸大父母緦麻，故己亦以爲大功、緦麻報服也。至如姑母夫姪女夫等，彼於我以妻親不爲服，故我亦無可服之義也。」答李德弘。

沙溪曰：「從父姊妹爲從父兄弟之妻，當爲報緦，而《家禮》、今制、《國制》并無明文，乃遺漏也。」《家禮輯覽》。○下同。

又曰：「妻爲夫之從祖姑，本注及《儀禮》無服，此圖恐誤。」

又曰：「甥爲舅妻既有服，則舅妻當爲之報，而不著，恐是闕文。」

尤庵問：「外祖之服下同於從母，從母與舅親同而服殊，嫂叔以嫌不服，而娣姒從夫相報，舅之於甥婦有服，而甥婦之於舅則不報。」沙溪曰：「經傳及先儒説可考。」

經曰：「爲外祖父母。」傳曰：「何以小功也？以尊加也。」疏曰：「外親之服不過緦，今乃小功，故發問，云以尊加者，以祖是尊名，故加至小功。」○「從母小功，舅緦麻。」傳曰：「何以小功也？以名加也。何以緦？從服也。」唐太宗謂侍臣曰：「舅之與姨親疏相似，而服紀有殊，理未爲得。」魏徵等議曰：「謹按舅緦麻請與從母同小功。」制可。朱子曰：「外祖父母只服小功，則姨與舅合同爲緦麻。魏徵反加舅之服以同於姨，則爲失耳。」○又曰：「母之姊妹服反重於母之兄弟，緣於兄弟既嫁則降服，而於姊妹之服，則未嘗降，故爲子者於舅服緦，於姨母服小功也。」朱子説與《儀禮》經文有異，更詳之。見姊妹既嫁服條。○又答余正夫曰：「姨舅親同而服異，殊不可曉。《禮傳》但言從母以名加也，然則舅亦有父之名，胡爲而獨輕也？來諭以爲從母乃母之姑姊妹而爲媵者，恐亦未然。凡此皆不可曉。若曰姑守先王之制，而不敢改易，固爲審重。然後王有作，因時制宜，變而通之，恐亦未爲過也。」○《喪服傳》：「夫之昆弟何以無服也？其夫屬乎父道者，妻皆母道也；其夫屬乎子道者，妻皆婦道也。謂弟之妻婦者，是嫂亦可謂之母乎？故名者，人治之大者也，可無慎乎？」注：「道猶行也，謂弟之妻爲婦者，卑遠之故。謂婦嫂，尊嚴之稱。嫂猶叟也。叟，老人稱也，是爲序男女之别爾。若己以母婦之服服兄弟之妻，兄弟之妻以舅子之服服己，則亂昭穆之序也。治猶理也，父母兄弟夫婦之理，人倫之大者，可不慎乎？」《通典》貞觀十四年，太宗謂侍臣曰：「同爨尚有緦麻之恩，而嫂叔無服，宜集學士詳議。」侍中魏徵等議曰：「謹按嫂叔舊無服，今請小功五月報。」制可。至開元二十年，中書令蕭嵩奏依《貞觀禮》爲定。○問：「嫂叔舊無服，今有之，何也？」程子曰：「《禮記》曰『推而遠之也』，此説不是。嫂與叔且遠嫌，姑與嫂何嫌之有？古之所以無服，只爲無屬。今上有父〔有〕母，下有子有婦。叔父伯父，父之屬也，故叔母伯母之服與叔父伯父同。兄弟之子，子之屬也，故兄弟之子之婦服與兄弟之子同。若兄弟，則己之屬也，難以妻道屬其妻，此古者所以無服。今之有服亦是，豈有同居之親無服者？」又問：「既是同居之親，古却無服，豈有兄弟之妻死，而己恝然無事乎？」曰：「古者雖無服，若哀慽之心自在，且如鄰里之喪，尚舂不相，不巷歌，匍匐救之，況至親乎？」《遺書》。○朱子曰：「嫂叔，先儒固謂制服亦可，且徵議未爲失也。」○經：「爲夫娣姒婦服。」傳曰：「娣姒婦者，弟長也，何以小功也？以爲相與居室中，則生小功之親焉。」○朱子曰：「舅於甥之妻有服，甥之妻於夫之舅却無服，可疑。恐是舅則從父身上推將來，故廣；甥之妻則從夫身上推將來，故狹。」《語類》。○以上逐條説。

○《大傳》：「服術有六：一曰親親，二曰尊尊，三曰名，四曰出入，五曰長幼，六曰從服。」疏：「親親者，父母爲首，次妻子伯叔。尊尊者，君爲首，次公卿大夫。名者，若伯叔母及子婦弟婦兄嫂之屬。出入者，女在室爲入，適人爲出，及爲人後者。長幼者，長謂成人，幼謂諸殤從服者，下文六等是也。」○「從服有六：有屬從，有徒從，有從有服而無服，有從無服而有服，有從重而輕，有從輕而重。」注：「屬，親屬也。子從母而服母黨，妻從夫而服夫黨，夫從妻而服妻黨，是屬從也。徒，空也，非親屬而空從之服其黨。如臣從君而服君之黨，妻從夫而服夫之君，妾服女君之黨，庶子服君母之父母，子服母之君母，是徒從也。如公子之妻爲父母期，而公子爲君所壓，不得服外舅外姑，是妻有服而公子無服，如兄有服而嫂無服，是從有服而無服也。公子爲君所壓，不得爲外兄弟服，而公子之妻則服之，妻爲夫之昆弟無服，而服娣姒，是從無服而有服也。妻爲其父母期，重也，夫從妻而服之三月，則爲輕。母爲其兄弟之子大功，重也，子從母而服之三月，則爲輕。此從重而輕也。公子爲君所壓，自爲其母練冠，輕矣，而公子之妻爲之服期，此從輕而重也。」《小記》：「親親以三爲五，以五爲九，上殺下殺旁殺而親畢矣。」注：「由己身言之，上有父下有子，宜言以一爲三，而不言者，父子一體，無可分之義，故惟言以三爲五，謂因此三者，而由父以親祖，由子以親孫，是以三爲五也。又不言五爲七者，蓋由祖以親曾高二祖，由孫以親曾孫玄孫，其恩皆已疏略，故惟言以五爲九也。由父而上殺之至高祖，由子而下殺之至玄孫，是上殺下殺也。同父則期，同祖則大功，同曾祖則小功，同高祖則緦麻，是傍殺也。高祖外無服。故曰畢矣。」以上通論。

尤庵曰：「從兄弟之妻《家禮》不立服，而《國典》有之。此等服服之亦可，不服亦可也，然當從情義之如何耳。」答閔泰重。

問：「夫則不服從兄弟之妻，妻是從夫者，而服者何？」鄭尚樸。南溪曰：「《圖式》夫以遠之而不服，婦從無服而服之，自以其倫服義當然也。」

緦不降之誤

問：「緦服不降云，而《家禮》服制圖緦服出嫁無如此者，雖緦猶降而無耶？」吴允諧。沙溪曰：「緦不降之文，《禮經》無之，疑是俗人因《喪服》疏『外親不降』之説而傳訛也。以《儀禮》《家禮》觀之，當降無疑。」

《儀禮》「殤服大功七月」注云：「不忍從父昆弟之降而絶也，蓋不立七月之制，則從父昆弟長殤爲小功，中殤爲緦麻，下殤則絶故也。」〇《奔喪》「婦人降而無服者麻」注：「婦人降而無服，謂姑姊妹在室者緦麻，嫁則無服也。」據此兩條，緦服之當降可知。○《家禮》緦麻條云：「爲夫之從父姊妹適人者，不降也。」按《家禮》只此一條不降，則其餘皆降可知。

尤庵曰：「《家禮》成服條明言爲人後者，爲其私親皆降一等，據此，則不但私親異姓之緦，雖同宗之緦，亦當降而無服也。」答玄以規。

式暇服制之異

牛溪問：「旁親服給暇式昉自何代？豈漢文之詔耶？國家之法豈令給暇而已耶？抑短喪如漢文之意耶？以爲給暇而已，則不應居官之式，又少於凡民，而凡民又何用給暇耶？今俗制旁親服略成風俗，固當從之，然時制以爲短喪也，則豈非未安乎？渾今遭重服，乃義服也。前日季父喪，所見如今不定，而又諸兄在上，有所拘礙，未能制服。今則欲制服而義服情有所未盡，而又疑於法也。但欲服布帶一月，厥後白衣素帶終其月數，如何？」龜峰曰：「《家禮》五服月數明載，無可致疑。楊氏補入式暇一條，本意非欲使棄《家禮》本文而從此式也，况無短喪之據乎？此式昉於何代，不須議，爲朱子以其時人既知斯式，而於五服月數及服制生熟麤細甚爲詳密。今宜從朱子《家禮》，而楊氏補入式暇一條，何可混論於五服月數中乎？且我國《大典》亦不曰短期喪爲三十日，而於五服皆從古禮月數，只於式暇云三十日以下日數，則使人人家行五服如禮，而國家給暇日數之，如是明可知矣。如或一從《國典》給暇日數，則妻父喪亦用期制乎？在職少於非在職，是必國法以在職爲任重而少私喪也。所云非在職亦非如所示小民也，疑或解官也，或士人也。」

成服

衰服冠巾絰帶杖屨見治喪具條中成服之具條

成服時雜儀

南溪曰：「成服盛祭，於禮無據，蓋以事死之初故情勝，至此勿用可也。」答梁處濟。

問：「成服條雖無哭再拜之文，而從俗因朝奠設饌，則五服之人各服其服，入就位哭再拜行禮，何如？」柳億。尤庵曰：「既曰朝奠，則何可不拜？」

五服相吊之儀

問五服人相吊之儀。黄宗海。沙溪曰：「依丘《儀》行之可也。」

丘氏《儀節》：「是日夙興。具服，五服之人各服其服，執杖有腰絰者，絞其麻本之散垂者。各就位，男位於柩東西向，女位於柩西東向，各以服爲次序。舉哀相吊，諸子孫就祖父前諸父前跪哭，皆盡哀，又就祖母及諸母前哭，亦如之。女子就祖母及諸母前哭，遂就祖父諸父前如男子之儀。主婦以下就伯叔母哭，亦如之，訖。復位。」出《大明集禮》。

又曰：「《儀節》及《正衡》所論相吊之儀甚好。」答同春。

愼獨齋曰：「相吊無再拜之文，如儀云者，如常儀之謂也。」答崔愼。

尤庵曰：「《家禮》既曰相吊如儀，朱子時必有其儀，而今不可考耳。世俗男女相向跪哭，依此行之，亦無所妨耶。」答柳億。

南溪曰：「五服相吊之儀，雖原於《開元禮》，而成於《儀節》，然係《儀禮》所無，《家禮》所删，則不行恐宜。權晚悔嘗曰：『五服之人各服其服，入就位則成服也。朝哭即下章之朝哭也，吊即下章之吊也。其儀并在下，故曰如儀。』此説甚分曉，似得禮意也，不然如儀二字，亦解不得。」上尤庵。

又曰：「朝哭相吊及朝夕哭奠，雖是别文，若乃成服之時，則當服其服，就位朝哭，仍行朝奠，然後行相吊禮爲是。蓋言朝哭，則奠在其中。《儀禮》雖異其節，而《家禮》相次行之，不容相吊後始行奠禮也。其後更立朝夕哭奠之文者，乃統言節目，似難以此而過泥矣。」答金楺。

大斂成服不可同日見喪變禮過期之禮條

在途喪到家成服見喪變禮道有喪條

喪出癘疫不成服之非見喪變禮染患中喪禮諸節條

偕喪成服先後見喪變禮并有喪諸條

國恤中私喪成服見國恤條中並有君父喪總論條

主人奔喪與在家兄弟先後成服之節見喪變禮奔喪條

所後喪中遭本生親喪奔哭成服之節見喪變禮并有喪條

聞訃後計入棺日成服見喪變禮聞喪條

成服有故追行見喪變禮追行之禮條

入棺前草殯成服見喪變禮草殯條

禮疑類輯卷之七

喪禮

朝夕哭

朝夕哭諸節

河西曰：「朝夕哭奠，即《禮》之昏定晨省也。」

陶庵曰：「按代哭既止，夕哭當自此日始。」《四禮便覽》。○下同。

又曰「古之成服，必於朝哭」云云。詳見成服條中成服時雜儀條。

同春問：「朝夕哭時，當有拜禮，而喪禮闕之，何歟？」愚伏曰：「《家禮》朝夕哭奠有再拜之文，何以云闕之耶？」又曰：「哭奠是一時事，非兩項事。」

又問：「愚伏曰云云，見上。此説如何？」沙溪曰：「喪人常侍几筵，故無朝夕拜謁之禮也。

《家禮》朝夕奠再拜，非爲朝夕哭也，爲設奠也。今人皆以朝夕哭及奠爲一項事，常以爲非，曾考《士喪禮》，果爲二項事。愚伏説非是。」

《語類》問：「孝子於尸柩之前，在喪禮都不拜，如何？」朱子曰：「父母生時，子弟欲拜，亦須俟父母起而衣服。今恐未忍以神事之，故亦不拜之。」○《通解》。《士喪禮》：「朝夕哭，不辟子卯，婦人即位于堂，南上，哭。疏直云：「婦人哭，則丈夫亦哭矣，但文不備也。」丈夫即位于門外，西面，北上，外兄弟在其南，南上，賓繼之，北上。主人即位，辟門。主人拜賓，右還，入門哭云云。右朝夕哭。徹者盥于門外，升自阼階。祝先出，酒豆籩俎序從，降自西階云云。右徹大斂奠。乃奠。醴酒脯醢升，丈夫踊。入，如初設。賓出，主人拜送云云。右朝夕奠。」

問：「朝哭俟日明，夕哭俟日暗。」吴益升。尤庵曰：「《禮記》『夕奠逮日』，《家禮》『夕奠畢，奉魂帛入靈床，哭盡哀』。合二禮觀之，則似不至暗矣。」

又曰：「朝夕哭不拜，若以爲常侍几筵之故，則朝夕奠，朝夕上食，何以有拜也？此不可曉。朱子嘗晨夕謁廟，以一日暮醉歸爲未安，而仍廢夕謁。據此，則夜歸几筵而廢哭拜者，或彷彿於此耶？不敢質言。」答宋奎濂。

又曰：「虞後朝夕哭時，不須啓門燃燭，雖葬前燃燭，非禮也。」答閔元重。

奠

朝夕行奠之節

退溪曰：「朝夕奠有别床，上食時，勿撤可也。有前後床，則朝夕奠，奠於前床似可。」《言行録》。

南溪曰：「朝夕奠與饋食于下室乃兩節，而方氏合而論之，恐未安。」答李彦純。

問：「朝奠及題主條云再拜，哭盡哀，遷柩條哭盡哀，再拜，虞祭則哭再拜，文勢不同。丘《儀》於此數者，皆以且哭且拜爲之儀節。」黄宗海。

退溪曰：「執奠，子弟之職。或子弟有故，親執可也。」答金就礪。沙溪曰：「丘《儀》亦可從也。」

寒岡曰：「喪主洗手親祭，决不可也。無族人執事，則令行者可以代奠。內喪，則令婢子可以代之。」答盧亨運。

問：「葬前奠上食，主人自行，則似當盥手。」尹宷。尤庵曰：「當用略自澡潔之文，或無妨矣。」

問：「朝奠條不言主婦。」閔采萬。南溪曰：「殯後男子位于堂下，婦人猶在堂上，饋奠之時，恐無不參之理。既參，則又恐無不拜之理。」

朔望行奠之節

同春問：「三年内殷奠無參降，何歟？」沙溪曰：「孝子常侍几筵，故不爲參降也。」

南溪曰：「朔奠雖用肉魚麵米食，而稍減於大祭，鮓不必用，如醬，亦當依上食設於食床中，羹當置於匙楪之内，皆象生時之義也。」答成文憲。

退溪曰：「朔望奠，在禮亦無三獻，混依祭行之，今思未爲得也。」答鄭惟一。

又曰：「士惟朔奠者，先王制禮，有降殺等級，然今人非至於窮不能辦，則并舉望奠，亦未爲僭也。」答權好文。

沙溪曰：「按《家禮》無論士與大夫，皆無月半之奠。蓋朱子斟酌時宜，從簡之道也。東俗雖寒，士家亦設於月半，非《家禮》之意，然其來已久，似難猝變。」《家禮輯覽》。

同春問：「《士喪禮》『月半不殷奠』，月半奠固是大夫禮，然平日家廟常行望日參禮，今於几筵，豈可全廢？惟饌品與朔奠有差，如何？」沙溪曰：「望奠差減而行之爲可。」遂庵曰：「朱夫子朔望歸奠，與《家禮》有異，誠不可知。無乃韋齋贈爵至大夫，祝夫人從贈，三年祭奠用大夫之禮，故如此耶？若然，則不必爲士望奠之證耶？」答李柬。

問「《士喪禮》有『輟朔奠』之文」云云。成爾鴻。遂庵曰：「奠則必留酒果者，以其依神也。朔奠雖輟糆餅之屬，酒果則仍存可也。何必并輟酒果，然後方謂之輟耶？」

俗節別設合設之辨

沙溪曰：「俗節因朝奠兼上食，行之似過盛，朝上食後別設無妨。」答同春。

同春曰：「上食後別設恐當。」答閔維重。

尤庵曰：「俗節重於朔望，審矣。《問解》所答，恐別是一義也。以兼設於上食爲過盛，而欲別設焉。若以常情言之，則別設爲重，而合設爲輕。今反以合設爲盛，恨不得稟質也。」答李浡。

問：「《問解》答同春俗節之問云上食後別設酒果數品，俗節但言流頭、七夕、重九等節歟？抑並言正朝、秋夕、寒食、端陽四節歟？」吴益升。尤庵曰：「當如老先生説矣，然兼行於上食，恐亦無妨也。既云俗節，則似是普同言之耳。」

南溪曰：「沙溪以爲過盛者，恐其同設與朔奠無別也。依其説，别行於上食後恐當。」答金栽。

遂庵曰："俗節因朝奠兼上食，是今世通行之例。上食後設，未嘗聞也。"答金秀五。

發引日行朔望奠之節見發引條

發引前諸子女別奠當否上同

葬後朔望奠見葬後諸節條

祥後行奠之節見祥後諸節條

父在母喪祥後饋奠當否見父在母喪諸節條

在外行奠之節見離喪次諸節條

上食

成服前上食當否

退溪曰："上食所以象平時也。死喪大變之初，死者魂氣飄越不定，生者被括哭擗無數，此時只設奠以依神，則可矣。上食以象平時，非所以處大變也。當是時，生者三日不食，亦爲是也。而今之《儀注》於小斂前已有上食之文，恐失禮意。"答金就礪。

沙溪曰："《五禮儀》襲下有始設朝夕奠及上食之文，而《禮經》及《家禮》則成服之日始設，當從《禮經》。"《家禮輯覽》。

陶庵曰："成服前上食，終恐非時。襲奠前用庋閣之義，已極精細。只當依此而已。奉養之具四字未敢知，上食之必在其中也。"答徐宗華。

在途成服前饋奠見喪變禮道有喪條

上食處所 與葬後諸節條中葬後上食當否條所引《檀弓》、朱子諸説參考

退溪曰：「今俗殯前設几筵，朝夕奠及上食皆行於此矣。《儀禮》有『饋食下室』之文，下室猶今中堂，然則古人設几筵處只行朝夕奠，而上食則象平時行於中堂矣。此與今制不同，未知其上食處以何依神而上食也。」答趙振。

同春曰：「據禮，大斂始有席而無几，至虞始設几筵相配。下室之禮在於未葬生事之時，則其不配設几筵無疑。況葬前奠時，經與記明言設席於室奥東面，不言設於下室，則其以殯室爲主也明矣。寧有歸重於下室，反設虛位於殯室之理耶？」答姜碩期。

尤庵曰：「下室燕寢，即今内堂也。」答李碩堅。

南溪曰：「下室即内寢，生時飲食有事處也。然後世難備此制，故乃於靈座前行之，亦自有義。」答文後開。

上食時陳設行事諸節

同春問：「三年内朝夕上食，禮無燃燭之節，而奠賻儀有燃燭之文。退溪先生亦曰『上食時廢燭未安，而貧家蠟燭實難常繼，代以油燈無妨』云，當依此遵行耶？」沙溪曰：「申生義慶及礪

城説録上。」

申生義慶曰：「云云，從《禮經》之説，早暗則燃燭，既明則滅之，可也。」〇礪城尉宋公寅曰：「《家禮》大小祭祀，并無用燭之節，而《儀禮》有質明滅燭之文，《禮記》有日不足繼之以燭之語，以此觀之，燭之爲用，只以破暗，無預於事神之道也。」

退溪曰：「上食時，只奠一酌可也，但朔望則依《五禮儀》注奠三酌，恐或爲宜。」答金就礪。

南溪曰：「上食用酒，雖無明文，世人行之已久，有不得而廢矣。三年内上食，乃以象生時爲主，當右設無疑。」答梁得中。

沙溪曰：「代神祭乃盛祭時禮也。朝夕上食，則不當爲之。」答同春。

尤庵曰：「進茶後抄飯一節，恐是東俗，《家禮》則無之，恐當以《家禮》爲正。」答或人。

陶庵曰：「抄飯一節，鄙家以三年内象生隨俗行之，三年後，則不行之矣。」答李灌。

南溪曰：「上食終始立哭者，是也。」答朴尚淳。

又曰：「奠及上食無論輕重，皆當用一再拜之禮。」答李綎。

問：「使婢僕上食不謹，不如不行。」金就礪。退溪曰：「此甚未安，但亡者或慮其若是，而有廢其上食之遺言，則只朔望可矣。無是而郤廢几筵之奉，未可輕議也。」

上食不用拘忌

南溪曰：「新舊喪雖不同，上食非時忌祭當齋之比，則往返喪家後參上食，恐無大妨。」答洪重楷。

又曰「痘患不可廢饋奠哭泣」云云。詳見喪變禮染患中喪禮諸節條中饋奠不忌痘患條。

夏日三上食

同春問：「人或有夏日三上食者，如何？」沙溪曰：「《儀禮》注疏有所論。」《士喪記》「燕養饋羞湯沐之饌，如他日」注：「饋，朝夕食也。」疏：「鄭注《鄉黨》云不時非朝夕、日中時，一日之中三時食。今注云朝夕不言日中者，或鄭略言，亦有日中也；或以死後略去日中，直有朝夕食也。」

南溪曰：「《禮》無三上食之文，獨我國文昭殿之制如此，豈聽松孝思無窮，姑遵此制耶？栗谷之載于《行狀》，亦非以爲後世法，只明其當時自致之實耳。」答沈俔。

值先忌緬禮上食用素當否

愼獨齋曰：「神道固與生人異，但葬前則雖不祭祖先，而其日用素，似合情禮。」答崔愼。

尤庵曰：「父母葬前一用事生之禮，則其行素之日用素饌於饋奠，亦或人情之所宜。然不敢質言。」答或人。

又曰：「先賢之説，以爲父死於祖喪中，則葬前用素饌，自虞祭以後，則用肉饌。蓋虞以後，則神之之故也。喪中尚然，况忌日乎？」答金瀞。

問「葬日即親忌」云云。洪重楷。南溪曰：「下棺時刻若在平朝以前，則自朝上食用肉，若在辰巳以後，則朝上食用素，自題主奠始用肉，如何？」

同春曰：「喪中死者，祖先忌日，恐不必用素。」答閔泰重。

南溪曰：「若葬前，則雖每忌素饌亦可，卒哭後，似當用肉饌。」答洪重楷。

又曰：「泛言三年内上食之禮，則既在虞卒哭神之之後，故可以不用素饌矣。今此先墓遷改之時，則又與常時上食之時有間，孝子若有不安之心，則當以此推而上之，體先府君孝心，而略變其禮，恐亦或有其義矣。然未見有明文，故不敢質言。」答閔鎮厚。

問「將行曾祖緬禮，而於亡親几筵朝上食，當用素饌」云云。李命栽。陶庵曰：「以生人而體亡者之心，雖若不安，而葬後則以神事之，禮也。只當用常饌，殷奠亦無可廢之義。」

發引日朝上食見發引條

葬日值先忌上食用素當否見上值先忌用素當否條中南溪説

虞祭日夕上食見虞條

葬後上食當否見葬後諸節條

練後上食哭泣有無見練後諸節條

父在母喪祥後饋奠當否見父在母喪諸節條

新喪成服前前喪上食當否廢朝夕哭并論○見喪變禮并有喪條

新喪葬前前喪上食用素當否上同

并有父母及諸親喪饋奠行事之節上同

私喪中遭國恤饋奠行廢用素當否見國恤條

追喪除服前上食當否見喪變禮追喪條

無後諸親喪撤几筵遲速見喪變禮無後喪條

生辰

同春問："先考生日適在季秋，欲於三年後，因其日行禰祭，而第未知三年內設享，亦難免非禮之譏否？"沙溪曰："几筵異於祠堂，以酒果餠麵如朔奠禮設之如何？此非祭禮，恐無不可。」

問：「三年内遇亡人生辰，上食後，别設數饌行之，何如？」吴益升。尤庵曰：「恐當如此，鄙家喪中象平日饌品稍備而行之耳。」

南溪曰：「生辰祭雖曰非禮之禮，三年内則又不可不行，其儀倣俗節别設。」答沈壽亮。

陶庵曰：「生朝之祭，一日再祭，恐近於瀆，兼設於殷奠似爲允當。」答閔百善。

吊慰

吊時服色始死吊服見親厚入哭條

退溪曰：「古人至以首腰絰往吊，今人雜服以吊，俗之弊也。素冠雖不可爲，白衣白帶甚可也。」答趙振。

吊時諸節

尤庵問受吊之時迎送之節。沙溪曰：「《禮經》所論可考。」

《喪大記》：「婦人迎客送客不下堂，下堂不哭。男子出寢門外見人不哭。」注：「堂以内至房，婦人之事；堂以外至内，男子之事，非其所而哭，非禮也。婦人於適者，固不下堂。若君夫人來吊，則主婦下堂，至庭稽顙而不哭也。男子於適者之吊，亦不出門，若有君命而出迎，亦不哭也。」

沙溪曰：「問《曲禮》居喪之禮，升降不由阼階，則拜賓之時，亦由西階而升降乎？今《家禮》主人哭出西向再拜，賓亦東向答拜。所謂西向之位，其不在阼階下乎？愚曰，按《士喪禮》『君使人禭，主人拜如初，有大夫，則特拜之，即位于西階下，東面，不踊』，注『即位西階下，未忍在主人位也』，疏『小斂後，始就東階下西南面主人位也』。又『男女奉尸侇于堂，主人出于足，降自西階，衆主人拜賓，即位，踊』，注『即位，踊，東方位』，疏『即位踊東方位者，謂主人拜賓訖，即向東方阼階下即西面位』。又按《雜記》曰『吊者即位于門西東面，主孤西面，相者入告，出曰「孤某須矣」』。吊者入，主人升堂西面，吊者升自西階』，注『門西，大門之西也。主孤西面，立於阼階之下也。須，待也，凶禮不出迎，故云須矣。主人升堂，由阼階而升也，《曲禮》升降不由阼階，謂平常無吊賓時耳』，以此觀之，始死拜賓在西階下東面，而小斂始就阼階下西面。」《家禮輯覽》。

南溪曰：「以《家禮》位次觀之，客之始至，主人當在柩東之位以哭，及客哭靈座訖，乃哭而出，西向受吊。然今禮皆不能從，從《備要》位次行之，恐不得不然。」答鄭尚樸。

尤庵曰：「吊喪時上香，自有明文，何可闕之？吊人時，主家炷火則上香，不然則亦闕之矣。」答尹寀。

問：「今人吊喪，或立哭，或伏哭。」黄宗海。　沙溪曰：「當立哭也，然從俗伏哭亦無妨。」

尤菴曰：「朱子祭延平文有『伏哭柩前』之語，余以此爲據，而吊喪伏哭也。」答崔慎。

栗谷曰：「今人多不解禮，每吊客致慰，全不起動，只俯伏而已，此非禮也。吊客拜靈座而出，則喪者當出自喪次，向吊客再拜而哭，可也。吊客當答拜。」擊蒙要訣。

尤菴曰：「主人只一再拜，自是今人之失，今世亦有再度再拜者矣。」答尹寀。

遂菴曰：「拜禮宜從古禮，而吊者不應，則從俗亦何大妨？」答安太爽。

問：「吊喪時主人拜賓，則賓或有立而受拜者，或有伏而受拜者。」金天賚。　陶菴曰：「立而受之爲勝。」

南溪曰：「《曲禮》云『凡非吊喪，非見國君，無不答拜者』，蓋古吊禮賓不答拜故也，今《家禮》本《書儀》有答拜之文，楊氏所謂交拜非禮者，只以古禮爲主耳。」答李德明。

問：「甲云『凡吊禮，尊卑雖不齊，孝子必先再拜』，乙云『主人一拜未畢，客隨主人互答一拜，後一拜亦如之』。」梁處濟。　南溪曰：「凡賓主相拜，立定，主人先再拜，訖，立定，賓又再拜以答之。今俗不知此義，賓主皆一時相拜，非但吊禮然也。是故禮意則甲説固是，而行禮則乙説自成，必賓主皆知此意，相約變俗，然後禮可行也。」

問半答跪還。俞命賚。尤庵曰：「凡拜，雙下兩膝，而今只落一膝，故曰半答跪還，每欲以跪字屬上句，還字屬下句看。」

問跪還。成文憲。南溪曰：「半答其禮，故不爲之與拜，但跪而回還也。」

問：「鄭注云『非親戚來吊，則帷中之哭不可』云云。」梁處濟。南溪曰：「《禮》無内外皆哭之文，鄭説似是，惟設奠時必用女僕，則或可從哭，以助主人之哀也。」

吊有哭不哭

問：「交深者在喪，則雖不知亡者，吊而且哭可乎？」栗谷曰：「子夏喪明，而曾子哭之，若哀其在喪。而欲哭之情發，則雖哭無妨。」

問：「知生者吊，知死者傷，禮也。但生者情厚，則雖不知死，似不可不哭。」姜碩期。沙溪曰：「死者無分，則豈可强意哭之。」

冶谷曰：「若與生者情厚如兄弟，雖不知死者，其父母猶我之父母也。與死者如兄弟，則雖不知生者，而視其子當如己子也。其與之哭盡哀以同其戚，烏可已？」尤庵曰：「吊生哭死，《禮經》之文甚明，其間抑或有稱情變通之義耶？第朱受之詣東萊時，朱子令致語曰『某於門下，自先祖父以來，事契深厚』云，而只令展拜席下，郎中公几筵，亦以命焚香再拜而已，未嘗令哭，則其情文之間，必有量度處中之道矣。」答南溪。

問：「曾子曰『朋友之墓，宿草不哭』，今或在遠地，練後往吊，則猶且不哭乎？」吳允諧。沙溪曰：「曾子之説雖如此，若情厚者則哭之何害？亦人情之所不能已也。」

問：「死者無分，拘於生者情厚，而哭死者既不可，只吊生者而不拜死者，亦似迫切。」蔡徵休。遂庵曰：「平日與死者不相知，則不須入拜，只吊喪人，何妨？」

主人與吊者有知不知

問：「人之吊問也，兄弟有知有不知，則知者獨可受吊耶？抑不知者，並可出受耶？」李泰壽。南溪曰：「來客無請吊知者之意，則主家恐難以不知之故，先自引入。」

沙溪曰：「於死於生者，皆所不知之人，非爲喪事，亦不爲吊慰而來，則不必哭也。」答同春。

吊内喪 内外同殯合葬處哭拜并論

退溪曰：「禮，嘗升堂拜母之外不許入，今人皆入吊，未安。」答寒岡。

問：「平日若不升堂，則似不可爲外喪，而便入哭於内喪同殯之處，如何？」姜碩期。沙溪曰：「内外喪不可同殯，入哭與否，不須問也。」

又曰：「婦人之喪，未及升堂者，不哭可也。鄉人多有哭之者，非是。」答黄宗海。

問：「婦人喪未升堂者，同姓親非同五世祖者，異姓親七八寸，入哭與否？」吴益升。尤庵曰：「同姓則無問親疏，異姓當視情分之如何耳。」

又曰：「尹子仁於亡室未嘗相見，而亦入哭云，此恐參酌情禮而處之也。」答宋奎濂。

遂庵曰：「内喪入哭者，雖同姓不可太無限節，袒免之外，則似未安。異姓戚誼若切近，則平日雖偶未及，升堂入哭，有何不可？」答宋相琦。

又曰：「婦人之喪，雖未升堂，情若親戚，則吊喪人時，哭之亦何不可？」答蔡徵休。

農巖曰：「一家婦女，雖平日所不面，其喪似須入哭，從前於同姓親雖八九寸皆入哭，異姓視此有間，而五六寸則亦宜入哭。」答魚有鳳。

問：「内外同殯處云云，先賢墓未必獨葬而多省謁。」梁處濟。南溪曰：「同殯則猶同室，恐難直行入哭，墓則不然。比之生人之家，家中雖夫妻同處，從家外哭拜，何害？曾見尤庵必便向男位所安處而行拜，其亦有義耶？」

畏壓溺不吊

沙溪曰：「畏壓溺不吊，《檀弓》有之，而不服之言，則未之見。若死於兵，若赴京溺於海，則豈有不吊之理乎？」答黄宗海。

吊日不飲酒

尤庵曰：「吊人而不飲酒食肉，禮則然矣。然情不親厚者，則只一不肉亦可耶？」答尹寀。問：「親知之喪，雖已吊哭有時，往臨則不飲酒食肉。」尹寀。尤庵曰：「程子葬父，周恭叔主客，客欲酒，恭叔以告先生，曰『勿陷人於惡』。」

陶庵曰：「吊後不飲酒食肉，在喪家則固宜如此，而若或多日，則亦恐未易，然勿於有喪者之側，可也。」答安鳳胤。

下棺題主前吊奠見引後窆前諸節條

返哭時行吊見返哭條

練祥日吊哭見小祥條

除喪後受吊見祥後諸節條

喪中吊哭致奠并論○見居喪雜儀條

重喪中遭輕喪不能具服者會哭受吊之節上同

在外吊哭見離喪次諸節條

服人不在喪次者受吊上同

慰疏式見書疏式諸條

奠酹

奠酹諸節

頤庵曰：「今俗致奠，争相侈靡，以爲不若是，不足以行禮。或有謀諸婦而未易辦，則遂不行之，惑矣。何不烹一隻雞，釃一壺酒，一哭而酹之，靈魂必爲歆享矣。」

又曰：「奠禮必用香燭何耶？意者一家之人精神相接，固無所待矣。若其自外來者，須憑光氣薰灼之功，可通幽明有無之際，兹所以用之者歟？」

問：「《家禮》致奠在於祖奠前，而世俗皆以祖奠後。」李綎。南溪曰：「當依《家禮》，其因事致晚者，不在此例。」

問：「《士喪禮》質明滅燭，吊者必不於昏夜來哭，而炷火燃燭，何耶？無乃吊者既已持來，故不欲虛其意，雖晝亦燃之耶？」鄭尚樸。南溪曰：「《輯覽》之意亦然。」

問：「入酹跪酹，酹作奠字，則不祭於茅，而直獻神之謂耶？」柳貴三。南溪曰：「入置神位之前，當少傾於茅上。」

問：「奠用香茶燭酒果，注曰：『有狀，或用食物，即別爲文。』爲文即別作祭文之謂也，只用酒果，亦可爲文，何必待用食物而後乃爲文耶？」或人。尤庵曰：「只用酒果，是分不甚厚而循例致奠者。惟分厚者，然後用食物，故亦別爲文也。此段之意，恐是如此。」

問：「入哭奠訖條『主人哭出西向』云云，蓋主人本位於靈床之東，至是哭出幃外，故《輯覽》圖亦然。而至於《備要》，則主人位圖於靈座之東，而哭出西向圖於階下，恐失照勘。」崔徵厚。遂庵曰：「《輯覽》圖似是矣。」

南溪曰：「焚祭文雖在儀節，若必如此，喪家有不見其文者，不焚恐無妨，蓋與祝文有間矣。」答李行泰。

問：「喪中不可往哭，朋友以文伻奠。」李時春。南溪曰云云。見居喪雜儀條中喪中吊哭條。退溪曰「既葬後奠几筵，三年已過，就墓行之」云云。詳見師友喪諸節條中朋友條。

下棺題主前吊奠見引後窆前諸節條

太學奠禮

南溪曰：「奠禮節目中素巾一款，蓋《儀禮》所謂無官云云，正指儒士而言。第今者學生平日專守國家格令，黑布巾之外無他法服，則其不可爲吊服加麻者，乃獨可爲素儒巾乎？以禮意觀之，素巾固當於吊服，而以惟國恤用布裹幞頭之義推之，太學生恐與有官者無别，況於奠物人員皆必自本館辦送，其勢尤礙。禹秋淵性傳記太學致奠栗谷時事，只有着白團領之説，其不素巾，亦可知矣。」與李萬謙。

奠賻狀式

尤庵曰：「《禮》有讀賵之文，《家禮》吊時讀奠賻狀，蓋出於此。其式略如《家禮》所載，而删去送上歆納等字，則或不甚遠否？」答朴光一。

問：「狀内不書甲子乎？慰人答人亦只言月日，而無年。」柳貴三。南溪曰：「平交降等，則禮當減殺，故不用年也。慰答之只書月日，恐蒙此年月之文耳。」

喪中死者不行致奠見喪變禮喪中身死條

禮疑類輯卷之八

喪禮

葬期

論渴慢葬

退溪曰："及期甚當，不幸而窮不及期，則不得已，而至於擇葬，若兄弟各拘吉凶，久而不葬者，甚不可也。"答權好文。

朽淺曰："葬月，《禮》文但言自天子至士之月數，而違此則非禮也。山運之説，出於後世術家之熒惑，至有緣此而經年者，甚無謂也。"答趙惟顔。

尤庵曰："未及三月而葬，則誠有無故渴葬之嫌，而葬踰三月，則有明據。蓋朱子於癸亥三月丁韋齋憂，翌年甲子葬于白塔山，月則未考。雖在其年正月，猶十一月矣。其葬祝夫人，亦在五月之後。今日踰期而葬，恐當以此援例，而無僭逼之慮。」答靜觀齋。

又曰：「《家禮》不問尊卑，皆令三月而葬。然孔子嘗許貧者還葬。所謂還葬，入棺後即葬之謂也。今以貧殘不得已而葬之於三月之内，恐與無故渴葬有異也。」答洪友周。

又曰：「拘於時日而渴葬者，自是違經悖禮之甚者，此何足言？」答尹寀。

南溪曰：「渴慢兩葬，其失均矣。然其過期者，恒多者，爲有近於先遠之義，而雖古君子亦時不免焉，此所以愈於不及者也。」答金萬增。

遂庵曰：「王公以下皆三月而葬，宋時國制也，故《家禮》之文如彼，而我國之制則不然，踰月而葬何妨？」答宋相允。

問「大心死四十日而葬，恐爲報葬」云云。或人。陶庵曰云云。詳見卒哭條中踰月葬卒哭不待三月條。

葬不拘閏月

問：「人家葬期不可用閏月耶？」崔有華。尤庵曰：「吉凶大事不可用於閏月云者，非是。」

問：「三月而葬，《王制》注『除死月爲三月』，而今人皆數死月，何歟？且云大夫除死月，士數死月。」柳貴三。南溪曰：「除死月、數死月之别，以位有尊卑故也。然今人不除死月者，恐以後世大夫、士之辨不得一用成周之制，故此不得獨異而然也。」

擇地

總論

沙溪曰：「按風水之説，其希覬富貴之説，雖不可信，若夫乘生氣以安祖考之遺體，蓋有合於伊川本根枝葉之論，先儒往往取之。文公先生與蔡季通預卜葬穴，及殁，門人裹糗行紼，六日始至，蓋亦慎擇也。昔朱子論擇地，謂必先論其土勢之强弱，風氣之聚散，水土之淺深，穴道之偏正，力量之全否，然後可以較其地之美惡。後之擇葬地者，誠本朱子是説，而參以伊川光潤茂盛之驗及五患之防，庶幾得之矣。」《家禮輯覽》。

尤庵曰：「朱子説可考，陰陽家説，前輩所言固爲正論，然恐幽明之故有所未盡，故不敢從。然今亦不須深考其書，但道路所經，耳目所接，有數里無人煙處，有欲住者，亦住不得。其成聚落有舍宅處，便須山水環合，略成氣象。然則欲掩藏其父祖，安處其子孫者，亦豈可都不揀擇以爲久遠安寧之慮，而率意爲之乎？但不當極意過求，必爲富貴利達之計耳。此等事自有酌中恰好處，便是正理。世俗固爲不及，而必爲高論者，似亦過之也。」答尹寀。

墓地不可倒用

尤庵曰：「墓地既曰倒用，則可見其違理矣。況有程子定論，復何疑乎？」答尹寀。

問：「考位先葬，妣位後葬，而壓在先葬，則尤極未安。」崔鳳應。陶庵曰：「壓臨先葬龍尾，勿論考妣，皆極未安。義理所不安處，則寧不葬，不可行也。」

治葬具

穿壙之具

外槨用否

旅軒曰：「世俗用温公之論者固多矣，然用槨古禮，不可廢。」答或人。

愚伏曰：「槨是聖人之制，《家禮》雖用，温公《書儀》不用槨。其實所謂灰隔，乃今之外棺也。今人難得許大好木，與其多節而白邊者，决不如不用之爲得也。蓋木雖良，終歸腐朽，與骸骨相雜，且令壙中寬廣不能牢固，然則雖有良材，不如不用矣。况合兩棺於一槨之内，則其占地尤爲寬大，使壙中虚曠，易於摧陷，豈非可慮之大者耶？隔板用灰之制，雖出於近代，而石灰之堅完精緻，比石槨片片相合者，不啻過之。以此附棺，有何小欠於孝子必誠必信之心乎？」答鄭榮後。

尤庵曰：「朱先生既主不用槨之説，而有灰隔之制，鄙家遵用之矣。」答尹寀。

南溪曰：「外棺鄙家亦有先戒，近方酌用薄板。」答朴鐔。

又曰：「人有葬父母或不用外棺者，其子不敢變命不用槨，此則情禮固當，至孫曾以下，欲世世守之，恐太泥，或用槨而稍殺其度爲合宜否？」與尹拯。

隔灰諸具見穿壙條中諸條

發引之具

翣

問翣制云云。申湜。沙溪曰：「既曰如扇而方，則高廣皆二尺，欲使縱横正方，而只兩角高四寸而已。今若圓曲而下，自其斜鋭而謂之角，則果可謂方乎？」

同春問：「翣扇似當用造禮器尺，而其高出於棺上，似不穩，勢當用周尺。」沙溪曰：「用周尺似可。」

問「亞翣、雲翣云云，圖式各異，《家禮》《五禮儀》有三角，丘氏《儀節》兩角尖，《喪禮備要》兩角方」云云。蔡徵休。遂庵曰：「兩己相背，取其方也，此乃黻翣，俗傳爲亞翣，畫以雲者，飾也。《家禮》圖出於元人之手，不可從，從《備要》兩角爲得。」

慎獨齋曰：「用數多寡，貴賤不同，而今之大夫皆得用四，未知合於禮否也？位至宰列，可謂大夫，雖得大夫告身，豈可用大夫禮也？」答崔碩儒。

南溪曰：「士者乃上士中士下士之稱，本非無官職者所可得之，然禮窮則通，只當攝用雲翣，而俗人不知，其不敢舉用黻翣，甚無謂也。」答申佾。

尤庵曰："翣扇士之用四，恐是僭也。"答柳億。

陶庵曰："士用雲翣二，自是不易之分，世俗之用四，僭也，何可效尤也？"答李命元。

功布

問功布之功字。俞命賚。尤庵曰："謂大功之布也。"

又曰："功布不見於《家禮》正文，而《附注》有之，是出於古禮也。蓋行柩時執此，以爲抑揚左右之節，未見用二之文，未知丘《儀》據何書，而二人各持也？"答閔元重。

問功布或埋或焚。黄有一。西厓曰："功布，焚之稍穩。"

挽辭 非時不請挽并論○國恤中私喪挽辭見國恤條中私喪葬禮諸節條

退溪曰："廣求虛誇則非，不然用之何害？況今用者多，而不用者罕乎？"答鄭崑壽。

尤庵曰："挽詞，朱先生多有爲人作者，此未知先生自製以誄人耶？或自喪家請之耶？未有所考。"答李箕洪。

南溪曰："挽詞出於後世，非《禮經》所存，若非朋友叙哀，則不必用。"答崔瑞吉。

遂庵曰：「送紙請挽，禮文所無，不爲之可也。」答金龜瑞。

問云云。成德朝。陶庵曰云云。詳見喪變禮被罪家喪禮諸節條中請挽條。

方相

同春問：「方相魌頭，狂夫爲之，何義？」沙溪曰：「諸家說可考。」

《集説軒轅本記》云：「帝周遊時，元妃螺祖死于道，因置方相，亦曰『防喪』，蓋始于此。」○《周禮》「方相氏掌蒙熊皮，黄金四目，玄衣朱裳，執戈揚盾，大喪先柩」注：鄭氏曰：「熊之爲物，猛而有威，百獸畏之，蒙熊皮，所以爲威。金陽剛而有制，用爲四目，以見剛明，能視四方，癘疫所在，無不見也。玄者，北方之色，天事之武也。朱者，南方之色，地事之文也。以玄爲衣，所上者武；以朱爲裳，輔之以文。執戈擊刺，揚盾自衛。凶事多，邪慝乘之。」○「及墓入壙，以戈擊四隅，驅方良」注：鄭玄曰：「方相，放想也，可畏怖之貌。方良，罔良也。《國語》曰『木石之怪夔罔兩，葬則用木石』，木石久而變怪生，故始葬則毆之，亦壓勝之術。」○《風俗通》曰：「《周禮》方相氏入壚驅魍像，魍像好食死者肝脑，人家不能當，令方相立於墓側，以禁禦之。魍像畏虎與柏，故墓上樹柏，路頭立石虎。」○魌頭，《會通》：「鬼首也，亦方相，今逐儺有魌頭。」○「狂夫爲之」，方氏曰：「狂疾以陽有餘，足以勝陰慝故也。」

尤庵曰：「方相，《周禮》曰四人，又曰大喪先柩。大喪，君喪也。君喪四人，則臣下二人可知。」答尹寀。

遂庵曰：「方相氏掌魌頭之屬，似是官名，直以鬼服之人爲方相氏，果誤。」答蔡徵休。

窆葬之具

豐碑轆轤

南溪曰：「豐碑固爲天子之制，司馬公乃有有勛德者豐碑下棺之説，其來已久。」答朴鐔。

問：「《備要》窆條曰『用兩柱轆轤極便好』，而《檀弓》康子之母死，般請以機窆，公肩假曰不可，其不可之説，是避諸侯僭天子、大夫僭諸侯也。若是，則《備要》轆轤之訓，何歟？」權鑌。

南溪曰：「《檀弓》之説雖如此，豈以後世或多通用者，故《備要》之説云然耶？」

玄纁

愚伏曰：「贈幣當用玄六纁四，但《禮》有『貧不能具，則二者各一亦可』之文。尋常以太薄爲歉，思欲就其中用三二之數。讀《禮記》得一明證，有曰『魯人之贈也，三玄二纁，長尺廣終幅』，注云：『譏其不用制幣也。』所謂制，即指丈八尺而言也，但譏其短狹，而不譏三二之非禮。心竊喜之，故葬子時用此數，而制用各丈八尺，蓋出於貧不能具禮，非有他意也。尺非周尺，乃造禮器尺。」答盧峻命。

南溪曰：「後世尺本甚多，然玄纁之本出於《儀禮》。《儀禮》時豈有所謂三司布帛尺、造禮器尺等制耶？以此推之，恐當用周尺，但周尺《家禮》與《備要》不同，而《備要》實出於《五禮儀》，似當從此也，亦以《家禮》尺太短，難用故耳。」答金南烈。

下帳

尤庵問下帳之義。沙溪曰：「下帳者，恐是對上服而言也。如公服靴笏幞頭襴衫在身上之物，故曰上服；床帳裀席倚卓在人身之下者也，故曰下帳。看下劉璋所引温公《喪禮陳器篇》説，則可知矣。退溪之意，則以爲當下之帳，恐未然。鄭道可問下帳，置之不敢知，愚答之云云，道可曰『來教得之』。」

《綱目》「周主賔造五后下帳」，注：「山陵中便房所用，自居上帳，五后居下帳。」上帳、下帳之説當考。

明器

退溪曰：「明器古人亦有不用之説，恐致壙中空闊，且無益故也。然制禮之意云，不欲致死之故，用平時之物，不當致生之故，具而不可用，其義亦甚切至而精微，略用而別作便房以掩之，恐無不可也。」答李楨。

尤庵曰：「朱子曰『禮文之意大備，則防患之意不足』，明器即其一也。夫車馬等三十事腐朽之後，空虛成坎，蟲蛇居之，且妨牢固之勢，朱子之不用，似出於此也。」答朴銑。

問：「明器下帳，禮家雖有不必用之説，而全然不用，亦欠存羊之意，故前喪只略用明器下帳矣，然朱子以爲某家不曾用，今欲依此不用，如何？」李選。同春曰：「明器用亦可，不用亦可，然依前喪所爲而爲之，如何？」

筲

問「《家禮》筲注『竹器五，以盛五穀』云，而《既夕禮》『筲三，盛黍稷麥』」云云。姜碩期。沙溪曰：「《家禮》與《儀禮》果不同，可疑。五穀之名，見《孟子》注，以此用之，如何？」

《孟子》注：「五穀，稻、黍、稷、麥、菽。」

誌石

陶庵曰：「婦人誌石之蓋，夫在則書夫之姓名，夫亡則云某公而不書名者，夫在夫爲之主，自書其名於妻之誌蓋，無不安之義，故書姓名；夫亡則子爲之主，爲母誌而書父名，有所未安，故只書某公，而不書名，即不敢援尊之義也。然誌者，所以志其爲某墳，而傳示於永久之計也。所重有在，雖書父之姓諱，恐亦無妨，執兩而擇定，如何？」答崔鳳應。

題主之具

神主總論

問：「古者大夫無主，或曰有主。」李惟泰。沙溪曰：「諸家説附見于左，可參考也。」

《通典》：後漢許慎《五經異義》：「或曰：『卿大夫士有主否？』答曰：『按《公羊》説，卿大夫非有土之君，不得祫享昭穆，故無主。大夫束帛依神，士結茅爲菆。』」○徐邈曰：「《左傳》稱孔悝反祏，石主也，言大夫以石爲主。又《公羊》『大夫聞君喪，攝主而往』，攝斂神主而已，不暇待祭。皆大夫有主之文。自天子及士，并有其禮，但制度降殺爲殊，何至於主惟侯王而已？《禮》言重，主道也，埋重則立主。今大夫士有重，亦宜有主，以記别座位。有尸無主，何以爲别？」〇《士虞》疏：「大夫士無木主，以幣主其神，天子諸侯有木主。」〇《開元禮》：「四品以下無主。」按經傳未見大夫士無主之文，有者爲長歟？〇程子曰：「某家主式是殺諸侯之制也，白屋之家不可用。」

又曰：「《大全》不當作下自注有官人自作主不妨云，蓋朱子之意，乃爲主式元非國制，本無官品之限，雖子孫無官，不必遽易祖先已作之神主，但繼此以往，當作牌子，而不作神主，有官者自當作神主云歟？」《家禮輯覽》。同春曰「有官人自作主」云云。上慎獨齋與沙溪説同。

主材用栗

沙溪曰：「三代主木之不同，亦以其土之所宜歟？」《家禮輯覽》。退溪曰：「取其堅實，别無其義。」

櫝

旅軒曰：「櫝式，《家禮》作主注説下朱子不明言其制，而止云『櫝用黑漆，且容一主』，則無所謂蓋坐之式矣。卷首圖乃出他人之手，而其説曰『今以見於司馬家廟者圖之』云，則恐不是古來正式不可易之制也。而朱子既謂『櫝且容一主』，則不宜其内又有容一主之坐也。」答或人。

沙溪曰：「愚按坐式與兩牕櫝卷首有圖，故後人有俱用之者，有用坐式者，有用兩牕櫝者，不能適從。余嘗以爲疑。頃年偶得南雝《家禮》，始知坐式司馬公家廟所用，兩牕櫝韓魏公所用，今於《諺解》圖分明書之，如何？僕之意非欲必去之也。朱子之意，以爲坐式且容一主，夫婦俱入祠堂，乃如司馬公之制也。近世礪城尉宋公寅不知其義，廢坐式，專用兩牕櫝，只於出入時用坐式，此非《家禮》本意也。」答申湜。

尤庵曰：「櫝坐式之制，老先生所答，申知事者心常疑之。《家禮》圖所謂坐式者，對蓋式而言也。坐者，其底之坐主者也。蓋者，自上韜坐者也。所謂式者，猶云制也，本非名也，猶曰坐之制、蓋之制云爾。合坐與蓋，則是櫝也，非坐與櫝爲兩物也。故坐蓋圖右題以櫝字，此可知也。其下兩牕圖上，又別以櫝字爲題。是坐蓋者，櫝也，兩牕者，亦櫝也，何以有上下之別也？其制異故也。《家禮》治葬章，所謂『夫婦俱入祠堂，乃如司馬氏之制』云者，指其上條所載司馬公府君夫人共爲一櫝之説也。其所謂制者，非謂櫝制而言也。蓋坐蓋之式，豈不容二位三位？兩牕之制，亦何妨於止容一位也。今《問解》所答申公問，謂朱子之意以爲坐式且容一主，夫婦俱入祠堂，乃如司馬公之制云。其上既云『坐式，司馬公家廟所用』云，而其下所云，則似以坐式爲非司馬公之制。上下自相徑庭，且所謂朱子之意云者，似不如是，竊恐當時偶失照勘也。蓋坐式之式字，必非其名，非以爲名者也。且所謂坐式者，非可以單言者，特以對蓋而言者也。而南氏雖誤以坐式名之，而後世因襲如此，非但失司馬之本意，亦非卷首圖之本意矣。但卷首圖既以坐蓋爲櫝，於兩牕亦只下櫝字，無有主客之辨，故見者於蓋式，只見有蓋式字，而不察其上以櫝字大書以爲題目，而於兩牕之上，乃察其櫝字之題，遂獨以此爲櫝。若使作圖者於其兩牕之上，題曰兩牕櫝云爾，則其上所謂坐蓋者正是櫝，而此亦爲别制之櫝矣。如是則主客分曉，而上下相足矣。若如鄙見，而坐蓋果是櫝，則兩用馬韓之制者，是入於櫝而又入於櫝也，似非司馬及朱子之意也，如何？」答李選。

又曰：「《要訣》之云，恐非謂既安神主於蓋坐，而又以安於櫝中也。似以爲只以主身安於櫝中，及至忌祭出主之時，始以蓋坐奉安主身而出云耳。又見先師記礪城尉用兩牕櫝，至於出入時用坐式云云，無乃當時俗禮如此，故《要訣》亦因之耶？然《要訣》立文，必明白通暢，使人易知，而今此奉神主蓋坐云者，似甚硬澀，故每疑神主下脱一于字，未知然否？第又記申知事説，則以爲既置之坐式，復安之櫝中，藏之謹密，愈見其貴重云云。《要訣》之意，亦或如申説，而所謂奉神主蓋坐云者，謂是奉出安主之蓋坐於櫝中之意耶？是未可知也。除是俱非《家禮》本意，其純用《家禮》者，恐無如《備要》之制也。」答朴尚玄。

南溪曰：「《家禮》有櫝韜藉式及櫝式，前所謂櫝即坐式蓋式，而出於司馬温公家後，所謂櫝即兩窗櫝，而出於韓魏公家，《家禮》所謂櫝，果指何制？然《書儀》之説，朱子引之，則共爲一櫝，潘氏引之，則曰共爲一匣，皆爲《家禮》所本。以此推之，《家禮》雖不言櫝制如何，其非兩窗櫝，而自爲坐式蓋式，較然甚明。」

韜藉

旅軒曰：「韜式本圖下説，謂式如斗帳，頂用薄板，則似是四隅有細柱，着于其頂之薄板，然後以色帛周繞合縫於其後，則其闊必并容其趺者也。而今俗不用頂板，但造帛帽，或有只容其趺上之身者，或有上狹下廣，一依神主之像而用者，此在取用之如何耳。」答或人。

沙溪曰：「《圖式》《圖注》合縫居後之中，稍留其末不縫者，欲令并韜其趺也。今人或有只距趺面，而不并韜者，恐非也。」《家禮輯覽》。

同春問「韜藉之制，不見於《家禮》本文」云云。沙溪曰：「《朱子大全》李堯卿書云『考用紫囊，妣用緋囊』，此非韜制，而何其制本出温公《書儀》云？」

又問：「韜藉世人所用，其制不一，或與主身齊，或與趺方齊，何者爲得？」沙溪曰：「本注既曰『式如，斗帳頂用薄板』云，則其制可想，并韜趺方爲是。本注所謂與主身齊者，當通趺方所植看，藉方，闊與櫝内同，疊布加厚，裹之以帛，考紫妣緋。」

又問：「考紫絪緋何義？」沙溪曰：「《集説》中有所論，可考也。」

馮氏《集説》曰：「古人重紫輕緋，故有此分。今國朝玄黄紫色，不可僭用，韜用紅羅，當遵從之。」又云「宋常朝公服，一品至三品服紫玉帶，四品五品服緋金帶」云云。○《小學》注「三品應服紫，五品應服緋」云云。尚紫非古，乃唐俗也，而先儒用之者，姑從時俗耳。

尤庵曰：「韜藉本出温公《書儀》，李堯卿以問於朱先生，而先生無答語，亦不著《家禮》，雖不用可也。」答韓如琦。○下同。

又曰：「韜藉緋紫，雖是門人所問，而朱子既無是非之語，遵用恐無妨也。」

問：「聖人不以紅紫爲褻服，而神主韜藉，或用紅羅，或用紫緋。」金光五。遂庵曰：「韜藉元非古制，凡俗習異於聖訓者，奚但此一事而已？聖人復起，必有所釐正。」

成墳之具

石碑碣銘并論

陶庵曰：「按《家禮》，墓，無他石物，只有小碑，後人尚文，必欲侈大而後已，故貧不能備者，只設床石等物，而碑則闕焉，甚失輕重之義。今之竪碑者，只當依《家禮》立小碑，其他石物，徐圖亦不妨。」《四禮便覽》。

問：「立碑注石須闊尺以上，其厚居三之二，何義？」俞命賚。尤庵曰：「石面之闊一尺二寸，則其厚當爲八寸也。」

南溪曰：「兩位表石，右書府君，左書夫人，當如神主之制。而世人或多用順書之制，未知孰是夫人位？之墓二字不必書，只書祔以別正位，似可。」答柳貴三。

退溪曰：「雙墓表石，今人率用一件，恐不違禮。」答權好文。

尤庵曰：「夫與元妃合葬于上，繼妃祔于下，則表石當立于夫，而書曰『前妃某氏祔左，繼妃某氏祔下』云。」答南溪。

南溪曰：「未復官之人題主稱及第，乃我國通例也。墓表恐無所異，至於稱號，或是非常調者，不得已爲之事，似難爲法。」答朴泰崇。

問：「有人爲親屈意赴舉，專用力於學問上，及其歿也，士友嗟惜，稱以處士，則於其表石書以處士，無害於禮意。」申光彦。陶庵曰：「亡者有實行，當書以處士，而或不厭於鄉黨公議，則所以尊之者，適所以誣之，此不可不審慎。」

尤庵曰：「內喪表面之題，竊瞷朱子立言之意，有官者姓名下某封即無官者妻字之换稱也，以俗見，則書以某人妻某氏似可，而朱子之意，則是疊稱也。如何？○嘗見成東洲自寫其内表，則云『嗚呼有明朝鮮昌寧成悌元妻恩津宋氏之墓』，東洲是有官人，而如此書之，未可知也。」答閔維重。

又曰：「婦人墓表不書鄉貫，自有《家禮》之文，而我東未變胡風，娶於同姓，故必書鄉貫，略似有别，而遂以成俗，故雖非同姓，而亦書之者多矣。」答尹寀。

石物 墓前立石及樹柏之義見方相條

沙溪曰：「按術家禳鎮法，凡人家中有喪服不絶者，以石九十斤埋於艮上大吉，所謂鎮石，疑亦此類歟？」《家禮輯覽》。

尤庵曰：「床石非禮文所設也，其所謂席者，則設饌之席也。」答鄭纘輝。

問：「石人望柱，《家禮》無，《大明律》始有，分等定制，若此之嚴，而《備要》不言士庶與否，又添床石、階砌石，及夫魂遊石、香石，今俗亦頗用之，何也？竊恐其中所謂床石、香石，只是床卓之類，則豈千秋萬代長對不輟之理乎？尤可疑也。」崔瑞吉。南溪曰：「墓前石物，漢唐以下，公私通用，然愚意此等處當以《家禮》爲正。」

尤庵曰：「術家禳灾法，家中喪服不絶，以石九十斤者埋於艮上大吉，此所謂鎮石也。」退溪曰：「如今動土防災，墓石用之以禦鬼。」答俞命賚。

問「時祭忌祭二卓各設，而合墓或雙墳，則床石無各立之事」云云。趙觀彥。遂庵曰：「墓前各設床石，深得禮意，但人家事力難行，惟在自量。」

又曰：「尤庵先生欲設二床石於先世山所，而同春先生不許，故終用共一卓制。」答李光國。

祠后土告先塋見合葬條

祠后土諸節

同春問「祠后土設位」云云。沙溪曰：「只設虚位而已，《禮》不言設倚卓也。」同春追後所録曰：「有司以几筵釋奠於墓左云，據此祠后土設倚子似可，更詳之。」

又問：「開塋域及葬時后土祠，或豐或簡，何以則得禮之中歟？」沙溪曰：「某家用盛饌，未知果何如也。」

問：「平土後祠后土禮，酒果脯醢而已，題主奠則仍舊饌斟酒而已，俗人專力於兹二者云云。今欲一從禮文，則衆必駭之。」文後開。南溪曰「祠后土、題主奠，鄙家一從禮文，今於來說不敢」云云。

遂庵曰：「《備要》從《家禮》云告者吉服，圖所謂吉冠素服，恐失照勘。」答崔徵厚。

問：「祠后土時，執事以東爲上，何意？」黄宗海。沙溪曰：「以《曲禮》、朱子說，及諸儒所論推之，似當西上，東上未詳其意。」或云《儀禮》「筮家命筮者，在主人右」注：「命尊者，宜由右出。」今東上本於此耶？

《曲禮》：「席南向北向，以西方爲上；東向西向，以南方爲上。」朱子曰：「東向南向之席，皆尚右；西向北向之席，皆尚左。」○陳安卿云：「地道以右爲尊。」○温公曰：「神道尚右。」

同春問：「《家禮》后土祀無焚香一節，后土地神，故只求之於陰，而不求之於陽，義似如此。而《喪禮備要》祠后土具有香爐香盒，何歟？」沙溪曰：「考《家禮》不言上香，只酹酒，無乃有意耶？丘氏《儀節》及《家禮正衡》皆有上香之禮，故《備要》因之，未知是否？」

問：「后土祭《家禮》無酹酒，而《儀節》有。」鄭崐壽。退溪曰：「從朱子。」

南溪曰：「《家禮》雖無香案，《儀節》添注，載於《備要》，用之亦無妨。」答權鑌。

祝文

問：「祠后土祝文朱子《家禮》稱后土氏，而瓊山《儀節》據《大全集》稱土地氏。」鄭崐壽。退溪曰：「當從朱子《家禮》。」

問「瓊山曰『后土之稱，對皇天也，士庶之家似僭』」云云。姜碩期。沙溪曰：「丘氏似僭之説似然，吾嘗據《大全》改稱土地之神，退溪尊《家禮》亦有意。」

南溪曰：「后土之稱必改作土地，乃《儀節》之失，而《備要》踵之。蓋《大全》山神則仍稱后土，家神改稱土地，丘氏誤見，遂以后土爲土地，此則依《家禮》爲宜。」答權鑌。

沙溪曰：「開塋域與葬時祠后土，祝辭或稱姓名，或稱封謚，前後不同，必有其義，而未可知也。」或云《檀弓》請謚於君，曰：「日月有時，將葬矣，請所以易其名者。」易名以諱，故不稱姓名歟？未知是否。

○答同春。

尤庵曰：「恐是偶然闕文。初告時，只稱某官姓名，再告時，稱某官封謚，此封謚字，恐於初告時亦爲闕文也。若以爲神道已於初告領會，故後不言姓名，則此封謚初不欲領會，而必欲於再告時領會，何也？此等詳略，古今經傳多有之，或以互見，或以相證，皆不可知，恐不可容易斷定也。」答洪聖休。

國恤時祠后土見國恤條中私喪葬禮諸節條

灰隔之制

問作灰隔。權好文。退溪曰：「此當與下文加灰隔内外蓋處通看，方得其詳。蓋此所謂灰隔，非今人所用之灰隔也。《家禮》不用外槨，而顧多用瀝青，故别用薄板，權爲外槨之形，姑去其蓋板，而塗瀝青於其地板與四周，以此代槨，而安於壙底炭灰之上，乃下棺於其中，正如下棺於槨中也。然後始用今所用灰隔，而下灰隔依今下灰隔之法，轉轉築上及隔之平而止，則其狀亦如槨外用灰炭也。於是方加此隔内外，蓋其内外蓋之制及所用先後節次，《家禮》詳之，可考而知也。蓋無槨則瀝青無所用於塗，故爲此制，專爲用瀝青設也。故此灰隔者，所以隔灰與瀝青也。今所用灰隔者，所以隔灰與炭也。今人未有無槨而葬者，其用瀝青，又不如《家禮》之多，而只用於外槨之外，則無所用於此灰隔爲也。不知者，乃以今之灰隔之制解此灰隔之文，牽强乖謬，由不致詳於上下之文故耳。」

西厓曰：「今人用槨，又不用炭屑，則薄板誠無所施。今於下外棺之前，先用薄板，如槨之狀，四面實以三物而堅築，既畢，抽去其板，始下外棺當中，四隅有空，分或一寸二寸，其間以蚌粉、松脂灌之，凝結如槨。然後又下棺於槨内，加外蓋，又以蚌粉、松脂灌於四面及上，相合爲一，無有罅縫，始以薄板一葉加其上，以隔松脂，然後實以三物而漸築之。庶幾不戾於古人之法，而有益於永久之圖矣。」

和灰法 油灰用否并論

西厓曰：「灰三分，沙土各一分，使灰得土而粘，得沙而堅，此《家禮》所定也。朱子後論此，則以爲當，但用細沙和灰，黄土引木根，不可用云。然灰沙皆是燥物，無液，終難粘結，恐當以《家禮》爲定，若疑其引木，則黄土比細沙略減分數，用之無妨。且將三物篩去雜物，後又斗量相雜重篩，如醫人劑藥篩末之法，則灰與沙土多少均適，無偏多偏少之處矣。」

又曰：「淡酒用以灑灰，堅實者也，然近人有遷葬舊墓者，多言開壙之後，尚有酒臭，灰不凝硬，虚軟無力，以此知用酒灑灰有害無利，惟用榆皮汁和灰堅築者實，皆凝結如石云。淡酒雖在禮文，今懼不敢用，只從俗用榆汁代之。」

愚伏曰：「聞人葬時，灰三斗和細沙三斗、黄土二斗而用之，改葬時堅硬難斸，蓋沙本石類，與灰土相乳入，多用之則尤堅實，理固然也。」

退溪曰：「此間士人曾有欲純用油灰者，滉意朱子既有瀝青無益之説，而只用沙灰云。今若用純油灰，漸以成俗，則貧者力不辦，恐有緣此而葬不以時，是自我開弊也。」答李楨。

又曰：「棺槨之間用石灰，見《家禮》注，然妄意少用則無益，多用則又須槨大，槨大又須壙大，皆《家禮》所忌，恐不用爲宜也。」答金就礪。

松江問：「欲用油灰如何？油待陽而乾，冒陰而濕，十丈黃泉，豈有陽曝而油乾之理乎？《家禮》亦用油灰，其意如何？」龜峰曰：「油灰既非古禮，又典賣家産以成之，亦非古禮也，莫如不用。」

沙溪曰：「昔年先墓多用油灰於外槨與三物灰之間，又慮外槨天蓋上三物不得堅築，復多用油灰，使人踏之也。」答同春。

用地灰

愚伏曰：「今人於壙底多不用灰，而其説有二，一則曰隔斷土脉，吉地無應，此則術家無理之説，不足置疑；其一則曰濕氣壅鬱，令槨易朽，此則理或有之，故孝子之心，不能不以爲疑。今按《周禮》『掌蜃，掌斂互物蜃物，以供闉壙之蜃』注：『互物，蚌蛤之屬。闉，猶塞也。將井槨，先塞下以蜃禦濕也。』疏：『未施槨前，已施蜃灰於槨，以擬禦濕也。』據此，則古人於壙底固已用灰矣。夫濕氣在土，由下蒸上，築灰於底，使不親土，乃所以禦濕也。今不慮此，而乃憂在內之氣壅鬱而成濕，不亦顛乎？」

尤庵曰：「棺底築灰，乃《家禮》之文，朱子豈不明知其利害，而以誤人耶？木根深入而遇石，則從下逆穿者，多見之矣。大抵爲死者爲久遠計者，不厭其固密也。」答申啓澄。

南溪曰：「葬禮不用地灰之說，固以近世風水家法不免如此，只當斟酌用故制而已。」答柳貴三。

炭末松脂用否

西厓曰：「炭雖能引濕，亦能含濕，未見爲利。然古人用炭，以爲炭乃死物，能禦木根，避水蟻，以此觀之，則其用炭之意深矣。更詳之。」

又曰：「松脂之用，我國人亦多異議，人言見遷葬者松脂灌在棺槨間者，悉皆融爛，僅如豆粥，少間見風日還凝，别無利益云。豈隨處土品有燥濕之異而然耶？假令不至堅結如石，終是辟水有功，似不可不用。」

尤庵曰：「炭末死物無情，故木根不入，古人用之者以此也。然人家遷葬時，多見木根貫穿，無異土肉，《備要》不用之説，或以此意耳。」答成晚徵。

又曰：「茯苓琥珀，程子説也。南方蟻房，朱門語也。然其利害，隨地而異矣。愚意以爲人蔭爲土，自是道理，果若骨肉與松脂溶化爲茯苓琥珀，千萬歲後爲人取爲藥料，則大不便矣。愚所目覩，則先師文元公之葬用松脂矣，棺與松脂之間一二寸許，而其間容翣扇矣。及遷改時見之，則松脂濃化含翣扇而著於棺墻，文敬公不復用矣。」答朴銑。

外槨用否見治葬具條中穿壙之具條

啓殯

遷柩啓殯時奠告服色諸節

問：「因朝奠以遷柩告，凡奠皆言再拜盡哀，此獨言盡哀再拜。」柳貴三。南溪曰：「豈以將遷柩而葬，哀戚益甚，故立文異於常奠，先哭而後拜耶？」

沙溪曰：「按今人有塗殯者，則當用古禮，奠如小斂。」《喪禮備要》。

南溪曰：「《士喪禮》『啓殯丈夫髽散帶垂』疏曰：『凡男子免與括髮散帶垂，婦人髽，皆當小斂之節，今於啓殯時，亦見尸柩，故變同小斂之時也。』」答柳貴三。

問：「遷柩時已除服者，將何服色而臨之？」姜碩期。沙溪曰云云。詳見喪變禮過期之禮條中過期不葬者期功諸服變除條。

問：「小斂條同五世祖者皆袒免，自啓至葬，以何服飾而臨之耶？」姜碩期。沙溪曰：「無服之親，禮不言服飾，即只着吊服而已。」

啓殯後復成殯散垂復絞

慎獨齋曰：「啓殯時散垂，葬後乃絞，是禮也。今此發引到山所葬期尚遠，勢復成殯，以待葬期，則似當殯後復絞。此雖無古禮，勢不得不如此爾。」答申炅。

發引後再啓殯時告辭

問：「破殯之日遣祖奠既不可行，則別無告祭節次耶？」裴尚龍。寒岡曰：「《儀節》《家禮》

有返葬節次，可參考也，然今則禮變事異，似當別撰告文具由以告也。」

啓草殯至葬時諸祝辭見喪變禮草殯條

朝祖

總論

南溪曰：「祖者本是祖考之祖，通於祖先之祖。所謂朝祖，本《士喪禮》文。古者官師一廟，適士二廟，皆止祭祖而已，故曰朝祖。今雖上朝高曾，不必歷數而稱之，此《家禮》無變辭之義也。」答李時春。

問：「朝祖時，既是同宫，則宗家家廟不行之否？」元夢翼。南溪曰：「朝祖，《士喪禮》曰：『祖，王父也。』疏曰：『其二廟，則先朝祖，後朝禰。』今既以同宫行禮，則依此處之，似有所據。」

尤庵曰：「祖廟若在一村，而生時出入拜謁，則今何可不朝也？」答朴光一。

又曰：「古人謂廟曰祖，雖繼禰之廟，亦可謂之祖矣。婦將襄葬，而何可不辭於舅姑乎？」

答李碩堅。

寒岡曰：「如別有禰廟，雖有祖廟，恐當朝于禰廟。」答盧亨運。

朽淺曰：「母柩之朝于考廟，雖異於朝祖二字，恐不違辭尊之意。」答或人。

尤庵問「朝於夫之几筵」云云。慎獨齋曰：「來示得。」詳見喪變禮并有喪條中并有父母喪朝祖時朝几筵條。

朝祖時諸節

退溪曰：「朝祖，丘氏謂人家狹隘者，奉魂帛以代柩，屋宇寬大者，宜如禮。此論得之。」答金就礪。

朽淺曰：「銘旌魂帛之先後，朝祖發引之不同，以意推之，在途則表其某人之柩者爲重，故先銘；朝祖則無此意，而魂之向廟者爲重，故先帛耶。」答趙惟顔。

沙溪曰：「按《既夕禮》『遷于祖用軸，升自西階，正柩于兩楹間，用夷床』注：『柩也，猶用子道，不由阼也。兩楹間，象鄉户牖也。』疏：『鄉户牖，則在兩楹間近西矣。』」《家禮輯覽》。

退溪曰：「《儀禮》『將啓殯，設奠具於廟門外』，及朝祖，又云『重先，奠從，燭從，柩從』，及『正柩于兩楹間，奠設如初。質明徹，乃奠』，古禮如此，故文公《家禮》有設奠之禮，而瓊山則務簡，既以魂帛代柩，并此禮去之。凡朝祖，所以象平時出告之禮，前奠之隨柩來奠者，奠所以依神，無時可去，故耳非爲朝祖設也，故文公存之；其別爲設奠，則平時出告，未必皆有酒食之事，故文公去之。若瓊山并去二奠，則無乃太簡乎？《儀禮》雖別設奠，猶不奠於祖禰者，死而辭去，無取於奠獻之義也，亦無焚香再拜之文。蓋靈柩辭廟，喪者不可代行也。」答金富仁。

沙溪曰：「《儀禮》疏云：『設奠如初，東面也者，謂如殯宮朝夕奠設于室中者，從柩而來，此還是彼朝夕奠脯醢醴酒，據中東面，設之於席前也。』觀此可知其如初之義，而所謂東面者，亦據特牲少牢設席于奧東面而言也。」答李惟泰。

問：「不統於柩，神不西面也。不設柩東，東非神位也。柩既北面而朝，故謂之神不西面耶？神既北面，則東西宜若不異，而乃謂東非神位，而必設於西，何義？」李惟泰。沙溪曰：「《儀禮》本疏細考之，可知其義。」

《儀禮》本疏：「不統於柩，神不西面也者，謂不近柩設奠，若近柩，則統於柩，爲神不西面，故不近東統於柩前。神不西面者，特牲少牢皆設席于奧東面，則不西面可知。不設柩東，東非神位也者，此亦據神位在奧，不在東而言也。小斂奠設于戶東者，以其始死，未忍異於生。大斂以後，奠皆設于室中，亦不統於柩，此奠不設于室者，室中神所在，非奠死者之處故也。」

南溪曰：「朝祖代用魂帛云云，然則魂帛在柩位，奠亦從柩西東向之制。」答崔補。

沙溪曰：「燃燭爲日暗，取其明也，朝祖即於朝奠後行之，日暗則燭以明之，日明則滅之，可考於《儀禮》耳。」答同春。○下同。

《既夕禮》：「朝于禰廟，燭先入者升堂，東楹之南，西面；後入者西階東，北面，在下。」又曰：「質明滅燭。」疏：「自啓殯至此時，在殯宫在道及祖廟，皆有二燭爲明，以尚早故也。今至正明，故滅燭也。」

又曰：「生時出入，經月而歸，則并開中門。以此推之，朝祖時似當開門，但禮無告辭，當闕之。」

陶庵曰：「家有喪，已告廟矣，朝祖時，不必别有告辭。」答全汝性。

退溪曰：「《儀禮》朝祖，正柩于兩楹間，主人陞自西階，柩東西面，此非變服而入也。蓋凶服不可入廟，指他祭及他禮而言也。若朝祖之時，柩尚入廟，何凶服之不可入耶？」答金富仁。

南溪曰：「《士虞禮》『虞杖不入於室，祔杖不升於堂』注：『虞於寢，祔於祖廟。』然則杖猶入廟，可見但不升於堂而已，《圖式》輯杖之説甚詳，而不及朝廟，又《家禮》所不言，似當循用常例也。」答李滓。

異居難行朝祖過宗家朝祖并論

尤庵曰：「宗家遠，則朝祖不得已似當闕之矣。若以最長房奉曾高神主，則此禮何可不行乎？」答康用錫。

又曰：「異居者，朝祖竊恐難行，具由并告於廟與柩，意甚宛轉周詳矣。然若有義起之嫌，不敢質言。」答南溪。

南溪曰：「朝祖一節，實不可已。雖難奉喪以行，臨時祝告無疑。第古人亦無言之者，似在更詳。」答趙得重。

遂庵曰：「老先生殯于興農，發引前夕，奉柩朝于蘇堤，可以遵行耶？」答安太奭。

問：「支子喪，宗家稍左，其葬也在於宗家至近處，則行喪後，或始可朝于祖耶？」尹湛。陶庵曰：「葬地雖近於宗家，行喪後追行朝祖之儀，有違古禮本意，不可以私見創行之。」

問：「朝祖一節，衆子別居者，恐行不得，但前頭發引當過宗家。洞口近處或暫爲回柩向宗家，以當朝祖之意，則如何？」李選。同春曰：「所示實有哀痛惻怛之意，雖無於禮，亦何所妨？若所經稍遠，則恐不必然。」

朽淺曰：「云云，若在同里，則雖難奉柩，依丘禮以魂帛，直至廟前而朝之，可也。過門駐柩，無爲苟且耶？」答或人。

庶母出繼子出嫁女無朝祖之義

問：「庶母朝於夫廟，恐無妨。」愼克泰。陶庵曰：「朝祖恐涉僭，不敢爲也。」

又曰：「出繼之人於本生祖廟，已是族孫，似無朝祖之義。」答李命元。

又曰：「適人者死於歸寧之時，則於本家似無朝祖之義。」答李師範。

遷于廳事

導柩右旋之義

同春問：「導柩右旋者，何義？」沙溪曰：「此可考《既夕禮》也。」

《既夕禮》「御者執策立於馬後，哭，成踊，右旋出」疏曰：「右者亦取便也。」

停柩處移動之節

南溪曰：「初喪殯于中堂，今自廟當遷于外廳，以示即遠之義，而人家未必有中外兩所。若是初殯於廳事，則其勢只得還于舊停之處，略加移動云爾，此乃《儀節》之意，而《備要》引之也。」答鄭齊斗。

祖奠

祖奠之祖字

同春問祖奠之祖字。沙溪曰：「《禮經》與諸家説不同，當參考。」《儀禮·既夕禮》「有司請祖期」注：「將行飲酒曰祖，祖，始也。」疏：「死者將行亦曰祖。」○《檀弓》「祖者，且也」注：「且遷柩爲將行之始。」○《漢書·臨江王傳》：「黄帝之子累祖好遊，而死於道。故後人祭以爲行神，祖祭因饗飲也。」○《白虎通》：共工之子曰：「脩好遠遊，舟車所至，足跡所達，靡不窮覽，故祀以爲祖神。」注：「祖者，徂也，即行之義也。」

祖奠時位次

沙溪曰：「或問祖奠時，主人以下位次及車所。向愚答曰：按《既夕禮》『乃祖』注：『還柩向外，爲行始。』疏：『踊，襲，少南，當前束。』注：『主人也，柩還則當前束南。』束，束棺於柩車。

疏：『經云少南，鄭云則當前束南者，以其車未還之時，當前束近北，今還車，亦當前束少南。』以此推之，可見。」《家禮輯覽》。

祖奠夕上食不可兼行

沙溪曰：「夕上食後設祖奠而兼行夕奠爲是，以厥明徹祖奠之文觀之，可見。」答同春。

尤庵曰：「日晡是常時夕食時，故今人多兼行夕上食。然既曰饌如朝奠，則非上食之比，而厥明又曰徹祖奠云，則豈可以上食而經宿乎？至於遣奠之時，又不必與上食相值，故其下發引注別有食時上食之文，恐當各設也。」答南溪。

自外返柩時祖遣奠朝祖并論

慎獨齋曰：「亡人雖是京洛之人，既以扶餘爲家，自京發引來于扶餘，則似不當設祖遣之奠。至家，往幽宅之時，乃可設也。」答申炅。

同春曰：「自外返柩之禮，行日但設朝奠，至葬乃設祖遣奠。司馬所論與丘氏《儀節》皆然，但此謂喪發於逆旅，歸殯於本家者也。今日令宅形勢異於此，官次非逆旅，山所非本家，而况今幽明南北之行，相分於此，則祖遣奠皆行之於此以送之，窆日只告辭而行之，無乃爲穩耶？若然，則似當於祖奠時具由告之。」答李聶。

遂庵曰：「婦人以夫家爲家，返柩於家行朝祖及祖奠遣奠，禮當然矣。若事勢罣礙，自清州直往山次，而路出去家不遠地，則暫時停柩奉魂帛至家，行此三節，而後上山亦可矣。○今聞將直到山下村舍，而與本家亦近，若爾，則成殯後奉魂帛朝祖，祖遣之奠行於山所，殯次似宜矣。」答朴振河。

陶庵曰：「適人者死於歸寧之時，若遷柩殯於夫家，則遣奠當於夫家啓殯時爲之，或直向葬處，則雖於本家設行遣奠，何疑之有？」答李師範。

祖遣奠不可再行

問：「自家發引，又成殯于他所，葬時又發引祖奠，初雖已行，又不可廢乎？」崔碩儒。愼獨齋曰：「初已行之，則似不必再行也。」

牛溪曰：「遣奠行於發引之日，以離乎家而人道盡矣。雖到稍久，而葬不可復行也。」答韓瑩中。

陶庵曰：「遣奠終無再行之義，停櫬雖是故廬，既於考終之本第行得祖遣，無論久住與乍住，均是逆旅，只當用告辭而已。」答李命德。

遣奠

遣奠諸節祝辭并論

南溪曰：「所謂内遣奠者，曾所未聞，其爲非禮明矣。」答李綖。

又曰：「特言有脯者，申明此奠必不可無脯之意。蓋將徹納苞中故耳，今既不用苞，則只設之而已。」答申佾。

尤庵曰：「小斂乃奠條云『祝焚香洗盞斟酒』，其上設奠條云『此一節至遣并同』，據此，則其有焚香之節明矣。於奉魂帛升車，則與設奠異，故特言焚香，返魂時不焚香，豈以已葬之後，故其禮漸殺耶？」答韓如琦。

沙溪曰：「遣奠雖無哭拜之文，豈有設奠而無哭拜乎？蒙上文故不言，從《儀節》行之可也。」答黃宗海。

問：「申氏《備要》遣奠祝下，注『旁親則不用永訣終天一句』云，朱子於蔡季通祭文亦用此語，旁親用之不妨。」沙溪曰：「來示然。」

問：「永訣終天之語，亦可用於妻喪乎？」李君顯。寒岡曰：「此是泛然告訣之辭，用恐不妨。」

南溪曰：「終天之語，雖非父母喪，無所妨。」答李啓晚。

陶庵曰：「神道依於飲食，孝子之心，雖須臾之頃，何忍使神無憑依之所乎？或問於曾子曰：『既奠而包其餘，猶既食而裹其餘乎？君子既食，則裹其餘乎？』曾子曰：『吾子不見大饗乎？夫大饗，既饗，卷三牲之俎歸于賓館。父母而賓客之，所以爲哀也。子不見大饗乎！』以此觀之，其意甚微，恐不可全廢。世之好禮者，或有裹遣奠餘脯納于靈車而行者，此雖涉於義起，而蓋原於徹脯納苞中之禮，從之恐亦無妨耶？」《四禮便覽》。

遂庵曰：「遣脯到山次，設奠時去之，既不用苞，則便同他奠之退物，區處何難？」答宋相琦。

問奉魂帛升車焚香。閔元重。尤庵曰：「此恐於初升車時，焚香而已，未見道上連續行之之義也。」

自外返柩時遣奠見祖奠條

遣奠不可再行上同

發引

發引之具見治葬具條

陳翣

尤庵曰：「古人設翣之意，欲使人勿惡喪柩也。《輯覽》及《備要》圖使人執之於轝傍，丘《儀》之行於功布靈車之間者，似無義意矣。其插於大轝者，似出於乏人，而亦不失本意矣。」答閔元重。

南溪曰：「翣當黻在前，雲在下。」答俞得一。

發引日朝上食行朔望奠之節

南溪曰：「《家禮》發引時不言上食，似以食時喪雖在塗，自當停柩設行故也。今俗欲便於行喪，當曉必上食，而後遣奠，甚失奠食之序也。」答李綎。

又曰：「或拘於事勢，則行上食於遣奠之後，或兼遣奠設之，猶不失其先後之序。」上尤庵。

尤庵曰：「《家禮》發引條有朝夕奠食時上食之文，據此，則處此無難矣。」答吴益升。

陶庵曰：「云云，路中停柩處上食爲當。朔日啓引者，殷奠亦然。所示午時引行，則又是變禮。祖奠之撤，雖甚未安，朔朝奠亦不可闕，似當權宜行之。」答閔昌洙。

發引前諸子女别奠當否

問：「世人於親喪發引前，諸子諸女各具盛饌，朝夕奠外别設一奠，但嫡子既奉饋奠，則又不可别有奠。庶子不敢自祭，則似不得各自設奠，如何？」閔維重。同春曰：「誠然誠然，如祖遣奠虞卒哭等祭，諸子輪設，而嫡子主之，恐穩，今士大夫家亦多如此行之。」

又問：「如諸女則夫婿主之，似不妨也。」同春曰：「似然。」

發引時男女位次見爲位條中位次隨時而變條

發引諸節

沙溪曰：「或問柩行尸首所向，按《開元禮》宿止條『靈車到帷門外，迴，南向。柩車到，入凶帷，停於西廂，南轅。到墓亦然，入墓始北首』，以此觀之，是時尸當南首，而轅以南向，首在前可知。」《家禮輯覽》。○下同。

又曰：「或問《家禮》既曰主人以下哭步從，而後不言乘車馬之時，若墓遠及病不堪步者，如之何？愚曰：凡禮，孝子從柩者，不許乘車馬，故《家禮》只言其常，不及其變。且按《開元禮》『出郭，若親賓遠者，權停柩車，内外尊行者，皆下馬』云云，『親賓既還，内外乘車馬』注：『墓遠及病不堪步者，雖無親賓，還，主人及諸子亦乘惡車，去塋三百步皆下。』」

又曰：「或問廣記道次設祭，甚無謂之説，何如？」愚曰：「按《既夕禮》『唯君命止柩于堩，其餘則否』注：『不敢留神也。』又按《開元禮》：『出郭，若親朋還者，權停柩車，以次就哭盡哀，卑者再拜而退。』無所謂駐柩而奠之説。未知此禮出於何書也？疑亦當時俗禮，而温公《書儀》採入，而《家禮》因之。」

問：「發引時只言親賓而無男女并從之文。」鄭尚樸。南溪曰：「豈或雖有親賓婦人，而重在親賓男子故耶？」

尤庵曰：「啓殯發引已告遷柩，則在途停柩，何可每每煩告也。」答崔有華。

并有父母及祖父母喪發引先後見喪變禮并有喪條

及墓

設靈幄主人男女位次并論

朽淺曰：「尸柩與靈幄非所分異，故在家靈座設於尸南，及墓，則柩在壙南，故設靈幄於墓道西南向。蓋尸柩靈床，本爲相屬故也。主人男女之坐不離於壙之東西，則於靈幄内雖不設哭位，而靈座近在壙西，豈曰遠離乎哉？今雖從俗，設哭位於幄内，而其禮當如壙東西之位。」答李成俊。

問：「親賓條注男東女西，《會通》云：『此婦人是親朋婦女。』」成文憲。南溪曰：「應是親賓之男女，據禮，喪家婦人尤當赴葬矣。」

問下棺前孝子位。吴益升。尤庵曰：「似在壙東矣。」

設奠

遂庵曰：「及墓就幄，無別設新奠，而仍以發引時靈車所在之奠設之，故無再拜之禮矣。」答韓德全。

陶庵曰：「墓遠處則靈車至設奠云云，似是新設，而如墓所咫尺之地，則雖用舊奠以行，亦可也。」答李惠輔。

引後窆前諸節

引後窆前仍用靈寢

問：「葬前設盥櫛之具，而發引後不言靈寢一節，世人或以《家禮》爲證，而不設者有之。」朴尚淳。南溪曰：「引後窆前，當仍用靈寢，蓋尸柩尚在故也。」

葬日值先忌上食用素當否

問「葬日即親忌」云云。南溪曰云云。詳見上食條中值先忌上食用素當否條。

下棺題主前吊奠

問下棺前吊奠。吴益升。尤庵曰：「禮，當事雖國君吊之，亦當辭焉，此時豈可致奠耶？」

問：「葬時主人位於壙東，未題主前，人若有來吊，則於所在位拜賓乎？」崔碩儒。慎獨齋曰：「人若具奠物來吊，主人似當就靈座之前而拜賓也。」

禮疑類輯卷之九

喪禮

窆

隧道

退溪曰："隧道後世上下通行，然其間棺槨尺量等事，或有差誤，則有至難處者，不如直下之爲穩也。"答權好文。

沙溪曰："隧道，諸侯猶不敢用，况其下者乎？温公非許以用之也，泛言葬法之有二也。退溪不以犯禮禁之，似爲未安。"答黄宗海。

下棺

問：「兜柩底兩頭放下之說，以索之兩頭看，則其可以一條索兜柩底當中而放下耶？《集說》曰『今人兩頭齊用活套索放下』，更詳之。」申湜。沙溪曰：「來諭得之。」

豐碑轆轤見治葬具條中窆葬之具條

用柩衣柩衣見治喪具條中成殯之具條

問：「柩衣乃夷衾也，今人未能備用於殯斂之際，至葬時，則雖貧家强備柩衣，似爲未安。」金光五。遂庵曰：「初喪雖不用夷衾，葬時再整柩衣，見於《家禮》，似不可闕。」

鋪銘旌銘旌之具見治喪具條

冶谷曰：「柩短而銘旌長，則例垂納下端於棺槨之隙，令反屈下端而上之，又反屈而下之，使某公之柩四字正疊在上面，亦好。」

贈玄纁 玄纁見治葬具條中窆葬之具條〇拜禮并論

沙溪曰：「主人贈者，重君之賜而設也。後世雖無君贈之禮，而《家禮》存之，疑亦是愛禮存羊之義歟？」答同春。

《既夕禮》「至于邦門，公使宰夫贈用玄纁束」注：「公，國君也。贈，送也。」疏：「贈用玄纁束帛者，即是至壙窆訖，主人贈死者，用玄纁束帛也。以其君物所重，故用之送終也。」

問「兒不得至葬所」云云。權終允。寒岡曰：「贈玄纁，攝主當攝行。」

問子婦喪贈玄纁。尹寀。尤庵曰云云。詳見飯含條中子婦喪飯含條。

問：「祝奉玄纁立，俟主人再拜，訖，方可奠耶？」梁處濟。南溪曰：「恐一時並行。」

又曰：「以人情言之，父母入地之際，似當拜辭，而準禮，只主人以贈玄纁，再拜而已，餘皆無之。蓋禮是天理之節文，以各當其宜，爲主未嘗歸重於人情故耳。」答權鏆。

奠玄纁

退溪曰：「玄纁如韓永叔説『卷束而置棺左右』，比世人鋪在棺上，此爲得之。」答李咸亨。

同春問：「玄纁置柩旁左右否？」沙溪曰：「按《開元禮》奠於柩東，未知有義意耶？」

《開元禮》：「主人受，以授祝，主人稽顙再拜，祝奉以入，奠於柩東。」朽淺曰：「玄象天，纁象地。天左旋，地右旋。故奉置柩旁，玄左纁右云，不記出於何書？然似不違理。」答李成俊。

尤庵曰：「玄纁若置柩上，則何謂柩傍？柩上之説甚無據，當從朱子《禮》『置于柩傍，玄右纁左』。」答宋三錫。

又曰：「玄纁，《家禮》置柩傍，故賤家置柩槨之間矣。《開元禮》奠柩東云者，從古禮耳。」答李橝。

問：「玄纁，美村家則奠于柩上東邊，上玄下纁。春尤則奠于柩東槨内，如藏翣扇然。」李世龜。南溪曰：「鄙則曾用柩東之制矣。」

遂庵曰：「玄纁置柩上東邊，其從《五禮儀》也，當依《家禮》置于柩東爲宜。」答趙尚遂。

陶庵曰：「玄纁，近世諸先生皆以柩傍爲當。説者雖致疑於奠字，然奠是置之之意，無論處地闊狹，皆可用之，況置於柩上，終無意義，不若從傍之爲安也。故鄙家從前則用世俗通行之例，而近始遵諸先生定論矣。」答李敏坤。

置翣挽翣挽見治葬具條中發引之具條

沙溪曰：「《家禮》窆條無翣入壙之文，或是闕文，抑故略之歟？」《家禮輯覽》。

問壙廂之義。韓如琦。尤庵曰：「廂在屋之兩傍者，故謂傍爲廂。」

退溪曰：「挽章納于壙中，禮雖無據，從俗恐無害。蓋不納，則置之無所宜故也。」答鄭惟一。

問：「挽詞，退溪以爲納于壙中，然累數十張厚紙納之壙中，似有所妨，亦欲於墓傍淨地埋置，如何？或有藏之家中者，此則如何？」李選。同春曰：「恐不必埋。」

南溪曰：「挽章，葬後或焚之，或收之，要以不褻用爲宜。」答朴尚淳。

明器不用見治葬具窆葬之具條中明器條

祠后土見上

下誌石誌石見治葬具條中窆葬之具條

沙溪曰：「墓在山側峻處，則恐易崩壞，而誌石露出，故必於壙南掘地，深四五尺而埋之。」

若是壙内，則不可深掘故也。」《家禮輯覽》。

退溪曰：「葬既久而下誌石，雖欲於壙内下之，其勢爲難，不得不倣壙南之説而處之，然堦砌下太遠，於堦上依數尺之説，量宜用之。」答李咸亨。

承重孫并有父母及祖父母喪先後葬見喪變禮并有喪條

祖孫及母子偕葬上同

題主

主櫝韜藉見治葬具條中題主之具條

題主不待實土

陶庵曰：「題主在實土之後，文勢使然，非謂必待實土，而後題之。形歸窀穸，則神魂飄忽，無所湊泊，固當即速題主，俾有憑依。觀於下文留子弟監視實土者，可知矣。」《四禮便覽》。

題主人服色 內喪外客題主并論

寒岡曰：「《家禮》無題主人吉服之文，會葬之人題主，則似仍素服，然而曹先生題主時，議論不一。題主者，以黑團領爲之矣。」答任屹。

沙溪曰：「或問題主者，當着何服？愚答曰：恐當以其時所着之服服之，而只令蠲潔可也。」《家禮輯覽》。

問：「內喪題主，使外客題之，得無未安耶？」尹寀。尤庵曰：「一家有善書者，則使之書之，不亦穩便乎？如無，則何可不用外客也？如內喪動柩下窆時，皆用常漢，此恐死生殊異故然也。」

題主時雜儀

問：「題主條對卓置盆巾云者，只以盆巾對筆硯卓而置之於地云爾，《備要》所謂二卓，似誤。」尹拯。尤庵曰：「筆墨下當有于於字，而無之。竊謂盥帨之設，見於小斂條，而曰此一節至遣并同。自至墓以後，則所設之處變，而其所行事亦異，故特言其所設之處。其曰如前者，還引小斂條『其東有臺，其西無臺』之文也。蓋止設一卓而置硯筆墨，因於其卓置主而書之，似順便，何必爲硯筆墨别設一卓乎？且所謂對卓者，指卓子東而言也。此卓子之東，恰靈座之東南也，正小斂條所謂設盆帨于饌東者也。如是者，恐於文勢及事宜亦順。」

沙溪曰：「題主時，主人立於其前，北面，則衆主人在其下，豈坐於壙東之位乎？」答黄宗海。

同春問：「《儀節》主人再拜謝，題主者，此禮可行否？」沙溪曰：「行亦可，不行亦可。」

南溪曰：「《儀節》拜謝之禮，恐孝子哀遑，有不暇行矣。」答李時春。

行第

退溪曰：「行第稱呼，按《家禮》云『彼一等之親有幾人，稱幾丈』云云，以此觀之，通同姓有服之兄弟，而分其先後生次第而爲稱呼，明矣。其或堂兄弟，或再從兄弟，或三從兄弟，則各從其一時見在之親而爲定，似不拘恒規也。若以爲同生兄弟，其數不應如許之多也，題主所謂第幾者，亦指此而言。或以爲上自始祖者，以世代次第言之，此説非。○嘗見《治平要覽》光武上繼元帝後處注云云，其意亦以世代之次爲第幾，此注乃本朝鄭麟趾等所爲，則吾東人自前輩已有此説。然溷意終以爲未然者，一般第幾字，生死異用，恐無是理。又朱子答郭子從論主式處云『士大夫家而云幾郎幾公，或是上世無官者也。若爲世代之稱，豈宜曰幾郎幾公耶？惟兄弟之次，乃生以爲號，故死亦仍稱之耳』，故滉謂今人生時，既無第幾之稱，神主不用此稱，恐無不可者也。」答李楨。

頤庵曰：「東俗既不用行第之稱號，則其於陷中，亦勿書可也。」

問：「婦人神主陷中亦稱第幾？」黄宗海。沙溪曰：「古者婦人亦稱行第，如吊狀幾家姊妹是也。我國男子婦人并不用之。」

尤庵曰：「《家禮》冠禮云伯某仲叔季惟所當，與《論語》八士之稱同矣。《禮經》之只言伯叔，蓋錯舉以見其餘。父之兄弟衆多，則其最長者稱伯，第二稱仲，第三以下皆稱叔，最末者稱季，似當，然亦未見經據，至於堂從以下，亦當如是稱之耶？古人行第有劉九十者，只言同父，則不能如是之多。若云通以下而言，則未知止於三從耶？抑通一姓而并第之耶？云云。」答南溪。

南溪曰：「行第之稱，嘗見退溪答李剛而問，亦以爲然。今承台論云云，若以《小學》所謂某姓第幾姑夫及他司馬十二蘇三黄九之列觀之，恐終爲是。第《家禮》慰人狀注云『若彼一等之親』云云，所謂一等之親，乃伯叔父母姑兄姊妹也。觀其所慰，不出於期功至重之處，而有此云云，則抑亦只數一父之子爲行第耶？若謂彼此各是一義，又不宜一人之身而兩存其稱，實難臆斷。」答尤庵。

甚得。」

書諱

寒岡曰：「今人或書諱，或不書諱，但婦人之諱明知，亦難不書，何至甚妨。」答旅軒。

問：「今俗於陷中不書婦人之諱。」申楫。　愚伏曰：「書姓太泛，不足以依神，依禮書諱

尤庵曰：「婦人神主陷中不書諱字，甚無謂。」答尹寀。

南溪曰：「陷中書諱，不分男女，此《家禮》之意也。但我國婦人不如中朝之俗，有諱有字，每以乳名當之，殊似未愜，然與其全闕，此爲稍勝。」答白以受。

問：「陷中諱字，無乃不稱於卑幼耶？」黄宗海。　沙溪曰：「死曰諱，無尊卑矣。」

皇顯字義

同春問：「主式舊用皇字，今用顯字，皇與顯何義？」沙溪曰：「《通典》及丘説可考。」

《通典》曰：「周制諸侯五廟：考廟，王考廟，皇考廟，顯考廟，祖考廟。注，鄭玄曰：『王皇，皆君也；顯，明也；祖，始也。以君明始者，所以尊本也。』」○丘瓊山曰：「皇與顯皆明也，其義相通。」

尤庵曰：「《家禮》舊本稱皇考皇妣，别本則只稱考妣，胡元禁皇字，而俾稱顯字，故《家禮》

卷首圖稱以顯字矣。好禮之家，嫌於胡元之制，從《家禮》别本，只稱考妣矣。然《朱子大全》告先祖祝文有惟我顯祖之文，胡元之制，亦出於此，則仍稱顯字，亦無所嫌耶。《家禮》祝辭加以故字，果與神主之題有異，未知所以。」答鄭纘輝。

又曰：「神主以字數之多未免雙行者，此出於不得已也。且神主顯字出於胡元之制，而《家禮》無之。若去此一字，則爲減省之一助，而亦用夏變夷之道也。」答李端夏。

南溪曰：「鄙家亦從俗禮用顯。」答金棅。

又曰：「顯考之稱，始於禮法，其必通用於祖考，見於周元陽《祭録》，韓魏公亦嘗用之，至於《儀節》遵行無疑，則《家禮》圖雖有大德年間之説，詳其語意，當時只禁皇字，而其謂用顯者，即撰圖之人所爲，恐非可拘，而尤庵必欲不用，何也？蓋題主條有粉面曰考某官妣某氏之説，而恐承上文陷中兩故字而言，似非直稱考妣之意也，何以明之？《儀節》祝辭既以皇祖某子爲稱，《家禮》有事則告條又有故考云云之文，祝辭所舉，即是粉面所題，則安有全無皇故諸字，而直曰考妣之理？」答尹拯。

有資級無實職妻從夫實職并論○見銘旌條

贈職實職先後書婦人書真誥及書兩行并論

蘇齋問："先書贈職，東俗也，無害否？"退溪曰："東俗先書贈職，先國恩之意也，然官之高下、事之先後皆倒置，欲變而從古，未果也。"

問："神主或先題贈職而後實職，或先題實職而後贈職，何者爲是？"姜碩期。沙溪曰："宋朝先書實職，後書贈職。我國則先贈後實，吾家先世亦然，不可卒改也。"

尤庵曰："據《朱子大全》，則先書實職，後書贈職爲是，故鄙家遵用此例矣。《景賢録》中寒暄年譜，退溪亦有此論，可檢看也。"答尹以健。

按《景賢録》云："今人先書贈職，乃及任職，似已成例。然考之古人文集碑銘等題，率先書任職，然後及贈職。今不從今而從古，以見先生信古之志。"

又曰："俱是君恩，而實職居先，以此先書，無乃宜乎？"與春同。

又曰："今必欲遵依先規，先書贈職，恐亦無妨。婦人不書真誥，只書其贈，此則俗例然矣。如欲并書真誥，則依《朱子大全》封户例，書實封二字於貞夫人之上，如何？"答李端夏。

遂庵曰："題主字數甚多，書兩行何妨？世多有如此者矣。"答蔡徵休。

不書致仕

尤庵曰：「翼成公題主仍令致仕四字，全去之似可。朱先生致仕於己未，翌年易簀，而其官銜只書實職及追贈耳。」答李選。

書處士徵士別號

問「讀書之士，不出於世，職名到身者，身既不出，則名雖官人，而心則處士也。爲人子者宜順其志，體其心，故題主銘旌有不書職名，而欲書處士」云云。趙宗溥。陶庵曰：「孝子之心，只當體親志之所安而已。世俗是非，何足道也？題主若此，則陷中如之，銘旌無可問。」

問：「龍西叔父平日不受官一節，與先人無異，遵用遺意，遂書旌以徵士，未知題主無變於此耶？或云銘旌當從本意，題主則當從後人之稱，其意有不同，題主當書官，未知如何？妄意則無官者以處士題主，今以徵士題主，恐無不可。」尹拯。尤庵曰：「龍西之旌，既書以徵士，則於神主又何同異？」

又曰：「神主之題，既以別號，則銘旌尤無可問矣。神主稱號載於《二程全書》，有曰屬謂高曾祖考，稱謂官或號行，號是別號，行如元二劉九之類。伊川之子端中稱伊川爲先生，亦載《二程全書》矣。」答宋炳文。○時同春先生官爵爲鐫積輩追削，而適遷窆矣。

削官者及其妻稱號陷中書官名并論○見喪變禮被罪家喪禮諸節條中銘旌題主條

無官者及其妻稱號

沙溪曰：「無官而死者，不稱學生，則無他稱號。勢不得已，當書學生、處士、秀才，各隨其宜，可也。婦人孺人之稱，書亦可，不書亦可。丘氏謂無官婦人，宜如俗稱孺人，蓋禮窮則從下之義也。」答同春。

尤庵曰：「孺人是九品官之妻稱，而士妻同稱之者，是禮窮則同之義也。」答沈梯。

南溪曰：「生進妻準格當以禮窮從下之義，書以孺人，而其或參用宜人之號者。如《國典》論墓道步數，生進與六品并稱。及退溪於朴嘯皋承任先妣碣文，寔爲生進妻，而以蔭堦書淑人，皆其類也。然《問解》中有婦人銘旌，當從其夫實職，不當從資級之文，恐此方是定論耳。」答洪錫龜。

婦人書封氏見銘旌條

書姓貫當否

尤庵曰："『妣位只書某氏，而不書鄉貫，自銘旌神主誌石石碑而皆然。本朝則李姓娶李姓，金姓娶金姓，故不得已書鄉貫以别之矣。中朝人見李漢陰夫人李氏旌門，大駭曰："爾國雖云禮義之邦，而猶未免胡俗云矣。"』中朝則惟王莽妻是王氏，然莽既篡，凡劉氏皆改爲王氏，而其子婦劉氏，則不改爲王，是則莽猶知同姓爲嫌也。顯考嘗爲絜令以禁之矣，今聞時輩以賤臣之所建白而不用云，然則鄉貫之書，將不得免矣。」答沈世熙。

又曰："「《家禮》第幾之規，我國不能行，既不書第幾，則書貫，或不至甚悖乎？」答李選。

南溪曰："「題主《家禮》本文無書姓鄉之文，俗論雖非之，恐不可從。」答李行泰。

庶孽稱號見銘旌條

庶孽婦人稱號上同

旁題左右之别

退溪曰：「題奉祀左旁以神主左方爲是者，何氏《小學圖》等古書亦或有之，故金慕齋亦從之。許魏兩使所云如此，無足怪也。然滉所以不敢遽信彼而直欲從《家禮》者，亦有説。試言今人展紙寫字，一行既寫了，次寫第二行者，其先寫第一行必在人之右，次寫第二行必在人之左，以此分上下，故例稱在右者爲上，在左者爲下矣。朱子於題幾主後，既明言其下左方題云云，此必以先所寫一行爲上，故以次行爲其下，以在上者爲右，故以在下者爲左耳。然則其分左右，正與《大學》序次如左之説同，皆以人對書而稱其方位。恒言莫不爲然，豈於此獨捨恒言而遽易其方位向背，以先寫在人右爲上者，變爲在神右爲上，又以當在人左爲下者，遷就在神左而爲下耶？此必無之理也。况於書標石處，謂刻自左方，轉及後右而周焉，豈可謂自標石左始而乃及後右耶？此亦爲證無疑也。《家禮》圖雖或有誤，豈容皆誤？《大明會典》既從《家禮》圖，我國禮圖又從《會典》，今必欲捨先賢時王之制，而從何氏易恒言方位，而强立無據之方位，豈爲當乎？然今人主彼説者，皆以神道尚右爲説，滉又以爲今入啓單子書狀之類，初面先具銜書姓名神座，自西而東，題奉祀於神主右邊，安知其不與此同意耶？」答鄭惟一。○下同。

又曰：「又見《濂洛風雅》南軒《諸葛忠武侯贊》末注『南軒作此贊，文公跋其左方』云云，亦謂人左爲左方，是亦明證。」

龜峰曰：「旁題宜題於書者之左。僕少時問于聽松先生，答云：『己卯諸儒，皆用《小學何氏圖》，以主身之左爲定。』又看退溪先生所論，亦云用主身之左，皆似未盡。《家禮》則用書者之左無疑，且主式始於伊川，而《伊川文集》之圖亦如《家禮》，恐無所疑。」

沙溪曰：「《何氏小學圖》奉祀之名題於神主之左，何氏之意，蓋以神道以右爲尊，而奉祀不當書主銜之右，創自改之。考禮者不深究本義，而反以爲《家禮》本文文勢然也，乃以其下左旁之左爲神主之左，不從卷首圖而從何氏所圖者，恐非朱子本意。何以知其然也？按《家禮》立小碑章曰『略述其世系名字行實，而刻於其左，轉及後右以周焉』，此左字正與其下左旁之左文勢同，然則碑文亦將逆書而周焉乎？決不然也。且主式自古有之，至於程子，其制始備，而《兩程全書》所圖亦與《家禮》本圖同，程門諸子所纂，豈無所見而然乎？馮氏善所謂『凡言右皆是上文，言左皆是下文，詳觀《大學》右傳十章及別爲序次如左，則左爲下文，不待辨說而自明』云者近之。」答黃宗海。

南溪曰：「主式旁題古果有嫌右之說，第今當以寫者之左爲正。蓋已有退溪定論，尤不須更作異見。」答朴世陞。

幼兒旁題

沙溪曰：「婦人無奉祀之義，若有乳下兒，則定其名，即書旁題，何必待長？」答李以恂。

尤庵曰：「《禮》『子幼，則以衰抱之，人爲之拜』，今主人雖稚幼，題主祝辭，皆當以爲主也。」答閔周鏡。

問：「幼時喪父者，旁注多以小字，是不忍棄父之所命也。然其所命，或多賤俚之義，則恐不可以此題父之主。」梁處濟。南溪曰：「《問解》云『若有乳下兒，則定其名，即書旁題』，所謂定其名者，即正名也。如世俗之末失，何足深論。」

題主奠

頤庵曰：「題主後登時返虞，築土成墳，顧使子弟監之，何也？蓋引接靈魂，依付木主，其事甚急。讀祝才畢，舉以升車，其意可知也。世俗不能深究，乃置主靈座，仍設別奠，以爲大禮，却於虞祭視猶尋常，豈非失其輕重哉？」

同春問：「《家禮》題主只言炷香斟酒，而今俗別設盛奠，無害否？」沙溪曰：「從俗不妨。《五禮儀》亦有題主奠也。」尤庵曰：「先師之意，以爲事之無害於義者，從俗可也，非不知《家禮》之有此明訓也。」○遂庵曰：「先生常以題主奠爲非禮。」

問「祠后土題主奠」云云。文後開。南溪曰云云。詳見祠后土諸節條。

遂庵曰：「妻喪及子弟喪，題主後炷香斟酒，家長爲之，何妨？」答成爾鴻。

題主祝

問：「題主條有母喪稱哀子之文，蓋父喪稱孤，母喪稱哀者，本温公别其父母，不欲混并者，則雖父已没，似當稱哀於母喪，而但疏狀中有俱亡則稱孤哀之文，祝與簡辭有異乎？」黄宗海。沙溪曰：「孤子哀子皆各稱之不混，似合於温公。朱子之意，依疏狀所稱俱亡稱孤哀，亦似不妨。退溪之教亦然。」按孤哀之稱又見疏狀雜式條，當參考。

問：「承重喪祝文當曰孤哀曾孫耶？只當曰哀曾孫耶？雖有母而稱哀無未安否？」閔遇洙。陶庵曰：「承重祝文則似當稱以孤哀曾孫矣。」

問題主祝文讀畢懷之之意。金就礪。退溪曰：「愚恐此處禮意精微，不可如此淺看了。蓋當此時，死者神魂飄忽無依泊，祝一人身任招來懷附於木主之責，神依木主，則便有與人相際接之理，故讀畢而懷之，以見招來懷附與人相際接之理。聖人制禮求神之道，孝子愛親思成之義，其盡於是矣。」

頤庵曰：「靈魂乍依新主，不能安定，而遽以火焚祝，或致驚散，故姑不焚而懷之。」

同春問：「云云，前承下教，凡祝文祭畢焚之，此則祭畢即返魂，未暇焚之，似不過如是云云，然則當懷祝文至家，而後焚之耶？」沙溪曰：「退溪所論恐不然，礪城説亦未穩，當至家行虞祭後焚之可也，然亦不敢必以爲是也。」

又曰：「告畢即返魂，未暇焚之耳。退溪與金而精問答，語意微奥，人或誤見有懷神主者，可笑。」答姜碩期。

又曰：「愚意則急於返魂，且原野之禮常略，故祝未暇焚，恐無他意也。」《家禮輯覽》。

尤庵曰：「退溪説雖不敢爲非，而抑有可疑者。此時神主既成，以祝其神魂，是憑是依，而不欲其飄散也。今又欲使祝招來懷附於其身，正欲其飄散也。或者求其説而不得，而因以牽强退溪説，使祝懷神主於懷間，其無識甚矣。先師心竊病之，於《備要》讀畢懷之之下節入《儀節》不焚二字，然後昧者曉然，此不可不知也。」答或人。

又曰：「題主祝文終不可不焚也。」答李憺。

父母偕喪題主先後見喪變禮并有喪條

攝祀旁題見祭變禮攝主奉祀條中諸條

無男主者婦人奉祀題主見喪變禮無後喪條

本生親題主見爲人後者本生親喪諸節條

妾子所生母題主見妾子本生親喪諸節條

養父母題主見養父母喪諸節條

外祖考妣題主見祭變禮外孫奉祀條中外孫奉祀稱號代數條

妻喪題主妹妾題主并論○見妻喪諸節條

子喪題主姪及子姪婦題主并論

尤庵曰："愚伏於子神主稱官而不稱名，同春於子喪亦然，未知有所考耶？"答柳億。○遂庵答洪益采曰："老先生嘗曰同春於其子神主不書名，據禮，則固當書名云矣。"

又曰："昔年伯兄亡，先親問於沙溪先生，書以亡子某神主。"答李箕洪。

又曰："父主子喪，而神主稱官，未有明文。然世俗皆稱之，於理恐無妨也。書名一款，據《備要》則無所疑。"答閔鼎重。

問："《備要》題主注云妻子及傍親稱號見上祝文云，而祝文但曰子某弟某，而不言稱號，某之一字，并包稱號及名耶？"朴聖源。陶庵曰："某字實包號與名。"

問："父主子喪，神主陷中公字宜代以君字。"李箕洪。尤庵曰："陷中雖易世之後無復變改者，故父雖在，而只依例書之矣。"

又曰："凡喪，父在父爲主，故子姪與子姪婦，皆以尊者爲主，而以其班祔於祠堂，一切順整矣。若以其子爲主，而以考妣題其神主，則當祔於何處耶？無論事理如何，而節節妨礙。"答李端夏。

南溪曰："人家欲以亡子婦題主，鄙意則不然，蓋因《禮經》有嫡子婦衆子婦等處而誤也。"答李軒佐。

遂庵曰："子婦題主，鄙家稱以子婦某氏，亡長子亡冢婦云云，《禮》無其文，只曰亡子某子婦某氏，則似無相混之患矣。"答成爾鴻。

無後諸親喪題主見喪變禮無後喪條

殤喪題主見殤喪諸節條中殤喪雜儀條

招魂題主見喪變禮虛葬條

成墳

墳制成墳莫并論

同春問：「圓墳與馬鬣，不知何制爲得？《檀弓》子夏曰『昔者夫子言之曰：「吾見封之若堂者矣，見若坊者矣，見若覆厦屋者矣，見若斧者矣，從若斧者焉。」馬鬣封之謂也』云云，據此，則當以馬鬣爲準，而今俗罕爲此制，何歟？」沙溪曰：「馬鬣比圓墳覆土頗廣，稍去稜隅，則似或堅完，吾家累代墓皆從此制。」

問：「易墓非古也，又曰墓而不墳，此非追遠不匱之義。」李彦純。南溪曰：「古人尚質，其封四尺者，自孔子始，猶曰東西南北之人，難以追咎也。」

又曰：「《士喪禮》疏『天子之墓一丈，諸侯八尺，其次降殺以兩，高四尺』，蓋周之士制，以此推之，出於爵秩等差，非爲陰數而然。尺亦似用周尺，然今日匠者取其高，或用布帛尺云，未可詳也。」答權鑌。

同春問：「《五禮儀》有成墳奠，而退溪亦有，雖非禮而從俗之教，如何？」沙溪曰：「成墳奠於禮無據，不敢爲説。」

立石碑石物 石碑石物見治葬具條中成墳之具條

南溪曰：「表石立於墓前，禮也。不然，則當立於左旁，蓋右是神道之尊位也。」答李世龜。

同春問「父墳在後，母墳在前，石物則立於父墳」云云。沙溪曰云云。詳見祭禮墓祭條中上下墓行祀條。

尤庵曰：「夫與元妣合葬于上，繼妣祔于下，則表石當主于夫，而書曰『前妣某氏祔左，繼妣某氏祔下』云，而石人石床，則似當設於下墓之下，若上下墓太遠，則似當各設。」答南溪。

又曰：「石物隨成先立可也。立時若值節祀，則因其祭添入于祝詞中以告爲可。『尚饗』下添以『某來承祀事，百年于兹，而家貧力薄，墓前石物無計即成。今始拮据，僅成石人石床，今將排設，而惟是表石垂成罅缺，不可苟用，勢須遲待來秋，謹將事由，并此虔告』云云，以此修潤用之，如何？若祭前已設，則改將字爲已字可也。」答金光老。

又曰：「有事於一墓，而并告諸墓，未之前聞。《家禮》祠堂章告追贈條云『只告所贈之龕』，恐此爲可據之證。告於祠堂，恐難杜撰，據《家禮》則追贈改題，何等大禮，而只設酒果？今於告墓何獨爲太忽略耶？」答金相玉。

合葬 與喪變禮改葬諸條參看

同槨異槨方位掩壙先後之説 置翣并論

同春問：「合葬是同槨耶？只是同壙耶？妻當祔於何方？」沙溪曰：「《禮記》及朱子説可考。」

《檀弓》：孔子曰「衛人之祔也離之。魯人之祔也合之，善夫」，注：「生既同室，死當同穴，故善魯。」疏：「祔，合葬也。離之，謂以一物隔二棺之間於一槨中也。魯人則合并兩棺置槨中，無别物隔之。」○朱子曰：「古者，槨合衆材爲之，故大小隨人所爲。今用全木，則無許大木可以爲槨，故合葬者，只同穴而各用槨也。」○陳淳問合葬夫婦之位，曰：「某初葬亡室時，只存東畔一位，亦不曾考禮是如何。」「淳聞地道以右爲尊，恐男當居右。」曰：「祭時以西爲上，則葬時亦如此方是。」

又問：「考妣兼用一槨，如何？」沙溪曰：「古人有兼用一槨者，而鄙見則壙中太闊，易爲崩陷。莫如用兩槨，而兩槨之間，填以石灰，如何？」

退溪曰：「兩親墓東西定位，想中國俗葬皆男左女右，故朱先生葬劉夫人時，只循俗爲之。

其後丘文莊亦不欲異俗而云云也。然朱子答陳安卿之問，分明謂祭而以西爲上，葬時亦當如此。是則此乃爲晚年定論，而後世之所當法也。」答李楨。

又曰：「葬地前後之宜，似以考前妣後爲當，然前既無地可占，合葬雙墳勢俱爲難，則似不得不隨地勢以處。」答鄭惟一。

沙溪曰：「丘《儀》按葬位固當如祭位，但世俗循冒已久，葬皆男左女右，一家忽然如此行之，數世之後，安知子孫不誤以考爲妣乎？不如且姑從朱子葬劉夫人之例也。按《語類》云云祭以西爲上，則葬時亦當如此方是。詳見上。今丘説如此，未可知也。」《家禮輯覽》。

南溪曰：「世之葬法有以男左女右爲次者，有以考前妣後爲次者。《傳》曰『神道尚右』，又曰『地道尚右』，而朱子答陳安卿之問已有定論。若考前妣後之説，亦似不安。以神道論之，都宮昭穆之制，太祖居北，二昭二穆以次而南；以地道論之，山勢後高而前低，北上而南下，今必反易其常，何哉？程子《葬説》云云，此説皆主墓居中，子孫左昭右穆，其後或東或西以次而南之證，而亦無尊前卑後之義。今之族葬者，恐當以此爲率。而夫婦之不能合葬者，亦當推此，則是將不失古道而庶正俗失矣。」

陶庵曰：「朱子之論，退溪先生之説，俱有初晚之異。後學只當以晚年定論爲主，况近世士大夫皆用尚右之制，恐難變改。」答全汝性。

問：「考妣二柩同槨而葬者，不無長短之差，則當齊其上乎？齊其下乎？」黄宗海。沙溪曰：「當齊其上。」

同春問：「同壙而葬者，若待後葬而掩壙，則其間日子稍遲，似爲未安。」沙溪曰：「張子既有教，恐不可違，然爲日若久，似不可膠守耳。」

張子曰：「古者并有喪，則先葬者必不復土，以待後葬之入，相去日近故也。」

問：「今人合葬，築灰於兩棺之間而隔之，此非古人祔葬之禮也。古亦有或離或合，而孔子善其合者，則決不可從俗，未知何如？」尹寀。尤庵曰：「祔葬當從聖人之説，今人合墓同槨者，外蓋用横板，益無摧陷之憂矣。」

旅軒曰：「用同槨一蓋，則其蓋板須加厚可也。」答孫澀。

前後室合祔當否元妣别墓并論

同春問「人有繼室或三室，其葬祭似皆合祔」云云。沙溪曰：「程、張、朱子論之已詳，可考也。」

程子答富鄭公曰：「合葬用元妣，配享用宗子之所出。」○張子曰：「祔葬祔祭，極至理而論，只合祔一人。夫婦之道，當其初昏，未嘗約再配，是夫只合一娶，婦只合一嫁。今婦人夫死而不可再嫁，如天地之大義，夫豈得以再娶？然以重者計之，養親承家祭祀，繼續不可無也，故有再娶之理。然其葬其祔，雖爲同穴同筵几，譬之人情，一室中，豈容二妻？以義斷之，須祔以首娶，繼室別爲一所可也。」○朱子曰：「程先生説恐誤。《唐會要》中有論，凡是嫡母，無先後，皆當并祔合祭，與古者諸侯之禮不同。」又曰：「夫婦之義，如乾大坤至，自有等差。故方其生存，夫得有妻有妾，而妻之所天，不容有二，况於死而配祔，又非生存之比。横渠之説，似亦推之有大過也。只合從唐人所議爲允。况又有前妻無子、後妻有子之礙，其勢將有甚杌隉而未安者。惟葬，則今人夫婦未必皆合葬，繼室別營兆域，宜亦可耳。」○黄勉齋曰：「今按《喪服小記》云『婦祔於祖姑，祖姑有三人，則祔於親者。再娶之妻，自可祔廟』，程子、張子考之不詳，朱先生所辨正合《禮經》也。」

尤庵曰：「程張朱諸先生之論，不啻明白，而張子之論尤嚴截矣。今世此意廢壞，若前夫人無子，而後夫人有子，則不但以後夫人合葬，至有不知前夫人葬在何處者，極可寒心。以尊家事言之，則今年雖不可以前夫人還祔於伯氏，如遇吉歲，必如諸先生之説，是正當道理也。前後皆祔之制，雖愈於捨前取後之傎，尚不如別葬其後之正也。又記朱子別葬其父母於百里之遠，如不得已，則前後夫人皆可別葬也。程朱論禮法處，必曰世族之家先行之，方可使以下士大夫行之。今日尊家如復違禮，則世人無所取則，而或反曰某家尚如此云爾，則非小事也。天下之寳，幸須爲天下惜之也。」答静觀齋。

又曰：「世或以考與前後妣之墓，象品字之形，蓋考位居上，前妣居前右，後妣居前左，其曰前曰左右者，皆據考位而言也。前妣居右者，神道以右爲尊故也。既以右爲尊，故只考妣兩位相祔，則考居于右，而妣居于左，此與前妣右而後妣左，其義同也。若於品字之制，前妣居左，後妣居右，則反失前後之序矣。前右前左四字，出《易啓蒙》。」答沈梯。

問：「葬前後母者，世多用品字制，而其法不齊。或一壙中並安三喪，而父居中，稍後，前母右，後母左，而各稍前。或三墓一行并峙，而父居右，二母循序次之。或同兆異穴，列樹三墓，考墓居後，前妣右，後妣左，而各稍前，以爲品字狀。」梁處濟。南溪曰：「前後葬法已有文公定論，難容異議矣。姑以所示品字之制言之，恐最後者爲勝。」

又曰：「有前後妻者同葬一岡之禮，其規不一，有夫冢北而妻祔南者，有夫冢南而兩妻祔北者。近考葬法昭穆之説，程制主穴在北，子孫以次而南；《周禮》主穴在中，子孫貴者在南，賤者在北，已頗逕庭，而又皆子孫之位也。然前後妻祔葬者，亦不可捨此別求他法，則夫冢北而祔南者，終當爲是。」與尹拯。

又曰：「若開壙而棺木朽敗，勢當改斂，改斂則無不得行喪之理。第若終不至遷動者，决不可獨與後妣合葬，或雙墳，或上下墳，以示不敢準禮合葬之意，猶有限節也。」答金楺。

退溪曰：「據禮言之，兩妣皆當祔於考塋，未則遷先而祔可也。滉先妣葬在別處，而先考葬於族葬，乃家後山也。滉兄弟六七人遭後母喪，取便近而祔葬於先塋先妣墓，已經七十餘年，難於遷動。又亡兄嫂及姪隨葬亦多，已成一族葬，因遂未遷，其於事理，極爲未安。尚賴所云别處亦去家僅五六里而近，每祭兄弟子姪祭於先壠，次日祭於先妣墓，未嘗設位先壠而遥祭之也。兩處皆有齋舍，或於其一處有故，不可行祭，則就無事處設位合祭之耳。此乃從前處事未盡善，暨乎今日，雖欲改之，勢有甚難之故也。」答柳希范。

夫在時前後室合葬之非

陶庵曰：「祔者所以從葬也，其夫生存而前後妻合葬，則未知何所從也？陽能統陰，夫既葬，則雖兩室三室，皆可統於夫矣。夫既生存而兩妻同穴，則將使後妻統於前妻耶？天下豈有陰統陰之理？」答禹昌洛。

妻妾放出者還葬夫家先塋可否

南溪曰：「今《國典》無出妻法，其夫生前情義甚疏，或居家内而不相接，或送本家而久不推還，皆近於出也。然法既無文，且既所生子主祀，似當合葬。然父若遺命勿爲合葬，則亦當異葬。至於此妾，則位賤行悖，父又遺書放絶，則主宗之家，不使葬於先壠，乃正論也。其子亦當從遺命，別葬而已。」答李東耈。

合葬時告先葬未合葬亦告并論

南溪曰：「所謂合葬告先葬之位者，不必深泥。雖用雙墓，豈有不告之理？」答朴世陞。

問父喪啓母墓告辭。梁處濟。南溪曰：「無服輕者，則喪人親行之，不可用異姓之親。」

問母喪啓父墓告辭。閔采萬。南溪曰：「依《問解》喪中祭先之服告祭其父，恐無所妨。」

同春曰：「祠后土，主人亦有自告之禮，今告先妣，自告恐不妨，告辭當據《備要》所載略改，如何？主人自告，則情理自當哭。」答李選。

南溪曰：「告先葬祝恐當曰云云『某親某封某氏，已於某月某日捐世，將於某月某日行合葬之禮，不勝感痛』云云。」答申佾。

遂庵曰：「合葬告辭，開塋域日，當別爲措辭，曰『年月日云云，將於某月某日，合窆先妣某封某氏。今日開墓，伏惟尊靈，不震不驚』。」答或人。

陶庵曰：「親喪合祔之時，使人告于舊墓，似或有未饺於心者，故鄙人則嘗自告矣。告辭禮書既無可考，只當以己意爲辭耳。若欲依此行之，則告辭用孤哀名，而奠酌則使人爲之可也。」

答李惠輔。○下同。

問：「新卜之所在祖墓傍，當告于祖墓，而既非合窆，則不必復告於父墳耶？」安衢。陶庵曰：「告先塋之禮，固當用於祖墓，而於父墳，亦當以『新喪某日窆於某所，合祔則姑待吉年』之意告之爲得。」

附 祔葬先塋告辭

沙溪曰：「祔葬先塋，則使服輕者用酒果告之云『今爲孫某官某營建宅兆，謹以酒果，用申虔告』云云，似得。參降之節，亦當有之。所謂某甫云者，指亡者之字也，先祖前則稱名可也。古者雖稱字，今不可用，后土祭亦然。」答同春。

南溪曰：「告先塋葬地，遠近同，則當告最尊者；遠近不同，則當告同穴之尊者。先葬母後葬父，則恐可使服輕者代告，其辭亦當從子稱考，不當從母稱夫。」答李時春。

又曰：「酒果告先之禮，既祔葬先山之内，則雖不相望，恐不可闕。旁親兄弟雖近，不必行也。」答朴世瓊。

又曰：「告先塋云云，祝辭當以宗子名，使服輕者代行。雖於已祧而諸位迭掌之墓，猶以當初直派大宗名爲主也。」答李準。

合葬祠后土

問「新舊合葬，其祝欲書曰『宅兆不利，將改葬于此，以某封某氏祔』」云云。鄭崐壽。退溪曰：「當如此，而祔字上加新字。」

問「祔葬者，恐當不用營建宅兆之句，妄意改此一句『今以某親祔葬某親』」云云。申佾。南溪曰：「來示得之。」

問：「兩葬同壠，而破土安葬同日，時并用斬破時。及實土後祠土地，各設其祭耶？若合設，則祝辭當何書之？」李時春。南溪曰：「同祝爲當。」

問：「合葬時祠后土祝辭中，今爲字下新喪則依古訓書之，而舊葬則以改葬之意書之乎？蓋不可欺者神，則直以某親某封某氏合葬之意書之乎？」權鑌。南溪曰：「若各葬，則各告所葬之位。若合葬，則只告所葬之夫位，似可。蓋婦統於夫也。至於遷葬曲折，不宜備列。非欺之也，乃所以尊之故也。」

又曰：「新山祠后土，祝似當只以正位爲主，然并告祔葬之位，亦無大妨否耶？」答李時亨。

合葬時通穴

陶庵曰："合葬時通穴，大抵後世多動於吉凶之説而然，宜禮書之不見也。雖通得一邊，三邊事有不可知，終恐無益。"答李惠輔。○下同。

又曰："破墓時既有告辭，不必以通穴一事更告也。哭泣之節，哀情所發，何能已耶？"

合葬後行祭可否

退溪曰："葬後合祭，於古禮無考，今既不能免俗而行之，則當取其稍穩便者爲之。位板今難厝而後難處，不若紙榜，今附櫝内，而後日焚之爲便。"答金富仁。

愼獨齋曰："來示先考位全然無事似爲未安云云，考之古禮，曾無并祭之儀。蓋虞者，孝子爲親之魂氣彷徨，設祭以安之也。先妣設位固當，而先考位則安厝已久，無事於虞矣。况始役之日，既以酒果告以破墓，雖於葬先妣之日無事於先考，亦非全然無事也，恐不可創設新規也。若封墓既畢，設酒果并告以役畢，則情禮無妨耳。"答李敬輿。

問："合窆後舊墓雖不動灰隔，似當有慰安之祭。"李世龜。南溪曰："慰安之祭，亦所未聞，蓋既不見其尸柩，只得始事時一告而已。"

返哭

返魂他所

問：「世或有葬而返魂於他所者，恐非神返室堂之義，而又失於返諸其所作、返諸其所養之禮。」崔徵厚。遂庵曰：「婦人以夫家爲家，而死則夫黨主之。生時雖寄養於己之親黨，便非其所葬後返哭於夫家，事理當然矣。葬後若暫返所居之室，行虞卒哭，徐還夫家，則似爲曲盡情文，而又未知葬所果在他地，而能無掣礙之端否？」

返哭時辭墓當否

沙溪曰：「返魂時不哭拜於墓者，專意於神主故也。世人哭拜於墓，恐非禮意。」答同春。問：「返魂時若成壙，則今俗必拜辭，親賓同主人拜辭亦可耶？」柳貴三。南溪曰：「禮雖未言，人情之所不得不然，且似無害於義矣。」

陶庵曰：「返魂時不哭辭於墓。沙翁之論，深得禮意，只當遵行，何可從俗爲之？」答李濟厚。

返哭諸節

同春問「奉神主入就位櫝之」云云。沙溪曰：「常時祭祀奉主櫝置西階卓上，啓櫝，奉主出就位，此則非若有事時，故奉主直入就位仍櫝之謂歟？豈有自墓來不櫝，而今始櫝之哉？活看可也。」

問：「沙溪曰云云，蓋《家禮》之意，以爲新主纔成，不知魂之依否，不忍遽櫝也。故其反如疑，爲親在彼，至家櫝之，其義甚精微，恐不可活看。」李東。遂庵曰：「至家櫝之，似有微意。」

尤庵曰：「既有靈車，其外鞍馬，不亦虛乎？」答尹寀。

南溪曰：「轎子鞍馬，皆出於俗規，似倣國家返魂儀物而然。士夫家依禮勿行，恐當。」答崔補。

問哭于廳事。柳貴三。南溪曰：「廳事者，丈夫常處之所，主人先哭於廳，豈緣此而然耶？婦人勢不得至廳事，則只哭于堂也。」

父母偕葬返魂見喪變禮并有喪條

國恤中私喪返魂儀節見國恤條

返哭時行吊

南溪曰：「返哭之吊，哀之至也，恐當依本文行之於其日。」答李時春。

又曰：「雖或出郊，而迎至家行吊，恐得之也。」答李行泰。

陶庵曰：「今俗於返哭之時，賓客多出郭外迎慰於路傍紛擾之處，拜未成儀，哭不終聲，此何禮也？孔子之惡野哭者，以郊野道路，非可哭之地也。昔齊莊公襲莒，杞梁死焉，其妻迎其柩於路，哭之哀，莊公使人吊之，辭曰『猶有先人弊廬在下，妾不得與郊吊』，齊侯吊諸其室。今之讀書知義理者，反爲女子之所不爲，寧不愧乎？雖或迎於郭外，切勿行吊禮於路側，只當隨後還喪次，待返哭而後吊可也。」《四禮便覽》。

祥後返哭行奠

松江問：「祥日祭之後反哭，又設盛祭於舊堂，倣虞儀行事。此雖於《禮》無文，恐不得不然。」龜峰曰：「孝子之情，不得不爾，但祭則《家禮》三年内所行，已有其數，不可疊行。倣祠堂章告事之儀，告以返哭之意，行奠禮，如何？」

廬墓

總論廬墓返魂得失

退溪曰：「設殯於正寢者，使其神安在於生存之處也。歸葬于山野，平土纔畢，題主畢，使子弟看封墓，即速返魂者，恐神魂飄散無依泊，欲趁依歸，即安於平昔居息之處。此孝子之心也。今只以居廬爲善，未知返魂之意。至畢三年後，乃返魂于家。魂散久矣，其能返乎？」胡伯量問曰：『某結屋數間於壠所，葬後與諸弟常居其間。敬子以爲主喪者既葬當居家，蓋神已歸家，則家爲重，却令弟輩宿墓可也。』舜弼亦云：『廬墓非禮，某自此常在中門外别室，更令一二弟居宿墳庵，某時一展省，未知可否？』朱子曰：『墳土未乾時一展省，何害於事？但不立廬墓之名耳。蓋漢唐以下，未有居廬之名。其中或有廬墓者，表旌其閭，由是廬墓成俗，而返魂之禮遂廢，甚可嘆也。但末世禮法壞亂，返魂于家者，多有不謹之事，反不若廬墓之免於混雜也。然其不謹如此者，名雖廬墓，恐亦不能致謹於廬墓也。』」答趙振。

頤庵曰：「《檀弓》『返哭升堂，反諸其所作也。主婦入于室，返諸其所養也』注：『所作者，平生祭祀冠昏所行禮之處也。所養者，所饋食供奉之處也。』朱子於返哭之事，謂之曰『須知得這意思，則所謂踐其位、行其禮等事，行之自安，方見得繼志述事之事』，然則返主乃喪禮中之最大者，故三虞以下，須至家乃行，而國俗以廬墓，遂不返主，而仍就廬行祭，以終三年，此徒知取便而不知其大失《禮經》之旨也。朱子居喪廬墓，而朔望則歸拜于几筵。蓋廬墓乃吾私事，而若朔望時候之變也，禮不可以不親也。大抵喪者，自欲廬墓，則固不禁矣；若朔望几筵之禮，不可廢也。能如朱子所爲，則情禮兩全矣。吾東自圃隱居廬之後，始知慕效，漸久成俗。今非敢以廬墓爲非，只辨其不返主之非耳。」

牛溪曰：「廬墓雖近於情，然非禮之正也。孝子以禮自守，而情文皆備，則何必以在家喪禮不專爲懼耶？先儒言墓藏體魄而致生之不智，廟奉宗祏而致死之不仁，蓋魂魄既分，則當以魂之所在爲致誠敬之地。」答宋大立。

栗谷曰：「今之識禮之家，多於葬後返魂，固正禮。但時人效嚬，遂廢廬墓，返魂之後各還其家，與妻子同處。禮防大壞，甚可寒心。凡喪親者，自度一一從禮，無毫分虧欠，則當依例返魂，如或未然，則當依舊俗廬墓可也。」《擊蒙要訣》。

龜峰曰：「鄭孝有病偏母年高云云，從禮返哭，而結廬墓下，時往省拜，以使孝理，如何？」答松江。

同春問：「《禮》言返哭，而或以廬墓爲善，將何適從？」沙溪曰：「栗谷所論可考也。」栗谷說見上。

尤庵曰：「返魂於家而守几筵，自是正禮。兄弟中或守此正禮，有何不可？朱子於母喪，返魂而常在墓所，朔望歸奠几筵，則是廬墓之禮，亦爲後學之大典矣，不待栗谷說然後爲可行也。」答尹寀。

南溪曰：「返哭重在神主，經禮也，况今有上食之禮於几筵乎？朱子服喪時若行上食而常在寒泉，則固可爲今日之證矣。若其時從古禮不行上食，則恐難以朱子所行而長違几筵，莫如從返哭之禮，而兄弟輪回時省墳墓之爲得宜也。」答沈元浚。

陶庵曰：「以禮意言之，廟重於墓，故識禮之家，葬後返魂，而不爲廬墓。苟有兄弟，則長子侍几筵，次子居墓廬亦可。而哀是獨子，既不可兩行，義當長侍几筵，而墓則一月一省或再省爲得。」答李恒春。

問：「廬墓者，朝夕哭省，有拜禮否？」尹寀。尤庵曰：「以《小學》王裒事見之，則可知其有拜矣。」

廬墓拜哭祭奠之節

問：「墓所朝夕哭省，則似異於靈筵，宜有拜禮。」閔泰重。同春曰：「然。」

南溪曰：「居喪非饋奠致敬之節，不拜，禮也。墓所雖與几筵有間，逐日再次行拜，殊未安。只申哭盡哀，循守常禮爲是。」答沈壽亮。

又曰：「往來省墓者，朝夕行拜亦當，蓋以身在外，不參几筵上食，則情禮不得不然。」答俞晦一。

遂庵曰：「上墓時，中原人立哭，東俗伏哭，皆無所妨。」答鄭彦煥。

退溪曰：「居廬者，朔望節日當行於几筵，其有並行於墓所者，非也。」答金就礪。

問：「奉几筵居廬墓下，則四時節祀，只行於几筵歟？」吴益升。尤庵曰：「似當行於几筵，蓋以《家禮》始祖親盡後墓祭例之，則恐當如是矣。」

祥禫後廬墓之非見禫後諸節條

禮疑類輯卷之十

喪禮

虞

虞日早晚剛柔

問："若一日同葬，而冬日極短，事多未及虞祭，何以行之？既非經宿館行之所，則雖行之於夜，亦不至於大失耶？"任屹。寒岡曰："何至大失？"

同春問"初虞用日中，再虞三虞則皆質明"云云。沙溪曰："《禮經》可考。"《士虞禮》"日中而行事"注："朝葬，日中而虞，君子舉事，必用辰正也，再虞三虞皆質明。"疏："辰正者，謂朝夕日中也。以朝有葬事，故云日中而行虞事也。再虞三虞皆質明者，以朝無葬事，故皆質明而行虞事，是用朝之辰正也。"

南溪曰："質明即大昕，指日未出時也。朱子亦未免侵晨已行事畢，則此亦古今不同處，勢不得用大昕耳。」答柳貴三。

又曰：「《士虞記》注曰：『柔日陰也，取其静；剛日陽也，取其動。』疏曰：『三虞改用剛日，以其將祔於祖，取其動義也。』」答成文憲。

尤庵曰：「日之剛柔相接，初虞若是剛日，則三個虞自然日日接續矣，惟再虞是陰數，而必用柔日，故初虞若是柔日，則不得不越剛用柔，而或有間日者矣。」答李徵明。

又曰：「再虞若於道中遇柔日，則當於所館行之，至家之後，隨值剛日而行三虞，不可以至家日爲斷也。世俗以神返室堂之日全然無事爲嫌，然題主祝已告此意，不可謂無事也。」答閔維重。

問：「家在數百里之遠，必三宿而後得返，則三虞之久不祭，勢也。等其久也，曷若於山下留奉几筵，待數日墓事畢後，返魂而行三虞乎？」申楫。愚伏曰：「葬形原野之後，魂無所依，聖人恐其飄蕩彷徨，故必於是日虞，又必於所居之室堂，其慘怛懇惻之意，蓋不忍一日離也。依禮文留子弟敦事，速返而行三虞於室堂，甚善甚善。」

虞祔沐浴櫛髮之異

沙溪曰：「虞祭雖有沐浴之文，略自澡潔，不爲櫛髮，至祔祭始沐浴櫛髮剪爪。蓋沐浴則只以水洗之而已，櫛髮則以水洗之而又以櫛梳之，不無輕重之差矣。」答同春。

同春問：「虞祭條所謂齊衰櫛髮者，似指三年喪，蓋期服豈至三月不梳耶？」沙溪曰：「此非三年喪，乃期喪也。期喪發引前不櫛，於人情爲近，何可疑也？三年喪、期喪之櫛髮，以虞祭、祔祭分而別之，可也。」

不用絅巾

退溪曰：「虞祭漸用吉禮，文稍備，著絅巾似當，而禮文無據，又《喪服小記》云『緦、小功，虞、卒哭，則免，喪事主哀，故雖漸吉而反用哀飾也』，以此言之，虞不用絅巾，似無妨也。」答金富仁。

具饌

河西曰：「虞祭具饌如朝奠，或朝上有朔日字，或朝乃朔字之誤。」

龜峰曰：「虞無上食之文，具饌進饌，皆無羹飯，至卒哭始有飯羹，則虞無上食明矣。」答松江。

沙溪曰：「按具饌如朝奠，則只有蔬果脯醢，而無所謂魚肉炙肝麵米食飯羹矣。然則於陳器條既有設匙筯文，而無飯羹可乎？此河西所以欲改以朔字讀也，宜從丘氏《儀節》，具饌設饌并如吉祭式。」《家禮輯覽》。

又曰：「按《家禮》具饌，雖不言飯羹，然陳器既有匙筯，又祝曰粢盛，又卒哭進饌，主人奉羹，主婦奉飯，如虞祭之設，則有飯羹無疑矣。」《喪禮備要》。

南溪曰：「虞祭既是祭禮，所載饌物亦頗詳備，且祝有潔牲粢盛之文，而終無魚肉炙肝麵米食飯羹之類，《儀節》《備要》次第添用，則不但所闕爲炙肝然也。此恐《家禮》不免疏略處，安有深意於其間耶？」答金斡。

饌品諸條見祭禮時祭條

茅沙上同，又與祭禮忌祭條參看

設盥盆西階

南溪曰：「《曲禮》曰『居喪之禮，升降不由阼階』，蓋主人升降不由阼階，則盥帨之設於西階，其義明矣。」答羅斗甲。

匙楪居中居西之辨見祭禮時祭條

出主見祭禮參條

入哭位次

沙溪曰：「《家禮》虞祭主人以下在堂上之位，卒哭同虞祭，練祥禫皆如上儀，而惟祔祭宗子主婦及喪主婦分立兩階之下云云矣。」答同春。

倚杖室外

同春問：「倚杖於室外者，何義？當倚於室外之東乎？西乎？」沙溪曰：「《小記》『虞杖不入於室，祔杖不升於堂』注：『虞祭在寢祭後，不以杖入室，殺哀之節也。』《士虞禮》『主人倚杖入』注：『主人北旋，倚杖西序，乃入。』所以倚於西序。古禮虞祭男女序立，反於初喪，必男西女東，而其升降，男子亦由西階。而其入室也近於西序，故仍以倚之，所以取其便也。今《家禮》位次變於古，而丈夫處東西上，則其倚杖亦於東壁下可也。」或云主人兄弟升降必由西階，則倚杖之所不必變古，未知是否。

尤庵曰：「虞杖既倚於室外，則此後朝夕饋食，恐當如是矣。然自此不復杖，則恐更無用杖終喪之意，惟當祭時，不敢杖而已。」答李鼎華。

南溪曰：「婦人成服，本在堂上虞卒哭，倚杖與否，恐非所論也。」答李滓。

遂庵曰：「室字從古《禮》文而不改也。祭於堂，則倚杖於堂外無疑。」答崔徵厚。

無參神

退溪曰：「虞祭無參神，非闕漏也。當是時，如事生如事存之兩際，故去參神，以見生前常侍之意；行降神，以見求神於怳惚之間。此甚精微曲盡處。瓊山率意添入，當從朱子。」答寒岡。

沙溪曰：「《家禮》虞卒哭大小祥及禫祭，並無參神之文，而只於祔祭有之，又其下注特言祖考妣，則其於新主，無參神之禮，明矣。退溪説可考。丘《儀》補入，恐非《家禮》本意。意者所謂參神者，參謁也。吉祭則既奉主於其位，而不可虛視其主，故必先拜而謁之，然後降神，禮也。

至於新主，則三年之內，奉置靈座，而孝子常居其側。未練之前，又有朝夕哭，以象平日昏定晨省，未嘗一日離也。雖遇行祭之日，無可參謁之義，故不設此禮，而只入哭盡哀而已歟？」答同春。○退溪説見上。

同春曰：「無參神而有辭神，雖似可疑，然兩先生退，沙。所教自甚明白，恐不可他求。」答蔡之沔。

尤庵曰：「祝出主後，主人以下入哭者，恐是參神之義也。」答閔元重。

問：「虞祥無參神者，以有常侍之義而然也。至若主妻喪旁親喪之類，似有差别。」李時春。南溪曰：「恐當只遵常例行之，入哭視參拜尤切故也。」

問：「期功異居者，虞祥來參，則非常侍之比，全無參拜，似未安。」閔采萬。南溪曰：「期功異居者，容其初到時，别申哭拜，未爲欠禮也。」

降神時止哭

南溪曰：「降神時止哭，爲將行虞練祥祭禮故也。凡孝子喪親，雖是巨創至痛，哭泣之節，隨時不同。虞練祥時，自初至終，哭而不止者，似近於初喪，恐爲過禮。如朔奠，雖曰殷奠，節目不多，與上食無甚異，恐無止哭之義。」答朴鐔。

進饌時炙肝并進

南溪曰：「《備要》虞祭進饌注有炙肝，而無設式，惟《儀節》與魚肉同設於進饌時，蓋以諸饌一時並設，與時祭不同也，似是喪祭從簡之義。」

陶庵曰：「炙肝之設，饌時并進，三獻後各進，虞卒祥禫與時祭果不同矣。虞卒祥禫雖漸殺而向吉，猶有哀遽之義，不可一如純吉之祭而然耶？」答安衢。

左設與上食不同

牛溪曰：「祭禮設飯於西，非獨丘《儀》如此，《家禮》時祭進饌之儀已如此，然初喪象生，故凡設奠，皆如平時，至於虞而後用祭禮。然則自虞而西飯，恐亦無悖乎禮也。」答李濟臣。

問：「祔祭進饌以祖考爲主，則當依禮飯右羹左，而乃云并同虞祭。虞祭之設如朝奠，云虞與朝奠若象生時，飯左羹右，則祖考之前，亦用新死者之禮耶？」黄宗海。沙溪曰：「自虞以後之祭，則左設，三年朝夕上食，則象生時右設，未知如何？」

飯羹左右之義見祭禮時祭條

酌獻之節

問：「虞祭獻酌與時祭忌祭不同？」朴廷老。寒岡曰：「豈不以虞祭哀遽，其禮當簡，時祭嚴敬，其禮不得不備也耶？」

問：「虞祭則祭而後獻，時祭則獻而後祭，祭後復獻。」閔泰重。尤庵曰：「虞祭猶是喪祭，故與時祭略有異同。」

祭酒之義見祭禮時祭條

啓飯蓋上同

告祝之節

祝文

寒岡問：「禫祭祝文尚稱孤哀子，則禫祭之前，仍用孤哀之稱，無乃可乎？」退溪曰：「當如此。」

同春問寒岡云云。退溪答云云。見上。愚伏云：「非徒祝文，謝人慰疏亦仍用矣，未知如何？」沙溪曰：「《儀禮》《家禮》皆於祔祭稱孝，又《雜記》曰『祭稱孝子孝孫，喪稱哀子哀孫』注：『祭，吉祭也。卒哭以後爲吉祭，故祝辭稱孝子孝孫。自虞以前爲凶祭，故稱哀。』《儀節》則自虞至禫，於先祖稱孝，於亡者稱哀。當以《禮經》爲正。愚伏謂禫前書疏仍用孤哀，此説則是。」

又問云云。愚伏曰：「從丘氏《儀節》不妨，雖從《雜記》書尺，則不可不稱孤哀，不然，則所謂喪稱哀子哀孫，當用於何處耶？」

又問：「喪人則祝文不稱其官否？」沙溪曰：「考諸禮書，喪人雖有官，不稱也。」

南溪曰：「三虞禮成，近於卒哭，並稱成事，恐無不可。」答鄭尚樸。

攝主祝見喪變禮嗣子未執喪條中子幼攝主條

妻祭夫祝

南溪曰：「妻之祭夫，既用顯辟之禮，則祝辭所謂『夙興夜處，哀慕不寧』之語，恐無妨礙。」答權益文。

諸親喪虞卒以下祝

問夫爲妻虞卒哭等祭祝文。李君顯。寒岡曰云云。詳見妻喪諸節條中虞卒祥禫諸祝條。

問："虞卒哭之祭，夫雖主之，祝辭則當云舅使子某告婦歟？"崔碩儒。愼獨齋曰："當如此。"

問孫婦虞祭祝。朴振河。遂庵曰："祖父於孫婦，稱以大舅，或祖舅，祝辭以『悲念酸苦，不自堪勝』改之，如何？"

問弟主兄喪虞祭祝辭。李天封。寒岡曰："稍變其辭，『夙夜悲哀，不能自寧』。"

祝立主人右之義

問："虞祭，祝立主人右。"尹寀。尤庵曰："吉祭尚左，其尚右以其喪禮也歟？"

讀祝見祭禮忌祭及時祭條

亞獻

同春問"喪禮，子爲主人，母爲主婦，行禮之際似多相闋，至於虞祔之祭，子爲初獻，母爲亞獻，尤似未安」云云。愚伏曰：「云云，卑者爲初獻，則尊者不可爲亞獻，寒岡嘗有此見，以質之退溪，退溪以爲不然。今當從退溪之説。」

又問：「愚伏曰云云。」見上。沙溪曰：「退溪説恐未安。頃年姜復而問之，略有所論，取考爲佳。」答姜説。○見立喪主條中主婦條。

問：「姪爲喪主而初獻，則叔父亦可爲亞獻否？」金楺。南溪曰：「無可疑。」

又曰：「虞祭及大小祥只入哭、初獻、辭神三節行哭而已，亞獻則無其文，恐主婦亦不哭者爲是。」答金栽。

問「虞祭亞獻下只云拜興」云云。蔡徵休。遂庵曰：「《儀禮》雖如此，《備要》則亞獻終獻如初獻云，則似當哭拜矣。」

終獻

問：「同春喪虞祭，李執義翔爲終獻。」尤庵曰云云。見祭禮時祭條中亞終獻條。

南溪曰：「親謂無服之親，賓謂賓客，意見《家禮》發引條。虞祭今人家婦女鮮往葬所，雖親賓與祭可也。」答梁處濟。

侑食下當有扱匙正筯之文無拜禮并論

寒岡問：「喪禮侑食下無扱匙正筯之文，竊恐此時主人悲迷，禮文曲折，不遑盡備，故扱匙正筯，直在進饌之初。」退溪曰：「是。」

沙溪曰：「按凡吉祭條俱有插匙飯中及正筯之文，而此虞祭及下祔卒哭大小祥祭并無，丘《儀》亦無，意者喪祭哀遽，故從簡省之歟？」《家禮輯覽》。

同春問：「虞祭侑食下無扱匙之文，寒岡問云云。」見上。沙溪曰：「退溪雖以鄭説爲然，未知其是也。鄙意《家禮》具饌條偶不言飯羹，侑食條又無扱匙之文，故有此疑也。然陳器既有匙箸，又祝曰粢盛，又卒哭進饌條『主人奉羹，主婦奉飯，如虞祭之設』云，則有飯羹無疑。而既有飯羹，則扱匙之節，似當在侑食之時矣。而主人荒迷，不能成禮，故執事行之，而亦無拜也。」

問：「侑食一節，虞祔練祥皆無再拜。」柳貴三。南溪曰：「虞祔練祥皆凶禮，不能盡同於時祭，其義然也。」

扱匙正筯之節見祭禮時祭條

闔門啓門撤羹進茶伏立之節上同

告利成之義上同

虞卒告利成之異無拜禮并論

沙溪曰："按虞祭喪祭，故西面告利成，卒哭吉祭，故東面告也。"《家禮輯覽》。

問："時祭告利成後祝以下再拜，虞卒哭則無。"柳貴三。南溪曰："恐亦喪祭異於吉祭也。"

諸親祭告利成當否

杇淺曰："利成之告，上喪之禮，今於子不行，何害？"答李成己。

問："告利成，夫祭妻及旁親與卑幼之祭，似不可混用。"李時春。南溪曰："告利成之利，訓非養親之養，乃養神之養，并用恐不妨。"

下匙筯合飯蓋見祭禮時祭條

辭神先斂主并論

沙溪曰：「喪中雖有常侍之義，祭畢辭神不可不爲也。」答同春。

問：「辭神之禮，虞與時祭不同。」姜碩期。　沙溪曰：「未詳。」或曰「虞祭主無遷動，故先斂後拜，時祭將奉就西階卓斂櫝，故未出先拜」，未知是否。

同春曰「無參神而有辭神」云云。答蔡之洐。○見無參神條。

尤庵曰：「辭神在斂主後者，恐是喪祭異於吉祭也。」答閔元重。

南溪曰：「《問解》小注中或説似是。」答梁處濟。○或説見上。

又曰：「無參有辭者，豈以辭神不得不見祭終之意故耶？」答鄭尚樸。

陶庵曰：「虞是祭之大者，既有許多節目，則臨畢不可無此一節。雖名曰辭神，只是告以撤饌之意也。」答金時鐸。

渴葬行虞卒哭之節

同春問：「不及期而葬者，虞卒哭。」沙溪曰：「《禮經》可考。」

《喪服小記》「報葬者，報虞，三月而後卒哭」注：「報讀爲赴，急疾之義，謂家貧或有他故，不得待三月，死而即葬者。既疾葬，亦疾虞，虞以安神，不可後也。惟卒哭，則必俟三月。」

新舊喪合窆行虞之節見喪變禮改葬條

父母及祖父母偕喪虞卒見喪變禮并有喪條

重喪中遭輕喪者重喪虞卒祔上同

國恤中私喪虞卒見喪禮國恤條

埋魂帛復衣不可并埋，見靈座條

沙溪曰：「丘《儀》『若路遠，於所館行禮，必須三虞後，至家埋之』，《會成》『俟實土將平壙，鋪魂帛於内而埋之』云云，按二說不同，然奉魂帛升車條别以箱盛主置帛後，奉神主升車條魂帛箱在其後，又祝曰『伏惟尊靈，捨舊從新，是憑是依』，以此觀之，主與帛不使遽離者，恐有意思，丘説似長。」《家禮輯覽》。

尤庵曰：「《家禮》發引時，主箱在帛後；返魂時，帛箱在主後，其微意可知矣。恐不可埋於葬地，如魏説也。其所居雖是寓處，然神主既返于此，則仍亦埋帛于此，恐宜也。」答南溪。

南溪曰：「屏處潔地，未必爲兩階之間，時俗埋魂帛於墓所者，蓋倣祧主之例也。若非大段難行，則準禮爲是。」答朴尚淳。

遂庵曰：「家中有屏處潔地，則魂帛到家埋置固好，而人家鮮有可埋潔地，而墓且不遠，則埋於墓傍，亦無所害。」答朴振河。

虞祭日夕上食

尤庵曰：「虞祭與上食自是二事，而今人例於夕時行虞，故不復上食矣。若於日中行虞，則夕時自當上食。」答尹寀。

遂庵曰：「虞祭若行於午前，事當別設夕上食，若行於晚後，不須別設。」答姜宰望。

卒哭

饌品諸條并見祭禮時祭條

茅沙上同，又與祭禮忌祭條參看

玄酒上同

設盥盆西階見虞條

行祭早晚見祭禮時祭條

匙楪居中居西之辨上同

出主見祭禮參條

入哭位次見虞條

無參神降神時止哭并上同

進饌時炙肝并進上同

左設與上食不同上同

飯羹左右之義見祭禮時祭條

酌獻之節見虞條

祭酒之義見祭禮時祭條

啓飯蓋上同

告祝之節

祝文見虞條

攝主祝見喪變禮嗣子未執喪條中子幼攝主條

妻祭夫祝見虞條

諸親喪虞卒以下祝上同

讀祝見祭禮忌祭及時祭條

亞獻終獻并見虞條

侑食下當有扱匙正筯之文無拜禮并論〇見虞條

扱匙正筯之節見祭禮時祭條

闔門啓門撤羹進茶伏立之節上同

告利成之義上同

虞卒告利成之異無拜禮并論○見虞條

諸親祭告利成當否上同

下匙筯合飯蓋見祭禮時祭條

辭神先斂主并論○見虞條

腰絰還絞

沙溪曰：「按《儀禮》『卒哭絰帶變麻受葛』，而《家禮》略之，今雖不能從古，啓殯散垂者，至是當還絞。」《喪禮備要》。

渴葬行虞卒之節見虞條

踰月葬卒哭不待三月

問：「大心死四十日葬，恐爲報葬，卒哭可遲待三月否？」或人。陶庵曰：「近俗無貴賤，皆三月而葬，而古禮唯大夫三月，士則逾月，大心，士也，逾月未爲失禮，豈可以報葬論也？假令人死於晦間，而葬於來旬前，則謂之逾月者，苟也。若此者，三月而後，當行卒哭。大抵所謂逾月者，必過三十日可也。」

父母及祖父母偕喪虞卒見喪變禮并有喪條

重喪中遭輕喪者重喪虞卒祔上同

并有喪卒哭小祥相值上同

先忌與卒祔相值行祀之節見祭變禮兩祭相值條

國恤中私喪虞卒見國恤條

卒哭後布網巾當否

牛溪曰：「以布子爲掠頭，恐未害義。」答韓瑩中。

同春問：「退溪曰『虞不用網巾』云云，虞祭用網巾，雖似未安，而卒哭後則用之，似若不妨。今人或有卒哭後着布網巾者，如何？」沙溪曰：「古禮，親喪小斂，去笄纚。《開元禮》小斂變云『男子斂髪袠巾帕頭』，杜氏佑曰：『古者無幘，以六尺縿韜髪，其狀如乙尾，以笄横貫之，加冠其上。後漢時，遭喪者袠巾帕頭，即笄纚之存象也。』丘氏曰：『今網巾與纚頗相似，但古禮只言其去纚之節，而不言其還施之時。至祔祭，主人以下沐浴櫛髪，則此時似當用纚，而無明文。』《開元禮》及杜氏説雖與古禮不同，喪人當斂髪之義，則似有據，未知如何？」

尤庵曰：「網巾只出於大明之制，世俗於喪中有用之者，有不用者，恐無甚得失也。鄙家則許孫兒用之耳。」答梁以杞。

同春曰：「布網巾喪人或有着之者，或有不着者，雖着之，亦似無可嫌。」答蔡之沔。

南溪曰：「今之網巾，既非華盛之服，則用亦無妨。」答俞檝。○又答李之老曰：「今仍丘《儀》，以孝巾承藉冠經，實有近於斂髮之義，雖不用布網巾裹頭，恐無妨。」

遂庵曰：「祔後布網巾，昔年文谷、老峰皆着之，師門亦以爲可。」答宋相琦。

祔

總論

退溪曰：「祔祭事，陸象山以謂祔祭畢，新主入于廟，可也。朱子曰：『祔祭所以先告祖以當遷他廟，而告新主以當入此廟之漸耳。祭畢祖還于故龕，主返于几筵，以畢三年，而後遷且入也。』」答趙振。

遂庵曰：「朱先生之意，每以祔與遷爲兩事，祥後明日祔廟，雖亦先生所許，此則陸氏以祔與遷爲一事，必欲固守己見，故不得已而從高氏之説，此是第二義，非先生之本意也。」答韓弘祚。

論祔禰之非

問：「祠堂只有禰龕，則其禮如何？不得已祔於禰，則其祝文亦當改曰『躋祔于某』乎？」退溪曰：「如此等禮，古所未有，未敢以己意創説。」沙溪曰：「魏氏堂云告禰爲是云，按《大全》陸子壽以爲今同室，則不當專祔於一人。一人謂祖也。朱子以爲不若且依舊説，亦存羊愛禮之意也。魏説恐不可從也。」《家禮輯覽》。

無祖則祔高祖 祖主孫祔并論

尤庵曰：「無祖云者，或祖考生存，故祔於高祖，此乃禮所謂中一而祔者也；或最長房奉祀高祖，則其高祖之玄孫，亦當祔食矣，如鄙家所處是也。」答崔有華。

問：「孫之喪，其父主之，而祖不得主云云。三年後祔廟時以誰爲主？而祔於何處耶？」李箕洪。尤庵曰：「據禮，則其祖當爲主，而祔於其祖，所謂中一而祔者也。周時貴貴，大夫不主庶子，故庶子各主其子，後世不然，故無長庶皆其父主之。」

祔不論宗支有嗣無嗣

愚伏曰：「《家禮》祠堂章子姪祔于父，又云『其姪之父自立祠堂，則遷而從之』，祔祭條喪主非宗子，而與宗子異居，則宗子告于廟，而別設位於喪家以行之。詳此兩條，則雖不應入祖廟者，猶以昭穆合於其神也。」答吴允諧。

尤庵曰：「凡喪，父在父爲主，則不得别爲子立廟，而姑祔於亡人之祖龕矣，此則無間於亡人之有後無後也。且人死，則其魂氣與祖考合，故葬後必設祔祭，以漸爲之兆，此則雖支子之當别立廟者，亦復如是矣。」答金益廉。

又曰：「雖非當祔於祖廟者，其魂氣則當與祖合，故虞祭祝不分宗子支子，而皆曰『哀薦祫事』，祫，合也，欲其合於先祖也。據此，則祔祭亦何間於宗子支子乎？」答閔元重。

南溪曰：「祔祭與班祔俱是孫祔於祖，以順其昭穆之義。而班祔則必殤與無後者，然後祔於祖廟。祔祭則雖非殤與無後當入廟者，凡人身死，卒哭之後，無論嫡庶男女，莫非應行祔祭者，自是兩項事也。」答金洪福。

虞祔沐浴櫛髮之異見虞條

就祖廟所奉處行祔祭

問：「亡姪返魂當於蘇堤，而先人几筵方在，永同祔祭，便自難處。」宋茂錫。遂庵曰：「曾見李監司宏喪，其祠堂在泰仁李弦任所，自扶餘卒哭後，爲奉靈輿，行祔祭于泰衙，即爲奉安于扶餘，人以爲善。今若倣此，自蘇堤奉靈輿入鶴村，行祔祭後，即還堤上，則似可矣。事勢若難，則以紙榜行於蘇堤，亦無妨。」

告廟設虛位紙榜參降之節見祭變禮異居行祭條

同春問：「祔祭，宗子告祠堂，當前期一日，以酒果只告所祔之龕耶？」沙溪曰：「是。」

愼獨齋曰：「祖廟既遠，祭亦不可違時。設虛位以祭，既見於禮，何可俟三年之久，而必行於廟乎？盧墓設行不便云者，未可知也。」答尹宣舉。

尤庵曰：「返魂不於其家，非正禮也。然不得已而返於他所，則祔祭亦不得已而紙榜行之。」答或人。

南溪曰：「凡祔者乃喪禮昭穆孫祔於祖之大義，非可以同異遠近而不行者也。若繼祖之宗在遠，則卜定行祭之日，使宗子告廟，而設紙榜虛位於喪家，以行祔祭，此外無他道理也。」答尹明相。

陶庵曰：「家廟奉還後擇日追行，雖若完備，而卒哭翌日必祔者，禮意有在，恐不可緩也。《家禮》亦有『設虛位以祭，祭訖除之』之文云云。」答徐永後。

考妣單設并設祖妣二人中當祔之龕并論

沙溪曰：「祔母於祖妣，則只祭舅所生之祖妣，宜矣。若祔父于祖考，則并祭前後祖妣爲可。」答同春。

朽淺曰：「《禮經》曰『祖姑有三人，則祔於親者』，程張二先生皆曰可從，而朱子據《會要》，以爲先後祖妣皆當合祭，而以程張二説爲過，然則其與《家禮》所云實相牴牾。謬見以爲朱子之著於《家禮》者，據《禮經》也，而後來所見，與《會要》相符，又不咈於情理，況朱門議禮者，或不一遵《家禮》，而以後來議論爲正。今兹一節亦依此行之，恐不爲徑情直行之歸也。」答李成俊。

南溪曰：「獨出妣主，乃今世見行之禮也，卑不敢援尊，《家禮》亦已言之。」答梁處濟。

饌品諸條見祭禮時祭條

茅沙正祔位各設與祭禮時祭茅沙條參看

陶庵曰：「《備要》雖無茅沙各設之文，而於圖式則正祔位皆各有之，可檢看也。」答許增。

玄酒見祭禮時祭條

設盥盆西階見虞條

祭時服色布網巾見卒哭條

尤庵曰：「祔祭時，五服之人各服其服，無疑矣。蓋《家禮》質明主人以下，注言倚杖于階下，而其下仍有詣祠堂奉神主之文，此可見仍服其喪服矣。」答李滓。

南溪曰：「祔祭服色，《家禮》不爲别言，以衰服行之，恐無可疑。」答羅良佐。

行祭早晚見祭禮時祭條

匙楪居中居西之辨上同

叙立見虞祭條中入哭位次條

新舊兩主奉出還迎之節

寒岡問：「《家禮》喪主非宗子，則惟喪主主婦以下還迎，今祔祭仲兄以宗子爲主人，則還奉先妣神主時，仲兄當從還迎之列，抑以宗子壓尊於祖妣，而不敢往迎否？」退溪曰：「不敢往迎爲是。」

出主見祭禮參條

祖位參降之節見祭禮時祭條

亡者位無參神見虞條

新舊兩位進饌之節

問：「虞是喪祭，故祝進饌。卒哭吉祭，故主人主婦進饌矣。《士虞》注曰：『卒哭對虞爲吉祭，比祔爲喪祭。』然則祔視卒哭尤吉，而祝進饌，何耶？」鄭尚樸。南溪曰：「祔祭無哭泣之節，可謂尤吉於卒哭矣。然宗子猶爲喪家主祭，故此則自用喪禮耶？」

問「祔祭進饌以祖考爲主，則當依禮飯右羹左」云云。黄宗海。沙溪曰：「自虞以後之祭，則左設。三年朝夕上食，則象生時右設。」詳見虞條中左設與上食不同條。

亡者位左設與上食不同見虞條

飯羹左右之義見祭禮時祭條

酌獻之節與虞條參看

同春問：「虞祭與時祭獻酌之節微有不同處，祔祭時何從？」沙溪曰：「一依虞禮行之爲可。」

問：「祔祭自斟酒先祭後奠，及執事侑食等節，非喪主主祭，則似不必然。然以并同卒哭之文觀之，則雖非喪主，禮當無異。」安鳳胤。陶庵曰：「是。」

祭酒之義見祭禮時祭條

啓飯蓋上同

祝文

寒岡問：「《家禮》只云孝子某適于某妣，《儀節》云孝孫某適于顯曾祖妣。鄙意大宗廟高曾祖禰神主未及改題，今用曾孫曾祖等稱謂，恐亦未安。」退溪曰：「《家禮》豈不以此祭主於升祔先考先妣而設，故只稱孝子耶？雖未改題，恐不可以曾祖妣爲祖妣也。」

沙溪曰「《儀禮》《家禮》皆於祔祭稱孝」云云。答同春。○見虞條中祝文條。

問：「退溪曰：『豈不以此祭主於升祔考妣而設，故只稱孝子耶？』然則宗子爲其族人而行祔祭，不可稱孝子，當以所祔之龕屬號稱之耶？」鄭尚樸。南溪曰：「《儀禮》祔稱孝子及退溪説皆以經禮而言，若宗子爲族人，則當如來説。」

同春問：「先考祔祭，雖并設曾祖考妣兩位，而妣位則不舉於祝辭耶？宗子告亦不書亡者名否？」沙溪曰：「妣位則不舉於祝文，亡者名亦不書，皆當依《家禮》。」

問：「祔祭，祝云躋祔孫某官，而不書亡者之名，若卑幼，則書名亦不妨否？」朴聖源。陶庵曰：「書名似無不可。」

同春問：「祔祭，告亡者祝文隨宗子所稱，則哀字當不用之，府君字則因用之否？」沙溪曰：「哀字不用似是，府君乃尊之之辭，古人於兄亦稱府君，卑幼則否。」

問適于某考之適字。閔泰重。尤庵曰：「適猶詣也，就也。」南溪曰：適猶主也。

問：「告亡者祝云『哀薦祔事于先考，適于某考某官府君』，其曰某考，蓋從主人所稱之意也。故《備要》直作『適于顯曾祖考』，其不從亡者而從主人稱曾祖者，大與卒哭章『躋祔于祖考』之文，上文『躋祔孫』之義相違。」鄭齊斗。南溪曰：「祔祭告舊主，祝已曰『適于某考某官府君』，與《儀禮》所謂『適爾皇祖某甫』者不同。蓋《士虞》疏『爾，女也』，指死者而言，蓋至朱子之世，風氣制度與三代時不同，難以直用純古之禮，故改『爾皇祖』曰『某考』，於是《儀節》又從而爲辭曰『適于顯曾祖考』云云，此實由於朱子變爾字爲某考而然，非《備要》之失也。」

尤庵曰：「宗子云者，是主大宗之主人也。以大宗主人而祔祭其旁親，故當不用哀字矣。

哀薦二字改作薦，此似得矣。」答申永植。

問：「宗子行支子家祔祭，則告亡者，祝不用哀字，只曰薦祔事者，語勢太短，若以他字代換，則當用何字？」閔遇洙。陶庵曰：「代以虔字或好耶？」

讀祝見祭禮時祭條

祔祭不哭之義

問：「祔祭，主人以下，凶服入廟，不有壓尊之嫌，而獨於新主壓尊不哭，於心未安。且朝祖時，主人以下立哭盡哀，既不壓尊，而祔祭則不哭，何也？」盧以亨。陶庵曰：「祔祭時比朝祖略有哀殺之意，不妨用壓尊之義。」

亞獻終獻并見虞條

侑食下當有扱匙正筯之文無拜禮并論○上同

扱匙正筯之節見祭禮時祭條

闔門啓門撤羹進茶伏立之節上同

告利成之義上同

下匙筯合飯蓋上同

辭神在斂主前

陶庵曰：「虞卒哭及小祥無遷主之事，故先斂主，而後辭神。祔祭則有奉遷之節，故先辭神，而後斂主。大祥既，當奉入祠堂，則亦如祔祭，而先辭後斂爲是。」《四禮便覽》。

并有父母喪祔祭見喪變禮并有喪條

重喪中遭輕喪者重喪虞卒祔上同

祖喪中孫死祔祖上同

本生親祔祭所後喪中本生親祔祭并論○見爲人後者本生親喪諸節條

重喪中諸親喪祔祭見喪變禮并有喪條

妾祔

問：「妾之攝女君者，其喪似異於衆妾，亦有等别之差歟？」沙溪曰：「《雜記》可考。」

《雜記》「主妾之喪，則自祔，練祥，皆使其子主之，其殯祭不於正寢」注：「此女君死，而妾攝女君。此妾死，則君主其喪。其祔祭自主之。若練祥，則其子主之。不攝女君之妾，則不主其喪。」

問：「妾母死，無祖妾，又無高祖妾，則當祔於何位？」沙溪曰：「《小記》可考，更以朱子説參觀爲佳。」

《喪服小記》「妾無妾祖姑者，易牲而祔於女君，可也。」注：「妾當祔於妾祖姑，無則中一以上而祔，是祔高祖之妾。今又無高祖妾，則當易妾之牲，而祔於嫡祖姑。女君，謂嫡祖姑也。」○竇文卿問：「《禮記》曰：『妾母不世祭，於子祭，於孫止。』又曰：『妾祔于妾祖姑。』既不世祭，又安有妾祖姑之可祔耶？不知合祭幾世而止？」朱子曰：「此條未詳，舊讀《禮》亦每疑之，俟詢考也。」○又曰：「妾母不世祭，則永無妾祖姑矣，恐疏説或未可從。」

又曰：「丘《儀》『若嫡母無子，而庶母之子主宗祀，恐亦當祔嫡母之側』。愚按丘氏説誤矣，恐不可從也。」《家禮輯覽》。

尤庵曰：「易牲之義，《禮記》小注妾祔之嫌於隆，故易牲而祭，以示其殺焉。」答韓如琦。

宗子有故攝行

尤庵曰：「支子祔祭，宗子有故，則當用攝主行之矣。若宗家相遠，未及告於宗祠，則勢當闕此一款矣。然不可仍此無事，追後具由告之，似爲周詳矣。」答宋炳文。

南溪曰：「有故，則宗子命兄弟中一人，以己名爲祝，代行其事，爲近世諸賢之例。」答金洪福。

遂庵曰：「宗子在妻喪葬前，不可主支孫家祔祭，又不當移奉神主，無寧使次宗子行禮於紙榜耶？如無次宗子，則不得不待宗家葬後，擇日追行矣。」答李潮海。

宗婦使人攝行

問：「宗家無嗣，只有宗婦，今此祔祭宗婦主祭，則祝辭稱號，當何以書？」李時泰。南溪曰：「禮無宗婦祝告夫之祖以上親者，然今此家事理，似不得不以宗婦爲主，祝曰『曾孫婦某氏屬夫某親某，敢昭告于顯曾祖舅姑』云云，其或得宜耶？」

問：「祔者宗子之事，廟中宗事與喪事有間，元無主人，行之不便。今主喪者，於亡者既非祭主，於祖廟又屬旁觀，則祔祭祝辭文字，俱非其宜。未知無主而行祔禮者，其禮如何？」鄭齊斗。南溪曰：「祔，重祭也，童子賤妾所不得廢，且以朋友而猶爲之祭，况於諸親乎？蓋其爲亡友而行人廟中事者，以有幼子爲之主故也。朱子答李繼善曰『兒名攝主告，今雖諸親爲之主喪，所主者乃不過拜跪之節耳，其祝辭則當用皇辟』云云。旁親之嫌，恐非所論也。雖或攝行，若先告攝行之意，則餘倣《家禮》隨宗子所稱之説，斟酌以處之，無妨。魯西丈每論人家祔祭，必以使介子某之例，擇其子孫代行宗子之禮，如此然後無不祔之家矣。」

又問：「以諸親攝婦人已非其宜，又况以夫家從叔父而稱使攝之，尤不便。此與幼主可攝者大不同云云。將於廟中先祖欲用攝祀之例，而唯於祔祭新舊隮適之辭，俱係旁親，實爲大泛而無當，所以爲難。」南溪曰：「若曰當稱顯辟，則無不可攝婦人行事之義，如《禮經》所謂『無女主，則男子拜賓』者，足以爲據也。昔者愼齋常言尊行不當用使字，故鄙則嘗答人問，以爲當用屬字耳。又若以攝行言之，恐無廟中祔祭之異，此段最可領悟矣。」

先忌與卒祔相值行祀之節 見祭變禮兩祭相值條

祔祭有故追行 廬墓者喪畢返魂後祔禮并論○見喪變禮追行之禮條

葬後諸節

靈床三年不撤之非

南溪問：「嘗聞朴潛冶、權晚晦以《家禮》葬後無撤靈床之文，終三年行之。説者又謂三年内朝夕上食，亦非事神之道，靈床終喪，恐無不可，未知如何？靈座本注既曰設奉養之具，至大祥始撤靈座，則二家説似亦據此。第朝奠下注又曰設盥頮之具於靈床側，以此觀之，靈座本注無乃只是未設靈床以前事耶？然則葬後屢舉靈座，而靈床則終無見處，此可謂不設之證。第如上食亦無再見處，而今人仍行之，又似參差。」尤庵曰：「三年内不撤靈床之論，未敢深信也。蓋靈床本爲出入魂帛而設者，魂帛既埋，則雖無撤之之文，而似當於此時并撤之也。大抵《家禮》如此等處間或有之，如腰絰散垂，終無結之之文，豈可因此而終三年不結之理乎？翣扇亦無入壙之文，亦未知終如何處之也。聞朴門諸人三年散絰不結，亦不以翣入壙，其尊信《家禮》，則可謂至矣，然安知此非闕文耶？若如朴門之論，則大祥之日，亦當飲酒食肉，而復寢耶？靈座靈床兩設盥櫛之具，似無是理。靈座注説云云，恐是未設靈床時事也。」

葬後上食當否 值先忌緬禮上食用素當否見上食條

退溪曰：「朱子答友人書論葬後几筵不可撤，但據《儀禮》，則當不復饋食於下室云云。所謂几筵不可撤者，尚有朔望祭故也。若不復饋食於下室，則祔祭後似不復上食矣。但今人皆終三年上食，禮宜從厚，從俗而行之可也。」答趙振。

松江問虞後朝夕上食及儀。龜峰曰：「以《家禮》看之，雖不言罷，而當罷於罷朝夕奠之日，以遵古禮。而但張先生日祭，温公朝夕饋，朱子有『不害其爲厚，且當從之』之語，則行亦可也。儀則既用初喪禮，宜用初喪儀，今似不可創作別儀也。」

沙溪曰：「葬後朝夕上食罷與不罷，尋常有疑。嘗考諸書，以横渠、温公説及朱子答葉味道書觀之，當不罷。然以《檀弓》『卒哭而諱，生事畢而鬼事始』下鄭注及疏及朱子答陸子壽書，胡伯量、李繼善等問目觀之，古禮分明罷之。《家禮》雖無罷之之語，而以朱子『常居寒泉，朔望來奠几筵』之文觀之，似於罷朝夕奠之日，并罷上食，只行殷奠於朔望。誠難爲準，惟當以朱子所謂『不害其爲厚，又無嫌於僭，且當從之』之教爲定論耳。」

張子曰：「禮卒哭猶存朝夕哭，若無祭於殯宫，則哭於何處？《國語》言日祭月享，（禮）〔廟〕中豈有日祭之禮？此正謂三年之中，不撤几筵，故有日祭。朝夕之饋，猶定省之禮也，如其親之存也。」○朱子答葉味道書曰：「《國語》有日祭之文，則是主復寢後猶日上食矣。」○《檀弓》曰：「卒哭而諱，生事畢而鬼事始已。」鄭注：「謂不復饋食於下室，而鬼神祭之。」疏：「下室謂内寢，生時飲食有事處也。未葬猶生事，當以脯醢奠殯，又於下室饋設黍稷。至朔月月半而殷奠。殷奠有黍稷，而下室不設也。既虞祭，遂用祭禮，下室遂無事也。然不復饋食於下室，文承卒哭之下，卒哭之時，乃不復饋食於下室。皇氏以爲虞則不復饋食於下室，於理有疑。」○朱子答陸子壽書曰：「據禮，小斂有席，至虞而後有几筵，但卒哭後不復饋食於下室。」按子壽欲於祔後撤几筵，朱子痛闢之，累百言，大意似謂祔後主復于寢几筵終三年，而上食則卒哭後當罷也。更詳之。

○胡伯量問：「按《儀禮》始虞之下，猶朝夕哭不奠，《書儀》亦謂葬後饋食爲俗禮，如此則几筵雖在，但以朝夕哭爲猶有事生之意爾。」按朱子所答不以爲非。○李繼善問：「《檀弓》既祔之後，惟朝夕哭拜朔奠，按《檀弓》無此文，可疑，無乃指上條所引鄭注及疏説耶？更詳之。而張先生以爲三年之中不撤几筵，故有日祭，温公亦謂朝夕當饋食，則是朝夕之饋，當終喪行之不變，與《禮經》不合，不知如何？」朱子曰：「此等處今世見行之禮，不害其爲厚，而又無嫌於僭，且當從之。」詳此語意，似謂朝夕饋食古禮當罷，而從俗從厚爲不害也。○《家禮》虞後罷朝夕奠，無罷朝夕上食之文。宋龜峰曰云云，見上。○退溪答人曰云云。見上。

尤庵曰：「來示上食無再見處，而今人仍行云者，世人多如此看，而因謂當於小祥後撤上食云云，此則大不然。《家禮》初喪有朝夕哭，無時哭，朝夕奠，朝夕上食。而葬後止朝夕奠，卒哭止無時哭，小祥止朝夕哭，而不言并止上食，則其仍行上食無疑矣。《家禮》此四款井井分明，恐不可以此而擬之於靈床，撤不撤之，無明文也。」答南溪。

同春曰：「朝夕饋奠罷與不罷，尋常有疑，唯當以禮疑從厚處之耳。」答姜碩期。

葬後朔望奠 與奠條中朔望行奠之節條參看

松江問：「虞後朔望奠儀，成李牛溪、栗谷二侍以先參爲得云。」龜峰曰：「二説皆似未穩。三年内奉几筵，自虞卒哭至祥禫，有入哭而無參神拜，深有其義，安敢違《家禮》而行參拜？朱子曰『柩前無拜』，亦此意也。子事父母，俟起乃拜，几筵無拜，尚生之禮也。」

又問：「朔望奠儀亦欲從初喪儀，如何？」龜峰曰：「虞後朔望奠儀，《家禮》雖無明文，用初喪禮太略，未穩。用祠堂章朔望儀，而惟參神之有哭無拜，辭神之哭，奠之一哭，用三年中禮，如何？」

又問：「成浩原以三哭似同虞祭未安云，如何？」龜峰曰：「如曰朔望不可行參辭，則祠堂章有之；如曰几筵無參辭，則虞亦有之。几筵參辭皆有哭，而奠之一哭，又實用本禮，則勢不得不三哭也，成示似未穩。」

尤庵曰：「據《家禮》，則虞後朔望奠，當一依初喪矣。但古禮士但有朔奠，而無望奠，《家禮》不分貴賤而皆無望奠。東俗則朔望皆奠，雖云禮宜從厚，終無降殺之義矣。」答李相夏。

問：「葬後朔奠并饋食設，則奠饋皆當右設耶？」成爾鴻。遂庵曰：「饋則右設，奠則左設，宜矣。」

朔望日祠堂參禮後行事几筵

同春問：「三年内所重在几筵，如朔望俗節等禮，皆先几筵，而後家廟，爲宜耶？」沙溪曰：「然。」

尤庵曰：「朔望參禮先祠後殯，此無可疑。祠中雖有卑於新亡者，然既統於尊者，則似無所嫌矣。」答金昱。

南溪曰：「《家禮》冬至祭始祖後，行祠堂祭禮。今雖喪祭之禮有別，當先行祠堂參。」答朴泰昌。

葬後椅卓仍用素

問：「祭床倚子等物，葬後則欲用黑漆者，如何？《備要》中別無用素床之文矣。」李選。同春曰：「《家禮》不用金銀鏤器，以主人有哀素心故也，恐當通三年看。」

三年内新山墓祭見喪中行祭條

三年内几筵時祭行否

問：「遇四時祭日，几筵設享，朱子已行，今遵否？」金就礪。退溪曰：「恐無妨。」

愼獨齋曰：「三年朝夕祭，象生時也，時祭不當行也。」答崔愼。

同春曰「喪中行盛祭，畢竟可疑，并行於几筵，尤屬可疑」云云。答姜文星。○見喪中行祭總論條。

南溪曰：「朱子答范伯崇書，雖有『倣《左傳》杜注遇四時祭以衰服，特祀几筵』之説，其答曾光祖書曰『頃年居喪，於四時正祭，則不敢舉。蓋正祭三獻受胙，非居喪所可行也』。其於家廟正祭既如此，則於几筵不行，可推而知，似是時祭爲吉禮，不可行於凶服之時故耳。」答沈元浚。

三年内几筵禰祭見生辰條中沙溪説

喪中禰祭見喪中行祭總論中南溪説

喪中有事告几筵

問：「從弟新資亦當告几筵，則當衣緋懸玉，拜於香案前，盛服而哭，似不可。然情理不可不哭。告文措語，所謂『奉承先訓，餘慶所及，不勝感愴』等句，亦似當改。下前頭子姪輩，或有參科者，且如從妹昏告與不告，欲禀講耳。」閔翼洙。陶庵曰：「新資之告於几筵，不必一如祠堂告辭。渠出直參祭時，只告以某以某月日擢某資而已，雖不具章服，亦何妨？至如子姪輩參科者，則恐不可不以新恩服色見也。妹昏亦當有告，是皆象生之意也。」

又曰：「几筵與家廟有異，既不別設酒果，則不必作告辭。如告廟之爲子孫科宦昏喪，只當單舉其事而告之，以存象生之義矣。」答閔翼洙。

葬後上墓之節 上墓服色并論○與居喪雜儀條中出入服色條參看

朽淺曰：「葬後朝夕省墓，僕亦行之，然非禮也。依禮行朝夕哭於几筵，而省墓則朔望爲之，無乃可乎？」答趙惟顏。

農巖曰：「上墓之哭，似不可已，而但既密邇几筵，則兩處并行朝夕哭，恐無貳節。只一日一上墓，如何？拜則當爲而出告反面之儀，若遠行經宿以上，則亦須爲之，而當先於几筵矣。」答朱逢源。

南溪曰：「反哭後或朝往哭墓，或朝夕往哭，世之篤禮者多行之。且其出入時，服色異於他行，雖著衰絰往返，恐無所妨。」答崔補。

陶庵曰：「喪人往來墓所者，著直領方笠爲通行之例。前輩惟閔公桓，好古之士，用衰絰而行，舉世非笑，而終不顧矣。此在哀審擇而行之也。」答金時準。

問：「拜墓雖路遠，持衰往哭，何如？」盧以亨。陶庵曰：「持衰往哭，恐無可疑。」

慰疏答式見書疏式條中疏狀雜式條

小祥

練祥用死日

南溪曰：「練祥之祭，《禮經》雖有筮日之説，其計日月實數云者，乃朱子正論。今何可棄此不用，而從《禮經》筮日之義耶？」答李世璞。

變服之節

衰服練改當否冠孝巾中衣直領并論

退溪曰：「瓊山别有冠别有衰之説，爲合古禮。蓋古人自初喪以至虞卒哭練祥禫，皆有受服，遞加升數，漸殺以至于闋。小祥一期之周，爲一大變殺之節，故於首去絰，而別以加一升練布爲冠，於身去負版辟領衰，而別以加一升布爲衰，又別以加一升練布爲中衣以承衰，以其練冠練中衣，故謂之練耳，非謂并練衰也。惟其衰不練，故《檀弓》注云『正服不可變』耳，非謂仍舊衰不別製也。此周極文時喪制如此，古今文質因時損益，有難以盡從古制者，故溫公《書儀》無受服與練服，但以去首絰等爲之節，斯爲太儉。朱子《家禮》因《書儀》，雖亦無別制衰服，其益之以練服爲冠之文，正是顧名反古、因時酌中之制。今《五禮儀》謂練布爲冠，所以從文公之制也。而成廟之喪，以澣衰爲非禮，只改練冠，亦得文公之意。後之處此禮，一以文公爲法，則庶乎其得宜耳。」答金就礪。

又曰：「既以練爲冠，武纓自當以漚麻爲之，頭巾亦當用練，不可獨仍生布也。」答禹性傳。

栗谷曰：「練服之說，珥則守初見而不改，《家禮》此段不備，何必以此爲拘乎？」答松江。

又曰：「練後深衣帶，亦當略有降殺，不可仍存舊件。」

牛溪曰：「練之得名，以冠不以衰，《通解續》圖以稍細生布製新衰，今人或改製練服，非禮也。」答韓瑩中。

龜峰曰：「《禮》曰既練服功衰，又曰卒哭後冠受其衰，卒哭冠即功衰也，功衰果生耶？古禮，近古諸儒亦或難知，今生數千載之後，難可以己見爲是，只以有宋先儒之說及朱子《家禮》爲定也。《家禮》既以熟布定功衰，而小祥用練布，已質於墨衰之問，見成服章下問墨衰條既葬換葛衫，小祥换練布云。與橫渠用練之意相合焉。因古禮用布之意，採橫渠已定之議，參以質問朱子之語，依《家禮》功布用熟之節，小祥用熟，無可疑矣。」答沙溪。

西崖曰：「司馬温公曰：『古者既葬，練祥禫皆有受服，變而從輕。今世俗無受服，自成服至大祥，其衰無變，故於既葬別爲家居之服，是亦受服之意也。』今按《家禮》從俗，不易衰裳，《儀禮服圖》以大功布受其衰，無練之之語，且引張子煅練功衰之言，似有取意，而亦不折中歸一。今不知何所適從，只如《圖》説練冠與中衣，裳衰以大功七升之布改製而不練，則恐無違於古禮，而吻合於正服不練之語也。至如丘氏之説，雖與橫渠合，而無經文可據，然橫渠、丘氏之言既如此，《儀禮圖》引之而不以爲非，則雖并練衰裳，亦有所據依而可行耶？」答趙穆。

又曰：「《檀弓》所謂不可變者，意指仍舊用生而云然也。」答權春蘭。

尤庵問：「小祥練服或曰只練冠及中衣，或曰衰裳并練，何者爲是？」沙溪曰：「先儒所論，開列于左，以備參考。」

《通解・喪服圖式》曰：「按，練再受服，經傳雖無明文，謂既練而服功衰，則記禮者累言之。《服問》曰：『三年之喪既練矣，期之喪既葬矣，則服其功衰。』《雜記》曰『三年之喪，雖功衰不吊』，又曰『有父母之喪，尚功衰，而祔兄弟之殤，則練冠』是也。按大功之布有三等，七升、八升、九升，而降服七升爲最重。斬衰既練而服功衰，是受以大功七升布爲衰裳也。故《喪服》斬衰章賈氏疏云『斬衰，初服麤，以葬後、練後、大祥，漸細加飾。斬衰裳三升，冠六升。既葬後，以其冠爲受，衰裳六升，冠七升。小祥又以其冠爲受，衰裳七升，冠八升』。女子子嫁，反在父之室。疏云：『至小祥，受衰七升，總八升。』又按《閒傳》『小祥練冠』孔氏疏云：『至小祥，以卒哭後冠受其衰，而以練易其冠』，故今據此例開具在前。而橫渠張子之説又曰：『練衣必鍛練大功之布以爲衣，故言功衰，功衰上之衣也。以其著衰於上，故通謂之功衰。必著受服之上，稱受者，以此得名。受，蓋以受始喪斬衰之衰，而著之變服，其意以喪久變輕，不欲摧割之心，亟忘於内也。』據橫渠此説，謂受以大功之衰，則與傳記注疏之説同。謂鍛練大功之布以爲上之衣，則非特練中衣，亦練功衰也。又取成服之初衰長六寸博四寸，綴於當心者，着之於功衰之上，是功衰雖漸輕，而長六寸博四寸之衰猶在，不欲哀心之遽忘也。此説則與先儒異，今并存之。當考。」○《儀節》曰：「《韵書》『練，漚熟絲也』，《雜記》『三年之練冠』注『謂小祥之冠也』，小祥別有冠，明矣。《服問》云：『三年之喪既練矣，服其功衰。』小祥別有衰，明矣。又《檀弓》云：『練，練衣黃裏、縓緣，葛腰絰，繩屨。』注：『練衣，中衣之承衰者也。』今擬冠用稍麤熟麻布爲之，不用負版適衰，腰絰用葛爲之，麻屨用麻繩爲之，小祥除首絰，唯餘腰葛絰。」昔年愚問之先師龜峰曰云云。見上。○更按，《喪服圖式》練除受服圖中，衣及冠以練爲之，衰裳以卒哭後冠受之。卒哭後冠，即大功七升布也。大功布《儀禮》則元無用練之文，以此推之，練時衰裳似不用練也。今依《圖式》練冠與中衣，而衰裳以大功七升之布改制而不練，則恐無違於古禮，而與疏家正服不變之文相合矣。若橫渠用練之説，《圖式》引之，而不以爲非，《家禮》亦謂大功用熟布，小祥換練布，則雖并練衰裳，亦不爲無據矣。

又曰云云。與上小注按説同。○《喪禮備要》。○下同。

又曰：「《家禮》無受服，所以從簡，若不能改備者，仍舊亦可。」

同春問：「《家禮》不曰以練布爲冠，而以練服爲冠，殊未曉其義。」沙溪曰：「所謂以練服爲冠者，疑以練布爲冠也。」

朽淺曰：「古之織布之法，齊衰以上，生麻所織也。大功以下，熟麻所織也。大功粗熟，亦乃熟麻所織，而非既織之後用灰鍛治者也。大功之布，非練布明矣。聖人制禮本意，則以大功布爲衰裳，而只練冠與中衣而已。」答趙惟顔。

愚伏曰：「卒哭亦有受服，則練祭大節，必不當獨仍舊服，西崖亦有别製練衰裳之説。」答吴溥。

尤庵曰：「衰服據《儀禮》，則用生布改制，明矣。《家禮》前一日陳練服者，是新製者也。然則雖不弊破，其當改製無疑矣。」答李箕洪。

又曰：「練時服制，《備要》所載《儀禮通解》之説可考，當以稍細生布改製正服，而只練中衣者，甚得古意耳。」答吕有經。

又曰：「《家禮》小祥既云練布爲冠，則武與纓似當并在其中矣。頭巾則出於丘《儀》，未詳其當練與否也。」答朴世義。

又曰：「父母喪，練時衣裳制如大功衰服者，見於《備要》《圖式》，而《家禮》《儀禮》皆無斬衰緝邊之文，豈因《儀禮》練用大功布之文而然耶？若於小祥緝邊，則更無斬衰終三年之意，未知如何？〇所謂制如大功者，豈以小祥去負版辟領如大功之制，故云耶？若以緝邊爲言，則當曰制如齊衰，何必越齊衰而言大功也。」答李鼎華。

同春曰：「無論禮文之如何，只以事勢言之，初喪之衰着過一年，已盡穿破，不成貌樣，以是而承衰饋奠，無亦不敬之甚耶？」答權諰。

問「練服一節，《備要》有二説」云云。閔維重。同春曰：「《喪服圖式》即朱門嫡傳之書，鄙意從《圖式》恐宜。」

南溪曰：「小祥練服，自沙溪時，亦爲兩下之説。《喪服》大功章注曰：『大功布者，其鍛治之功麤沽之。』疏曰：『欲鍛治，可以加灰矣，但麤沽而已。』又斬衰章傳曰：『冠六升，鍛而勿灰。』注曰：『鍛而勿灰者，以冠爲首飾，布倍衰裳，而用六升，又加以水濯，勿用灰而已。冠六升勿灰，則七升以上故灰矣。』以此推之，夫加灰而鍛治之者，非練之類而何哉？此《家禮》所以以稍麤熟布爲大功之服之義，本無可疑，而《問解》後説，所謂《儀禮》則大功布元無用練之語，有未可曉者也。但大功則鄭氏既以麤沽爲節，而練則丘氏直以漚熟爲文，不無所異。然當於正服及冠中衣之間，各用本義而處之，俾有精粗美惡之別，則亦與疏家正服不變之文合矣。蓋所謂設次陳練服，乃朱子用《儀禮》以變《書儀》舊制處，甚明。然其注中只曰以練服爲冠者，恐先言其重者以舉之意耳。」答金榦。

又曰：「退溪以前，依《家禮》以不改服爲正，至沙溪而後，依《儀禮》以改服爲正。《備要》橫渠用練以下亦可爲《儀禮》之助，而下段雖有依舊亦可之説，似難準用，然則今當只用《備要》前一説而已。」答金栽。

又曰：「練時衰裳，雖曰用七升布，古今升數亦難一同，故《家禮》不用，只曰極麤生布、次等粗生布、稍熟布以爲之，今當以大功布爲準。」答崔奎瑞。

問：「獨直領無并練之文。」趙楷。　南溪曰：「其不練者，似亦以本出於俗制，不復比列於正服冠絰之類耳。」

遂庵曰：「正服不變，既是《儀禮》之文，則雖改製衰裳而不練，只練冠及中衣，似合古禮。《家禮》則從司馬公《書儀》，《書儀》則多從俗禮。沙溪博考《禮經》，備著於《喪禮備要》。只在喪家，欲行古禮，則從《備要》；欲行俗禮，則從《家禮》而已。」答俞廣基。○下同。

又曰：「《家禮》既曰設次陳練服，其注又曰置練服其中云，則無受服云云，何自而出耶？無乃申義慶誤見，而著於《備要》，沙溪偶不照管，而不爲删去耶？」

又曰：「孝巾，《禮》無明文，然用練布加冠無妨。」答鄭柔。

陶庵曰：「按《家禮》只云陳練服，而無某服不練之文，正服不變，雖是疏説，既練冠及中衣，不練衰裳，則上下表裏甚不相稱，并練衰裳，恐得宜。」《四禮便覽》。○下同。

又曰：「斬衰練冠之武纓，先儒説不同，而既變繩絞爲布絞，則繩武之仍存，甚不相稱。且衣裳之布與制皆同大功，則冠亦當如大功矣，當以尤庵説爲正矣。」

去負版衰辟領

尤庵問：「練而去負版衰辟領，不見於《儀禮》《禮記》《通解》《通典》，未知《家禮》何所據，而變除若是耶？」沙溪曰：「朱子因温公《書儀》，斟酌參定，是後賢因時損益之制也。若從古禮不去衰負版辟領，未爲不可矣。但已經温公、朱子之證定，遵行亦可也。」

問云云。閔行重。尤庵曰：「雖與《儀禮》不同，朱先生參酌古今而定制，恐不可不從。」

問：「衰負版辟領，《家禮》始因温公説去之，亦何取焉？」李選。

同春曰：「既有《家禮》以來，雖與古經有不同者，必不得已後或可變通，如此等處，何敢違異於《家禮》乎？」

南溪曰：「負版辟領衰，《問解》雖有兩説，而《備要》以《書儀》爲主，當從。」答李時春。

葛絰

牛溪曰："葛是古人所定，今不可改易。葛者，俗稱青忽致是也。"答韓瑩中。

寒岡曰："葛絰，古人虞變服時爲之，則練時之用，蓋亦晚矣。"答朴汝昇。

沙溪曰："卒哭受服，後世不行，丘氏仍以葛爲練服之絰，正合古禮也。《禮經》初不言熟，則疑用麤皮耳。"答同春。

《喪服》斬衰疏："既虞卒哭，去麻服葛，帶三重。"

愼獨齋曰："先人曰用麤葛云，今若練後換葛，似當治而用之，換葛疑較麻爲輕耳。"答崔碩儒。

尤庵曰："練時受葛從《家禮》，不用亦得，然世俗循用丘《儀》已久，從之恐亦無害。"答李樿。

又曰："練帶若不用麤葛，而用其去外皮者，則其潔白光鮮，不宜於喪服。其用麤之説，恐不可易矣。然麤葛之輕重，與麻甚相懸。葛輕麻重。《儀禮》用葛之義，或出於此耶？"答李涬。

同春曰："葛之去皮無文，今用葛者，皆去麤皮，未知如何？"答李選。

南溪曰："葛皮精粗之辨，其本質既輕於麻，則雖略帶麤不妨，但以加漚練者爲得。"答金栽。

遂庵曰："練絰當以葛爲之，而葛自難辨，故人家多以熟麻代之，似未爲不可。"答俞廣基。

陶庵曰：「葛絰之葛，沙溪以爲疑用麤皮，尤庵以用麤爲不可易，至以全者爲言，而以無葛之鄉用潁之義推之，潁即俗所謂於作外。牛溪青忽致之説似是，而尤翁以不宜於喪服駁之，既無明證，則不可遽用潔白者，以皮葛略加漚治爲之，似得宜。」《四禮便覽》。

同春問葛帶三重四股之制。沙溪曰：「《間傳》詳之。」

《間傳》曰：「既虞卒哭，去麻服葛，帶三重。」注：「葬後以葛絰易腰之麻絰，差小於前。四股糾之，積而相重，則三重。蓋單糾爲一重，兩股合爲一繩是二重，又合爲一繩，是三重也。」

慎獨齋問「《喪禮備要》小祥條腰絰依《間傳》作三重四股，成服腰絰無三重四股之文，小祥後始有之，未知其義。《儀禮・喪服》不言小祥之腰絰三重四股，何歟」云云。同春曰：「按《喪服圖式》襲絰帶圖云『腰絰苴麻爲之，圍七寸二分』，卒哭受服圖云『腰絰用葛，圍五寸七分有奇』，《間傳》云『葛帶三重』，練圖『除首絰，惟餘腰葛』云云，似是仍卒哭之葛也。詳此三圖文意，所以至卒哭腰絰始用三重者，分明是漸殺向吉之意也。練之腰絰，既仍卒哭之葛，則《圖式》之不別言，恐無可疑。今既無卒哭受服之節，則《備要》之至小祥始用三重之制者，勢固然也。」

又曰：「來教云三重之制，雖是漢儒所録，必本先聖制作，而何不見於《儀禮》耶？愚意恐不必太着。《儀禮》經也，《禮記》傳也。經之所不言，待傳而後備者甚多，何獨於此而苦疑之耶？來教云三重若爲降殺，則成服時絞帶乃爲三重之制，何也？愚意絞帶比腰絰輕重自別，故成服時，即用三重四股之制，又有五分去一之文，明是視絰稍殺之義，以卒哭時葛帶三重、絞帶用布之意推之，尤曉然。」答愼獨齋。

南溪曰：「葛絰大小之制，《禮經》無明文，當以《間傳》所謂差小者爲度而已。」答崔奎瑞。

又曰：「其法則雖用三重四股，而彄子則恐當用初喪腰絰各綴細繩之制，以其小祥所用布絞帶，依舊用合爲彄子之制，有難疊設故也。」答金栽。

遂庵曰：「絰帶小祥爲三重四股之制者，雖出《間傳》，而今世行之者絶無，當依《儀禮》制如大功之絰可也。」答鄭柔。

又曰：「葛帶三重四股，自是一説，老先生不用此説，而用兩股之制矣。」答郭守煐。

絞帶用布用麻

栗谷曰：「既曰功衰，則何用斬制，亦以布爲之可也。」答松江。

牛溪問：「男子練受服絞帶，古禮則卒哭時已用布爲之。《家禮》别無，《儀節》《通解續》却言未詳，今欲據卒哭用布例以布爲之，如何？」龜峰曰：「以布似合。」

西崖曰：「《儀禮經傳》卒哭受服圖云云，觀此則絞帶可變明甚。至下練受服圖所云絞帶未詳者，是論其受布之後至練時，更有何節云爾。今既虞後無變，至練乃行，則絞帶亦依此用布，似合禮意。」答趙穆。

沙溪曰：「按《圖式》，斬衰絞帶，虞後變麻服布，七升布爲之。今從《家禮》，雖無虞變，而練時若用古禮，腰絰用葛，則絞帶亦當用布，婦人同。」《喪禮備要》。

尤庵曰：「絞帶之或用布，或用麻，俱無不可。好禮家亦無一定之規矣。」答柳億。

又曰：「練時絞帶用布，是《禮經》明文，曾見慎齋小祥，其諸子用之，蓋從尹兄吉甫之説矣。」答李箕洪。

南溪曰：「初喪之絞帶三重四股，小祥之要絰亦三重四股，俗人習見初喪絞帶之制，而不知小祥移此制於腰絰之義，遂疑小祥絞帶亦不以布，可謂誤矣，况婦人小祥除腰絰者耶？」答趙楷。

又曰：「腰絰雖代以熟麻，絞帶則用布無疑。」答閔采萬。

又曰：「絞帶亦用七升布，則其練法亦或與衰裳同。」答金榦。

遂庵曰：「《備要》則引《儀禮》，衰裳用大功七升布改製而不練，則大功之絞帶，似是布也。《家禮》則從簡，小祥斬衰絞帶，無用布之文。鄙家則從《備要》用布。」答鄭柔。

陶庵曰：「斬衰練後絞帶之用布，蓋古禮也。《備要》亦云絰用葛，則絞用布者，原於《通解》而然也。然布與熟麻，雖有古今之異，而俱無害於義理，惟在人取捨如何爾。」答徐宗華。

練屨

退溪曰：「屨依楊說，受以繩屨，合於漸殺之意也。」答禹性傳。

牛溪曰：「麻鞋當用僧人所製熟麻芒鞋，庶幾近之。」答韓瑩中。

尤庵曰：「繩屨只用僧人所製者，何至於光鮮也。據《儀禮》，則所謂篙屨外納者，雖以草織之，而實如今時所謂唐鞋者矣。今之僧鞋視此，則麤惡矣。」答李箕洪。

又曰：「喪屨初喪用菅，練時用繩麻，所謂繩麻，自是兩色。《儀禮》有繩屨麻屨之文，據此則用繩爲之者，謂之繩屨；用麻爲之者，謂之麻屨，非一物也。又按《禮》『不杖期麻屨，齊衰三月與大功繩屨』，據此則麻重於繩也。又按練時，惟冠與中衣練之，而其餘皆仍舊屨，亦不應獨熟也。然横渠則衰裳冠帶皆用熟。今屨雖用熟，亦不爲無據矣。《五禮儀》所謂白綿布爲之云者，蓋出於丘氏『大功用布，小功用白布』之文，今不須仍以爲據也。練屨仍用初喪所用，則無變除之義，雖上命，不可從也。」答金萬基。

同春曰：「用繩麻，古也。今用藁，亦何妨。」答李選。

南溪曰：「俗制雖仍三年着藁鞋，《家禮備要》既有明證，何可一向從俗？但曾見喪人着麻屨者，其制類藁鞋，不似僧人所做麻屨之通用者，此則恐當致詳也。」答金栽。

婦人練服

問：「衰服今準男子服以生布改製，而以非長裙之制，故無截之之事，負版辟領亦同男子去之。首絰用葛，絞帶用布，屨用麻屨，則《禮》無變改之文。而《備要》初喪已用麻，而今男子變以麻屨，則婦人猶着藁屨，故改之。婦人中衣禮書亦無可據，而初喪時製爲中衣，如俗長衣，制以爲承衰之服。閔東萊鼎重家亦如此，爲之練時，取倣男子中衣例練之云。此亦將依此行之，如何？」宋誠甫云：「先大夫人練時，婦人服仍舊衰，只截下云，果然否？雖長裙之制，若仍舊，則亦截之耶？」李選。同春曰：「所示槪得之，用長裙之制，則依《家禮》截之，固矣。古衰之制，則恐無截之禮矣。絞帶亦當如示，布長衣似當依男子生布直領之制，練而仍存矣。男子衰服，既依《圖式》改製而不練，則婦人服亦當同之，恐不宜異也。《圖式》已有明文『受衰七升，總八升』云云，尤無可疑。《備要》婦人練服條有稍麤熟麻布之語，其上方論男子正服不練之意，而此云爾，似無曲折，恐偶失照勘。」

遂庵曰：「婦人服用衰制，則小祥當變熟布，用長裙制則截之而無變，此在喪家擇而行之。」答鄭柔。

男女絰帶變除不同

問：「除服者先重者，何也？」李彥純。南溪曰：「期而小祥，哀情漸殺，故先重後輕。」又曰：「男子重首，婦人重腰，乃《間傳》文。所以然者，男女當異用故也，或亦上下陰陽之義。」答成文憲。

饌品諸條并見祭禮時祭條

茅沙玄酒并上同

設盥盆西階見虞條

行祭早晚見祭禮時祭條

匙楪居中居西之辨上同

出主見祭禮參條

入哭位次見虞條

無參神降神時止哭并見虞條

進饌時炙肝并進上同

左設與上食不同上同

飯羹左右之義見祭禮時祭條

酌獻之節見虞條

祭酒之義見祭禮時祭條

啓飯蓋上同

告祝之節

祝文與虞祝參看

問：「《備要》虞祭祝式『小祥則夜處』下有『小心畏忌，不惰其身』八字，畏忌是何意耶？」李灌。陶庵曰：「畏忌之忌，只是小心之謂，而《備要》雖載此文，士大夫家不用者居多，鄙人曾亦未敢用矣。」

問：「自虞至祥，一歲已周，其間暫或惰身，則不可謂哀慕如初，故又以八字添入者，以明其哀慕之愈益切至耶？」蔡徵休。遂庵曰：「來示然矣。」

攝主祝見喪變禮嗣子未執喪條中子幼攝主條

妻祭夫祝見虞條

諸親喪虞卒以下祝上同

讀祝見祭禮時祭條

亞獻終獻并見虞條

侑食下當有扱匙正筯之文無拜禮并論○上同

扱匙正筯之節見祭禮時祭條

論加供之非見祭禮支子之禮條

闔門啓門撤羹進茶伏立之節并見祭禮時祭條

告利成之義上同

諸親祭告利成當否見虞條

下匙筯合飯蓋見祭禮時祭條

辭神先斂主并論○見虞條

練祥日吊哭

同春問：「大小祥日親賓之來見者，似當哭拜。」沙溪曰：「客來則主人先哭待之可也。」

尤庵曰：「練日吊哭，未之前聞，然客既吊哭，則主人何可昧然而已。」答尹拯。

父在母喪練見父在母喪諸節條

本生親喪練禫見爲人後者本生親喪諸節條

妻喪練見妻喪諸節條

并有父母及祖父母喪練祥見喪變禮并有喪條

重喪中遭輕喪者重喪練祥禫行廢上同

本生親喪中行所後家練祥禫吉上同

重喪中輕喪練祥備禮上同

國恤中私喪練祥見國恤條

國恤中并有私喪練祥上同

染患中成服未備者不可退行練祥見喪變禮染患中喪禮諸節條

以染患重病追行練祥禫上同

病中遭親喪者練祥之節見喪變禮追喪條

聞訃追服行練祥之節見喪變禮追喪諸條

出繼追服行練祥之節見喪變禮追喪條中立後追服之節條

追服退祥者本祥日行事前期告由之節見喪變禮追喪條

過期不葬者練祥禫變除之節見喪變禮過期之禮條

并有喪卒哭小祥相值見喪變禮并有喪條

改葬與練祥相值見喪變禮改葬條

先忌與祥禫相值行祀之節見祭變禮兩祭相值條

適嗣死喪中練祥權主見喪變禮無適嗣喪條

練後諸節

練後上食哭泣有無

退溪曰：「卒哭漸用吉禮，朝夕之間，哀至不哭，猶存朝夕哭，練而止。朝夕哭，惟朔望會哭，哀漸殺，服漸殺，哭亦漸殺也，若猶朝夕上食哭，不應曰惟朔望哭而已。今欲以己意行之，亦恐未安。」答禹性傳。

松江問：「練後止朝夕哭，初忌一日之内，自不忍無哭。朝夕上食之哭，欲於練後翌日止之，如何？」龜峰曰：「朝夕哭與上食哭非一件事，以古禮看之，罷朝夕奠之日，已罷上食哭，而練後又罷朝夕哭耳。今用朱子行且不害爲厚之意，而既不罷上食於三年内，則是因行初喪禮也。擅去其哭未安，且三年内，無不哭之奠與祭。」

松江曰：「練後上食哭，宋雲長兄弟以爲若無上食，則已矣，若既從俗上食，則恐亦當有哭也。成李牛溪、栗谷。二友皆以爲然。」

沙溪曰：「小祥後，雖止朝夕哭，至於上食，則當有哭泣之節。退溪以不哭爲教，恐不可從也。近世諸先生皆謂既爲祭奠，則不可不哭。此言恐爲得之。」答姜碩期。

問：「《家禮》於小祥言止朝夕哭，故潛冶家小祥後，上食亦不哭。」金楺。南溪曰：「此非但潛冶行之，《備要》以前士夫家皆從，退溪行之如此。至《備要》引己卯諸儒説，然後近世士夫皆從三年上食哭，恐是。」

練後晨昏展拜

問：「練後雖廢朝夕之哭，而只於晨昏展拜几筵，似合情禮。或謂《家禮》有晨謁祠堂之文，依此只得晨謁爲當。愚以爲几筵三年，不廢生事之禮耳。嘗見朱門人問於先生曰：『趙子直晨昏必謁影堂，而先生只行晨謁，如何？』先生答云『昏則或在宴集之後，此似未安，故只用晨謁』云云。以此觀之，先生不以晨昏之謁爲未當，而只以宴集等有礙不可行，故只存晨謁之禮也。憂人既無此等事，而況几筵與祠堂不同，晨昏之謁，未有所妨。」禹性傳。退溪曰：「來説欲行朝夕，至當至當。」

龜峰曰：「止朝夕哭後几筵晨夕禮，《家禮》無文。欲行祠堂章晨參之拜，則三年内几筵無參神拜。朱子云柩前無拜，以子事父母，必俟起衣後拜，則几筵無參拜，亦象生之禮也。今欲晨夕入伏几筵前，行定省之義，既不可專然無事，又不可行事神之禮故也。」答沙溪。

同春問：「練後晨昏展拜，退溪亦許之遵行，如何？」沙溪曰：「似然，然以朱子説觀之，三年内有常侍之義，朝夕參拜，亦未知其如何也。更詳之。」

又問云云。上同。愚伏曰：「甚好。」

尤庵曰：「禮，子於平日晨昏之禮，男子唱喏，婦人道安置，據此，則平日常侍，不爲昧然無節矣。況練後無參拜之儀，則是都無事，故鄙意每以退溪説爲合於情禮也。」答金壽恒。

南溪曰：「朱子嘗言孝子常侍几筵，故不拜，則至小祥後，始行朝夕展拜於几筵，恐非禮意。」答金栽。

農巖曰：「尤齋之意如此，鄙則終以《問解》説爲難違，只每朝瞻禮而不拜。」答宋相琦。

遂庵曰：「小祥後朝夕止哭而無拜，則是朝夕都無事也，拜之似宜。」答李光國。

陶庵曰：「按子事父母，有定省之節。自喪至練，有朝夕之哭。喪畢入廟，則有晨謁之禮。豈獨於小祥後，全無晨昏之禮？退溪之説，深得禮意。但三年内有常侍之義，祥前不拜，而拜於祥後，似未安。晨昏入几筵侍立，移時而退，恐當。以禮言之，則所謂瞻禮者是也。」《四禮便覽》。

練後上冢哭

問："小祥止朝夕哭，則廬墓者或於祥後，晨昏上冢哭，臨此亦止乎？"金就礪。退溪曰："晨昏哭冢，本爲非禮，况輟乎此而猶爲彼乎？此等事，君子不貴也。"

愚伏曰："上冢時，則情理自當哭，不當問禮之有無也。《家禮》墓祭有『環繞哀省』之文，况三年内乎？"答同春。

問："小祥後雖止朝夕哭，於靈筵省墓之時，則自不得不哭。"閔泰重。同春曰："然。"

尤庵曰："南軒雖常時上墓則哭，我朝松江亦然，况於三年内乎？"答尹寀。

練後哀至則哭

問："《禮記》曰：『父母之喪哭無時。』釋之曰：『小祥後哀至則哭。』此説有違於卒哭後哀至不哭之節。"沈俔。南溪曰："禮於虞後已曰朝一哭夕一哭而已，乃反於練後，復用初喪之制者，何也？蓋卒哭以後，小祥以前，猶有朝夕哭，故節去無時之哭，使少降殺於未葬。而今既無此，則又使孝子，或一日，或二日，以至五日十日哀至便哭，不爲忘親也，其所節次極有精義。"

練後未除服者朔望會哭朔望哭奠哭各異并論

同春問：「《家禮》所謂朔望未除服者會哭，未曉其義，所謂未除服者，似指喪人，而三年内几筵尚存，喪人必當在喪次，何以曰會哭？」愚伏曰：「《喪大記》有曰『大夫士父母之喪，既練而歸，朔日忌日則歸哭于宗室』，注：『宗子之家，謂殯宫也。』觀此，則《家禮》此條無所疑矣，蓋古禮如此也。」

又問：「愚伏曰云云。」見上。沙溪曰：「愚伏説有證，但税服者，似亦在其中矣。」

又曰：「按《喪大記》『大夫士父母之喪，既練而歸，朔望忌日，哭于宗室』，蓋古者命士以上，父子異宫，故庶子爲大夫士者，至小祥各歸其宫。今朝夕上食，三年不廢，則庶子當如適子，終喪在殯宫也。」《喪禮備要》。

尤庵曰：「朔望未除服者云云，先師以爲聞訃有先後，故練後亦有未除服者耳。若以古禮言之，則練後主人兄弟亦有歸家之説。此或指兄弟而言之，然後世則似不可行矣。」答閔行重。

南溪曰：「《問解》所謂税服者亦在其中，必指期功以下而言。」答趙得重。

期功變除後服色見五服變除條

禮疑類輯卷之十一

喪禮

大祥

練祥用死日見小祥條

變服之節

冠服

退溪曰：「禫服黑笠，於古無據，但黲冠巾之制，滉所未及行，不敢云如何。」答寒岡。

高峰曰：「主黲則有《家禮》，主白則有《五禮儀》，皆非無所據，擇而從之，在哀侍酌量如何耳。白笠古之無，喪服者，斬衰三升，冠六升，則冠固輕於服矣。至於禫時，則用黑經白緯之冠，而服素衣，則冠之與服自有輕重。今用白笠，未知合於古禮乎？此愚所未安也。且笠子乃俗制，欲作黑經白緯之色，可謂詭異不經，決不可行也。非淡黑色，亦不可也。」答退溪。

牛溪曰：「祥冠之制，《儀禮》用黑經白緯，而《家禮》以黲代之，蓋從俗而不失古意也。《儀禮》大祥承祭之服縞冠緇衣，則以黲色近縞，而當時用之故也。今時王制既以白笠爲禮，雖非縞黲，而豈可違之耶？《儀禮》承祭服如此者，以奪情變除，示用私近吉之服也。既祭而私居，則用素縞麻衣者，示孝子哀素之節也。今制徑用白笠以承祭，似非禮意，而定法不可易也。」答李濟臣。

松江問「祥服曰祥服，禫服曰禫服，今於《家禮》大祥章陳禫服云者，未知何義？至禫又無定服，亦何義耶？且《朱子大全》云『忌日服制，用黲紗幞頭黲布衫脂皮帶，如今人禫服之制』云，某竊妄以爲陳禫服一句，當入於禫章，而錯在祥下」云云。龜峰曰：「看來《家禮》禫前一月卜日云主人禫服，則《家禮》之自大祥後禫前所服，皆稱禫服無疑。《禮》於喪受服多節，今皆删之。朱子用司馬氏黲制而從俗，亦豈苟然？若如所示黲色宜在禫後，甚無謂，用黲於祥，宜無他論。」

又問「祥服未有定見，黑笠則無義，而國俗已久，白笠則中朝與我國之制，黲則《家禮》，而宋儒以非素冠爲論，不必盡用《家禮》未定之書。今欲略倣黃圖之説，以縞冠緇衣素裳承祭，祭訖深衣白笠反哭」云云。龜峰曰：「《家禮》之黲制難考，欲倣黃圖，似爲未然。《家禮》之與《儀禮經傳》，固不同也。《經傳》歷集古禮，無一段付己意有所損益，以爲有國者制禮之用。《家禮》酌古參今，推以家居，己所自用者，爲一時當行之禮。朱子於《家禮》，非不知直用古禮之爲可，而必取司馬氏、程氏、高氏等説者，隨時之義，不得不爾也。《禮》自初喪至虞卒哭，受服非一，而《家禮》皆删，是不泥古而從簡也。且喪服之從古制，朱子亦有説焉。吉服雖已從今制，而喪服尚存古制，則不必又變而從今之意也。今《家禮》祥服已從時制，安敢又越而從古乎？黲，天色也，淺青黑色，近今玉色，今宜用黲色冠與黲團領承祭，以從《家禮》黲幞頭與衫之意，而既祭之變服，則雖《家禮》所無，而换却白衣白笠，以從王制，而用白反哭，如何？」

寒岡曰：「禫服《五禮儀》許用白笠，世人或嫌於國喪之服，鄙生則倣《家禮》以黲色爲笠子，衣亦用黲巾，帶用白布，網巾用黲布，皆禀於李先生而爲之。」答權泰一。

西厓曰：「祥服二家曾行者，笠用白色，衣用白色團領，帶用木綿絛兒，網巾，近日姪子等所着乃黑色。以古禮言之，則《閒傳》云『素縞麻衣』，《雜記》『祥而縞又曰朝服』注云：『緇衣素裳縞冠。』以此觀之，則衣用緇色，裳用素，冠用縞，其制則雖不言，而似當因喪服之制，特變其色耳。今祥以前冠衰裳皆用古制，祥後禫前獨不用古，似無意思。但世俗遵行已久，復古則駭俗而不可行。〇祥冠用白，申宰相點於經席建言，下禮曹，遂爲遵行之制。當時識禮如奇明彦諸公，皆以申説爲未合禮。然而未聞改定，非穌齋創始爲之也。以理言之，用白用黑，同爲非禮。

古人祥祭卜日爲之，《家禮》用忌日，既忌日，則在平時猶當黲巾素服，况於喪未終而用黑，可乎？以此言之，寧用國家所定，庶不悖於從時之宜也。○縞之爲黑經白緯，終不可知。古書凡言縞者皆白色，如漢人縞素三軍，何有於黑經白緯？《雜記》又云『葬時史練冠』，注云『縞冠』，此亦似指白色而言。《儀禮圖》『禫後綅冠』注『綅，黑經白緯，禫後冠色如此，則禫前必彌凶』。以此觀之，往日申君建白立法者，亦或有考而言也。」答權春蘭。

沙溪曰：「按《雜記》疏，據卿大夫言之，從祥至吉凡服有六，祥祭朝服縞冠，一也；祥訖素縞麻衣，二也；禫祭玄冠黄裳，三也；禫訖朝服綅冠，四也；吉祭玄冠朝服，五也；既祭玄端而居，六也。今倣此禮，祥祭着微吉之服，祭訖反着微凶之服，禫祭着吉服，祭訖着微吉之服，以至吉祭後復常，似合禮意。」《喪禮備要》。

又曰：「按或曰縞既曰黑經白緯，纖又曰黑經白緯，綅又曰黑經白緯，三字皆同一色，此甚可疑。考《韵會》『綅，白經黑緯，通作纖』云云。曾聞鄭松江求得於中原，所謂黲，如今所謂半水色，所謂縞，即白經黑緯云，亦可疑也。且古書凡言縞者，皆白色。《詩傳》『素冠』注雖以黑經白緯訓縞，而『出其東門』注則云：『縞，白色，孔氏曰縞是薄繒不染，故色白。』《禮記·曾子問》『布深衣縞總』注：『縞，生白絹。』《雜記》『葬時史練冠』注云：『縞冠。』《韵會》：『《爾雅》：縞，皓也。』《文選·雪賦》：『萬頃同縞。』《漢·高紀》：『兵皆縞素。』且《儀禮圖》『禫後綅冠』，

『禫後冠色如此，則禫前必彌凶』。以此觀之，《國制》與丘《儀》祥服用純白，無乃有所據耶？更詳之。」答姜碩期。

同春問：「《家禮》大祥之服黲布幞頭之制，實是詩人所謂縞冠之色，而丘氏及《五禮儀》必易之以純白，何也？純白似非漸吉之意。而既是時王之制，則其不可違耶？」沙溪曰：「大祥之服，《禮》云『縞冠』，而《家禮》云『黲布幞頭黲布衫』，與古禮無異。至丘氏及《五禮儀》又易以純白，尤與古不同。而先王朝申明依《五禮儀》用白笠之制，今不敢違也。」

冶谷曰：「蓋聞三年之祥也，國俗舊戴草玄笠，隆慶己巳年間，盧蘇齋始依《五禮儀》戴白布笠，轉相慕效，而當時猶或從違，南彥經兄弟三人，各執所見，其服禫也，一草玄笠，一黲布笠，一白笠云云。《詩》素冠之傳曰：『縞冠素紕，既祥之冠也。黑經白緯曰縞，緣邊曰紕。』小注：『三山李氏曰，其冠用縞，以素爲紕，故謂之素冠。』然則古之素冠，亦非純白也。朱子《家禮》禫服不用素而用黲者，黲乃淺青黑色也，安知不以古之縞冠亦非純白，而黑經白緯之布後世無有，故爲之用黲也耶？其所謂黑笠，雖非黲，亦其類也者，我國之淡黑布笠，固黲之類也。草玄笠亦非玄也，實微黃色也，所謂類也者，豈不爲是歟？」

尤庵曰：「《雜記》所謂微凶微吉者，按《通解續》祥禫變服條注：『祥祭服朝服縞冠，既祭服素縞麻衣，禫祭服玄冠朝服，既祭服纖冠素端黃裳。』然此難準以我國服制。若以國俗服色言之，則祥祭用玉色，祥後改着白衣，禫祭服黑色衣，禫後改着玉色衣，則似合於《雜記》之説。然《家禮》只用黲色，而無改易之文，只當從之。所謂黲色，恐是我國玉色灰色之類也，鵝黄是兒鵝色，蓋白而微黄者也。青碧，朱子以青爲東方正色，以金之白克木之青，合青而成碧。據此，則二者之色，隱約可見矣。大抵祥禫之服，一從《家禮》爲當，而國俗之用素，猝難變革，故鄙家亦用純素色矣。」答李選。

同春曰：「從祥至吉六變服之節，古禮則然，而今既不能盡從，無寧從俗白笠爲宜否？」答李之濂。

南溪曰：「禫服之定爲白布笠衣之制已久，黲色雖曰古禮，恐難遽用。」答金栽。

陶庵曰：「按《家禮》此條按，此條即大祥條。云陳禫服，而不無古今之異，且在萬曆年間，鄭松江赴京問於禮部，則郎中胡僖答曰：『禫而陳禫服，序也，今當薦此常事之日，而先陳禫服。』人無不微疑其間。我朝議禮考文，祥禫服參酌時宜，大祥日用細熟麻布爲冠服，及至禫祭，即服禫服承祭云，而今文獻無徵，故但以陳祥服三字爲大文，注以皇朝制，以丘《儀》與《國制》開録于下，而禫服一段移置禫條。」《四禮便覽》。

網巾

松江問：「時制祥而白笠，烏網巾其無妨耶？」龜峰曰：「僕曾自行，則用白布網巾。」

西厓曰：「網巾用黑色，固所未安，但練時中衣承衰而已用黄裏縓緣爲飾，以此推之，網巾在冠内雖黑，與此相類否？」答權春蘭。

同春問：「祥後黑網巾甚不稱於縞素之色，以白布作網巾，不至駭俗否？抑練時用黄衣縓緣爲中衣之飾，中衣承衰而已無可嫌，以此推之，網巾在冠内雖黑，與此相類否？」沙溪曰：「以白黑麤鬉雜造，用之如何？白布則駭俗，且非古禮。」

冶谷曰：「趙浦渚居外艱，祥日不肯着騣網巾，用白苧布爲之以裹頭，人或疑之，然騣網巾乃皇明之制也。古人以縚帛韜髮，而詩人嘆素冠之不得見也，則素冠之下，不合用黑縚韜髮。不用騣網巾，而用白布爲巾，雖違衆，自合古制。」

尤庵曰：「網巾《家禮》之所不言，然老先生之欲用白黑騣雜織者，欲依《家禮》之黲色也。然此亦異常，鄙家曾從寒岡説用淡皂布，蓋此亦黲類也。」答李選。

又曰：「頭上所用，自初喪略異於衰裳，故冠用稍細布，今禫時笠與服，雖依《五禮儀》用白，至於網巾，婦人首飾，則依古禮及《家禮》用黲色青碧鵝黄，似不甚悖矣。」答金得洙。

又曰：「網巾之制無經據，今笠既白，則巾亦白，無妨。然以古黲色之義推之，則用淡白黑亦可。既以淡白黑爲正，則布亦可，騣亦可，恐不必拘於一説也。」答尹拯。

問「昔年母喪祥服以白布作網巾用之」云云。閔維重。同春曰：「用布似亦不妨，但祥服純素，既非古制麤驂之造，視縞所爭幾何，恐不必太拘拘也。」又問「從俗用網巾，無甚不可，而但前喪既用布巾，到今有異，似有輕重之嫌」云云。同春曰：「以此以彼，恐皆無大段者，唯在酌行之也。」南溪曰：「黑白鬉雜造之説，愚嘗疑之，亦難猝然造得。恐亦依笠衣白細布爲之，不然則用時俗鬉造者，而飾以白布，亦無大害也。」答金栽。

婦人祥服

松江問：「祥後婦人服，《家禮》用鵝黄青碧，《儀節》用白衣履，未知何從？」龜峰曰：「婦人祥服，《家禮》亦有皂白等語，參用《儀節》如何？今所用則青碧，似吉，不可用也。」問：「大祥婦人服，《家禮》用吉，丘《儀》與《五禮儀》皆用素。」尹寀。尤庵曰：「禮制隨時損益，行禮者擇而行之，可也。然當以《家禮》爲正，而《國制》亦有不可不從處也。」又曰：「婦人祥後服當從男子，男子用黲色，則亦用鵝黄青碧，男子用素，則亦當用素矣。」答李選。

又曰「首飾」云云。答金得洙。○見網巾條。

饌品諸條并見祭禮時祭條

茅沙玄酒并上同

設盥盆西階見虞條

行祭早晚見祭禮時祭條

匙楪居中居西之辨上同

出主見祭禮參條

入哭位次見虞條

無參神降神時止哭并上同

進饌時炙肝并進上同

左設與上食不同上同

飯羹左右之義見祭禮時祭條

酌獻之節見虞條

祭酒之義見祭禮時祭條

啓飯蓋上同

告祝之節

祝文

南溪曰：「小心畏忌等八字，只用於小祥，不可通用於祥禫諸節。蓋所謂如小祥之祝者，指此八字外他語也。」答金南烈。

問：「『小心畏忌，不惰其身』，《家禮》則自小祥至禫皆有之，而《備要》只曰小祥者，可疑。」李柬。遂庵曰：「祝文所謂小祥云者，謂自小祥如此之意也，則字下恐有脱字耶？」

攝主祝見喪變禮嗣子未執喪條中子幼攝主祝條

妻祭夫祝見虞條

諸親喪虞卒以下祝上同

讀祝見祭禮忌祭及時祭條

亞獻終獻并見虞條

侑食下當有扱匙正筯之文無拜禮并論○上同

扱匙正筯之節見祭禮時祭條

論加供之非見祭禮支子之禮條

闔門啓門撤羹進茶伏立之節并見祭禮時祭條

告利成之義上同

諸親祭告利成當否見虞條

下匙筯合飯蓋見祭禮時祭條

辭神在斂主前見祔條

祔廟

告辭服色并論

松江問：「祥前一日告明日入廟辭，當如何？几筵則不告否？」龜峰曰：「几筵之告，祠堂之告，皆倣有事則告之禮，如何？告辭用古意自述，如何？」

沙溪曰：「按有事則告，今神主祔廟，不可不先告祠堂。」《喪禮備要》。○下同。

又曰「按丘氏未改題，只書官封稱號，而不書高曾祖考妣，然愚意以子孫而不稱屬號，恐未安。祔祭祝辭尚云『適于某考某官府君』，何可以未改題，而不稱屬號也？今改之」云云。

同春問新主祔廟祠堂告辭之節。沙溪曰：「當在大祥祭畢撤几筵未祔廟之前耳。」

又問：「母死祔父不行遞遷，而并告先祖，似不可已。」沙溪曰：「并告祖先亦無妨。」

問：「大祥前一日，告遷于祠堂，《家禮》及《儀節》皆不言服色。」權泰一。寒岡曰：「鄙人嘗稟居喪入廟之服，當用黑草笠白布衣白帶何如云，而李先生不以爲不可。」

尤庵曰：「大祥祭畢後行之，固無害云云。曲折似煩，不若前期告廟，而翌日祥祭畢後即入祔之爲順矣。前一日以衰服入廟，既有初喪祔祭之例，則又何必爲嫌乎？」答或人。

問：「祥後神主即當奉入，與先妣同卓，祝辭祔字似不用。」李選。尤庵曰：「『大祥已届』下云『禮當入廟，將以顯妣祔焉』云云，則如何？」

同春曰：「新主前亦略告『今日大祥已届，即當祔廟，敢告』云云。」答鄭道應。

問「《備要》大祥條祔廟告辭末端『茲以先考某官，大祥已届，禮當祔於曾祖考』云云，而曾祖廟奉在宗家，此中只有祖考廟」云云。成爾鴻。遂庵曰：「曾祖廟雖奉在宗家，而宗家不遠，則大祥後姑爲祔於宗家，待吉祭還奉自家祠堂爲宜。祠堂只奉祖考位，則入廟告辭當改之曰『今日入廟』云云。」

考位祔廟

沙溪曰：「世數若已滿，而又陞新主，則是五世，果似未安，似當以新主姑位於東壁下，祭畢遷祧後，始入正位，恐當。然則未滿四世者，直爲正位無妨耶？」《家禮輯覽》。

同春問：「先考實繼禰之宗，而以最長房奉高祖神主，先妣神主則從東序西向之坐矣，今於先考祥後，姑同安於先妣西向之位，禫後猶還故處，至祫祭設位則變爲南向之位，祧主與新主皆坐於一行，如時祭之儀否？抑祫祭時則猶爲西向之位，祫祭後祧出易世之主，然後還祠堂，始爲南向之位，而以次迭遷否？丘《儀》曰『《家禮》時祭之外，未嘗祫祭，又不知設新主於何所』云云，而遞遷之節，直在大祥之下，今當何從？」愚伏曰：「前喪則契長以宗子祔亡妻於祖廟，安于東壁西向之坐固當。今此祥祭，則前一日告遷，諸位虛其東一龕，以待新主。翌日大祥祭畢，奉安新主於本龕南向之坐次，以先妣從入，於禮爲順。若欲依朱子晚年所論，待祫祭後入廟，則亦當權安新主於别所，或仍留几筵不撤以奉之。至以祔之於先妣西向之坐，乃爲以尊從卑，似無是理，如何？祧主與新主一行，自不妨矣。」

又問：「云云，問于愚伏，答云云。」見上。沙溪曰：「朱子晚年與學者書，祔與遷是兩項事。既祥而撤几筵，祔于祖廟，俟祫祭而遷，用意婉轉，後人不可違也。丘氏云云，未曉其意。以哀家言之，雖未能就祔於宗家祖廟，姑安於哀家祠堂之東序，以俟祫祭，似不失朱子之意。既安於東序，則不得不與先妣同安，非爲以尊從卑也，事勢然也。愚伏欲從朱子初年之論，殊未妥當。至於仍留几筵，權安別所，尤乖禮意，恐不可從也。吉祭時神主姑就祔位，入廟後奉安正龕，恐當。」

朱子答李繼善書云云。○楊氏曰云云。并見《家禮》大祥條附注。

問：「先考乃支子，而今於祥後不得祔於祖廟，勢將同安於先妣神主權奉之處，則既非祔廟之義，且違《儀禮》猶未配之文，亦當仍安新主於故處，或移奉於別所，以待吉祭耶？」李惠輔。陶庵曰：「仍安新主於故處，則是祥後亦不撤靈座也。禮以別嫌爲重，斷不可爲。至於移奉別所，甚無意義。只當同安於妣位權奉之處，而用各卓，祭畢奉入之際，不可不措辭以告。蓋以爲古禮則當祔於祖廟，而支子異宮之家，勢不可行此禮，不得已奉安於先妣神主權奉之處云云。妣位前一日告辭，就吉祭條各祭新主祝措語略爲點化以用，似宜。」

妣位祔廟

栗谷曰：「《家禮》祔廟楊注固爲宛轉得禮之意，但此爲昭穆迭遷而發也。今者尊先考已正位次，新主直祔而已，無迭遷之事，有何所據而權安於東壁乎？」答松江。

松江問：「祥祭後奉新主權安于祠堂東壁下西向，禫後行祫奉安于府君櫝内，如何？」龜峰曰：「於曾祖妣龕上略用祔禮，行古禮之遺意，如何？」

又問：「示於祖妣龕内略行祔禮云云，但廟只有亡親舅姑神主，恐難强行此禮。」龜峰曰：「果如所示，祠堂東壁下前示西向之位，亦似可矣。」

沙溪曰：「父先亡母喪祥訖，依丘禮祔于考龕，而俟祫時合櫝爲宜，蓋《儀禮》禫月吉祭猶未配，以此推之，母喪纔畢，不可即與父合櫝，明矣。」《喪禮備要》。○下同。

又曰：「或曰『父雖先入廟，母喪畢，且祔於曾祖妣，俟祫時配于父，爲近古意』，更詳之。」

尤庵曰：「以《儀禮》猶未配之義推之，恐當於吉祭時改題同櫝矣。蓋此禮只從《家禮》大祥之儀，則無吉祭之儀。若用《禮記》吉祭之儀，則恐亦不當於大祥之日，遽爲并坐矣。若只欲祔於祠堂之内，則當依祔考而未吉祭之間曾祖猶稱祖之例，姑稱亡室，有何嫌乎？」答尹拯。

南溪曰：「母先亡者過三年後祔於祖妣者爲是，蓋朱子既於内子之喪以此行之，而後來未聞有異論，則此不可爲法耶？然則今世大家所行，似出於一時形勢，非有正義可準也。祔廟告辭云云，亦謂大祥後祫祭前姑祔祖龕，豈有父先亡過三年，而猶爲祔位也？」答李啓晚。

舊廟奉來祔新主

南溪曰：「龍岡兄既出後，伯父今爲繼曾之宗，則所生親神主或同奉祠堂，或姑安别室，皆一時權行之事，非正禮也。但爲新主入廟，卒然奉來，已似以尊援卑之嫌。且新主仍在其所，而以舊主來入，是猶舊主反爲祔也。情理俱不安，家又無他室可以變通，則誠甚難處。然有一於此大祥之日，奉新主出就正寢，行事訖，姑勿遷動，而以屏障遮之，即往上家廟所，告以禮當移奉，而在前未及，今始追還之意，仍爲先奉於前日几筵所設處，且行移安之。參禮訖，還正廳，始告新主以請入祠堂之意，復爲奉入。則先後主祔之義，已自分明，而此後無難處之事矣。若所謂因新主入廟奉來之嫌，不過以在前因循之失而致，此不必深拘，況於早晚皆將不得免，則尤宜及時移安也。」答朴泰斗。

尤庵曰：「池哀家變禮，當初只奉几筵而出，不奉家廟，恐爲未安。今日追奉於寓所，則不惟祥日無礙，而前頭朔望節日及吉祭，亦皆應節，都無横决之弊矣。」答申啓澄。

新主自遠奉來祔廟之節

問「廬墓三年後返魂之日，奉神主入祠堂」云云。韓瑩中。牛溪曰：「《家禮》大祥前一日，以酒果告遷于祠堂，且改題意，而此則無遷改之事，似當於大祥後一日，以酒果具由告于祠堂畢，奉神主升祔禰龕而已。」

問：「牛溪曰云云。」見上。○尹宣舉。 愼獨齋曰：「禫月而祭，猶曰未配祥而即祔，恐非禮意。」尤庵曰：「新主自遠歸祔祠堂，只於舊主設酒果而告祔耶？若然，則新主未免彷徨於外矣。當先入祔而并設酒果，然後告舊主耶？此是變禮，無可據者。故日者與諸友相議，依後段行之。」答尹宣舉。

吉祭前不可合櫝

問：「祖廟中既無當遷之位，承重孫又在母服，不可行吉祭，祥後入廟時，即爲合櫝，無妨耶？」朴挺陽。 陶庵曰：「《備要》吉祭條注『又疏曰』以下措語試更考看，則新位之末即合，不但爲祧遷一節而已，吉祭後合櫝之外，豈有他道理。」

班祔神主改題入廟

問：「弟遭妻喪，題主當以亡室，而祥後當祔於宗家，其時以宗子改題其神主耶？」宋淵源。

遂庵曰：「依《家禮》班祔於宗家，則豈不正當？而禫祭其夫主之，其前似難改題，祔禮差退於禫後臨時改題，似不妨。」

祔高祖者祖亡後吉祭時遷祔祖龕見吉祭條

無後宗子祔廟見喪變禮無後喪條

奉主入廟後拜禮

問：「奉主入于祠堂，而丘《儀》有安神主拜禮之文。」金光五。遂庵曰：「從丘說無妨。」

祔廟追行亂後祔廟并論〇見喪變禮追行之禮條

喪服既除後處之之節

退溪曰：「《曲禮》祭服弊則焚之，今人喪冠服并杖付火，恐或得宜。」答金就礪。

同春問：「喪服既除之後，當如何處之？」沙溪曰：「張子説可考。」

張横渠曰：「祭器祭服，以其常用於鬼神，不可褻用，故有焚埋之禮。至於衰絰冠屨，不見所以毁之文，惟杖言『棄諸隱者』。棄諸隱者，不免有時而褻，何不即焚埋之？常謂喪服非爲死者，己所以致哀也，不須道敬喪服也。《禮》云『齊衰不以邊坐，大功不以服勤』，皆言主在哀也，非是爲敬喪服。毁喪服者，必於除日毁，以散諸貧者，或守墓者，皆可也。蓋古人不惡凶事，今人以爲嫌。留之家，人情不悦，不若散之。焚埋之，又似惡喪服。」

練祥日吊哭見小祥條

并有父母及祖父母喪練祥見喪變禮并有喪變

并有喪前喪祥日變除之節上同

重喪中遭輕喪者重喪練祥禫行廢上同

本生親喪中行所後家練祥禫吉上同

重喪中輕喪練祥備禮上同

國恤中私喪練祥見國恤條

國恤中并有私喪練祥上同

染患中成服未備者不可退行練祥見喪變禮染患中喪禮諸節條

以染患重病追行練祥禫上同

病中遭親喪者練祥之節見喪變禮追喪條

聞訃追服行練祥之節見喪變禮追喪諸條

出繼追服行練祥之節見喪變禮追喪條中立後追服之節條

追服退祥者本祥日行事前期告由之節見喪變禮追喪條

過期不葬者練祥禫變除之節見喪變禮過期之禮條

改葬與練祥相值見喪變禮改葬條

先忌與練祥禫相值行祀之節見祭變禮兩祭相值條

適嗣死喪中練祥權主見喪變禮無適嗣喪條

失禮追行大祥見喪變禮追行之禮條

服盡後主祥禫與立喪主條中父在父爲主條參看

問：「父主子喪，練已除服，則祥禫誰可主之耶？」韓士英。尤庵曰：「凡喪，父在父爲主。父雖除服，祥禫諸祭，父仍主之，禮也。」

又曰：「凡喪，父在父爲主，則十五月禫時，舅雖無服，自當主祭，其子安得主之乎？鄙家子婦之喪，此每主祭矣。」答金九鳴。

問：「妾孫不得爲其祖母三年，服盡後，當撤几筵耶？若其母或諸父服三年者在，當如何？行祥禫則祝辭以何人爲之耶？」或人。尤庵曰：「禮，大功者主人之喪，有三年者必再祭。所謂再祭，大小祥也。據此，則其几筵不撤三年，可知也。其孫服雖除，而祭則猶自主之。宋時父在爲母亦服三年，故其父服盡於期，而其大祥則父爲主。此則明有朱子之訓。朱子曰：『父當自爲之，不必爲子祭也。』據此，則服盡而猶主其祭，又何疑乎？」

祥後諸節

撤倚廬

陶庵曰：「倚廬未見何時撤毁之文，然『將軍文子既除喪，而後越人來吊，深衣練冠待于廟，垂涕洟』，此或爲祥後撤廬之證耶？」答李惠輔。

祥後食肉之非

沙溪曰：「《喪大記》『祥而食肉』，愚按祥後食肉之文，與《間傳》所謂『禫後始飲酒先飲醴，始食肉先食乾肉』之説不同，《家禮》所謂大祥始飲酒食肉，是因《喪大記》而有此説，非闕文也，然不可從也。」《家禮輯覽》。○下同。

又曰：「按古禮祥月便禫，故雖有分言祥禫之祭，而例以祥包禫而言者。故《禮》曰孔子既祥，五日彈琴，十日成笙歌。魯人有朝祥而暮歌者，子路笑之，孔子以爲責人已甚，然又曰踰月則善也。今《家禮》大祥後飲酒食肉復寢之文，正因《喪大記》之文，而《大記》之文，亦包禫而言之者也。此等處當活看可也。若以爲朱子之意，必於祥日飲酒食肉復寢云，則恐滯泥而不通也。」問胡伯量云云。姜碩期。沙溪曰云云。詳見禫後諸節條中禫後服色飲食之節條。

祥後行奠之節

退溪曰：「依《家禮》本文，祥畢主入于廟，則素行朔望者合行於廟，素不行者則請出當奠之主於正寢，而行之可也。其或既祥且祔祖廟者，亦只得依右禮行之。」答金就礪。

松江問：「祥後禫前朔望參禮，如何？且未祫而新舊主同享一堂，如何？奉新主正寢伸情事，如何？」龜峰曰：「參宜一如平日祠堂禮。既行祔禮，似無不祫祠堂之嫌。正寢別祭未安，似豐于昵。」

松江曰：「未祫前朔望遍奠，叔獻云：『若以未祫爲未安，則不如皆廢。』若始舉朔祭於祥後，則雖曰未祫遍奠，似無妨。別祭於他所，未穩。」

問：「廟中在前朔望奠不行於舊神主，而今忽并行，何如？」朴明胤。寒岡曰：「既奉祔廟朔望奠，似難請出別行，依《家禮》并行於廟中，不妨。或因此遂不廢參禮，亦何甚妨？」

愼獨齋曰：「祔廟後朔望不宜別設，且不可廟中而哭也。若支子而奉安於別所者，當哭而行事矣。」答尹宣舉。

尤庵曰：「奉出新主於正寢，哭而行參既非正禮，又不可哭於廟中。今以支子奉主於別所之故，而哭而行事，以存内哭之義，則古所謂内外哭者，是只指支子而言，而宗子不與焉，恐無其理。且支子而父後亡，則猶可如此，或母後亡，則壓於父，而有所不敢，是支子而亦有先後之異也，其可乎？竊謂《喪大記》所謂内無哭者，禫祭之日猶有哭，自是以後，則更無哭之意也。」答尹拯。

南溪曰：「退溪所謂朔望請出新主之義，既於《家禮》及《儀節》及《備要》皆無見處，恐不可用也。惟繼禰之家，無舊廟可祔，則或留奉前所，值朔望則哭而行參，其或可耶？」答金栽。

陶庵曰：「入廟後新主殷奠若一如祥前，則烏在其撤筵祔廟之意也？新舊位只當用一大盤之制。」答李惠輔。

父在母喪祥後饋奠當否見父在母喪諸節條

祥後省墓哭與練後諸節條中練後上冢哭條當參看

南溪曰：「祥後省墓時哭拜，恐無所妨，蓋禫猶哭而行事故也。」答金栽。

禫前晨謁

寒岡曰：「禫前主人晨謁於大門之外，用禫服白衣，恐無妨。」答朴汝昇。

除喪後受吊

問：「除喪之後，親舊不知已没喪，而來吊，則待之當如何？」李惟泰。沙溪曰：「《禮經》所論可考也。」

《檀弓》：將軍文子之喪，既除喪，而後越人來吊，主人深衣練冠待于廟，垂涕洟。子游觀之，曰：「其庶幾乎亡於禮者之禮也，其動也中。」注：「主人，文子之子也。深衣吉凶可以通用，小祥練服之冠不純吉，亦不純凶。廟者，神主之所在，待而不迎，受吊之禮也。不哭而垂涕，哭之時已過，而哀之情未忘也。庶幾，近辭也，子游善其處禮之變，故曰『其近於禮乎』。雖無此禮，而爲之禮，其舉動皆中節矣。」

慎獨齋曰：「禫前有吊者，親舊始見，哀至而哭，與祥前何異？禫前書疏亦猶以喪人自處。」答尹宣舉。

尤庵曰：「祥後禫前受吊，以《家禮》吊狀式觀之，則未禫前猶以喪人自處也。人之吊之與己之受之也，又何疑乎？然其時几筵既撤，則無可受之處，只當以將軍文子之無於禮之禮處之也耶？」答或人。

南溪曰：「禫前受吊與將軍文子之事不同，恐當自依常例也。」答李時春。

父在母喪除服後受吊見心喪雜儀條中心喪中受吊條

祥禫後廬墓之非

退溪曰：「聞欲於祥禫後，仍不毀廬室，以作居室，恒處其中，朝夕上食，就墓前行之，此禮何據？若使先王制禮可不顧而直情行之，曾參、孝己，無除喪罷上食之日矣。以閔子騫之孝，除喪而鼓琴，切切而哀，曰『先王制禮，不敢過也』。今君欲行曾閔所不行之行，以爲驚世駭俗之事，不足以爲孝，適取譏於識理之君子，豈不可惜之甚者？後漢趙宣以親墓隧道爲室，而居其中行喪二十年。仇香按得其服中多生子，怒而治其罪。今君廬室雖非隧道之比，以事言之，亦趙宣之類也。世或有如仇香之賢，安知不以爲罪乎？」與李文奎。

禫前書疏式見書疏式條

禫

總論

問：「喪有有禫者，有無禫者，當禫者有幾？」李惟泰。沙溪曰：「《禮記》及朱子説可考。」

《喪服小記》「爲父母妻長子禫」注：「當禫之喪，有此四者，然妻爲夫亦禫，慈母之喪，無父亦禫。」○「宗子母在爲妻禫」注：「父在，則適子爲妻不杖，不杖則不禫。父没母存，則杖且禫矣。非宗子而母在者，不禫矣。」○「庶子在父之室，則爲其母不禫」注：「此言不命之士，父子同宮者。」○賀循云：「出母杖期禫。」○《檀弓》注：「出母無禫。」○問：「女子已嫁，爲父母禫否？」朱子曰：「據《禮》云父在爲母禫，止是主男子而言。」

問：「父母在者爲妻不禫，則其子亦因此而不禫乎？」玄以規。尤庵曰云云。詳見妻喪諸節條中妻喪禫條。○下同。

陶庵曰云云。答李載亨。

又曰：「爲長子禫之長子，即繼三世適子，父爲斬衰者，既是三年，則練之有無，固不當論。」答柳深。

問：「亡子禫事，其妻雖亡，亦可行否？」俞拓基。陶庵曰：「子喪禫事，終未見其可行之證矣。」

尤庵曰：「過時不禫，則寧復有脱禫之日也。過大祥之後，即當復常矣。」答或人。

又曰：「《曾子問》注只論二祥，而不及禫者。二祥是終不可闕者，禫是澹澹乎平安義，視二祥差别，故不及耳。」答沈之漢。

中月而禫

南溪曰：「《士虞禮》中月而禫，乃周公《禮經》，《雜記》是後出傳義。朱子初意，蓋欲主《禮經》也。」答鄭尚樸。

又曰：「中字如《詩》之『中林中逵』，皆謂林之中逵之中，此亦猶言其月之中也。今從鄭注間字之義。」答成文憲。

計閏不計閏之辨

沙溪曰：「據先儒説大小祥以年數，則不計閏宜矣。禫則本當在祥月之中，雖從鄭氏間一月之説，猶是以月數，則禫之不計閏無據。《家禮》所謂不計閏者，統言自喪至此，非必謂祥後也。張子説似分曉。」答同春。

鄭玄曰：「以月數者數閏，以年數者，雖有閏，不數之。」○張子曰：「三年之喪禫，閏月亦算之。」

尤庵曰：「祥禫之間，據橫渠説，則計閏無疑，而《家禮》則明言不計閏。今人多説《家禮》是汎指祥以前言之，然《家禮》既於小、大祥條各説不計閏十三月、二十五月，而於禫必更説不計閏二十七月，則似只指祥禫之間言之矣。第《家禮》雖説鄭注二十七月之文，而朱子以王肅二十五月祥後便禫爲是，今於二十七月之外，以閏月之故，又引而伸之爲二十八月，則恐非朱子本意矣。然則當從橫渠説，尤無可疑，而若必以《家禮》不計閏諉之於祥前，而强以同之於橫渠説，則未見其必然矣。」答金壽增。

問：「閏月非正月，則卜日行祥禫，得無未安耶？」或人。尤庵曰：「閏月行事，自古有之矣。」

同春曰：「中月而禫，王肅之論，實是禮之正者。從鄭從厚，雖不可已，若至於又不計閏，拖過兩月，則無乃已厚，而或與禮之本意尤遠耶？」答鄭道應。

卜日

總論

退溪曰：「如上丁國忌之避不避，無所考據，不敢輕説。禫，古卜日以祭，其無恒定之日可知，退行亥日，其或可乎？」答金宇顒。

尤庵曰：「所謂下旬者，前一月下旬也，須近當祭之月，而卜之也。」答或人。

農巖曰：「今兹丁日，雖在初吉，亦當如禮行之。近來或以初吉行禫爲不安，而無端退行者，此不識禮意而然也。」答朴道基。

陶庵曰：「环珓古制，雖未易行，告日之禮，安可闕也。」答李惠輔。

丁亥之義見祭禮時祭條

环珓之制上同

卜日雜儀上同

退祥者用本月行禫

南溪曰：「祥雖退行於後月，禫則自當本月行之，以其退祥是變禮，不宜以此而更退禫也。」答梁得中。

遂庵曰：「正月再期而有故，雖退行祥祭於二月，《家禮》注既曰自喪至此二十七月云，則三月行禫，不宜進退。」答郭守熀。

問：「喪人爲獄囚，至于禫月，始行大祥，祥日着麤布衣淡黑笠，鄉人以不着白笠爲誤禮之罪案。」成晚徵。遂庵曰：「祥月中行禫，王肅之説也，朱夫子善之。今大祥行於喪後二十七月，是月必有餘日，自可行禫而從吉，不可謂過時也。若行祥祭於二十八月，則無禫無疑。然二十七月本是禫月，節目間雖或小差，何至爲誤禮之罪案？」

禫日變服之節

退溪曰：「禫日變服之節，變服，禮之大節目，若果祭而後始變吉服，《家禮》當明言以曉人，豈宜泛然云皆如大祥之儀？其無陳服之文，豈不以喪服之漸變者當陳，吉服之即常者不當陳也耶？且既祭之後，改服之節，又當何如？而可納主而後變，則是不告神以喪畢之故。抑未納主而吉，則吉後都無所爲於告神喪畢之節。恐皆未安也。嘗觀《禮經》自禫即吉，其間服變之節，殆有五六，周禮文繁乃如此，後世固未可一一而從之，故《家禮》只如此。今若以尚有哭泣之文，純吉未安，只得依丘氏素服而祭，何如？」答金宇顒。

寒岡問：「禫祭之服，《儀節》只云主人以下俱素服詣祠堂，而更無易服之儀。今俗則例以吉服，如大小祥陳服易服之節，此何如？」退溪曰：「不依大小祥陳服易服之節，不知禫服除在何節，吉服著在何日。」

問：「禫儀或云行事如大祥，則固有出易服之節。或云祥有陳服，而禫無陳吉服之文，則宜無易服一節。恐練祥之事，則漸殺而非全變，必因祭而改服，故有出易服之節。禫則即吉之事，必終事而後變，所以無此一節歟？」金宇顒。蘇齋曰：「從祥至吉之服有六，其三禫祭玄冠黃裳，其四禫訖朝服綅冠，若以此義推之，禫服非純吉非純凶可知，瓊山以朱禮無陳吉服文，直書素服爲儀節，今未敢違。」

松江問：「《家禮》大祥章陳禫服云者，何義？」龜峰曰云云。詳見大祥條變服之節條中冠服條。

問：「禫祭吉服未安於哭泣，宜從丘氏素服行之，後即吉。」盧亨運。寒岡曰：「丘氏之義未詳，《儀禮》禫祭所服，許以玄衣黃裳，則古人亦不用素服矣。」

又曰：「禫而纖，《儀禮》文也，《儀禮》變服，各有節次，而《家禮》從簡，不盡言其節次。今則勢須一從《家禮》，但未吉祭之前，不用華盛之服而已。」答李善立。

沙溪曰：「今有或者之言，禫祭有哭泣之節，不可遽着純吉之服，世或有用其言，以素服爲是者，而以《雜記》《間傳》見之，則祥祭着微吉之服，祭訖反服微凶之服，禫祭着純吉之服，祭訖着微吉之服，以至吉祭無所不佩也。或者禫祭不可遽着純吉之説，不可從也。退溪所答，前後不同，未知當以何服爲定也？禫日雖有哭泣之節，吉服恐不可不着。」答姜碩期。

《雜記》注曰：「禫祭玄冠黃裳，禫訖朝服綅冠，踰月吉祭玄冠朝服，既祭玄端而居。」○《間傳》：陳氏曰：「禫祭之時，玄冠朝服，祭訖，首着纖冠，身着素端黃裳，以至吉祭，平常所服之物，無所不佩。」○退溪答金肅夫宇顒之問：「今若以尚有哭泣之文，純吉未安，只得依丘氏素服而祭，如何？」申知事叔正曰：「丘氏所謂素服，恐非白服。中朝人以無紋衣爲素服，凡於國忌及凶禮，皆着青素服去，附子俗禮皆然，吊喪亦依此行之。《儀節》所謂素服，或慮指此而言也。又答鄭道可逑之問：「不依大小祥陳服易服之節，不知禫服除在何節，吉服着在何日。」按或曰云云，見大祥祭條中冠服條。

又曰：「禫乃吉祭，不可不服吉，三年喪畢，孝子有悲哀之心，則雖着吉哭泣，似不悖於情禮矣。」

又曰「禫祭着吉服，祭訖，着微吉」云云。《喪禮備要》。○見大祥條中冠服條。

又曰：「禫後着麤黑笠，至吉祭着吉衣冠，無妨。」答黃宗海。

同春問：「《禮》『禫祭玄冠朝服，祭訖首着纖冠，身着素端黃裳，踰月吉祭玄冠朝服，既祭玄端而居』，據此，則於禫似不可謂喪畢，而必吉祭而後如常人，而《備要》全没此曲折，禫祭直云陳吉服，無乃與古禮有異耶？且《儀節》云『主人以下俱素服』，所謂素服，不變大祥時服耶？果爾，則與玄冠朝服之禮，全不相應，亦可疑也。今依古禮之意，而參酌行之，未知如何？且《家禮》禫祭條無陳服一節，何歟？」沙溪曰：「禫後服色，或用白，或用吉，人之所見各異云云。與上答姜碩期語同。《家禮補注》曰：『禫祭不言設次陳服者，蓋小祥易練服，大祥易禫服。禫祭宜亦吉服，《間傳》所謂禫而纖無所不佩是也。』此説恐得之。」

又問：「禫祭時《禮》有『玄冠黃裳，祭訖纖冠素端』之文，今依陳服易服之節，以黑笠細布直領黑帶行祭，祭訖着纖色笠纖色帶，至吉祭時始用純吉之服，似當。如何？」沙溪曰：「考《儀禮經傳通解》，則黃勉齋所著禫服玄衣黃裳乃吉服，非素服，明矣。夫所謂禫者，澹澹然平安之意，不於此時即吉，更待何時？若必如疏家所謂從祥至吉變服有六之説，則卒難復古。朱子既不采入於《家禮》，今不可更論也。今者欲用黑笠黑帶白衣之制，既非古禮，又非《家禮》，且與丘氏《儀節》有異，創立新制，其可乎？」

尤庵曰：「退溪雖有兩説，當以《家禮》爲正，故鄙家只如大小祥之節耳。」答李選。

同春曰：「禫時服色論説多門，終無一定之議，良由《家禮》禫祭條無陳服一節，故致有云云。而但『禫祭玄冠朝服，祭訖首着纖冠，身着素端黄裳，以至吉祭，平常所服之物，無所不佩』云者，既是《間傳》之文，而先儒所謂禫祭，尚有哭泣之節，則似不敢純用吉服云者，亦合於情禮。愚意妄謂禫時依陳服易服之節，以黑笠黑帶細布直領承祭，祭訖反着纖色笠纖色帶，以俟吉祭，而用純吉之服，如是則酌古準今，似無所悖。而沙溪先生所教，則必欲於禫祭時及禫後吉前并用純吉之服。果如是，則古禮禫後用微吉以俟吉祭一節終無所施，而君子喪期雖盡，不忍遽爾即吉之意似不當如是，如何？」答姜碩期。

陶庵曰：「《備要》禫祭條吉服别無見載者，黲布笠黑帶之外，難容臆説，網巾之黑緣者，似當并置帶笠之間，而雖或從後換着，亦恐無妨。」答閔昌洙。

設位靈座

陶庵曰：「禫時設位必於靈座故處者，禮意精微，只當即故處行事而已。正寢非正寢，不須論也。」答或人。

饌品諸條見祭禮時祭條

茅沙玄酒并上同

設盥盆西階見虞條

行祭早晚見祭禮時祭條

匙楪居中居西之辨上同

出主告辭

問：「禫祭祝辭，瓊山曰『孤子某敢昭告于某官府君神主，禫制有期，追遠無及，謹以清酌庶羞，祗薦禫事』，出主時告辭曰『孝子某將祗薦禫事，敢請先考神主出就正寢』云云。」鄭基磅。愼獨齋曰：「自稱孝子，去神主二字爲當，告辭依《儀節》用之無妨。」

尤庵曰：「禫祭出主時告辭，《家禮》無之，而見於丘《儀》。如欲一從《家禮》，則主人以下詣祠堂，祝奉主櫝以出，可矣。如以昧然爲嫌，則用丘《儀》所載之辭，亦可矣。」答李浡。

出主見祭禮參條

入哭位次見虞條

參神有無之辨

寒岡問：「虞祭無參神，以有常侍之義，至於禫祭，亦無參神。」退溪曰：「豈以禫亦喪之餘故耶？」

遂庵曰：「禫祭之當有參神，似無可疑，而《禮》文不著，必是文不備而然也。」答成爾鴻。

降神時止哭見虞條

進饌時炙肝并進上同

左設與上食不同上同

飯羹左右之義見祭禮時祭條

酌獻之節見虞條

祭酒之義見祭禮時祭條

啓飯蓋上同

告祝之節

祝文見出主告辭條

攝主祝見喪變禮嗣子未執喪條中子幼攝主祝條

妻祭夫祝見虞條

諸親喪虞卒以下祝上同

讀祝見祭禮忌祭及時祭條

亞獻終獻并見虞條

侑食下當有扱匙正筯之文無拜禮并論〇上同

扱匙正筯之節見祭禮時祭條

論加供之非見祭禮支子之禮條

闔門啓門撤羹進茶伏立之節并見祭禮時祭條

告利成之義上同

諸親祭告利成當否見虞條

下匙箸合飯蓋見祭禮時祭條

辭神在斂主前見祔條

并有重喪中前喪禫祭行廢見喪變禮并有喪條

重喪中遭輕喪者重喪練祥禫行廢上同

本生親喪練禫見爲人後者爲本生親喪諸節條

本生親喪中行所後家練祥禫吉見喪變禮并有喪條

所後喪中爲本生親喪持服行禫之節上同

心喪中行重喪禫吉心喪人與祭并論○上同

國恤中私喪禫吉見國恤條

妻喪禫見妻喪諸節條

父喪中妻喪練祥禫見喪變禮并有喪條

父在母喪禫見父在母喪諸節條

追喪禫祭兄弟先滿者并論○見喪變禮追喪條

主人追服者徑行祥禫退月服吉上同

過期不葬者練祥禫變除之節見喪變禮過期之禮條

先忌與祥禫相值行祀之節見祭變禮兩祭相值條

避寓中行禫見喪變禮染患中喪禮諸節條

服盡後主祥禫見大祥條

禫後諸節

禫後服色飲食之節參禮出入吊問并論

沙溪曰：「禫後着麤黑笠，至吉祭着吉衣冠，無妨。」答黄宗海。

又曰：「禫後食肉飲酒，於禮爲合，復寢比酒肉爲重，故在吉祭之後也。雖着素端，白帶則似過矣。」答同春。○愚伏答同春曰：沙溪答是。

尤庵曰：「禫後吉祭前還着微凶之服，以至吉祭，然後始爲純吉之服矣。」答尹寀。

問：「司馬公論喪章首云『禫而飲酒食肉』，是則因今俗通行之禮而言，其下則曰『大祥之前皆未可以飲酒食肉』，是則據王肅之説服二十五月而除也。二説似有前後之不同，而載乎《小學》書，何也？」許箹。退溪曰：「此事禮家已有兩説，然中月而禫本謂大祥月中，自鄭玄訓中爲間之後，遂爲二十七月而禫。朱子以王肅説爲得禮本意，故《家禮》大祥後飲酒食肉，禫從鄭説，禮宜從厚故也。其後丘氏禮移飲酒食肉於禫後，故今人以是通行，皆是從厚之意耳。禮之本則只以孔門彈琴一事觀之，可知王肅非誤也。」

問：「胡伯量問曰：『比者祥祭，只用再忌，雖衣服不得不易，惟食肉一節，欲以踰月爲節。』朱子曰：『踰月爲是。』退溪曰：『朱子以王肅説得禮本意，故《家禮》大祥後飲酒食肉。』退溪之説，似有乖於朱子踰月之意。」姜碩期。沙溪曰：「按朱子雖以王肅之説以中月爲祥月之中。爲是，而《家禮》則用鄭説。以中月爲間一月。《家禮》雖曰大祥飲酒食肉，而答胡伯量則又以踰月爲是，意各有在。《家禮》大祥飲酒食肉之文，本出《喪大記》，《大記》云：「祥而食肉。」與《間傳》之説《間傳》云：「禫而飲醴酒。始飲酒者，先飲醴酒。始食肉者，先食乾肉。」不同，蓋別爲一説也。然古人祥祭必卜日而行，故猶可於是日食肉。今皆用再忌，則此一節決不可行。此《家禮》不及再修處也。世人或於祥日食肉，謂遵《家禮》云，實傷風教，當以《間傳》及温公、丘氏説爲準。愚嘗答人，禮，五月三月之喪，比葬食肉飲酒；期九月之喪，既葬食肉飲酒；三年之喪，祥而食肉飲酒。詳見《喪大記》。不待服盡而食肉飲酒，五服皆然。蓋古禮然也。《家禮》大祥條食肉飲酒之文，實出於此，亦非謂必於再忌之日食肉飲酒也，觀踰月爲是之教可見。且《小學》乃朱子之成書，其所引司馬公之言曰『凡居父母之喪者，大祥之前皆未可食肉飲酒』，此則以《喪大記》爲據。以此參看，可知朱子之意也。然其上文引司馬公之言曰『古者父母之喪，禫而飲醴酒。始飲酒者，先飲醴酒。始食肉者，先食乾肉』此則以《間傳》爲據。云云，今國俗以此行之已久，亦從厚之道也，今當從之。但司馬公之言曰『五十以上，血氣既衰，必資酒肉扶養者，則不必然』，如此之人祥後飲酒食肉，亦不至悖禮也。如何如何？」

朱子曰：「二十五月祥後便禫，當如王肅之説，而今從鄭氏説，雖是禮疑從厚，然未爲當。」○司馬公曰：「所謂中月而禫者，蓋禫祭在祥月之中也。歷代多從鄭説。今律勑三年之喪，皆二十七月而除，不可違也。」又曰：「禫而飲醴酒。始飲酒者，先飲醴酒。始食肉者，先食乾肉。」○丘氏曰：「按禮，禫而飲醴酒食乾肉，禫猶未可以食肉飲酒，惟飲醴食脯而已，况大祥乎？今擬禫後始飲淡酒食乾肉，庶幾得禮之意。」

栗谷曰：「吉祭之後，乃復平日之所爲者，是古禮。朱子《家禮》已不能遵用矣。蓋二十七月之禫已過聖人之中制，則安可延喪制，更俟禫後逾月吉祭乎？魯人有朝祥而暮歌者，子路非之。夫子曰：『逾月其善也。』夫逾月而可歌，則况吉服乎？珥意禫後之參及他禮，自當如平日，不必更俟吉祭也。古之禫祭在二十五月，故可俟逾月吉祭。今之禫祭在二十七月，違古制，故不可俟吉祭。商量何如？」答松江。

同春問：「云云，禫後食肉，則亦可以出謁門長，而非宴樂，則雖杯酒，亦不必辭耶？」沙溪曰：「吉祭後食肉，先賢無有行之者，恐未免徑情也。謁門長，飲杯酒，皆無妨。」

遂庵曰：「禫服内出入吊問，非一家切親家，則不可。」答成爾鴻。

又曰：「支子之喪，雖無合祭遞遷之禮，禫後行時祭，則喪人復常之節，在此時矣。」答李光國。

禫後從仕赴舉之節

尤庵曰：「禫月未盡，則似難從仕，朱子辭免文字可見矣。」答或人。

遂庵曰：「少時見洛中士夫於禫後付職，雖不出仕，而有命招，則出謝。士子於科場，亦多出入者。近聞洛中人必踰月後出仕，或赴科，便成俗禮，此在自當者量而爲之。」答李頤材。

芝村曰：「吉祭則赴舉當否？揆以淺見，禫月既過，則容或可赴，而然猶未及純吉，無乃有所未安耶？禫月從仕，近世不然，禫之翌月，雖或未行吉祭，亦可從仕矣。赴舉一款，其與仕者有間，雖在月初已行吉祭則赴，未行吉祭則不赴，似宜。」答李頤命。

祥禫後廬墓之非見大祥條

父在母喪禫後書疏式見父在母喪諸節條

吉祭

總論

退溪曰：「竊詳朱子之意，初述《家禮》，惟以酒果告遷者，豈不以喪三年不祭，禮也，而合祭群室，乃祭之大者，非喪中可行故也歟？後來又以爲世次迭遷，昭穆繼序，其事至重，但以酒果遽行迭遷，爲不合情禮，故引張子語及鄭氏注，以爲禮當如此。此古人所謂禮雖先王未之有，可以義起者也。其用意婉轉，得禮之懿。今如右行之，則於祔既不失孫祔于祖之文，於遷又以見迭遷繼序之重，亦無古今異宜難行之事，在人所擇也。」答金亨彦。

栗谷曰：「祫祭事，先賢之意，廢祭三年，且有祧遷，安得不一舉盛祭乎？雖無祧遷之事，行之亦可，但若行于禫祭後翌日，則所重在於新主，非慎重乎尊祖考之意也，別用禫後丁日爲宜。人君之祫，悉合廢廟主而祭之。而此則只祭廟中之主，其實不同，寧有僭上之嫌乎？」答松江。

松江問：「祫是四時祭也否？復寢宜在何時？」龜峰曰：「祫祭之與四時祭同不同，在朱子亦未定也。然觀答胡伯量文意，則非必欲行《喪大記》疏說也。答李繼善書引橫渠説『三年後祫祭於太廟，而《周禮》亦有此意』云，三年喪畢，朱子之意亦欲有祭，則是乃吉祭也。朱子於答伯量云以義起者，是欲於祫祭後復寢也。朱子《家禮》祥禫等禮皆用倣司馬公《書儀》，而飲酒食肉復寢在大祥下者，此是錯簡無疑。《小學》是晚年書，引《書儀》禫而飲酒食肉，亦無復寢事，則酒肉是禫後事，復寢是吉祭後事明矣。丘瓊山《儀節》移復寢於禫後，亦非朱子之意也；且必欲待四時吉祭之月祭，而復寢如疏説，則又似未穩。今宜禫後祫祭而復寢也。」

沙溪曰：「禫後吉祭，朱子答李繼善書及楊氏説具有明據，在《家禮》大祥下小注：『來書所謂孔子五日彈琴而不成聲，必在禫及吉祭之後者得之。蓋古禮祥後便禫，大祥後擇日行禫，又禫後即擇日行吉祭，無疑矣。禫與吉祭在五日之内，故孔子彈琴也。《儀禮》曰吉祭而後復寢，又禫訖朝服縞冠，吉祭玄冠朝服云云，此有吉祭之明證也。』」答金巘。

又曰：「踰月而祭是爲常制，而禫祭若當四時正祭之月，則即於是月而行之。蓋三年廢祭之餘，正祭爲急故也。祭時考妣異位，祝用異板，祭後合櫝，若踰月則祭時合位，如時祭儀，似合禮意。」《喪禮備要》。〇下同。

又曰：「父先亡，已入於廟，則母喪畢後，固無吉祭遞遷之節矣。然其正祭，似當倣此而行之。」

同春問：「《喪大記》『吉祭而復寢』注『陳氏曰：吉祭，四時之常祭也。禫祭後值吉祭，同月則吉祭，畢而復寢。若禫不值，當吉祭之月，則踰月而吉祭，乃復寢』云云，此説不能無疑。蓋二十七月喪盡之後，踰月而行吉祭，吉祭而行祧祔，然後始復常，則吉祭實終喪之别祭，本非四時之常祭也，似不拘於仲月與否，而陳氏乃以四時之常祭，必欲行之於仲月，殊未曉其意也。且禫祭在孟月，而踰月則固是四時常祭之月矣，禫祭若在季月，則雖踰月，亦非四時常祭之月，又惡在其用仲月之意耶？」愚伏曰：「《士虞記》云：『中月而禫，是月也，吉祭猶未配。』鄭注：『是月，禫月也，當四時之祭月則祭。』亦不待踰月。熊氏曰：『不當祭月，則待踰月也。』陳注踰月吉祭之説，蓋本於此。竊謂禫雖澹澹然平安之意，而孝子之心猶未忍遽然復寢，故又必踰月而行吉祭外，除踰月而又踰一月，悲慕之心無已，而復常之節愈遲也。來諭所謂終喪之别祭者，得之矣。《士虞記》所謂是月而吉祭者，非以復常爲急，乃以正祭爲急也。蓋三年廢祭，孝子追遠之心有所未安，而喪未終，故不得并舉耳。今既喪盡而禫矣，禫又在上旬之内矣，值正祭之月而不忍不祭，故行禫於寢，即於同旬之内行正祭於廟。觀鄭注亦不待踰月之文，則知踰月爲常制，而值正祭之月，則不待踰月，而即行廟祭也。然則陳注所謂四時之常祭者，特以釋吉祭之名耳，非謂必待仲月也。」

又問：「云云，愚伏答云云，見上。此説如何？」沙溪曰：「愚伏説是。」

又問：「父先死，已入祠堂，則母喪畢後吉祭，亦必待踰月乎？」沙溪曰：「似然。」

愼獨齋曰：「《家禮》初不言吉祭，是闕文，而祔注略舉祫祭，亦爲告遷而非主猶未配而言也。」答尹宣擧。

市南曰：「朱子看《大記》吉祭固似以吉祭爲常祭，而其上既疑爲禘祫之屬，而謂之義起可也云云。既曰義起，則謂之喪畢之祭，似無疑矣。既云別祭，則踰月而行於孟月，亦安有僭嫌乎？」答尹宣擧。

南溪曰：「吉祭當以仲月爲主，若三月禫祭，當行於五月矣。」答柳貴三。

遂庵曰：「吉祭不可行於閏月。」答金光五。

陶庵曰：「若是祔位而無吉祭者，則當於禫之後月朔參而服吉矣。」《四禮便覽》。

又曰：「既以最長房奉祧廟，則母喪畢後，其神主當同祔於一廟，吉祭之合行於新舊主，於禮爲得。」答黃應溟。

卜日

總論

同春曰：「以古禮吉事從近日同旬行吉祭之意論之，初丁行禫，初亥行吉，恰當無可疑者。

以《家禮》卜日之規言之，初中不吉，則退行下旬，亦無不可。鄙意禫事初丁若退，則無寧又退於下丁，吉祭用下亥似宜。」答閔維重。

丁亥之義見祭禮時祭條

环珓之制上同

卜日儀節上同

齋戒上同

改題之節

設酒果

尤庵曰：「凡改題主，據禮，則先設酒果，改題畢，奉置故處，再拜辭神云。觀此辭神二字，則改題時，其酒果似當仍設不徹，以葬時題主節目觀之，則可見矣。」答或人。

問「改題時新主則無改題之事，不可並設酒果」云云。李遇輝。尤庵曰：「《家禮》於追贈條云只告所贈之龕，據此，則諸位之並設酒果，似無所據。」

告辭

沙溪曰：「丘《儀》不書諸位屬稱，似未安，故《備要》欲改之，而未及耳。」答李惟泰。○《備要》重刻時用先人遺意改之耳。

問：「告五代祖曰玄孫，玄孫即告于高祖之稱也。」黃宗海。沙溪曰：「《禮》云曾祖以上皆稱曾祖，以此推之，稱玄孫亦可。然稱五代孫亦何妨？來孫之稱，古雖有之，先賢所未用，不敢爲說。」

問：「《備要》有『母先亡，則父喪畢後亦改題』之文，而無告辭，何也？」李遇輝。尤庵曰：「既當改題，則何可不告也？」

問：「吉祭無遞遷之節，只有改題合櫝之禮，改題告辭中遷主，出主告辭中遞遷，改以何語耶？」李惠輔。陶庵曰：「遷主之遷，恐非可嫌於遞遷之遷，遞遷二字，改以合享，如何？」

問「母先亡，父喪畢合祭，新主祝辭配享」云云。閔昌洙。陶庵曰：「配字終是妣配考之稱，以合字代之，似好。」

又曰：「母先亡而父喪畢後改題祝，《備要》中果無之矣。尤庵《禮疑》有人即李選也。作祝辭以質之，曰『敢昭告于顯妣某封某氏，茲以先考某官府君喪期已盡，禮當遷主入廟。今將改題，不勝悲愴』，改題告辭。又曰『孝子某今有事于顯考某官府君，顯妣某封某氏，以某親某氏祔食，敢請神主，出就正寢』，出主告辭。尤庵答云：『當如來示。此已先賢之所印可者，依此用之爲好。』」答全汝性。

問：「所後考妣神主，祖考在世時以亡子亡子婦神主書之矣，祖考三年後將爲改題，而改題時，祝文何以措語乎？」李秀衡。尤庵曰：「當於尊祖考三年吉祭後，行時祭於尊考妣位矣。前一日改題神主時，當告辭，云『當初題主時，祖考某官府君爲主，故以其屬書之矣。今某官府君喪期已畢，子某將以考妣改題，謹告事由問外祖具，忠胤以宗子無後而死，先世神主其從孫岦當代奉』云云。」李文奎。愚伏曰：「當依《儀節》爲之，云『年月日孫岌敢昭告于云云，伏以宗孫忠胤身歿無子，大祥已届，岌以次孫，今當代奉。先祀某官府君某封某氏神主當祧，某官府君某封某氏神主當遷，奉于有服之孫文翼。某官府君某封某氏神主，改題爲高祖。某官府君某封某氏神主，改題爲曾祖。世既迭遷，宗又移易，不勝感愴，謹以』云云。」

考妣各卓祔位設位并見祭禮時祭條

饌品諸條并上同

茅沙玄酒并上同

設盥盆不分内外設東南之義并論○見祭禮參條

祭時服色

同春曰：「吉祭之服，雖曰玄冠朝服，而古人朝服又多，其色則當用何色？今之所用盛服，只有紅黑兩色，而鄭寒岡問時祭服色於退溪先生曰『盛服無如黑團領，若紅團領，豈是盛服？古人不以爲褻服』，退溪答謂『恐然』。而沙溪先生則以爲黑衣乃齊服，當着紅衣云，又未知何所從也。今國家祭祀之服，皆尚用黑色，如釋奠禮，儒生亦皆着黑團領，則於私家盛祭，無官者亦可着黑團領黑笠耶？抑當着紅團領耶？吉祭之服，恐宜以此而推之也。」答姜碩期。

行祭早晚見祭禮時祭條

匙楪居中居西之辨上同

祭時男女位上同

詣祠堂奉主就位之節上同

出主見祭禮參條

參降諸節見祭禮時祭條

飯羹左右之義上同

祭酒之義上同

啓飯蓋上同

告祝之節

祝文同板異板之辨

沙溪曰「祭時考妣異位，祝用異板」云云。詳見上總論條。

尤庵曰：「《備要》所謂祝文異板同板云者，蓋以《士虞記》曰：『中月而禫，是月也吉祭，則猶未配。』其意蓋謂踰月而吉祭者，是正禮也。今此禫月適值四仲當祭之月，則孝子之心，又不忍於虛過，遂行吉祭。而第非當祭之月，而徑行之故，又不以考妣配爲一位而祭之。其意蓋曰是行於不當祭之月，則亦不當配云。夫既不配，則當别爲兩位，既爲兩位，則祝辭亦當異板矣。若是踰月而行之，則考妣當配爲一位而祭之，故祝辭亦當同板也。」答李選。

讀祝見祭禮時祭條

獻祔位之節上同

亞獻終獻三獻各進炙并上同

扱匙正筯闔門啓門撤羹進茶伏立之節并上同

受胙上同

告利成之義上同

下匙筯合飯蓋上同

遞遷見祭禮

祔高祖者祖亡後吉祭時遷祔祖龕

杇淺曰：「二郎之遷祔于先考，在禮當然，而其儀節與告辭似當有之。然謬見以爲爲兒孫遷祔一事，設酒果行事於曾祖與先考，似涉於援尊，且二郎神主既在曾祖龕，而只告於二郎，無乃有壓尊未安之意乎？當告而不告雖或失禮，恐亦不至失禮於所尊之爲未安耳。遷祔節次當行於吉祭合享時，以令子遷從先考之意，及於前祔之主之祝尾，又於先府君祝末告以遷祔之意，待其祭畢藏主之時，遷令子主納于先府君龕内，恐不害理。但改題一節，吉祭畢，令子神主即奉出他所，略以酒果告以改題，似無援尊瀆亂之弊。必欲以吉祭後爲之者，以其吉祭時已告遷祔之意，則奉出而改題，似不至全無節次故耳。」答李成俊。

埋祧主之節

埋主之所

同春問：「祧主埋於何處？」沙溪曰：「朱子説可考。」

朱子曰：「只得如伊川説，埋於兩階之間而已，某家廟中亦如此。兩階之間，人跡不到，取其潔耳。今人家廟亦安有所謂兩階，但擇精處埋之可也。思之不若埋于始祖墓邊，緣無個始祖廟，所以難處，只得如此。」〇又曰：「《禮記》藏於兩階間，今不得已，只埋於墓所。」

尤庵曰：「祧主埋於兩階，漢唐禮也，朱子於《家禮》亦云，而其後又曰『古者始祖之廟，皆有夾室。今士庶之家，不敢立始祖廟，故祧主無安頓處，只得如伊川説，埋於兩階間既已』，又曰『今人家廟亦安有所謂兩階，不若埋于始祖墓邊』，然只云墓邊，而不言左右。鄙意或左或右，恐皆無妨也。埋地節目未有所考，以鄙家常行者言之，則埋於本墓之右邊。既掘坎，以木匣先安于坎中，然後以主櫝安于木匣中，子孫皆再拜而辭畢，閉匣門，而掩土，堅築後加以莎草，未知果合於禮否也？或云盛以磁缸則不朽，或云磁缸入水，則永無乾時，不若木匣之爲善云云。」答李遇輝。

又曰：「埋主於墓所，自是《家禮》之文，何敢以遠爲解也？古禮則埋於廟之兩階間，無已則或埋於祠堂近處，不爲無據。然朱子既以爲難便，則後學亦不敢冒行也。」答或人。

又曰：「埋主似當於墓後矣。」答尹寀。

遂庵曰：「禮，祧主埋於兩階之間，然家舍或賣買，則便作別人之家，埋於潔地可也。既失墓所，則或埋先世墓傍，或埋子孫墓上，何所不可？」答李世樞。

埋主時告辭

問埋神主祝文。朴汝龍。栗谷曰：「頃有求者，製給矣，因口誦曰『先王制禮，追遠有限，今將永遷，不勝愴感』，此將遷告辭。『今就潔地，奉安先主，永訣終天，不勝悲感，敢以清酌，用伸虔告』，此臨埋告辭。」

問：「埋主於墓傍時，似當有告墓之節。」尹寀。尤庵曰：「略以酒果告之似宜，而不敢質言。」

南溪曰：「祭禮則只有將埋安之意告於墓次一節，祧主前雖極感愴，《禮》無再告之文，是亦不能有加也。」與朴弼成。

埋主卧安立安之辨并櫝埋并論

問：「埋主其可卧置耶？可如坐式耶？」李時春。南溪曰：「常時用坐式以祀之，今已永祧，恐當卧置之爲宜。」

又曰：「祧主卧安之説，非但平日所聞如是，今日偶得栗谷先生及故洪判書曇兩家所處，皆用卧安法，此亦可據矣。立安之説，未詳所本。數十年前成承旨三問神主偶出於白岳山麓，立安于白缸，人皆謂此必壬辰蒼皇時所爲，或者因此而成俗耶？又嘗以理推之，神主雖與尸柩魂帛之例少異，大抵不外於屈伸陰陽之端。凡人生者爲神，死者爲鬼，此其屈伸陰陽之大分也。然立廟行祀爲屈中之伸，陰中之陽，而至於祧遷埋主示不復用，則即是屈中之屈，陰中之陰，恐不可與立廟行祀時制度同，其義則然也。」與朴弼成。

遂庵曰：「遷主卧埋似得矣。」答權燮。

尤庵曰：「去其櫝而埋之云者，無論禮之如何，而心有所不忍矣。」答或人。

埋主時舉哀

陶庵曰：「祧廟埋安時，子孫之舉哀，情禮俱得。」答金天賚。

支子官次所奉先代神主奉還祠堂行吉祭

問：「先世神主陪往閩慶吉祭，以紙榜行于此處家廟，則改題主何以爲之？改題之禮，行于閩衙，則新主難可祫祭。若以紙榜並行于彼家，則先妣神主方在家廟，改題亦何以爲之？先世改題主後追行于家廟，無妨耶？」郭橹。尤庵曰：「宗法至嚴，今世支子作宰或奉廟主，而行甚違《禮經》矣。今日事只可亟進慶衙奉還廟主而行吉祭，則理順而禮得矣。」

禫月行吉祭者吉事無拘

尤庵曰：「禮既許吉祭後復寢，則冠與昏未見其不可行也。蓋禫後踰月而吉祭，是正禮也。若或禫月，是當祭之仲月，則不待踰月而吉祭，是以奉先爲急而然也。然月數徑縮，故吉祭之時，猶不以新舊主合享，是月數變於常，故其禮亦變也。然既祭之後新舊合櫝，則自是一如常禮矣。既如常禮，則凡係吉事，更何拘礙？又禮，禫祭吉服，祭畢還着微凶之服，至吉祭然後始服純吉之服矣。今哀家既不行吉祭，而行時祭，則當於時祭畢後服純吉之服矣。」答金昌碩。

父在母喪吉祭及復吉之節見父在母喪諸節條

并有喪吉祭見喪變禮并有喪條

承重孫父喪中未行祖喪吉祭者諸叔父復寢之節上同

期功服葬前重喪吉祭行否上同

本生親喪中行所後家練祥禫吉上同

心喪中行重喪禫吉心喪人與祭并論○上同

國恤中私喪禫吉見國恤條

緬服中行吉祭

陶庵曰云云。答閔昌洙。○見喪變禮改葬條中改葬後除服前諸節條。

主人追服者徑行祥禫退月服吉見喪變禮追喪條

攝祀人不可行祧遷見祭禮遞遷條中攝祀家祧遷條諸説

孟月行吉祭者仲月行時祭當否

慎獨齋曰：「七月行吉祭，則雖違孟月不祭之規，而秋祭已行，則不當再行於八月無疑。」

尤庵曰：「吉祭實喪之餘祭，則雖行於孟月，而亦無嫌也。其後若值仲月，則亦何可不行正祭乎？」答李滓。

陶庵曰：「吉祭時祭之爲四時正祭則同，而特以終喪後初祭而别其名耳，設令季月過禫者，孟月行吉祭，仲月又行時祭，則是天道未少變而正祭再行，無或近於瀆否？尤翁之論雖如此，未敢遽從也。」答閔昌洙。

立後後行吉祭之節見祭變禮立後奉祀條

禮疑類輯卷之十二

喪禮

居喪雜儀

内外艱之辨

高峰曰：「鄭季涵澈以内艱爲父憂，外艱爲母憂，余攻其反説，李季真後白亦以季涵之言爲然。余曰『何以父爲内母爲外耶』，答曰『母是外家，故謂之外也』，其説不經。考朱子《行狀》『以母憂丁内艱』，余於是知兩君之見爲謬也。厥後偶見《圃隱集·年譜》，其中正以父憂爲内艱，母憂爲外艱，然後又知兩君之言亦有傳習，而世俗流傳之誤，亦已久矣。」答退溪。

同春問：「父喪稱外憂，母喪稱内憂，或有互稱之者，何者爲得？」沙溪曰：「高峰説恐得之。」高峰説見上。

喪中避染疫當否見喪變禮染患中喪禮諸節條

遭喪後哭先墓之節

尤庵曰："遭喪者有告廟之禮，而哭墓之文則未之見也。宋尼山亡後，同春因卜山至鳴灘，哭於夫人墓，似是人情之不可已者。以此推之，則於父母之墓哭之，恐無妨也。至於傍親墓，則未知其可否也。"答宋奎濂。

問"看山及省墓時過先壠"云云。閔維重。同春曰："以出入時服展拜，而去杖而哭，哭而後拜，似當然。在遠祖墓亦不必哭，恐又斟酌也。"

南溪曰："人家遭喪後别無哭墓之禮，而若上先墓自不得不哭，此人情之必至，而亦由墓異於廟故也。但遭母喪而父墓，遭父母喪而於祖考，則可矣。若泛施於曾高以上及傍尊，似涉太過。"上尤庵。

居喪食飲之節

退溪曰："居喪始食鹽醬，《家禮》不食。《雜記》曰：『功衰食菜果飲水漿，無鹽酪，不能食食，鹽酪可也。』注：『功衰，斬衰齊衰之末服也。』小注：『藍田吕氏曰，功衰亦卒哭之喪服，《間傳》曰既虞卒哭，疏食水飲不食菜果，正與此文合，不能食食，鹽酪可也者，《喪大記》不能食粥，羹之以菜可也。蓋人有所不能，亦不能勉也。』浞竊意古人謹喪禮無所不至，故其制如此。然亦不以死傷生，故未嘗不示以可生之道。如此章所云與注中所引是也。孔子亦曰『病則飲酒食肉，毁瘠爲病，君子不爲也』，毁而死，君子謂之無子，聖人之爲戒，可謂切至矣。」答金就礪。

喪杖拄輯之節 與虞祭條中倚杖室外條參看

同春問喪杖拄輯之節。沙溪曰：「《禮經》論之備矣，可考也。」

《喪大記》：「大夫之喪，大夫有君命，則去杖；大夫之命，則輯杖。内子爲夫人之命，去杖；爲世婦之命，授人杖。」注：「大夫有君命，此大夫指爲後子而言。」○「子皆杖，不以即位。大夫士哭殯則杖，哭柩則輯杖。」注：「凡庶子，不獨言大夫士之庶子也。不以杖即位，避嫡子也。哭殯則杖，哀勝敬也。哭柩，啓後也。輯杖，敬勝哀也。」○《喪服小記》「庶子不以杖即位」注：「此言嫡庶俱有父母之喪者，嫡子得輯杖進阼階哭位，庶子至中門外則去之矣。」○「父在庶子爲妻以杖即位可也」注：「舅主適婦，故適子不得杖。舅不主庶婦，故庶子可以杖即位。此以即位言者，蓋庶子厭於父母，雖有杖，不得持以即位，故明言之。」○「虞杖不入於室，祔杖不升於堂」注：「虞祭在寢，祭後不以杖入室。祔祭在祖廟，祭後不以杖升堂。皆殺哀之節也。」○《雜記》「爲長子杖，則其子不以杖即位」注：「其子，長子之子也。祖不厭孫，此長子之子，亦得杖，但與祖同處，不得以杖獨居己位。」○「爲妻父母在不杖不稽顙」注：「此謂適子妻死而父母俱存，故其禮如此。若父没母存，母不主喪，則子可以杖，但不稽顙耳。」○《開元禮》：「持杖用右手，拜則兩手分據地而跪首至於地，既畢，右手拄杖而起。今有兩手並舉杖而拜如頓首者，非也。」

南溪曰：「葬前雖無倚杖之文，上食及葬時當去杖而哭。」答柳貴三。

問：「《禮》曰『爲長子杖，則其子不以杖即位』，又曰『庶子不以杖即位，避嫡子也』，然則父在爲母杖者，亦不以杖即位乎？」玄以規。尤庵曰：「以已上二款揆之，則爲母杖者，亦當避父，而未見明文，不敢質言耳。」

問：「祖母若母之喪，祖與父杖，則雖杖，同處則未杖乎？」崔碩儒。愼獨齋曰：「即位則不可同杖也。」

問「《禮》有庶子不以杖即位之文，所謂位者何」云云。閔維重。同春曰：「受吊與奠哭之位，不敢杖也。然此是古禮，《家禮》似無此意，今恐不必然。」

問：「父爲長子三年者，及夫爲妻杖期者，既曰有杖，則杖不可虛設，可杖於出入之時，而世俗絶無行者，或杖於大門之内，禮意恐不必如是。」梁處濟。南溪曰：「豈以妻子之杖或厭尊或拘俗而然耶？不敢知也。」

喪中出入服色上墓服色見葬後諸節條中葬後上墓之節條

栗谷曰：「孝子出入不脱衰者，乃古禮也。古禮之不行已數千年，以朱子之大賢，尚不能復古，以墨衰出入矣。今人不顧前後而帶絰出入者，乃生乎今之世，反古之道者也。」答牛溪。

龜峰曰：「孝子無脱絰之禮，《禮》稱雖入軍門，不可脱也。而兄云絰非出入他處，則不可脱也，是教人失禮也。今之後學好禮者，亦有不得已出入而戴絰者頗多。兄説若行，反恐沮人之爲禮也。」答栗谷。○下同。

又曰：「絰無可脱之禮，而兄擅許脱絰於出入之時，既違禮矣，何得合禮？況一二好禮者不忍脱絰，則兄何致憂於反古之深也？朱子時喪服有欲用古制者，或以爲吉服既用今制，而獨喪服用古制，恐徒駭俗。朱子曰：『駭俗猶些小事，若果考得是，用之亦無害。』然則兄之許脱絰，恐非朱子意也。況今之喪服一用古制，習人耳目，篤禮孝子不得已有出入處，雖全用喪服，亦無可駭，何況戴絰乎？弼意非欲使人人肆然戴絰於出入時也，不欲兄之擅許脱絰以爲禮也。」

寒岡曰：「今人或着喪服衰絰，道路衰絰，殊爲未安。鄙人則居喪時，以方笠布深衣往來墓所。今人着蔽陽子者，似未安。」答李君顯。

沙溪曰：「出入時方笠生布直領，雖非古制，從俗亦可。」《喪禮備要》。

朽淺曰：「僕之居喪也，不得已出入，則以衰服行之，似爲駭俗，終未愜意耳。」答玄俌。

問：「或以爲祭服出入未安，方笠、胡金之制，宜以平凉笠。」金瓂。愚伏曰：「衰服是喪服，不可名祭服，非喪事則不當出入，因喪事則當服喪服無疑。蔽陽子苟簡不經，反甚於方笠，不可用均也。」

愼獨齋曰：「喪人以俗制喪服出入，則只帶絞帶也。」答崔碩儒。

問：「喪人出入時服制，《備要》只書方笠直領，而不言帶者，似以成服時絞帶仍帶之，而今人舉皆别具大帶者，何義？」李箕洪。南溪曰：「絞帶自是喪服之帶，似不可單用於俗制直領之上，無乃以此不言帶之故而成習耶？所謂别具，則如《問解》所論喪中祭先之服别具布帶云者，亦已近之。」

又曰：「方笠入人家，則恐無脱去之義。」答朴泰昌。

居喪接人之節

尤庵曰：「客至，雖不得一切不語，然不須泛及外事，如朝家事尤不可説及矣。以喪人不言而謂之驕人者，是不識道理人也。不識道理之人，雖有云云，何足嫌也。」答或人。

南溪曰：「不與人坐，乃練後堊室之事也。雖練前喪人自不得不與人相接，然《禮》曰『斬衰唯而不對，齊衰對而不言』，又曰『言而不語，對而不問』，若果叙寒暄，討喪禮及所讀經義之外不及他事，則其與今人聚客劇談，連晝夜不撤，以忘其哀者，自有所分矣。」答朴鐔。

喪次設酒食之非

問：「今人居喪，例於送葬祥祭之日，設酒食以饋吊客，甚無謂也。」金誠一。退溪曰：「喪次設酒食甚非禮，而其説甚長，今不敢輒云。」

又曰：「喪次設酒食處之之道，如陳安卿書所云，當矣。此則已赴他喪所處之宜耳。最是己當喪而待客，欲反今之弊俗而合古之禮意，其間曲折至爲難處者多，故前云其説甚長，今不敢輒云。」答金誠一。

同春問：「《雜記》云『小祥之祭，主人之酢也嚌之，衆賓兄弟皆啐之。大祥，主人啐之，衆賓兄弟皆飲之可也』，此則非惟飲客，主人亦自飲之，誠爲末流之口實。或漢儒傅會之誤處耶？或云《家禮》吊禮護喪送至廳事，茶湯而退，今人既不用茶，則以酒待客，不至甚害，而遠來之賓，亦不可全無接待之禮，如何？」愚伏曰：「古人祭禮與後世不同，主人獻賓，賓酢主人，皆祭時事，非如後世之餕也。禮以爲重，故不敢廢，心不能安，故不敢飲，至齒而已，入口而已，乃其節也，不可視爲傅會之誤。若今人於祭饌之外，盛備酒食，有如宴賓之爲，則無理甚矣，決不可從。若以祭餘待來會之客，而令族人爲禮，不至變貌，則庶不爲陷人於惡矣。」

又問：「瓊山丘氏謂葬時親賓之來，路遠者令輕服之親設素饌以待之，但不可飲酒云云。此説如何？」沙溪曰：「寒岡之葬，吊客多至三四百人，崔命龍之葬亦幾百人。如此，則雖欲待之，喪家力不能，不可一概言。」

尤庵曰：「葬時飲酒，程子之訓甚嚴，何可違也？古人於祥祭擇日行之，故有主人酢賓之禮。今則必用二忌。忌者，喪之餘也，亦何可設酒饌待客也？然惟賓客於是日致慰主人而即去，則似好矣。」答李遇輝。

問：「鄉俗，葬時以題主奠退後酒饌大供來客，是則大害於義，以若干果餅療飢，送之無妨耶？」李命元。陶庵曰：「葬時酒饌大壞禮防，雖曰若干療飢，豈不同歸一套？恐只當以程子告周恭叔者爲法。」

南溪曰：「一家父兄之前，恐不可以喪故而廢酒肉，雖賓客長老，若不能自爲善處，則似難設素也。」答李時春。

慎獨齋曰：「若不與喪人共處，則可以用肉。喪家雖設以肉，以喪者之側不飽食之義推而處之，可也。」答崔碩儒。

居喪出入謝答可否 與書疏式條參看

退溪曰：「居喪非甚不得已勿爲出入，官府尤甚不可。然此亦不可以一概斷置，其有因營辦喪具，不可坐待其自成者，不得不少有出入，亦須大段加兢慎斂避也。丘氏所譏衰絰奔走拜謝者，固爲非禮，然亦豈可專無謝答耶？《家禮》卒哭前不謝答，而令子姪代之，極合居喪之道。但恐此亦尊者事爾。若身爲士，而地主以鄉大夫之尊賻遺相續，己之喪已及三月而葬，與卒哭尚遠，恐須謹奉一疏，言所以葬未及時，身且疾病，受恩稠疊，不得躬謝，死罪之意，如此似方爲得禮之變也。」答權好文。

農巖曰：「野外觀稼，以禮意似稍未安。曾在永峽居廬時，時以屋役看檢，不免離喪次，後來思之，不無追悔，如非大段不得已者，則已之善矣。」答朴道基。

問「不得已而出入，則途中哀至而哭，如何」云云。閔維重。同春曰云云。詳見離喪次諸節條中在外望哭條。

居喪出入時告拜靈筵之節

問：「《擊蒙要訣》云『既殯之後，婦人依前位于堂上，南上，男子位于階下，其位當北上』，若以喪事及不得已而出入，則出告歸拜之禮，亦行於其位歟？」閔維重。同春曰：「詣靈座前北面哭，《禮》有明文。」

南溪曰：「喪中出入異於常時，但以哭拜行之可也，似不必循用焚香等節。」答沈壽亮。

喪中就學授徒

尤庵曰：「居喪之制，古今不同者多，朱子損益就中以爲《家禮》，而其所行，又有與《家禮》不同，此不可執一論也。朱子於韋齋葬前，就學於師門，其内喪常居寒泉，亦與《家禮》不同，此必權宜得中者，而後學不敢知，只當謹守《家禮》之文矣。」答或人。

問：「朱子居憂，常居寒泉，學者必多聚。」朴鐔。南溪曰：「學者多聚未有考，但吕東萊居憂時引接學者，朱子則遣子塾受業，黄勉齋居憂亦勉以教學，陸象山則貽書東萊，責之甚切。然《家禮會成》吴氏澄跋朱子與陳正己帖謂以喪中授徒爲非，未知其果然也。」

居喪誦讀之節吟咏并論

南溪曰：「讀書，則朱子曰：『居喪，初無不得讀書之文，古人居喪廢業，業是簨簴上版子。』蓋既不可以事忘哀，亦不可以哀廢事，如讀書不讀樂章，是其律令也。」答朴鐔。

問：「前輩居喪不授學者，以《詩傳》云，家兒欲學唐詩，教之無害耶？」李世龜。南溪曰：「朱子送子於呂東萊廬次，但受其學，而陸象山猶以爲未安。蓋古今居喪之禮甚嚴，其於不讀樂章之戒，尤難輕變，其間豈無他書之可教者耶？」

寒岡曰：「梅聖俞在喪時，作詩云『獨護慈母喪，淚如河水流。河水終有渴，淚泉常在眸』。人譏其作詩。黄魯直丁母憂，絶不作詩。」答任屹。

喪中諸父昆弟喪送葬行奠參祭

問「有父母之喪者，於諸父昆弟送葬之日，從柩反哭，亦當服其服，而序從耶」云云。尹宣擧。慎獨齋曰：「追到葬所，下棺然後退，不必從諸人序列而行虞卒哭，參祭無妨，而雖未能一一依平，人皆參之，亦無妨。」

問「母喪未葬前，且當近居叔母窆事」云云。李時春。南溪曰：「既以未葬，不能行奠禮於親喪，豈可越禮行之於他喪耶？雖曰期服叔母，似難隨行於發引，或可及葬時往臨否？不敢質言。」

尤庵曰：「兄弟之喪有殯，既許往見，則葬時之往恐亦無害。」答趙根。

又曰：「禮有昆弟之喪，既許有喪者往哭，則未見練祥不可往哭之義矣。」答宋基厚。

喪中吊哭致奠并論

沙溪曰：「禮有殯聞兄弟之喪，雖緦必往，既往喪次，則當服其服而哭之，退則還服重服也。如外祖父母及師喪，亦不可不往哭。昔年鄙人在父喪中奔栗谷之喪，厥後人有以此爲咎者，或謂其人曰不可咎也，反爲識者所笑云，其謗遂止。」答黄宗海。

又曰：「異姓之恩，雖不可不殺，而其服有重於同姓之緦者，恐不可以此斷定，而不爲之往哭也。」答同春。

南溪曰：「雖鄰不往之説乃古經意也，然在後世禮俗相參，朱子至有未大祥間假以出謁之説，則如緦服兄弟姑夫舅妻同村而居，豈無一哭之義耶？雖難質言，恐當參酌。」答李時春。

又曰：「喪中吊禮，非兄弟雖鄰不往，《禮》有明文，不可以姑姊妹夫之親遽自撓改。」答沈壽亮。

又曰：「如果情義痛切所不可堪，則或於葬後往哭新阡否？蓋原野之事異於居室賓主之節故耳。」答任元耉。

問：「雖非親戚，情義厚者，或過其喪，或過其墓，恐不得不一哭。《大全》胡伯量問禮居喪不弔云云，答曰：『吉禮固不可與，然弔送之禮，却似不可廢。』以此觀之，雖祥前，亦或無大害耶？」尹拯。尤庵曰：「雖卒然遇之，然非情義深者，則只可避之，情義若深，則當遵朱子訓，行之於凶禮而不行於吉事，恐得矣。」

南溪曰：「同鄰有喪而不相弔，於情義甚覺缺然。然禮不可犯也。必欲伸此情義者，或因面議喪事之端，勿爲彼此受弔，如常客之禮，只於中間村家或行廊之類，約會相見而哭之。」答李東耉。

尤庵曰：「喪中弔人，古禮多歧，難可適從。只《家禮》書疏之儀，雖禫亦與練祥前無異，恐不可以既祥而弔人也。」答或人。

問：「喪中不可往哭，朋友以文侫奠。」李時春。南溪曰：「朱子言『胡籍溪言，只散句做，不押韻』，若情重不可泛過者，或用此例，不無所據，然更宜審處。」

遂庵曰：「慎獨齋喪，尤庵方居憂，只奔哭而無操文致奠之節，未知沙溪於栗谷喪，亦但奔哭而已耶？」答蔡徵休。

陶庵曰：「雖是先執，喪人既不可躬弔，則何論致奠？若欲致奠，令子代之爲好。」答李恒春。

重喪中遭輕喪不能具服者會哭受吊之節

問：「哀等遭輕喪，不能具服，故但於中衣上着服帶以成服，月朔會哭，據此而行，如何？且古者五服俱有吊，今有已吊重喪之人來吊輕喪，又吊哀等，則哀等當以何服受之耶？欲據成服之儀受之，則於禮恐違。若以重服，則是重受重服之吊也，不知何如？」黄有一。西厓曰：「輕喪亦當制服，則中衣加帶，於禮無據。然服既不制，只得如此行之耳。受吊以重服，固似未安，但禮并有父母之喪，葬母以斬衰，説者云從重不敢變，以此推之，則雖受以重服，恐或無害。」

居憂中遭師喪

沙溪曰「鄙人在父喪中奔栗谷之喪」云云。答黄宗海。○見喪中吊哭條。

慎獨齋曰：「先人服栗谷先生之喪，朔望服其服，而往哭之人或有非之者，識禮者以爲是云。」答崔碩儒。

問：「爲師服者，雖有己喪，亦當奔哭，則已見於《問解》矣。若其父母之喪未葬，則當如何？」尹拯。尤庵曰：「有殯奔師喪，當以君親偕喪爲據，蓋事之如一故也。」

又曰：「喪有事，各服其服，《禮》有明文矣。嘗記文元先生自言其外喪時，具栗谷巾絰之服，迎喪於路上云云。此實各服其服之義也。」答金壽恒。

又曰：「喪哀之人言不文自是《禮經》，朱子譏責於人者亦峻，似不敢犯而行之也。隨喪時服色，則曾見老先生葬時，金廷望、金坤寶諸人方在憂服中，以師服臨之矣。愚意悉如凡人，太無限節，以有憂者專席之意推之，則不必隨衆群行，而或先或後，至於臨壙時，略以吊服哭訣，恐似得宜。老先生於石潭，其祭文不見，恐只哭臨而已。」答黄世楨。

國恤中居私喪雜儀見國恤條

喪中避染疫當否見喪變禮染患中喪禮諸節條

喪中遇變亂奔問當否見喪變禮喪中遇變亂諸節條

喪中慰疏

問：「《禮》云三年之喪而吊哭，不亦虚乎？吊哭固然矣，至於親舊遭喪，書疏相慰，亦有此嫌否？」金壽恒。尤庵曰：「曾子有母之喪，而往哭子張，而曰『我吊也歟哉』，據此則當觀情義之如何耳。」

南溪曰：「喪中慰疏，世人行之，然恐當擇其親舊至切者爲之。」答李時春。

問：「喪中受人慰書未答，而其人遭喪，則答問似當并舉，而只倣慰人答人之式，其答稱稽顙，其問稱頓首耶？抑喪中書疏例皆稱稽顙，則其問書亦可用稽顙字耶？」李憺。尤庵曰：「兩喪家相慰答，則用兩件，書各用其式，近見士大夫多如此矣。」

問：「吊狀未及答，彼又遭喪，答與慰一時兩簡，似無意義。故只用一幅，先慰彼喪，至某『役事所縻』，删此四字，始書『罪逆深重』，未知如何？」成爾鴻。遂庵曰：「曾見洛中士夫喪中吊人之書疏，皆如哀示，似得矣。」又答姜再烈曰：「答疏慰疏二封，一時書送爲宜。」

陶庵曰：「朋知之先我遭喪者，以書慰問亦不妨。而吾外家閔氏，則不如此矣。如慰問，則月日下當稱哀子某，其答喪人慰問者，則書以某位哀前，於服人，則不必稱服前，依例書之可也。」答金時準。

服中雜儀

期以下服中飲食常服之節

河西曰「雖功緦之喪，比葬亦須素服素帶」云云。詳見服中赴宴會條。

問：「庶叔某日已葬，不食肉何以爲限乎？」金振綱。栗谷曰：「踰月而葬，禮也，雖葬於一朔之内，食肉則以此爲限可也。」

浦渚曰：「期九月無食菜果一節，此誠未備。然以意推之，凡喪之大節，成服之後有葬，葬後有練有祥耳。成服則初喪也，故不忍食菜果，葬而反哭，則當食酒肉，而其間無大段節次，故不著食菜果之時也。然則過初喪，悲哀之情少殺，則恐當食之也。」答趙克善。

問「朱子言《吕與叔集》中一婦人墓誌，凡遇功緦之喪，皆蔬食終其月，此可爲法。蓋此甚厚於情，而亦不可以立畫一之規，故只言可爲法。今凡功緦之喪，不必盡然也。其如祖父母伯叔父兄弟姊妹之期，外祖父母之小功，妻父母之緦，是皆情愛之至者」云云。趙克善。浦渚曰：「蔬食盡月數，誠爲美行，當爲法者。《家禮》所定食肉之節，實爲疏略，有决不可從者。如來示，雖不得不食，不可如世人恣食珍羞者，實甚當。」

冶谷曰：「期大功既葬後，緦小功既殯後，固飲酒食肉矣。然於月朔爲位哭，則餘哀之未忘，似與常日有異。以子於是日哭則不歌之義，與夫吊日不飲酒不食肉之禮推之，是日不飲酒不食肉，恐爲是也。」

問：「有服者着白笠何如？」栗谷曰：「古人雖吊不以玄冠，况有服乎？頃見華人着白巾而食肉者，問之乃有服者。今日見洪萬户俊以大功服着白笠而來，見之不至駭怪，若成習則着之何害？」曰：「有官者恐未安。」曰：「私居服之何害？」

松江問：「期服卒哭後，家廟晨參及出入告用黑帶否？」龜峰曰：「此非入廟接神之比，白衣白帶，恐亦無妨。」

尤庵曰：「期服常居喪次時，當用喪服，樂静於其祖母喪中常着布頭巾布帶云，似爲得禮矣。」答宋炳夏。

問：「世遇期功之服者，笠纓或用白布，或用緇布，何者爲是？」趙克善。浦渚曰：「禮，墨衰出入則冠纓，緇布何妨？」

問：「重服人黑冠白纓。」金光五。遂庵曰：「少時見白纓者居多，後見行禮之家出入所着皆以黑冠黑纓，似當從之。」

又曰：「夫爲妻祥後禫前當着白帶。」答鄭必東。

期功以下復寢之節

退溪曰：「期九月之喪復寢之節，以《喪大記》考之，『期居廬，終喪不御於内者，父在爲母』，此言惟父在爲母期者，終喪不御於内，其他則不然也。又云『爲妻齊衰期者，大功布衰九月者，皆三月不御於内』，此言惟此二者不御於内，其他則不然也。」〇葉賀孫嘗舉此以問曰：「不知小功緦麻獨無明文，其義安在？」朱子曰：「《禮》既無文，當自如矣，服輕故也。」答李平叔。

問：「葉味道問云云，朱先生曰云云。見上。此義何如？」栗谷曰：「雖小功緦麻，即御於内，似未安。」

南溪曰：「復寢，曾見禮意重於食肉，然大功不過以葬爲限期，服中如祖父母衆子嫡孫等喪，終其服不御無不可者，其餘事在斟酌。」答李啓晚。

服中赴舉改葬時當服期者不赴舉，見喪變禮改葬條中吊服加麻之類條

南溪曰：「喪服雖同是期年，有正統旁統之别，如祖父母服乃正統之至重者，故雖女孫出嫁

之人，不能降其服。」又曰：「縞冠玄武，子姓之冠，與所謂伯叔父母兄弟，非可一例而論也。由此程子於元祐之議首舉以爲言，則今載於《備要》，夫人能知之，實禮家之大防，孝子順孫之所當自致者也。夫爲子弟者，必禀命於父兄云者，謂他事之可否得失無傷於孝者耳，若此禮則乃其重在於祖父之喪，苟必從俗而應舉者，在父兄爲忽親之哀，在子弟爲成父兄之過，仁人君子之所不敢出。然而舉世行之不憚者，以既不能深知此義，又多惑於榮利之塗，而不自解也，奚可乎哉？」答尹志和。

問「服祖父母喪而赴舉者，程子既非之，則兄弟之喪同是期服也，冒哀赴舉，於義何如」云云。金誠一。退溪曰：「程子只云祖父母喪，不云兄弟，非遺忘也。但殿試在成服前，則似未安。」

同春問「祖父母喪赴舉，程子非之，而不及兄弟之喪。然兄弟葬前赴舉似未安」云云。愚伏曰：「雖同是期，豈無差間，然葬前則赴舉未安，來示得之。外祖葬前不赴舉，則似過。」

又問：「愚伏云云。」見上。沙溪曰：「當以朱子答李晦叔問爲準，愚伏説得之。」

李晦叔問：「爲長子三年及爲伯叔兄弟皆期服，而不解官。爲士者，許赴舉。不知當官與赴舉時，還吉服耶？衰服耶？若須吉服，則又與五服所載年月相戾矣。」朱子曰：「此等事只得遵朝廷法令。若心自不安，不欲赴舉，則勿行可也。當官則無法可解罷。伊川先生《看詳學制》亦不禁冒哀守常，此可見矣。但雖不得不暫釋衰，亦未可遽純吉也。」

市南曰：「程夫子只論祖服，其意有在。旁期葬後，意或可赴。故生平自處而處人者，不過如是。蓋赴舉異於冠昏吉禮，在官者亦得着吉行公，則士子之暫赴場屋，恐不悖於情理也。至於大功葬後，小功葬前，亦自有情理淺深之分，唯在當人酌度而行之。」答尹宣舉。

問：「爲長子三年、祖父母喪、妻喪，則一例不赴舉，似合情理。」沈潮。遂庵曰：「朝家既以期服葬前許廢科，則爲長子斬衰，雖不解官，科舉則當廢，妻喪葬前亦在朝家許廢之中矣。葬後，則雖入場，何妨？」

愼獨齋曰：「降大功雖與期喪有間，揆之情義，葬前則不赴，似爲得宜。」答尹宣舉。

南溪曰：「赴舉，求榮之事，而大功以上，喪之重制也，若未葬前，似不可相冒。然退溪説雖兄弟喪成服可赴舉云，此理殊未安。」答成文憲。

又曰：「外祖母葬前不赴舉固厚，然未有前賢所訓可以通行，則不敢以不赴爲主也。第念左右既聞訃於遠外，則雖不旋赴喪次，義當待葬預往奉奠敦事，以盡其情禮，何可效俗輩科後汲汲馳下，只及窀穸之爲耶？況大夫人方在初喪，則悦親之説，亦與平日有間矣。」答金楺。

服中不聽樂

同春問：「服中不聽樂，亦有輕重親疏之差，何以則合於禮意耶？」沙溪曰：「《雜記》及朱子説可考。」

《雜記》：「父有服，宫中子不與於樂。母有服，聲聞焉，不舉樂。妻有服，不舉於其側。大功將至，辟琴瑟。小功至，不絶樂。」注：「宫中子，與父同宫之子，命士以上乃異宫。不與於樂，謂在外見樂，不觀不聽也，若異宫則否，此亦謂服之輕者，如重服，則子亦有服，可與樂乎？聲之所聞，又加近矣，其側則尤近者也。輕重之節如此。大功將至，謂有大功喪服者將來也，爲之屏退琴瑟，亦助之哀戚之意。小功者輕，故不爲之止。陳氏曰：『樂不止於琴瑟，琴瑟特常御者而已。』」○問：「坐客有歌唱者，如之何？」朱子曰：「當起避。」

服中赴宴會

河西曰：「雖功緦之喪，比葬亦須素服素帶，雖已飲酒食肉，亦當盡其日數，不與宴樂。」問：「有服者，雖無管絃，齊會飲酒，則不參可乎？」栗谷曰：「偶然相值，飲酒可也，若相約聚會齊坐酬酢之宴，則不可參也。」

尤庵曰：「服中赴宴會，此難以一例斷之。然大功，則《家禮》於葬前不食肉不飲酒不御於内，與期服無異，葬後亦不可赴宴，無疑矣。於緦小功，則有説焉。或問：『大功三月不御於内，小功緦本無明文，其義安在？』朱先生答曰：『《禮》無其文，既當自如矣，服輕故也。』據此，則緦小功成服後自如常時矣。然先生常言《吕與叔集》中一婦人墓誌，凡遇功緦之喪，皆疏食終其月，此可爲法。據此，則雖功緦，當不赴宴會矣。此在行禮者斟酌情文而爲之而已。」答宋奎濂。

服中授徒講業之節吟咏并論

栗谷曰「大功以下可以講學」云云。詳見服中吊人條。

牛溪問：「某今遭重服，且當廢業，而一家常有外客，爲賓主，極爲未安，欲於卒哭之前，姑令外舍諸君歸其家，如何？」龜峰曰：「喪固廢業，示退外舍諸賢，似合禮。」

沙溪曰：「廢業之訓，朱子已有定説，又何疑也？大功廢所業之事，則實爲過重，豈有是理？古禮云期大功不聽樂，小功緦則不避聽樂。大功廢所業，於義爲合。」答申湜。

朱子曰：「居喪廢業。業是簨簴上板子。廢業，不作樂耳。《周禮》司業者，亦司樂也。」

尤庵曰：「大功廢業，誦可也，此文載於《家禮》，而朱子注其下曰『今居喪，但勿讀樂章可也』，然則所謂誦者，恐亦誦《詩》之類耶？若然，則所謂業，所謂誦，所謂樂章，皆一串事，而非指常業而言也。」答南溪。

陶庵曰：「尤庵先生遭姊喪，成服後，即令學徒受業，先生自讀於服次，以《禮》有大功誦之文也。」答李仁濟。

遂庵曰：「居喪不得吟咏，指齊斬而言，朱子妹喪時，不停《詩》章矣。」答蔡徵休。

服中吊人

栗谷曰：「大功以下可以講學，小功以下，則往吊他人喪可矣。以上喪則未葬之前，不可吊他人，以其重戚在我故也。」

問：「《雜記》『期之喪，未葬，吊於鄉人』注：『此期之喪，正爲姑姊妹適人無主者，姪與兄弟爲之齊衰者也。』以此觀之，則爲姑姊妹服期者，乃可吊人於葬前，正服之期有不可吊者耶？」成爾鴻。遂庵曰：「注説亦好，而雖正服之期，亦有不得不吊處，未知如何。」

大小喪練後葬後歸家之節

同春問：「禮，大小喪練後葬後有歸家之節，願聞其詳。」沙溪曰：「《禮經》及朱子説詳之。」

《喪大記》：「大夫士父母之喪，既練而歸，朔日忌日，則歸哭于宗室。諸父兄弟之喪，既卒哭而歸。」

注：「命士以上，父子皆異宫，庶子爲大夫士，而遭父母之喪，殯宫在適子家，既練各歸其宫，至月朔與死之日，則往哭于宗子之家。期服輕，故卒哭即歸也。」〇「婦人喪父母，既練而歸。期九月者，既葬而歸。」注：「喪父母，謂婦人有父母之喪也，練後乃歸夫家也。女子出嫁爲祖父母及爲父後之兄弟皆期服九月者，謂本是期服，而降在大功者，哀殺，故葬後即歸也。」〇《喪服記》：「女子子適人者爲其父母，卒哭，折笄首以笄，布總。」注：「卒哭而（笄）〔喪〕之大事畢，女子子可以歸於夫家，而着吉笄。折其首者，爲其太飾。」疏：「《喪大記》云女子既練而歸，與此注違者，彼小祥歸，是其正法，此歸者容有故，許之歸耳。」〇《既夕禮》：「兄弟出，主人拜送。」注：「兄弟，小功以下，異門大功，亦可以歸。」疏：「此兄弟等始死之時，皆來臨喪，殯訖，各歸其家，朝夕哭則就殯所，至葬開殯而來喪所，至此反哭，各歸其家，至虞卒哭祭，還來預也，故《喪服小記》云『緦小功，虞卒哭，則皆免』是也，異門大功亦可以歸者，大功以上有同財之義，爲異門則恩輕，故可歸也。」〇葉賀孫問：「賤婦喪母卒哭而歸，纔看《喪大記》曰『喪父母，既練而歸，期九月，既葬而歸』，賀雖令反終其月數，而誤歸之月，不知尚可補填乎？因思他人或在母家，彼此有所不便，不可以待練之久，其不可以不歸也。」朱子曰：「補填如今之追服，意亦近厚，或有不便歸，而不變其居處飲食之節，可也，衣服則不可不變。」

尤庵曰：「婦人喪中歸夫家者，若依朱子説變其衣服，則恐只是不常着衰絰而已。至於黲色，則是除喪之服也，於禮未有所考。」答趙根。

又曰：「俗節雖無明文，哭之似無害於從厚之意也。曾見炭谷權諟丈内子於成服後，有設位朝夕哭，雖《禮》無明文，而其誠孝則可尚矣。至於練後，則既無其服，而又已入御於其夫之室矣，哭之無乃太過乎？」答宋奎濂。

南溪曰：「女子期年復寢之説，不見於《備要》重刊本，豈據初本而言耶？飲食衣服，皆從心喪之制，安可與常時同乎？」答李時春。

心喪雜儀

心喪服色

退溪曰「父在爲母期而除，除後冠服，來示引《五禮儀》大祥後白衣白笠白帶之説，因以推之於爲母期除後心喪之服，亦欲以白衣冠帶行之，此實近於古禮而可行者。然古之禫服皆用白，文公《家禮》皆用黲，今人依此行之，何必捨舉世遵用之《家禮》，而從試古中廢之時制乎？然此則以三年之禫言之矣，若以是移用於爲母期喪之禫，恐尤有所未安」云云。答金就礪。○下同。

又曰：「父在爲母降服者，爲人後爲本親降服者，朝夕祭時用玉色團領，或以爲未安，欲着白布衣，圭庵説。然既曰禫服行心喪，則玉色衣無乃可乎？」

愼獨齋曰：「退溪服玉色之説似難從，小祥後則其本生父母之服已盡，以玉色入几筵尤不然，高峰不可服黲之説似是。」答崔碩儒。

退溪曰：「爲本生除衰後禫服以終喪，乃心喪已成之例。黄草笠白團領於古禮無據，又非時王之制。只用疏竹黑草笠、淡色黲團領、升麤白直領，而居處飲食一以喪禮處之，豈有不可乎？」答韓脩。

尤庵曰：「心喪人如必着幅巾，則其質其色，猶當異於常日所用矣。帽之用白，未有考。○心喪着白衣，非古也。東俗常時例着白衣，則心喪人自亦如是矣。若曰心喪白衣非古，而必着黑衣，則亦似駭人矣。帶屨雖不免從吉，然亦當稍變於常，以存心喪之意，似可矣。」答尹寀。

芝村曰：「雖心喪，既是本生親喪，則所重有在，泛言之，常持緇帶，固亦可矣，但必駭俗，且於期大功之重處，尤恐未安。今人持服者，平居未必常持成服之帶，多有别造白布帶而帶之者，今亦如此，則既無駭俗之患，且合於持服之義。」答朴光一。

心喪中有服者服本服帶

遂庵曰：「心喪中遭期大功喪，則當服喪服。」答安太奭。

陶庵曰："心喪者，身無衰麻之服，而心有哀戚之情也。使黲黑帶爲服也，則他服固無重於此者，而既非服矣，遇他喪，安得不服其所當服之帶耶？"答金顯雄。

心喪中受吊

朽淺曰："爲人後者生父母小祥後受吊，在禮本意，則似不當爲之，父在母喪者亦然。"答金光勛。

愚伏曰："過期之後受吊一節，在喪次時，與伯氏同哭而受不妨，如不在喪次，則似無哭拜之禮矣。"答鄭慶輔。

問："今居墓所時有吊客至，則拜哭如初"云云。申楫。愚伏曰："聖人以將軍文子之禮爲無於禮之禮，則衰麻既除，無乃當以此禮處之耶？然至情所發生，亦不敢質言。至於在親側，則壓屈無疑矣。"

同春曰："已過禫事，則似無哭泣之節，然若是一家人喪後初見者，則情理自當哭。"答崔世柱。

南溪曰："父在母喪祥後受吊之節，祭畢喪除亦可謂過時矣，然子貢於夫子三年已畢，猶能相向而哭焉，况此屈情之制，於其親舊而行之，有何不可？但麻衣練冠，今人難創耳。"答沈倪。

問：「心喪人朝夕祭受吊哭泣之時，以素帶易行，可乎？」俞岦。南溪曰：「冠與帶俱黑，則只變帶似無意義，然禮家服中行參廟者，權借黑帶以行，依此，借白帶參吊恐無妨。」

心喪中吊人

尤庵曰：「心喪人往吊他人，未有所考，若如曾子之於子張，則或無不可耶？」答朴世振。

離喪次諸節

在外行奠之節

問：「喪人雖有兄弟在喪側，有故在外，於朔望紙榜行奠何如？」成文憲。南溪曰：「兄弟異居，忌日各設奠，朱子許之，然與此事不同，似難引以爲訓，無已，則只行望哭之禮，庶得其宜。」

又曰：「謫中居喪，如晦齋亦只朝夕設位哭而已，但朱子曾有兄弟異居者當行時祭之説，又人多支子設行忌祭者，以此言之，雖自謫中設行朔祭，恐不至害義，祝辭當用使某例無疑。」答李漸。

又曰：「遭喪出次之家，每以安靖還家爲務，未聞徑行哭奠於避所者。今承欲倣聞喪未行爲位條處之，事例似異，而情禮甚協，雖謂之權而不失其正，可矣。若或因此成俗，其與恬然自如者大煞不同，唯在詳量而善圖之。」答成世柱。

在外望哭之節

問：「不得已而出入，則途中哀至而哭，如何？或以非奔喪而道哭，近於野哭爲非，或云若在旅次則可哭。」閔維重。同春曰：「途中則不可，旅次則或可，然亦在斟酌也。」

問：「凡遭喪遭服者或出，他旅中遇朔日，則亦當望哭否？」金克成。南溪曰：「遭喪服者，若具持制服，則或可擇閒而哭之，不然難行。」

在外吊哭

牛溪曰：「受吊於喪次，然後其禮成，若在行路，野外則非受吊之所也。杞梁之妻云云，將軍文子之喪越人來吊云云。今若遇人于野，垂涕洟而見之，既見之後，不與之坐，不與之款話如平日，則庶幾於禮矣。」答宋大立。

松江問「受吊，若於覲母京家遇客，則何以處之？將軍文子」云云。龜峰曰：「禮異今古且異其勢，故舊親厚或欲問孀母病候，或欲察孤子疚容，拒以几筵，在他於情未穩，量宜以處，勿拘文子如何。」

尤庵問：「於野次遭相識，則亦可相吊耶？」沙溪曰：「《禮經》所論可考。」《檀弓》：齊莊公襲莒于奪，兑杞梁死，其妻迎其柩於路而哭之哀。莊公使人吊之，對曰：「君之臣不免於罪，則將肆諸市朝，而妻妾執。君之臣免於罪，則有先人之弊廬在，君無所辱命。」《左傳》齊侯吊諸其室。○按《檀弓》之言雖如此，然遇相識野次停柩，豈可不吊？

愼獨齋曰：「人請吊，則雖旅次不可不受吊。己或往人家而見客，則未得行吊禮矣。」答崔碩儒。

問：「路中或旅次遇所知，則哭而受吊，如在家歟？」閔維重。同春曰：「禮譏野哭，路中則不可，旅次則似可。」

又問：「入親族家相吊，如在家之禮歟？若在親族家有來吊者，亦如在家受吊之禮歟？」同春曰：「兩條當然。」

問「期功之喪原野中聞之」云云。尹明相。南溪曰：「猝然遇喪於原野，或迎喪出郭哭拜在其中，何可以無位而不行耶？」

問：「出入時或遇親戚知舊於道路，則其可相哭耶？」李時春。南溪曰：「雖是逆旅，若遇親戚知舊之情厚者，安可闕然不哭？但至紛擾草略處，自有不得行者矣。」

又曰：「於所館之家，若親戚故舊不相見者來吊，當擇一安静之所而行之，如所謂行廊或別所。但不可哭於人家廳事等處矣。」答朴泰昌。

又曰：「雖是兩皆喪人，入主家而行吊，恐未安，或於行廊及鄰舍處相值，行哭而投宿其處，其或可耶？」答權𥖝。

陶庵曰：「路中非相吊之地，而彼既請吊，我安敢辭？況如至親，相見便哀動者，似不可拘也。」答閔昌洙。

服人不在喪次者受吊

問：「女適人者遭父母喪，而與舅姑同居，則受吊非便。」李時春。南溪曰：「雖與舅姑同居，必有私室，行吊恐無甚妨矣。」

問：「服人不奔喪者，人有吊者，亦當哭拜受之耶？」尹寀。尤庵曰：「《禮記》『伯高死於衛，赴於孔子，子曰：吾惡乎哭諸？夫由賜也見我，吾哭諸賜氏。遂命子貢爲之主，曰：爲爾哭也來者，拜之。知伯高而來者，勿拜也』，據此，則來疑可定也。」

問：「《雜記》曰『凡服未畢，有吊者，則爲位哭拜踊』，期功以下之服，今之異居者可以行之否乎？」崔碩儒。愼獨齋曰：「古制則如此，酌而行可也。」

問：「《禮記》『有吊者，則爲位哭拜踊』，注『五服悉然』云云，於五服雖未盡行，期大功則行之，如何？」李行泰。南溪曰：「非喪次而行吊禮，恐或有礙，從其最重者，其亦可歟？」謂如祖父及妻子喪。

書疏式

疏狀雜式

問：「重封疏上某官下，恐脱『大孝苫前』四字。」鄭尚樸。南溪曰：「似蒙上文而言。」

沙溪曰：「或云謹空如謹空其紙尾，以待教之，言恭敬之辭。或云謹空如謹不備之意，謹空其紙，不敢書云。未知孰是？」《家禮輯覽》。

尤庵曰：「面簽，以小紙書字貼於上面也。謹空狀末有空紙，則書謹空二字，華使許國曰

『謹空如左素左地餘白之類』，魏時亮曰『空即白字之意也』云云。」答韓如琦。

問謹空。姜再烈。　遂庵曰：「惶恐敬謹，不敢多談，而空其下方也，如謹不備之意。」

又曰：「謹空於所尊者書之，平交以下，雖不書可也。」答李莢。

問：「答人慰疏不書答字者何義？且慰人疏稱疏上，而平交以下或稱狀上，疏狀各有其義耶？」韓如琦。　尤庵曰：「答字用不用，無甚是非，然當以《家禮》爲正。疏狀皆是書札之名，而疏之義條陳也，又記也。喪人之用疏字，無甚取義，但與狀略有尊卑之分耳。」

問：「按慰疏末端曰姓某，疏上曰姓某謹封；而答疏末端曰姓名，疏上曰姓名狀上，何也？」金榦。　南溪曰：「姓某姓名不無輕重之別，雖謂之有意可也。」

退溪曰：「孤哀之稱出於後世，故古禮只稱孤子，然文公嘗云循俗稱不妨，則并哀字稱之，無所害矣。等字不當書之，獨稱主人，此乃尊祖敬宗之義，衆子所不敢參稱也。」答金富仁。○孤哀之稱又見題主祝。

問：「慰狀妻改怛爲愕。」鄭尚樸。　南溪曰：「妻於受慰者爲伉侶，非如子孫眷屬之類，故改用愕。」

又曰：「省禮等語用於親戚，所諭固然，但朋友情親者，似亦在其中矣。」答朴尚淳。

陶庵曰：「重服者牘面不着署，出於不與平人同之義，來示似然。常時不稱某謹封謹啓等字，不過從簡成習而然。服中一依古禮，得之。至於至親，則不必然。省禮二字，亦當去之，而一如常時耳。」答俞彦欽。

父喪中繼母在前後子孤哀之稱

退溪曰：「有後母生存而遭父喪者，前後子孤哀之稱，果似互有嫌礙，而未有經據可斷。然鄙意來示所舉一朝官只稱孤子者爲得之。蓋士大夫後娶者，亦媒幣所聘，固爲正室，非如嫡妾之間殊等之分，故禮於後母生事喪祭一如己母而無異，何可以非己出而遽稱哀於其生之日乎？況人子孤哀之稱，出於至痛而不得已也。其稱出於不得已，則其猶可不稱處所不忍稱之，無疑矣。父亡而稱孤，母亡而稱哀，俱亡而稱孤哀，所謂至痛而不得已也。一母亡而一母在，是正所謂猶可不稱哀處，豈可忍而猶稱哀乎？前母之子，既不敢稱哀於後母之存，則後母之子不稱哀，又何嫌於前母之亡乎？前之子非忘己出，後母之存猶己出之存也。後之子非不母前母，爲存母諱哀，而前母之爲我母自若也。或人所謂聯書則同稱，分書則異稱，甚苟而無理，恐不可從也。」答李湛。

庶子所生母喪自稱

芝村曰：「母亡稱哀子，本指與父齊體之母也。無論父與嫡母之生存與否，於嫡母於所生母同稱哀子，已涉未安，况其父雖先亡，以所生母之死而合稱爲孤哀，尤恐不當。書疏中所稱，既不自稱孤哀與哀子，則當并稱罪人或喪人。」答閔鎮厚。

承重孫并有父母及祖父母喪書疏自稱見喪變禮并有喪條

承重孫母在祖父母俱亡稱孤哀

尤庵曰：「祖父母俱亡，承重孫例稱孤哀孫，既稱爲孫，則其母雖存，而不相嫌也。設使其母先亡，則以祖母之存而不稱孤哀子耶？鄙見如此。」答成至善。

爲人後者本生親喪慰答書式見爲人後者本生親喪諸節條

收養父母喪書疏式見養父母喪諸節條

卒哭前答慰狀

退溪曰「若身爲士，而地主賻送，喪已及三月而葬，與卒哭尚遠，須奉一疏」云云。詳見居喪雜儀條中謝答條。

南溪曰：「慰狀并須卒哭後答之者，常禮也。若因喪葬事勢，不得不往復，則自當不拘此例矣。」答李綖。

遂庵曰：「若一家及尊丈問之，雖葬前即答之，其餘待卒哭後答之，故《備要》云隨時。」答田琥。

陶庵曰：「古來先生長者有書，則不拘葬前輒即有復，蓋以父兄例之也。不獨書尺爲然，雖往來亦無害。今必欲於葬後過虞卒始有復，無乃太過乎？」與李奎采。

禫前書疏式

寒岡問：「禫祭祝文尚稱孤哀子，則禫祭之前，仍用孤哀之稱，無乃可乎？」退溪曰：「恐當如此。」

沙溪曰：「云云，愚伏謂禫前書疏仍用孤哀，此説則是。」答同春。○見虞祭祝文條。○下同。

同春問云云。愚伏曰云云。

問：「沙溪謂禫前書疏仍用孤哀，既經祥制，自是服人，稱以孤哀，不亦過乎？」李尚賢。同春曰：「禫祭祝文，《家禮》之意，則似仍稱孤哀，故老先生有是教，從厚何妨？」

問「禫前書疏居禫之稱出於《翰墨全書》」云云。尹拯。尤庵曰：「禫後仍稱孤哀，考《家禮》可知矣，《家禮》既如此，何足以《翰墨全書》爲貳也？」

問：「禫祭前書疏仍用孤哀，則書之稱疏亦明矣。人之慰答皆稱狀，而不稱疏，然則惟喪人稱疏，而他不必稱疏耶？」李行泰。南溪曰：「主客皆當稱疏，以計閏之義觀之，雖稱狀，亦無大妨。」

父在母喪禫後書疏再期後禫月前自稱并論○見父在母喪諸節條

喪中慰疏見居喪雜儀條

禮疑類輯卷之十三

喪禮

喪中行祭

總論

栗谷曰："凡三年之喪，古禮則廢祠堂之祭，而朱子曰：『古人居喪，衰麻之衣不釋於身，哭泣之聲不絶於口，其出入居處，言語飲食，皆與平日絶異，故宗廟之祭雖廢，而幽明之間，兩無憾焉。今人居喪與古人異，而廢此一事，恐有所未安。』朱子之言既如此，故未葬則準禮廢祭，而卒哭後，則於四時節祀及忌祭墓祭亦同。使服輕者朱子喪中以墨衰薦于廟，今人以俗制喪服當墨衰着而出入。若無服輕者，則喪人恐可以俗制喪服行祀。行薦，而饌品減於常時，只一獻，不讀祝，不受胙，可也。"《擊蒙要訣》。

同春問：「古禮雖有喪三年不祭之文，然亦不可膠守，如何則可以得禮之中歟？」沙溪曰：「程朱諸先生說可考而酌處之。」

問：「伊川謂三年喪古人盡廢事，故并祭祀都廢。今人事都不廢，如何獨廢祭祀？故祭祀可行。」朱子曰：「然，百日外方可，然奠獻之禮，亦行不得。〔只〕是鋪排酒食儀物之類後，主祭者去拜。若百日之内要祭，或從伯叔兄弟之類，有人可以行。」或問：「今人以孫行之，如何？」曰：「亦得。」〇又曰：「期大小功緦麻之類服，今法上日子甚少，便可以入廟燒香拜。古人緦麻已廢祭，恐今人行不得。」〇竇文卿問：「夫爲妻喪未葬，或已葬而未除服，當時祭否？不當祭則已，若祭，則宜何服？」朱子曰：「恐不得祭，熹家則廢四時正祭，而猶存節祀，只用深衣凉衫之屬，亦以義起，無正禮可考也。忌者喪之餘，祭似無嫌。然正寢已設几筵，即無祭處，亦可暫停。」〇答胡伯量曰：「薦新告朔，吉凶相襲，似不可行。未葬可廢，既葬則使輕服。或已除者，入廟行禮，可也。四時大祭，既葬亦不可行。如韓魏公所謂節祀者，則亦如薦新行之，可也。」〇答曾光祖曰：「家間頃年居喪，於四時正祭，則不敢舉，而俗節薦享，則以墨衰行之。蓋正祭三獻受胙，非居喪所可行，而俗節則唯普同一獻，不讀祝，不受胙也。」〇答范伯崇曰：「喪三年不祭，但古人居喪，衰麻之衣不釋於身，哭泣之聲不絶於口，其出入居處，言語飲食，皆與平日絶異，故宗廟之祭雖廢，而幽明之間兩無憾焉。今人居喪與古人異，卒哭之後，遽墨其衰。凡出入居處，言語飲食與平日之所爲，皆不廢也，而獨廢此一事，恐亦有所未安。竊謂欲處此義者，但當自省，所以居喪之禮，果能始卒一一合於古禮，即廢祭，無可疑。若他時不免墨衰出入，或其他有所未合者尚多，即卒哭之前，不得已準禮且廢，卒哭之後，可以略倣《左傳》杜注之説，遇四時祭日，以衰服特祀於几筵，用墨衰常祀於家廟，可也。」《左傳》僖公三十三年傳曰：「凡君薨，卒哭而祔，祔而作主，特祀於主，蒸嘗禘於廟。」杜氏注謂：「此天子諸侯之禮，不通於卿大夫。蓋卒哭後，特用喪禮祀新死者於寢，而宗廟四時常祭自如舊也。」○楊氏復曰：「先生以子喪不舉盛祭，就影堂内致薦，用深衣幅巾，祭畢反喪服。」○栗谷曰云云。見上。○龜峰答栗谷曰云云。詳見喪中行祭服色條。

同春曰：「金承旨兄在憂中，欲依朱子，略倣杜注之説。栗谷所論行時祭於先廟與几筵，僕以爲朱子之教，前後似異，雖未知孰爲定論，而楊氏既并引諸説，而斷之以夫子之所自行，其言甚明，其禮甚順，況喪中行盛祭，畢竟可疑，并行於几筵，尤屬可疑，何必捨明白易順之教，而從疑晦難知之禮乎？」答姜文星。

問「三年内祭祀，朱子答或人、胡伯量、曾光祖云云，從第一説，則似謂主祭者雖參祀，而奠獻之禮，則不可親行也；第二説，則只言使人代行奠獻之禮，而却無主祭者參祀之意；第三説，則又似親行奠拜之禮。斯三者將何所適從耶」云云。宋奎濂。尤庵曰：「三年内大小祭祀，朱子有前後三説之異同，然各有義意，皆無不可遵行者矣。曾見太僕從兄在内喪，值考忌，使人代奠，而以布直領頭巾於奠酌之後，伏哭而退，似主第二説。而參以哭之之節，恐於情文爲得也。若依第三説而親行，如俗節，則其儀本自簡略，無可減殺矣。如忌祭，則恐當只一獻，如《要訣》之儀矣。只《要訣》不受胙三字，自是衍文，而後人不敢改耳。忌祭出主時恐不宜昧然，則告辭恐不可已也。但告辭雖不書主祭之名，而考妣之號則不可不書，蓋其實主人告之也。合葬墓祭豐殺當以尊爲主。若於考位減殺，則於妣不可獨豐，又不可豐於妣之故，而亦豐於考也。大概三年内墓祭，《家禮》之所不言，而亦難義起。如是參酌，則亦不甚悖否？」

南溪曰：「栗谷雖云使輕服者行薦，注中已有墨衰之文，而況朱子已自行之，若無服輕者，恐不可。曰朔望忌祀喪人一切不得參也，如先墓展拜之禮，尤輕於參祭，宜無不可行者。」答沈壽亮。

又曰：「禰祭與時祭，意義一體，居喪時亦恐行不得。」答金克成。

葬前廢先祭當否

問：「門中出重喪，而未過半月，行先墓掃事，不爲未安否？伯考之墓，喪是伯考之子婦喪。如或未安而不行，則如高祖之墓，及他山旁墓，何以爲之？」李箭。寒岡曰：「未葬前，固不合上墓矣。但非吉祭之比，一門之人，何能皆廢墓事乎？若行事於旁墓，則何可獨廢於伯氏之墓乎？況祖墓與高祖曾祖之墓乎？喪出異鄉，尤難全廢。」

旅軒曰：「父喪初喪之日，雖忌祀不當行矣。但母喪再期，則異於他忌，不可全然無事，當於其日略備祭羞，殺禮奠行，喪主暫脱衰服喪冠，只以喪巾裹衣，就神位前，俯伏號哭而已。若奠獻，則令輕服子弟常服行之，魚肉之羞，隨宜用之，不爲未安。」答或人。

愚伏曰：「未葬前廢祭，《禮》有明文，但忌日既非吉祭，且是喪餘之日，似難虚過，令子姪攝行似得。」答金伯昷。

尤庵曰：「禮，同宫則雖臣妾必葬而後祭。○朱子曰：『若百日内要祭，或從伯叔兄弟之類，可以行。』問：『未葬不當祭，或遇先忌，不知當祭否？』朱子曰：『忌者喪之餘，似無嫌。然正寢已設几筵，即無祭處，暫停也。』據此，有祭處，則便可行忌。今令姪喪次與祠堂異處，則莫或無嫌否？○朱子曰：『喪三年不祭，然亦宜當令宗人攝祭，但無明文，不可考耳。』○先生以子喪不舉盛祭，就影堂致薦，用深衣幅巾，薦畢，哭奠子則至痛。然此未見必是葬前如此。」答閔鼎重。

又曰：「葬前雖小祭，禮當一切皆廢也。」答李顯稷。

同春曰：「喪家葬前凡祭皆停無疑，先世輪回之祭，則或與他家换行耶？」答李憬。

問「從弟與無子宗婦同居，而攝祭宗婦即其出繼兄嫂也。從弟今亡，而祖考妣節祀及忌祀在其未葬前，考《備要》，則既有期大功略行之説，又有同宫廢祭之文」云云。李時亨。南溪曰：「示兩説固不相合，此則重在同宫，非可以服制論也。既曰『雖臣妾之喪，必葬而後祭』，然則宗婦有難從這中辦祭物以行，亦難自旁孫代行，禮意如是，不行恐當。」

陶庵曰：「最長房没後，所奉祧主忌日，如在其未葬之前，則雖一獻，亦恐未安，故只當廢祭，雖安於别廟，當以同宫論也。」答金樂道。

過期不葬者祭先之限

問：「大宗喪，貧不得葬，且既出殯，則與殯在家有間，葬期過後略行忌墓祭，如何？」金得洙。尤庵曰：「當以百日爲斷。」

又曰：「百日之説，蓋士大夫以三月而葬，故概爲此限，以爲差進差退之地耶？曾聞遭從兄喪，欲待其葬後而行昏禮者，其葬不易，則當以百日爲斷云，恐可通行於祭禮也。」答閔鼎重。

葬後卒哭前忌墓祭當否

南溪曰：「《曾子問》云：『天子崩未殯，五祀之祭不行，既殯而祭。自啓至于反哭，五祀之祭不行，已葬而祭。』又賓文卿問：『妻喪未葬，遇先忌，不知當祭否？』朱子曰『忌者喪之餘，祭似無嫌』云云。今此忌祭，雖非五祀外神之比，而其在葬後卒哭前者，又似與未葬小間，以無嫌之義，倣已葬之祭殺禮而行之，恐是人情所不能已也。」答閔嶪。

尤庵曰：「栗谷卒哭後墓祭忌祭之説，是所謂恰好處置，然若據古經葬而後祭之説，則三虞之後，亦可言葬後，從殺行之，恐不爲無説也。至於新墓之祭，則尤無所疑也。」答静觀齋。

同春曰：「卒哭前如值節祀，新墳既從俗設祭，則於先墓都無事，恐甚缺，然依栗老所教而行之，無乃爲穩耶。」答静觀齋。

遂庵曰：「卒哭前雖是新喪，墓祭不可行。」答安太奭。

問「三虞日即端陽節，亦當并行墓祭耶」云云。閔百順。陶庵曰：「卒哭未畢，便是葬前，墓祭宜不得行。先墓家廟茶禮，恐當闕之。」

喪中行祭服色

退溪曰：「三年内家廟祭，愚意有子弟者，令子弟行之，上也。無而自行者，其服色，前日謬論玉色固不可，其所謂白衣，即河西所謂白布衣，似若差可。所難者，冠亦白布，尤爲乖異，如何？愚今又思得一説，與其創新而用白布冠衣，孰若倣《家禮》所稱墨衰之服，其制如今直領樣，冠亦用墨，一如侍者冠服，而行事即去，藏之以待後祭，其出入等時，勿用中原例服之以取俗駭，此意如何？」答禹性傳。○下同。

又曰：「墨衰之制未詳，然似不過冠頭巾而帶亦墨耳。」

問：「前論墨衰，更思之，上衣下裳，一如正服之制，而但墨其色，冠與巾亦必用墨爲之，而只去腰首經，如何？」禹性傳。退溪曰：「墨衰，既曰衰矣，似當如來示，然未有考據，不敢索言。」

栗谷曰「朱子喪中以墨衰薦于廟，今人以俗制喪服當墨衰」云云。《擊蒙要訣》。○詳見總論。

龜峰曰：「喪服中行祭一條，卒哭後，以生布巾與衣薦于神主者，大違禮制。生布巾衣，極凶之製也，時祭，極重之吉禮，以凶接吉，古無其禮。何況今之生布巾甚無謂，又無制度，既脱屈冠，而只着是巾，則是免冠而拜先祖會合之盛禮也，安有是理？朱子以墨衰行禮者，是不忍純凶而接神明也。古人之服中行祭事，其例非一。如朱子之使輕服者，入廟行禮。及横渠之遭期喪，三廢時祀，而使竹監弟代行之，以竹監在官，無持服之專故也。先賢處置甚有曲折，伏惟深思，删定勿容易，幸甚。」答栗谷。

問：「大祥前一日告遷于祠堂，《家禮》及《儀節》皆不言服色。」權泰一。寒岡曰：「李先生答禹景善之言固然，而鄙人亦嘗稟居喪入廟之服，當用黑草笠白布衣白帶何如云，而先生不以爲不可。」

同春問「栗谷以爲忌祭、墓祭及四時節祀，皆以生布直領孝巾絞帶躬自行之」云云。愚伏曰：「依栗谷所行行之不妨，但所謂絞帶者，若是成服時絞帶，則非徒以此入廟未安，《儀禮》卒哭受服斬衰絞帶變麻服布，緣何既葬後有絞帶耶？今俗多不行卒哭受服之節，無乃栗谷亦只從俗耶？」

又問：「更考《擊蒙要訣》，果無絞帶之語，而亦不言當着某帶，近世不行卒哭受服之禮，則不可以成服時絞帶入廟，當用何帶耶？」沙溪曰：「絞帶入廟，果爲未安，別具布帶，似或無妨。」

又問：「葬後廟祀用直領孝巾，似未安。《家禮》墨衰可復於今耶？」沙溪曰：「當用布直領孝巾行祀，此外無他可服。墨衰是晉襄公伐秦之服，而朱子時因爲俗制，本非古禮，不過如今俗所謂深衣而已。頃者禹公性傳問於退溪，欲復之，恐不穩當。」

問墨衰云云。洪友周。尤庵曰：「李先生說有難曉者。其曰衣則直領云，則似但如時俗喪人所着者，其下又曰冠亦墨，帶亦墨，則似於直領亦着以墨然，未知適從。墨衰之制，出於魯公征伐時。以文義觀之，則似於衰服着以從戎也。然至於朱門，則有墨衰不合《禮經》之文，未知朱門所謂墨衰者，與魯之制同異何如？則今欲復古，如來諭之云者，未知如何而可也？」

尤庵曰：「龜峰服色之說，《要訣》終不從焉。栗老之意，可知也。墨衰之制，諸老先生難於復古，終以俗制直領者當之，恐或無妨。」答南溪。

南溪曰：「宋時墨衰與今俗制喪服，雖俱非古禮，然墨衰則朱子行之，最爲有據。今以《問解》所教之意，淡黑其色，而布升亦用稍麤者，實有借吉之義，而又合朱子所據。」答尤庵。

又曰：「愚意黄草笠白布直領淡黑布帶似可，蓋黄笠本與黑笠同爲心喪之服，而今人或有無事平着者，又有未盡變吉之義，白布黑帶，固爲《要訣》服中行祀之儀也。」答朴泰輔。

問：「廟祀不言方笠。」成爾鴻。遂庵曰：「方笠是我東風俗，非《禮》文所載，只着孝巾可也。」

陶庵曰：「喪中入廟服，栗谷以俗制喪服當之。俗制喪服即孝巾直領，而龜峰難之，以免冠拜先祖。今以平凉子別制布帶直領入廟，似宜。」《四禮便覽》。

喪中行忌祭諸節

問「亡者親忌適在卒哭之日」云云。柳乘。陶庵曰云云。詳見祭變禮兩祭相值條中先忌與卒祔祥禫相值條。

退溪曰：「服中不得已參忌祭，當用白衣，但冠用麻巾未安，用白巾尤異，不若使子弟行之爲宜。」答金就礪。

問「三年内祭祀，朱子三説」云云。宋奎濂。尤庵曰云云。詳見總論。

同春問：「三年内祖先忌祭，當遵《要訣》行一獻，則亦不侑食否？」沙溪曰：「侑食亦盛祭時禮也，只獻一杯，則無侑食也。」

尤庵曰：「三年内祖先忌祭只一獻，則既獻之後，似當仍行侑食之節矣。然亦須依時祭終獻一食九飯之頃而進茶，則似不爲無據矣。」答李滓。

南溪曰：「《問解》所謂忌祭一獻云者，原於《要訣》只云『饌品減於常時』，無不設食之文，恐亞終兩獻及讀祝告利成之外，並如常祭矣。」答李時春。

又曰：「侑食者，謂不如常時三獻之後，别設一節而爲侑食云爾，謂當於初獻時，并扱匙正筯，而無再拜等事也。」

陶庵曰：「一獻則無侑食闔門諸節，世俗多行之者，謬也。」答吴瑋。

南溪曰：「若有服輕者行禮，則喪人恐辭神後參拜爲勝。」答朴弼明。

陶庵曰：「凶服入廟，終恐非禮，朔望參與忌祭，令服輕者代行，而忌日則喪人望哭於門外，又或臨罷入而展拜爲當。」答李濟厚。

問：「先妣喪餘在先考祥前二日，若用喪中祭先之禮，則祝奠等事皆當減殺，而第念昨年練祥等祭皆從備禮，今忽減殺，事或徑庭否？」金敏材。陶庵曰：「今年祭祀，即三年後初忌，與昨年練祥體貌自不同，但依喪中行祀之例，而無别般道理。」

喪中文廟從享位忌祭略設當否

問：「三年内忌祭，似不可舉殷奠，而至於先祖位，圃隱。則事體自别，三百六十州春秋釋菜，皆舉褥儀盛禮，則獨於此宗孫玄遠之喪，似不宜略設單獻之祭。」鄭鏶。陶庵曰：「不祧之位，雖於京外釋菜盡享縟禮，至於家廟，則其備禮與略設，惟一視宗子有故無故而處之。公私事體，本自不同矣。」

喪中行參禮諸節晨謁并論○朔望日祠堂參禮後行事几筵見葬後諸節條

南溪曰：「朔望參視忌墓祭爲輕，喪人雖以俗制喪服入廟行參，不至有妨。」答朴弼明。

又曰：「如有服輕者，使之行參，而喪人輩參後别行拜禮如哀説，恐勝。」答李泰壽。

問：「晨謁，三年之内姑闕之耶？或以俗制喪服依前爲之耶？」朴弼明。南溪曰：「當姑闕。」

喪中有事告先廟

南溪曰「未葬前如有移安之舉」云云。答或人。○詳見祭禮有事告條中告移還安條。

問「立後一款亦爲告廟」云云。元夢翼。南溪曰云云。詳見喪變禮追喪條中立後後告廟之節條。

喪中有事告几筵見葬後諸節條

三年内几筵時祭行否上同

三年内新山墓祭

寒岡曰：「《家禮》雖未有三年内墓祭之文，亦未有三年内不墓祭之語。孝子於體魄所托，雖三年之後，而尚不堪雨（露）〔雪〕霜露之感，況三年之内墳土未乾之時乎？時月，古人令用三月上旬、十月初一，今之四名日之祭，非禮也。祭饌之備，拜獻之節，亦自有《家禮》明文。但三年之内，祭必有哭，况於此寒暑之變乎？」答李善立。

問：「李養中以爲正朝秋夕乃朔望也。朔望，殷奠也。虚几筵而往奠墓側，不可。云曾見南中人前期三四日行事於墓側，此與朱子所云鄉里所爲者相似。」禹性傳。退溪曰：「三年内并節祀皆歸几筵，則體魄所在，一無所事，是謂神不在於彼也。直待喪畢，然後始行於彼，則無乃有求神於所無之嫌乎？李君養中所謂正朝秋夕朔望之礙，亦思得良是。或此二節依南中所爲，而寒端二節用當日行於墓；或正秋仍只行於几筵，而餘二節行於墓，恐皆無不可也。」

問：「退溪云云，然則正秋二節，只奠于几筵，寒端二節，几筵、墓所並行之否？」崔碩儒。慎獨齋曰：「四節當祭兩所，問三年内不行墓祭者，蓋重魂反室堂之義，而高氏云『父母體魄所葬之地，不可無一祭也。起義而有安墓祭於卒哭後，好禮之家，或行或不行』。」金瀞。尤庵曰：「三年之内，國俗多行墓祭矣，然與高氏所謂安墓祭者，皆非《禮經》之文。此等雖行之，不害於從厚之道，而亦不爲全無所據矣。」

又曰：「三年内既無祭新墓之文，則又豈別有祝文也？不得已用常時祝文，恐亦無所礙也。」答宋奎濂。

松江問：「三年内四名日墓祭，欲一獻如何？」龜峰曰：「來教似當。」

松江曰：「三年内墓祀，叔獻及礪城皆以單獻爲是。」注：墓祀指新喪。

松江問：「三年内墓祭，洒掃前後兩再拜，似是平時禮。今日在墓側每日洒掃，則此一節略之，如何？只當俯伏否？」龜峰曰：「洒掃及再拜固宜略之，但先俯伏一哭以行參神禮，又奠而一哭，又辭神時一哭，凡拜哭做几筵禮，如何？三年之内，似不可用事神禮故也。」

問：「几筵殷奠宜無參降之節，至於墓祭，當有參降三獻。」閔采萬。南溪曰：「几筵墓山所處雖異，而義則一，恐不必行參降三獻祝辭諸節，當并與常式無異矣。」

陶庵曰：「愚嘗謂三年内新山墓祭之用三獻爲過重，蓋三年内惟虞卒哭大小祥爲備禮之大祭，墓祀則本來體輕，宜不得比侔於虞卒諸祭。苟以墓祭爲可備禮，必自別有祝，而從古無之。爲三獻者，似用墓祭常時之祝，而常時所用用於喪中，豈不泛然乎？且先世則俱殺禮一獻，而此獨備禮，亦涉未安，故愚於丁憂時，以一獻行之。」答閔遇洙。○下同。

又曰：「墓祭與几筵不同，安可無降神辭神等節耶？只當如先墓殺禮之儀也。」

問：「大祥後禫祭前有墓祭，則當哭拜耶？」金光五。遂庵曰：「然。」

葬同先塋三年内墓祭

尤庵曰：「三年内墓祭略設，既有先正定説，先位以同在一岡者，而與新位同設殷祭，未知如何？若以豐約之殊爲嫌，則毋寧於新墓省從先位之祭品耶？」答朴世振。

遂庵曰：「新山雖在先山同麓，喪中獨行三獻於新山，而先山則只以單獻。蓋喪中家廟忌祭亦用單獻，與此宜無異同矣。」答成爾鴻。

問：「親喪葬於先塋側，而喪中又遭宗子婦喪，則宗子葬前廢先墓祭祀，固然也。廢祭于先墓，而獨祭亡親於先墓之側乎？」沈倪。南溪曰：「朝夕上食乃不可廢之節，子喪成服之前，猶且廢之，况於節祀乎？葬同先塋者，恐雖三年之内，不當獨祭也。」

同春曰：「墓祭事，新墓則喪人自當以喪服親行，其他諸墓則使族人行之，而只一獻，不讀祝可矣。」答鄭道應。

合葬三年内墓祭吉祭前行祀并論

牛溪曰：「先喪父後喪母，上冢之祭，不可以母服行之。嘗見執禮者，以白巾白衣帶奉祭哭拜，未知如何也？」答禹見吉。

愚伏曰：「《家禮》墓祭有哀省之文，先喪舉哀，恐無所妨。」答吴敬甫。

慎獨齋曰：「所重在父，以喪服行墓祭，何妨？若父先亡，母從葬，而在母服中，則以布巾深衣行祀，似無妨。」答鄭基磅。

尤庵曰：「考妣同墓者，例於三年内，從喪祭之儀。雖考先葬而妣新祔，不可不哭而行之，況妣先考後，則宜有統尊及卑之意耳。」答朴世振。

問：「或云合葬之墓，先齊後斬，則著衰服行事；先斬後齊，則着直領方笠，以存壓屈之意。」宋奎濂。尤庵曰：「三年内墓祀是合葬之墓，其服色亦當以尊者爲主，奠獻時哭臨一節亦然。然南軒尋常上墓時必哭，況母喪因祭而并哭於考位，亦何妨？鄭松江亦如南軒矣。」

又曰：「合葬之後，雖壓於舊墓，難可脱衰而行之。」答崔有華。

南溪曰：「喪中墓祭之儀頗䩉虺，世俗則共卓而哭，行之不疑，嶺南則以舊墓爲重，喪人不敢參祭。頃年李壽翁問此，生答以當用孝巾深衣，先行單獻祭於考之舊位，待其卒事，又用衰服，次行三獻哭祭於新位。蓋雖合墓，而分西東兩邊，視若各位可也，與遷葬時各設几筵何異？如此然後義正而禮得矣。」答朴泰昌。○又答李時春曰：「合葬祭饌，非如神板，猶有請出單祭之時，恐難分别矣，服色亦同。」

陶庵曰：「三年内異几明有禮文，神主未合位之前墓所并祭，甚未安。凡合葬之墓須各行，而並有喪，則先重後輕，而各服其服，哭而行事。若父先亡，母喪三年内，則以平凉子直領，不哭而先祭父，改以衰服，哭而祭母。若母先亡，父喪三年内，則祭父畢，脱絰，不哭而行母祀，似爲合宜。」《四禮便覽》。

遂庵曰：「吉祭之前猶未配，合祭誠爲未安。而合葬之墓事，勢不得不并設，然并祭各設床卓，自是古禮。雖墓前依此各設，則前喪行一獻之禮，後喪行三獻之禮，似不相妨。」答韓弘祚。

新喪葬前前喪墓祭當否見喪變禮并有喪條

喪中祭土神

愼獨齋曰：「節祀告土神，依朱子祀家廟之説，用墨衰亦似無妨。無執事讀祝之人，則使弟讀之無妨，如有親友，則亦可讀之。」答崔愼。

尤庵曰：「土神是外祀也，喪人行之，似未安。」答吴益升。

又曰：「山神無他代行者，則當以祭於先祖之服色，主人自行之矣。」答朴世振。

又曰：「雖三年之内，祭外神之禮，則似當如常儀矣，然亦未敢質言。」答李涬。

遂庵曰：「《要訣》雖有不祭土神之文，既行墓祭於一局之内，則土地之奠，似當行於先墓之左矣。」答崔安厚。

禫前行祀之節

尤庵曰：「禫祭前自與大祥前一樣，故《家禮》書疏猶稱『孤哀疏上』，蓋猶是喪人也，然則雖先祀，何可自同平常乎？只一獻不讀祝，廢利成可也。蓋雖禫後，據古禮，則猶不敢純吉。吉祭以後，始同平人矣。是祥月行禫，行禫之月是仲月，則仍行吉祭也。不然，則必踰月，然後吉祭。據此，則禫祭後，亦未得盡同平人矣。自《家禮》以後，必須既祥三月，然後行禫，禫而無吉祭，與古禮自不同矣。」答郭樽。

吉祭前行祀之節

遂庵曰「吉祭前合葬墓各設」云云。詳見合葬三年内墓祭條。

問：「《問解》曰：『父死喪中，嫡孫承重，改題宜在喪畢後，不敢死其親之意也。但祖喪畢後當遷之，高祖於嫡孫爲六代祖矣，亦不爲遞遷』云云。」盧以亨。陶庵曰：「吉祭當於父喪畢行之也，遞遷一節，當在吉祭之後，而其間則以一獻行祀爲宜。」

喪中宗家輪行之祭

問：「家奉先世祭祀皆用單獻，而輪行忌祀，則異於家廟之祭，單獻未安。」李世龜。南溪曰：「禮，喪從死者，祭從生者，此則從本分所得而言耳。若其宗家輪行之祭，雖在服中，恐不得不用三獻之例。」

宗子喪中祭祀宗子親喪中祭祀并論

同春問：「宗子死未葬前祖考忌祭墓祭，喪家當廢，而如有介子異居而欲行，則亦不悖於禮否？」愚伏曰：「禮，士緦不祭，所祭於死者無服則祭，以此推之，則宗子之喪，乃祖考之正統服，未葬廢之似當。」

又問：「云云，愚伏曰云云。」見上。沙溪曰：「愚伏答是。」

尤庵曰：「大宗墓祭宗子有親喪，則喪三年不祭者雖是古禮，而後世居喪之禮不如古人，故朱子使於葬後行之，若是葬前，則使支子代行，可也。若然，則凡百當殺於宗家，不讀祝，不祭山神，亦有禮家明文矣。」答李遇輝。

尤庵問：「高曾二世神主，宗子死後，祧奉于家兄家矣。今家兄至此祠堂之祭，葬前當廢，而其墓祭當如何？自長、淳兩官，略設無妨耶？葬事若在秋夕之前，則無此疑。」時先生兩弟爲長城、淳昌宰。同春曰：「長、淳略設恐好。」

又問：「家弟等略祭於高曾之墓，來諭殊合情禮。然則於先親之墓，亦一體行之否？」同春曰：「宗子之喪，事體自别，然原野之禮從略以行，不至大段未安否？不敢質言。」

尤庵曰：「服中祭祀禮意雖如此，而子孫之情，則終有所未安。故昔年家兄之亡，問墓祭於同春，則答謂支子略設無乃不至大害耶云。故其時卒從其言，雖或非禮之正，而於心則恔矣。但所諭五代祖墳同在一原云者，豈以一歲一祭之祭而言耶？若然，則是擇日之祭也，退行爲當矣。若以與近祖一原之故，而並設者，則當從近祖而爲廢不廢矣，此則無可疑矣。至於死者之子孫，則似當體其孝心，而暫廢之恐當。」答閔鼎重。

陶庵曰：「宗孫未葬之前禮當廢祭，支孫代行，雖墓祭，恐未安。」答吴瑋。○下同。

又曰：「一門内有喪禍，在宗家，則當廢祭；在支子，不當廢。則雖是同岡之墓，一祭一否，亦似無妨。」答徐宗華。

長子喪中祭祀 衆子喪中祭祀并論

慎獨齋曰：「朱子在長子塾喪，不舉盛祭，就影堂内致薦用深衣幅巾，薦畢反喪服墨衰之制，不行於今。我國以布巾布深衣代用之，若子喪，則依朱子所行，不代以墨衰行祀也。」答閔後騫。

尤庵曰：「斬衰入廟未有聞，然以常祀家廟之文見之，亦無妨耶？但借布笠布帶，亦何妨？出入時恐不免此也，則此獨不必大拘也。」答同春。○時同春遭長子喪。

陶庵曰：「衆子之喪未葬前，若異宫，則當行祀，而主祭者於其喪爲期大功，則一獻無祝，小功以下，如常儀。」答吴瑋。

本生親喪中行所後家祭祀之節見爲人後者本生親喪諸節條

妾子承重者其母葬前行祭當否見妾子本生親喪諸節條

祖父母喪中葬後祭祀

陶庵曰：「服期者葬後祭如平時，此栗翁定論，然祖父母衰服之重，非比他期，揆以死生情禮，恐亦未可以祭如平時之文一例斷之也。愚意則葬後忌祭三獻，朔望節日亦如儀。忌日是喪餘之祭，雖以三年之喪練祥行三獻之義推之，恐無不可。況左右既於葬前行一獻矣，次第增損，自當如此。時祭，則三年未畢之前，姑勿行之，禰亦同。朱子於其夫人與長子之喪，三年內不舉時祭，此是具三年之體者，比左右今服固爲較重，然亦可傍照而得其禮意否？墓祭三年內一獻，不妨。」此則原野之禮，古人所重在廟，廟中既廢正祭，則不必於此獨爲備儀也。○答閔昌洙。

父母喪中子女忌墓祭

同春問：「有子女先父母死，及父母喪未葬前，其忌墓祭皆可廢耶？葬後則當以素饌行祭耶？抑死生有異，用肉無妨否？」愚伏曰：「未葬廢之無疑，葬後則祭用肉似當。又墓祭忌祭當廢之意，既聞命矣，但既嫁之女死，而與其君子同壙，則外孫必不以外祖之喪，而并廢其父之祭。既祭其父，則同壙之原，豈可不祭於其母？以緦不祭之意推之，則於外祖喪當并廢其父之祭，而但緦不祭者，乃指吉祭而言，則墓祭忌祭似不當廢，如何？」曰：「所示得之。」

又問：「云云，愚伏答云云。」見上。沙溪曰：「愚伏答是，鄙見亦然。」

陶庵曰：「亡妻之祭行於妻父母未葬之前，以情揆之，似若未安，而既是神道，禮意則不必然。」答吴瑋。

期以下服中大小常祀 服色并論○與祭變禮臨祭遇喪條參看

栗谷曰：「期大功則葬後當祭，如平時。但不受胙。未葬前時祭可廢，忌祭墓祭略行，如上儀。緦小功，則成服前廢祭。五服未成服前，雖忌祭，亦不可行也。成服後則當祭，如平時。但不受胙。服中時祀當以玄冠素服黑帶行之。」《擊蒙要訣》。○按上儀節饌品減於常時，只一獻不讀祝，見上總論條。

松江問：「亡兄卒哭後晦前家廟時祭，無丁亥可祭日，奈何？一獻不讀祝乎？用何服色？」

龜峰曰：「示雖無丁亥，既當行祭，則倣卜日之至下旬不卜之意，告定可行之日而行之，恐無害也。朱子欲喪内於卒哭後用墨衰祀廟，又於子喪不舉盛祭，用深衣幅巾致薦，并此意參用，如何？」

沙溪曰：「按今妻喪几筵在正寢，則依栗谷説忌祭隨便行于廳事，亦或不妨。」《喪禮備要》。

尤菴曰：「古禮所謂祭者，指四時正祭也。若是重服，則雖非正統，亦何可行之？忌祭則只得依朱子説行之，恐是無疑底道理。」答閔鼎重。

南溪曰：「宗家祭祀，何可以支子異居之家喪不行耶？若於宗子非期服，則量而行之爲當。」答金洪福。○又曰：「惟主人服期，則略行如《要訣》。」

寒岡問：「逑嘗緦不祭，蓋齋則忘哀，哀則未齋，所以廢祭。」退溪曰：「服有重有輕，祭有備有簡，緦而廢祭，古恐未然。」

慎獨齋曰：「外喪輕服是私己之服，不可以私服入廟。若本族重喪，葬前當廢祭而參謁，則權着黑帶似可。」答韓聖臣。

同春問：「期大功未葬前忌祭墓祭，同居者廢，而異居者行否？時祭則異居者亦於葬後當行否？緦小功成服前，則忌祭亦可廢，而成服後則時祭亦可行耶？」愚伏曰：「禮，大夫之祭，鼎俎既陳，籩豆既設，而有齊衰大功之喪則廢，外喪則行。外喪即異居者也。可考《曾子問篇》而參酌行之，則庶乎得之矣。」

又問：「云云，愚伏答云云。」見上。沙溪曰：「昔年考《曾子問》，則《擊蒙要訣》服中祭祀之儀與之相合，以此行之，無妨。」

又問：「《擊蒙要訣》謂緦小功成服後，則當祭如平時云，此與緦不祭之文不合。」愚伏曰：「雖與古禮不相應，亦斟酌得好，可遵行也。」

又問：「云云，愚伏曰云云。」見上。沙溪曰：「愚伏答是。」

南溪曰：「期服未葬前，初無朔望參不行之文。」答洪重楷。

尤庵曰：「緦小功成服之日，既已參錯於喪殯之間，則歸行朔參於祠堂，有違前一日齊宿之禮，使人代之可也。所謂成服後，必不指是日而言也。」答李浡。

遂庵曰：「成服後，則雖其日可祭。」答成爾鴻。

問：「功緦之戚，成服日，若有大小祭祀，則皆當行之耶？」吴瑋。陶庵曰：「若在喪次，則雖成服後，其日則當使人代之，蓋未及齊宿而然也。至於在他所成服，則成服後躬行無妨。」如忌祭則勢或凌遽，而成服之行於朝哭，禮也，晨早成服，而後行祭亦可。

尤庵曰：「以外黨妻黨之喪素服入廟，似爲未安，恐當變着吉服，而未敢質言。」答金相玉。

又曰：「爲師心喪而廢祭，曾未聞也。」答朴是曾。

死者有服無服行祭廢祭之説

尤庵曰：「於死者無服則祭云者，雖於考有服，而於祖以上無服，猶不行時祭，况於高祖有服，而敢行於以下乎？似甚無謂矣。」答朴世輝。

又曰「尊位有故不祭，則卑者從而不得祭」云云。答南溪。○詳見祭禮時祭條中小宗家行時祭之節條。

又曰：「考妣私服雖無與於祖考以上，然既以此服不得祭於考妣，則何可獨祭於祖以上耶？」答朴世振。

同春曰：「云云，朴氏家喪在君雖是緦服，而以所祭言之，實是重服，參以平昔友愛之至情，葬前時祭廢之，恐當。」答鄭道應。

南溪曰：「《曾子問》『大夫之祭，鼎俎既陳，籩豆既設，外喪自齊衰以下行可也』。又曰『所祭於死者無服則祭』。今承下詢之禮，雖非本文鼎俎既陳之比，亦已卜得月季而告之廟矣。况於廟中尊位無不祭之義，而特以亡婦一位私服之故，因廢正祭，實涉不虔。愚意以尊位爲主而通行之，似無大妨。蓋所祭於死者無服之説，既見吉禮，揆以事亡如在之義，誠亦有未安者。第以今禮詳之，卒哭之後，固以神道事之，以至三年入廟，其禮尤嚴，如退溪所論祖先忌日祭子孫用肉之類是也，況在一室之中，而獨異其祭，曾所未聞，則區區之見，不得不出於此。」答李羽成。

又曰：「所祭於死者無服則祭云者，本指祭者外親而言，非可以此反摺轉來，以爲凡於死者有服則不祭也。蓋本親則已在『外喪齊衰以下行之』之中，各有降殺，祭者與所祭者無不同矣。張子嘗曰『喪自齊衰以下，不可廢祭』，朱子亦曰『古人緦麻已廢祭祀，恐今人行不得此』，又可見今禮與古禮異處。」答李泰壽。

喪中祭祀用肉當否與喪變禮并有喪條中新喪葬前前喪上食用素當否條參看

問：「妻母大祥前，亡妻朝夕之奠，既不用肉，則遣奠不可以用脯醢乎？」李君顯。寒岡曰：「雖祥事未畢，而服則已除矣，朝夕上食則雖不用肉，祖奠遣奠則大禮也，恐不得不用。」

同春問：「先考喪中祭先妣當用肉否？」沙溪曰「神道有異，不妨用肉」云云。詳見喪變禮并有喪條中新喪葬前上食用素當否條。

問：「婦人亡後其私親繼亡先喪葬時，當用肉以祭否？」宋弼殷。陶庵曰：「云云，無不可用肉之義。」

五服變除

親喪追服變除用聞訃成服兩日之辨計日計月計閏當否并論○見喪變禮追喪條

親喪追服與在家兄弟先後變除之節嫡子未除服前諸子已受吉者常居之服并論○上同

立後追服之節變除并論○上同

并有喪前喪祥日變除之節見喪變禮并有喪條

過期不葬者練祥禫變除之節初期再期日單獻并論○見喪變禮過期之禮條

成服有故遲退者變除

同春曰：「此人雖不幸成服遲退，而實非聞喪後時之比，變除之節，恐宜只從死日。」答或人。

期功諸服變除月數

寒岡曰：「大功以下，當以月數喪，或在晦時成服，於開初則恐當以成服計月，當盡其月數，以後月朔日釋服。」答崔季昇。

龜峰曰：「大功以下遭服於月晦者，欲從成服月爲計云，情雖未闋，而義有不可。期以上既以死月爲計，獨於期以下恩殺處，反以成服爲計，爲未穩，而又非喪禮有進無退之義，恐不可引以長之，日數雖少，宜以死月爲準。」答牛溪。

沙溪曰：「期以上既皆以死月爲計，獨於大功以下成服爲計，恐無義意，當以死月爲準。」答李惟泰。

南溪曰：「除服月數從死月爲計，《問解》之論也。今更詳之。鄭氏既曰以月數者數閏，以年數者不數閏，今小祥大祥，必以死月行祭，則期以上，自當用年數之制。至於大功以下月數者，自當以成服之月數之。且鄭氏嘗論税服，以爲五月之內當追服，王肅以爲當服其殘月。賀循、庾蔚之皆主鄭説，若從《問解》之論，則是與服其殘月無異也。以此推之，自非晦日成服者，當以次月數之。」答崔是翁。

遂庵曰：「大功以下雖遭服於月晦，豈可待月中除服耶？然則念後遭服者，不可不待旬間除服，烏在其以月數之義也？」答蔡徵休。

問：「除服月數從死月爲計，《問解》所言指喪出月晦，成服在次月之初者也。若聞訃差晚，而成服在次月，則亦以死月計之耶？」朴聖源。陶庵曰：「所釋《問解》之意得之，聞訃晚而成服於次月者，當以成服日計之。」

問：「大功以下既以月數，則似當計閏。」姜碩期。沙溪曰：「鄭玄及射慈説分明。」《通典》：鄭玄云：「以月數者數閏，以年數者，雖有閏，不數之。」〇射慈云：「三年周喪歲數没閏，九月以下數閏。」

陶庵曰：「喪出月晦而成服於次月者，大功以下除服，月數以死月計，不以成服計，已有沙溪正論。南溪雖據鄭氏以月數之説以難之，然要當以死月爲準。」《四禮便覽》。

重喪中期服變除之節

問「斬衰在身，若以除輕服而遽脱父之重服，着白布衣笠黑網巾，則便同平人，不但駭俗，亦所不敢。《問解》父喪既顈之後，當妻之二祥，以布衣孝巾將事，此亦可見重喪不可輕變之義」云云。姜櫟。南溪曰：「白布笠白布網巾白布衣，只借白色衣冠以示前喪有終之義，恐無不可者，但三件制度皆是常着之物，則欲以《問解》所論布衣孝巾行之者，實出於哀侍折衷詳審之意也。然白衣冠行祥，實因士夫間通行之禮，亦冀更加博詢，知其决不可，然後量行新禮，方甚周備矣。」

親喪中期服追除當否

問：「伯母小祥，只隔數日遭先考喪，據禮不敢行事於葬前，若擇日追行，則孤哀除服之節，當何如？」李時春。南溪曰：「哀侍除服之節，有難追遂者，既過小祥之月，而更欲追除，則是以期服而引之也。如嫡子聞訃者，必爲退行正祭，而其餘服人並於初期日除服，乃是通例。鄙意與此無少異同，第其次月哭除之節，終有所不得自致，則是又過時不祭之類耳，如何？」

朔日參禮與除服先後

問：「除服時若依《問解》所載忌祭朔望相值條，龜峰先祭始祖之義之論而言之，則當先行參禮，次行除服之節耶？」宋炳文。尤菴曰：「參禮與除服先後，此無可據明文。所引龜峰說，雖似可證，然彼以參禮與忌祭相較，皆是祭祀，故其説蓋如此，今此除服非祭祀，則寧有先後之嫌乎？然則除服後，以盛服行參禮，恐無不可。但《家禮》將參而有齊宿之文，既齊宿，則除服之哭似覺相妨，以此爲嫌，則先參而後除，反爲得宜耶？」

服期者十一月練祭無變除

問：「女子及諸孫之服期者，禮當除之於練日，而但行練於十一月，則彼服期之人，無變禮否？」閔維重。同春曰：「十一月之練，只是夫爲妻及父在爲母，欲具三年之體例也，他餘期服，自不當變。」

期功變除後服色服盡後參祭哭并論

牛溪曰：「期喪除服，亦盡其月不服華盛矣。」答韓瑩中。同春問：「服期者，於小祥除服後，即着吉服耶？」沙溪曰：「祭後易以素服，如忌日服色，待後日始吉服，可也。」

又問：「有人遭祖父母喪，終期年，食素居外，一如喪人。至於服闋，亦曰『父有重喪，子何敢純吉』，用白帶素服而不與宴樂。此意甚善。」愚伏曰：「此正聖人所謂獻子加於人一等者，可敬。白帶素服亦得縞冠玄武之義，然帶用黑色，似爲得中。」

又問：「云云，愚伏答云云。」見上。沙溪曰：「愚伏説是。」

問：「祖父母喪期後着吉服，不安。」尹宷。尤庵曰：「不可服華盛，曾見知禮者用麤綿麤布黑漆而爲帶，此恐爲得宜。」

問：「降服者脱服後以白衣黑帶，不與宴樂，以終其餘日，如何？」李之老。南溪曰：「降服自處之節，《禮》雖不言，略如示意，深恐得宜。」

尤庵曰：「練後姪孫於朝夕上食哭不哭之疑，此無明文，不敢質言。然以逮事祖忌日之儀推之，則恐不可不哭。姪則異於直統，然亦當以祥禫與者皆哭之文推之否？」答尹拯。

又曰：「親戚服盡後，哭與不哭，恐不可以一例斷定。然《禮》曰『朋友之墓，宿草不哭』，是未宿草之前，雖朋友亦當哭也。況小祥條已除服者來，與皆哭盡哀，祥禫亦然。據此，則朔望與祭時，雖無服，亦當哭也。」答南溪。

問：「妻父母三年内參朔奠，世或有不哭者。」宋炳夏。尤庵曰：「女壻之於妻父母服雖甚輕，而情義輕重，各自不同，其重者於朔奠來參，則舉哀恐不可已也。」

寡居婦人脱服後服色

陶庵曰：「寡居婦人，於大祥則脱衰，而着白衣裳，至於黑帽黑紒，則不於大祥，而當於禫日矣。」答閔遇洙。